Claussen/Benneke/Schwandt

Das Disziplinarverfahren
6. Auflage

D1619829

Claussen/Benneke/Schwandt

Das Disziplinarverfahren

(Materielles Recht, behördliches und gerichtliches Verfahren)

Erweiterter und neu gegliederter Leitfaden anhand des Beamtenstatusgesetzes, des Bundesbeamtengesetzes i.d.F. des Dienstrechtsneuordnungsgesetzes und des Bundesdisziplinargesetzes unter Berücksichtigung einzelner Bestimmungen der Landesdisziplinargesetze mit vergleichenden Übersichten und einer Mustersammlung

fortgeführt von

Ernst-Albrecht Schwandt
Ministerialrat

6., neu bearbeitete und ergänzte Auflage

Carl Heymanns Verlag 2010

Bibliografische Information der Deutschen Nationalbibliothek
Die Deutsche Nationalbibliothek verzeichnet diese Publikation in der Deutschen Nationalbibliografie; detaillierte bibliografische Daten sind im Internet über http://dnb.d-nb.de abrufbar.

ISBN 978-3-452-27232-4

Die in diesem Buch enthaltenen Muster können über die Internet-Homepage des Verlages (http://shop.wolterskluwer.de/aktion/disziplinarverfahren) abgerufen werden.

www.wolterskluwer.de
www.heymanns.com

Umschlagkonzeption: Martina Busch, Grafikdesign, Fürstenfeldbruck
Satz: Satz-Offizin Hümmer GmbH, Waldbüttelbrunn
Druck und Weiterverarbeitung: Wilhelm & Adam OHG, Heusenstamm

Gedruckt auf säurefreiem, alterungsbeständigem und chlorfreiem Papier

Vorwort

Das zum 01.02.2002 in Kraft getretene Bundesdisziplinargesetz hat sich bewährt. Auch haben nunmehr alle Länder vergleichbare Gesetze erlassen, sodass sich nach den überholten Disziplinarordnungen ein neues Bild des Disziplinarrechts in der Bundesrepublik bietet.

Hinzu kommt, dass durch die Föderalismusreform die Kompetenz für das Statusrecht der Beamtinnen und Beamten auf den Bund übertragen wurde, und sich daraus eine stärkere Vereinheitlichung des Rechtes der Beamtenpflichten ergeben hat. Galten früher das Bundesbeamtengesetz und sechzehn Beamtengesetze der Länder unter dem Dach des Beamtenrechtsrahmengesetzes, gilt seit diesem Jahr einheitlich für alle Länder das Beamtenstatusgesetz und für die Beamtinnen und Beamten des Bundes das Bundesbeamtengesetz i. d. F. des Dienstrechtsneuordnungsgesetzes. Im materiellen Recht zeichnet sich dabei eine stärkere Fokussierung der Pflichten auf den innerdienstlichen Bereich ab, wie ihn die höchstrichterliche Rechtsprechung seit einigen Jahren bereits vollzogen hat.

Eine – wenn auch moderate – Entwicklung des Beamtenrechts scheint insoweit abgeschlossen zu sein. Es war daher sinnvoll, diesen bisher fast nur auf das Bundesrecht bezogenen Leitfaden um wichtige, neue Gemeinsamkeiten des Bundes- und Landesrechts zu erweitern.

Im materiellen Recht konnte wegen der Rechtsvereinheitlichung durch das Beamtenstatusgesetz eine für Bund und Länder weitgehend allgemeingültige Zusammenfassung erfolgen, die auch in den Einzelheiten gegenüber der 5. Auflage erheblich erweitert und ergänzt wurde.

Eine Darstellung aller Differenzierungen der Landesdisziplinargesetze wäre dagegen zu unübersichtlich und umfangreich geworden, sodass darauf verzichtet und überwiegend nur das Bundesdisziplinargesetz beschrieben wurde. Dem Verfasser wichtig erscheinende landesrechtliche Abweichungen des Verfahrensrechts wurden berücksichtigt.

Die Rechtsprechung hat durch Verlagerung der Zuständigkeit für den Bundesdienst vom Bundesdisziplinargericht auf die Verwaltungsgerichte der Länder und nicht zuletzt durch die Einrichtung der Revisionsinstanz beim BVerwG für nunmehr (fast) alle Länder noch mehr Breitenwirkung bekommen. Sie hat sich auch fortentwickelt – z. B. wurde die bisher enge Begrenzung der Milderungsgründe bei schwersten Dienstvergehen deutlich geöffnet. Die vorliegende Neuauflage berücksichtigt die Rechtsprechung bis Mai 2009.

In der neuen Gliederung und überarbeiteten Form ist der Leitfaden sowohl als einführende Kurzübersicht als auch vertiefende Erläuterung zu Einzelfragen gedacht. Im Anhang wurden eine Synopse zum Vergleich der Disziplinargesetze und eine Übersicht der Pflichtenregelungen in Bund und Ländern eingefügt.

Adressaten sind Dienstvorgesetzte aber auch Beamtinnen und Beamte, deren Bevollmächtigte sowie betreuende Mitglieder der Personal- und Schwerbehindertenvertretungen in Bund und Ländern.

Der Verfasser konnte bei seiner Arbeit auf viele Anregungen und Fragen aus der Praxis zurückgreifen und möchte sich hiermit bei den Tippgebern bedanken.

Hasselroth, im September 2009   Ernst-Albrecht Schwandt

Inhalt

Abkürzungen

a. E.	am Ende
BayDG	Bayerisches Disziplinargesetz
BayDO	Bayerische Disziplinarordnung
BayVGH	Bayerischer Verwaltungsgerichtshof
BBesG	Bundesbesoldungsgesetz
BBG	Bundesbeamtengesetz
BDG	Bundesdisziplinargesetz
BDHE	Bundesdisziplinarhof Entscheidungssammlung
BDiG	Bundesdisziplinargericht
BDiszG	Disziplinargesetz Berlin
BDO	Bundesdiszipliranordnung
BeamtStG	Beamtenstatusgesetz
Behnke	Kommentar zur BDG, 2. Aufl. 1968
BGH	Bundesgerichtshof
BGHSt	Entscheidungen des Bundesgerichtshofes in Strafsachen
BPersVG	Bundespersonalvertretungsgesetz
BremDG	Bremisches Disziplinargesetz
BrLDG	Brandenburg Landesdisziplinargesetz
BVerfG	Bundesverfassungsgericht
BVerfGG	Bundesverfassungsgerichtsgesetz
BVerwG	Bundesverwaltungsgericht
BVerwGE	Entscheidungssammlung des Bundesverwaltungsgerichts
Claussen/Janzen	Handkommentar zur BDO 8. Aufl. 1996
DG LSA	Disziplinargesetz Sachsen Anhalt
DO LSA	Disziplinarordnung Sachsen-Anhalt
DÖD	Der öffentliche Dienst
Dok.Ber.	Dokumentarische Berichte aus dem Bundesverwaltungsgericht
DÖV	Die offentliche Verwaltung
Ebert	Das neue Disziplinarrecht, Leitfaden für den öffentlichen Dienst, 3. Auflage 2008
Fn.	Fußnote
Gansen	Disziplinarrecht in Bund und Ländern, siehe Schrifttum
GG	Grundgesetz
GKÖD I	Beamtenrecht des Bundes und der Länder, siehe Schrifttum
h. M.	herrschende Meinung
HDG	Hessisches Disziplinargesetz
HmbDG	Hamburgisches Disziplinargesetz
i. d. F.	In der Fassung
i. V. m.	in Verbindung mit
Köhler/Ratz	Köhler/Ratz, Bundesdisziplinargesetz, *siehe* Schrifttum
LDG M V	Disziplinargesetz des Landes Mecklenburg-Vorpommern
LDG NRW	Disziplinargesetz für das Land Nordrhein Westfalen
LDG-BW	Landesdisziplinargesetz Baden-Württemberg
LDG-SH	Schleswig-Holsteinisches Landesdisziplinargesetz

m. w. N.	mit weiteren Nachweisen
NDiszG	Niedersächsisches Disziplinargesetz
NDO	Niedersächsische Disziplinarordnung
NVwZ	Neue Zeitschrift für Verwaltungsrecht
NJW	Neue Juristische Wochenschrift
NZA	Neue Zeitschrift für Arbeitsrecht
OVG	Oberverwaltungsgericht
PA	Personalakte
PersV	Die Personalvertretung
Plog/Wiedow/Lemhöfer/Bayer	Kommentar zum Bundesbeamtengesetz, *siehe* Schrifttum
RiA	Recht im Amt
Rspr.	Rechtsprechung
Rz.	Randzahl
SächsBG	Sächsisches Beamtengesetz
SächsDG	Sächsisches Disziplinargesetz
SächsVbl	Sächsische Verwaltungsblätter
Schütz/Schmiemann	Disziplinarrecht des Bundes und der Länder, *siehe* Schrifttum
SDG	Saarländisches Disziplinargesetz
SDO	Saarländische Disziplinarordnung
Std. Rspr.	ständige Rechtsprechung
StGB	Strafgesetzbuch
StPO	Strafprozessordnung
StREG	Gesetz über die Entschädigung für Strafverfolgungsmaßnahmen
ThürDG	Thüringer Disziplinargesetz
VG	Verwaltungsgericht
VGH	Verwaltungsgerichtshof
VwGO	Verwaltungsgerichtsordnung
VwKostG	Verwaltungskostengesetz
VwVfG	Verwaltungsverfahrensgesetz
VwZG	Verwaltungszustellungsgesetz
Weiß GKÖD II	Disziplinarrecht des Bundes und der Länder, *siehe* Schrifttum
WpflG	Wehrpflichtgesetz
ZBR	Zeitschrift für Beamtenrecht

Schrifttum

Kommentare und Monografien

Auerbach/Pietsch, Beamtenstatusgesetz, 1. Auflage 2008, Luchterhand, Neuwied,

Behnke, Bundesdisziplinarordnung, Kommentar, 2. Aufl. 1970, Kohlhammer, Stuttgart–Berlin–Köln–Mainz

Bieler/Lukat, Ermittlung und Untersuchungsverfahren, Ein Leitfaden für das disziplinarrechtliche Ermittlungs- und Untersuchungs- sowie das Zwangspensionierungsverfahren, 3. Aufl., Schmidt-Verlag, 2001

Claussen/Janzen, Bundesdisziplinarordnung, Handkommentar, 8. Aufl. 1996, Carl Heymanns Verlag, Köln

Ebert, Das neue Disziplinarrecht, Leitfaden für den öffentlichen Dienst, Richard Boorberg Verlag Edition Moll, 3. Aufl. 2008

Els, Die disziplinarrechtliche Ahndung von Dienstvergehen, Unter besonderer Berücksichtigung von Alkoholverfehlungen, Lang Verlag, Frankfurt u. a., 1992

Fürst (Herausgeber), Beamtenrecht des Bundes und der Länder, Richterrecht und Wehrrecht, Gesamtkommentar für das öffentliche Dienstrecht des Bundes und der Länder (GKÖD), Band I, Erich Schmidt Verlag, Berlin

Gansen, Disziplinarrecht in Bund und Ländern, R. v. Decker, 20. Lieferung, 2009

Köhler/Ratz, BDG Bundesdisziplinargesetz und materielles Disziplinarrecht, Kommentar für die Praxis, 3. Aufl. 2002, Bund-Verlag Köln

Lenders/Peters/Weber, Das neue Dienstrecht des Bundes, Handbuch für die Praxis, Luchterhand,1. Aufl. 2009, Neuwied

Kleinknecht/Meyer-Goßner, Strafprozessordnung, Kommentar, 42. Aufl., Beck

Plog/Wiedow/Lemhöfer/Bayer, Kommentar zum Bundesbeamtengesetz, Luchterhand

Radloff/Nokiel, Disziplinar-Guide, mit Mustersammlung 2009, Luchterhand, 1 Ordner, inkl. CD-ROM,

Schütz/Schmiemann, Disziplinarrecht des Bundes und der Länder, dargestellt am Bundesdisziplinargesetz unter Berücksichtigung der Abweichungen der Disziplinargesetze und Disziplinarordnungen der Länder, Kommentar, 4. Aufl. 3. Erg.-Lieferung 2009

Tröndle/Fischer, Strafgesetzbuch und Nebengesetze, Kommentar,50 Aufl., 2001, Beck

Weigert, Bayerische Disziplinarordnung unter Berücksichtigung des kommunalen Bereichs, Kommentar, 2. Aufl. 1983, Gemeinde- und Schulverlag Bavaria, München

Weiß, Disziplinarrecht des Bundes und der Länder, Gesamtkommentar für das öffentliche Dienstrecht des Bundes und der Länder (GKÖD), Band II, Erich Schmidt Verlag, Berlin

Elektronische Medien – Auswahl

- Beck-Online
- Buchholz, Sammel- und Nachschlagewerk der Rechtsprechung des Bundesverwaltungsgerichts, Carl Heymanns Verlag,
- Entscheidungen des BVerwG http://www.bundesverwaltungsgericht.de
- EZBBG-Entscheidungssammlung zum Beamtenrecht direkt online oder auf CD-ROM, Luchterhand, Neuwied, www.personalamt-online.de
- GKÖDdigital. Band I, Fürst u. a., Gesamtkommentar Öffentliches Dienstrecht/Beamtenrecht des Bundes und der Länder, Richterrecht und Wehrrecht,
- GKÖDdigital. Band II, Weiß, Disziplinarrecht des Bundes und der Länder
- IÖD, Informationsdienst Öffentliches Dienstrecht (IÖD), Luchterhand, Neuwied, www.personalamt-online.de
- JURIS-Onlinerecherche
- www.personalamt-online.de, Luchterhand

Zeitschriften mit Aufsätzen und Entscheidungen zum formellen und materiellen Disziplinarrecht

- Der öffentliche Dienst, Carl Heymanns Verlag, Köln (DÖD)
- Die Personalvertretung, Erich-Schmidt-Verlag, Berlin–Bielefeld–München (PersV)
- Neue Zeitschrift für Wehrrecht (NZWehrR)
- Recht im Amt, Luchterhand Verlag, Neuwied (RiA)
- Zeitschrift für Beamtenrecht, Deutscher Beamtenverlag, Bonn (ZBR)

Rechtsprechungssammlungen

- BVerwGE, Entscheidungen des BVerwG Carl Heymanns
- Dokumentarische Berichte aus dem BVerwG (Dok.Ber.), Teil B

Rechtsprechungsquellen ohne Fundstellenangabe sind JURIS-Online entnommen.

1 Einführung – Kurzübersicht

1.1 Allgemeines

Personalführung ist wesentliche Voraussetzung einer leistungsfähigen Verwaltung. 1
Mit Zielvereinbarungen und einem »guten Händchen« sollte man grundsätzlich in
der Lage sein, Reibungsverluste im Tagesgeschäft zu vermeiden. Moderne Füh-
rungsgrundsätze greifen jedoch nicht immer. Die kritische Auseinandersetzung
mit der Mitarbeiterin oder dem Mitarbeiter erspart nicht, im Einzelfall auch zu
anderen Mitteln zu greifen, notfalls zurechtzuweisen, hart zu korrigieren oder sogar das Beschäftigungsverhältnis zu beenden. Während für Tarifbeschäftigte bei
Pflichtverletzungen die arbeitsrechtlichen Möglichkeiten der Abmahnung und
der verhaltensbedingten Kündigung zugelassen sind, gelten für die Beamtinnen
und Beamten[1], auch im Ruhestand, die Bestimmungen des Disziplinarrechts mit
deutlich feiner gestuftem Reaktionskatalog. Für die Richterinnen, Staatsanwältin-
nen, Staatsanwälte und Richter im Bundes- oder Landesdienst gelten diese Bestimmungen über die Richtergesetze entsprechend. Für Soldatinnen und Soldaten gilt
das (in Grundprinzipien durchaus ähnliche) Soldatenrecht.

Disziplinarrecht mag zwar als unbequemes Mittel der **Personalführung** er- 2
scheinen, denn: **Belohnen ist einfacher als auf negative Ereignisse reagieren
zu müssen.** Beide Handlungsalternativen der Dienstvorgesetzten sind aber notwendige Kehrseiten der Medaille »Führungsauftrag«.

Gerade deshalb verlangt das Disziplinarrecht von allen Führungskräften hohes 3
Einfühlungsvermögen. Hinzu kommt, dass es nicht nur aus entstehungsgeschicht-
lichen, sondern auch aus funktionalen Gründen ohne eng umrissene Tatbestände,
wie z. B. beim wesensverschiedenen Strafrecht, auskommen muss und daher weitgehend nicht leicht zu überschauendes **Richterrecht** ist. Die **Rechtsprechung**
füllt die gesetzlichen Bestimmungen aus; dabei steht vor allem die Abwägung
des Einzelfalls im Vordergrund.

Ein Disziplinarverfahren lässt sich sachgerecht nur dann durchführen, wenn die 4
Verfahrensbeteiligten wissen, welchem Zweck das Disziplinarrecht dient, wann
ein Dienstvergehen vorliegt und welche Gesichtspunkte für das »Ob« und das
»Wie« einer disziplinarrechtlichen Reaktion bestimmend sind[2].

Bei dieser Spezialmaterie kann nicht davon ausgegangen werden, dass diese 5
Kenntnis allgemein vorhanden ist, zumal erfahrungsgemäß die dienstrechtliche
»Notbremse« nur vergleichsweise selten gezogen werden muss. Im Rahmen einer
vor allem für die Praxis des Disziplinarverfahrens auf Behördenebene bestimmten
Arbeitshilfe ist es daher unverzichtbar, diese Fragen vorab kurz anzusprechen.

Die gesamte Darstellung bezieht sich sowohl auf die Beamtinnen und Beamten 6
im aktiven Dienst als auch auf Ruhestandsbeamtinnen und Ruhestandsbeamte.
Wichtige Abweichungen sind jeweils besonders angemerkt.

---

1 Zur sprachlichen Gleichstellung *siehe* die unterschiedlichen Formulierungen der Beamten – und Disziplinargesetze sowie § 82 DG LSA, § 83 ThürDG.
2 Zu den Defiziten bei manchen Dienstvorgesetzten *siehe* z. B. *Radloff,* Die Ordnungsfunktion des Disziplinarrechts in der modernen Verwaltung von heute, RiA 2007, 204.

1.2 Aufgabe des Disziplinarrechts – Begriffe

7 Das Disziplinarrecht ist wesentlicher und verfassungsrechtlich abgesicherter Teil des Beamtenrechts. Es umfasst alle geltenden Rechtsvorschriften des Beamtenrechts zur Befassung mit dienstlichen und (schwereren) außerdienstlichen von Beamtinnen und Beamten begangenen Verfehlungen und gehört zu den tragenden Grundsätzen des Berufsbeamtentums[3]. Disziplinare Grundsätze lassen sich nicht ohne Weiteres auf Tarifbeschäftigte anwenden, wie auch umgekehrt arbeitsrechtliche Prinzipien für Beamtinnen oder Beamte nicht einfach übernommen werden können. Dies mag zwar nicht unmittelbar einleuchten, insbesondere in Bereichen, in welchen tarifbeschäftigte und beamtete Personen nebeneinander gleiche Tätigkeiten ausüben. Jedoch haben die unterschiedlichen Statusbedingungen ihre eigenständige Bedeutung und damit unterschiedliche Folgen.

8   Ziel des Disziplinarrechts ist, im Falle der Verletzung der Beamtenpflichten in erster Linie die **Leistungsfähigkeit der Verwaltung**[4] zu sichern. Diese Sicherungsaufgabe steht im Vordergrund und zeigt sich kurz und prägnant in der (fast druckfrischen) Neuformulierung der beamtenrechtlichen Grundpflicht, der Wohlverhaltenspflicht (§ 34 Satz 3 BeamtStG, in Kraft getreten zum 01.04.2009). Das Verhalten der Beamtinnen und Beamten »muss der Achtung und dem Vertrauen gerecht werden, die ihr Beruf erfordert«. Auf die bisherige zusätzliche Differenzierung zwischen inner- und außerdienstlichem Verhalten (so noch § 36 Satz 3 BRRG – die Verpflichtung zu achtungswürdigem Verhalten »... *innerhalb und außerhalb des Dienstes* ...«) wurde verzichtet. Diese Neuformulierung soll »dem gewandelten Verständnis des Beamtenverhältnisses« Rechnung tragen. Maßgeblich ist die Erfüllung der dienstlichen Aufgaben. »Nicht mehr jedes außerdienstliche Verhalten hat Auswirkungen auf die Achtung und das Vertrauen, das mit der besonderen Rechtsstellung des Beamtenverhältnisses verbunden ist«[5]. Es sollen nicht mehr jederzeit alle Lebensbereiche einer dienstlichen Beobachtung und Bewertung zugänglich sein. § 61 Abs. 1 Satz 3 BBG (in der Neufassung des DNeuG) hat für die Beamtinnen und Beamten des Bundes die Unterscheidung »... *innerhalb und außerhalb des Dienstes* ...« noch beibehalten[6]. »Im Ergebnis wird dies jedoch zu keiner unterschiedlichen rechtlichen Bewertung führen ... **entscheidend ist ... der Bezug zum Amt**«[7].

9   Diese Fokussierung auf den (inner-)dienstlichen Bereich wird weiter verdeutlicht in der grundlegenden Definition des sog. »außerdienstlichen Dienstvergehens«[8]. Für die Länder hat § 77 Abs. 1 Satz 2 BBG, § 47 Abs. 1 Satz 2 BeamtStG es dabei belassen, die Disziplinierungswürdigkeit außerdienstlichen Verhaltens am Vertrauen in die Amtsführung zu bemessen. Eine »Achtungs«-Beeinträchtigung, eine Einbuße der persönlichen »Wertschätzung, die der Beamte (als Individuum)

---

3 Vgl. z. B. *Gansen*, Teil II, Einleitung I.
4 *Köhler/Ratz*, Teil 2, A II Rz. 39.
5 Begründung Entwurf BeamtStG zu § 36 BeamtStG.
6 Die Begründung des Entwurfs nimmt zu dieser Unterscheidung keine Stellung.
7 *Lenders/Peters/Weber* § 61 BBG Rz. 501.
8 Auf die sprachlich nicht logische, aber übliche Verknüpfung des »Außerdienstlichen« und damit eben Nicht – Dienstlichem mit einem konkreten dienstlichen Inhalt bedarf es wohl nicht weiter einzugehen. Eigentlich handelt es sich um eine Fiktion, die sich aber § 77 Abs. 2 BBG für die Ruheständler vorbehalten hat.

innerhalb des Dienstes als auch gegenüber der Öffentlichkeit genießt«[9], ist daher nicht mehr erforderlich.

Darüber hinaus wurde in § 47 Abs. 1 Satz 2 BeamtStG darauf verzichtet, das früher stets hervorgehobene **»Ansehen des Beamtentums«**[10] als alternatives und gleichrangiges Ziel für die Disziplinierungswürdigkeit von außerdienstlichen Pflichtverletzungen einzubeziehen, wie es noch in § 45 Abs. 1 Satz 2 BRRG vorgesehen war. Für die Beamtinnen und Beamten des Bundes gilt nach § 77 Abs. 1 Satz 2 BBG (neu) die überkommene Formulierung. »Ansehen« bedeutet »Grundlage eines allgemeinen Vertrauens in eine rechtstaatliche gesetzestreue Verwaltung. Sie bezieht sich nicht auf das gesellschaftliche Ansehen«[11]. Es heißt jetzt also für Bund und Länder differenziert: »Ein Verhalten außerhalb des Dienstes ist nur dann ein Dienstvergehen, wenn es nach den Umständen des Einzelfalls in besonderem Maße geeignet ist, das Vertrauen in einer für ihr Amt *oder das Ansehen des Beamtentums (nur BBG)* bedeutsamen Weise zu beeinträchtigen«. In Hamburg ist allerdings das Merkmal der Ansehensschädigung für den außerdienstlichen Bereich ebenfalls noch ein Disziplinierungsgrund (§ 11 Abs. 1 HambDG – *siehe* 4.4). Das bislang im BRRG wie auch den bisherigen Beamtengesetzen des Bundes und der Länder zusätzliche Kriterium der Eignung zur Beeinträchtigung der »Achtung« (§ 77 Abs. 1 Satz 2 BBG – alt –, § 45 Abs. 1 Satz 2 BRRG) ist für den außerdienstlichen Bereich generell entfallen. **10**

Wichtig für das Verständnis des Disziplinarrechts ist auch, dass es **kein »Sonderstrafrecht«**[12] ist, wie es oft fälschlich angenommen wird[13]. Vielmehr ist es eine spezielle, rein verwaltungsrechtliche Konkretisierung des Dienstrechts für den extremen Konfliktfall. Die Disziplinargesetze sehen deshalb grundsätzlich die subsidiäre Geltung der VwGO und des VwVfG vor (§ 3 BDG)[14]. Nur ausnahmsweise sind ergänzend die Bestimmungen der StPO anzuwenden[15]. **11**

Außerdem ist das Strafrecht vom Vergeltungsgedanken und dem Ziel der Generalprävention getragen. Beim Disziplinarrecht geht es demgegenüber darum, im Interesse der Allgemeinheit im Einzelfall den durch Pflichtverletzungen eingetretenen Vertrauensverlust zugunsten der Beamtin oder des Beamten wieder herzustellen oder im Falle eines völligen Vertrauensverlustes für eine Auflösung des Dienstverhältnisses zu sorgen; es geht primär um **Individualprävention**[16] (vgl. hierzu § 13 BDG). Generalpräventive Überlegungen können allerdings im Inte- **12**

---

9 *Zängl*, GKÖD I, § 54 Rz. 117.
10 Z. B. *Claussen/Janzen* Einleitung A.
11 *Zängl*, GKÖD I, § 77 Rz. 55.
12 Zutreffend *siehe Lenders/Peters/Weber* Rz. 557.
13 Man liest auch heute noch gelegentlich den Begriff der Disziplinarstrafe und nicht nur im Sport.
14 Im Folgenden werden zur Übersichtlichkeit überwiegend nur die Vorschriften des BDG zitiert. Nur einzelne, landesrechtliche Abweichungen werden gesondert dargestellt.
15 Nach der früher z. B. geltenden BDO (Bundesdisziplinarordnung) galt ergänzend ausschließlich die StPO, § 25 BDO.
16 A. A. BayVGH z. B. vom 28.01.2009 – 16 b D 07.1213; vom 11.07.2007 – 16 a D 06.71; will generalpräventive Gründe für die »objektive Untragbarkeit« heranziehen. So offenbar auch VGH Mannheim vom 14.02.2008 – DL 16 S 29/06. Das BVerwG hingegen lässt den Gedanken der Vorrangigkeit der »objektiven Untragbarkeit« ausdrücklich hinter die Berücksichtigung verminderter Schuldfähigkeit zurücktreten, BVerwG vom 29.05.2008 – 2 C 59/07. *Siehe* hierzu auch Rz. 157. Anders die wehrdienstrechtliche Rechtsprechung z. B. BVerwG vom 25.09.2008 – 2 WD 19/07, die stets generalpräventive Gesichtspunkte (mit)berücksichtigt.

resse des »Vertrauen(s) in die Integrität des Berufsbeamtentums« hinzutreten, wenn es um die Aberkennung des Ruhegehalts geht[17].

13   Daraus ergeben sich für das Disziplinarrecht im Wesentlichen folgende Funktionen:

14   Die **Lösungsfunktion**[18] soll das **Beamtenverhältnis beenden,** wenn das öffentlich-rechtliche Dienst- und Treueverhältnis nachhaltig zerstört worden ist. Sie ist im System des grundsätzlich auf lebenslange Beziehung angelegten Status des Berufsbeamtentums die Ausnahme. Arbeitsrechtliches Korrelat wäre die verhaltensbedingte Kündigung.

15   In anderen, leichteren Fällen pflichtwidrigen Verhaltens soll zu künftiger Pflichterfüllung angehalten werden. Diese **Ordnungsfunktion**[19] ist eigentlicher Kern des Disziplinarrechts und als wichtiges Mittel der Personalführung gewissermaßen das Gegenstück einer Belohnung für besondere Leistungen bildet. Arbeitsrechtliche Entsprechung wäre die Abmahnung als Kündigungsandrohung für den Wiederholungsfall, mit im Prinzip schärferem Charakter als eine leichtere Disziplinarmaßnahme.

16   Darüber hinaus hat das Disziplinarrecht **Schutzfunktion**[20]. Ein dem Grunde nach auf Lebenszeit angelegtes, öffentlich-rechtliches Dienst- und Treueverhältnis (Beamtenverhältnis, § 3 Abs. 2 BeamtStG, § 5 BBG) verlangt wegen seiner Dauerwirkung hohe **Rechtsschutzgarantie.** Die Einseitigkeit des Berufungsaktes in das Beamtenverhältnis (§ 3 Abs. 2 BeamtStG, § 5 BBG) setzt diese Garantie ebenfalls voraus. Das Dienstverhältnis darf nur durch ein Gericht (**Richtervorbehalt**[21]), also nicht durch den Dienstherrn[22], und nur beim Nachweis eines schweren Dienstvergehens, nicht jedoch aus anderen Gründen gegen den Willen der Beamtin oder des Beamten beendet werden. Baden-Württemberg hat im neuen LDG vom 22.10.2008 bisher als einziges Land auf diesen Richtervorbehalt verzichtet und eine Entfernung aus dem Beamtenverhältnis durch die Dienstvorgesetzten zugelassen.

17   Diese weitreichende Schutzfunktion wird leicht übersehen[23] und ist der historische Grund für die Entstehung des Disziplinarrechts zum Schutze der Beamtenschaft vor willkürlicher Entlassung[24].

18   Das Disziplinarrecht ist wegen dieser besonderen Interessenlage insgesamt und konsequent der **Abdingbarkeit entzogen;** im Beamtenrecht ist vertragliches Aushandeln der Beschäftigungskonditionen nicht möglich. Auch die **Beamtenpflichten können nicht zur Disposition des Dienstherrn und der Beamtinnen oder**

---

17 BVerwG vom 19.06.2008 – 1 D 2/07.
18 In der älteren Literatur findet sich gelegentlich noch der Ausdruck »Reinigungsfunktion« des Disziplinarrechts, der als überholt gelten sollte.
19 *Gansen,* Teil II, I Rz. 1.
20 *Gansen* a. a. O.
21 Dieser gehört zu den tragenden Grundsätzen des Berufsbeamtentums i. S. d. Art. 33 Abs. 4 GG – Lebenszeitprinzip; vgl *Franke* GKÖD I § 2 Rz. 2.
22 Es wird bei dem Begriff des »Dienstherrn«, vgl. z. B. Überschrift § 2 BeamtStG, davon ausgegangen, dass ein geschlechtsneutraler Ausdruck vorliegt.
23 *Schwandt,* Die Schutzfunktion des Disziplinarrecht, DÖD 1998, 1; *Gansen* Teil II, I Rz. 2.
24 Vgl. z. B. *Köhler/Ratz,* Einf. I; *Schwandt,* Historische Aspekte des Disziplinarrechts, DÖD 1997, 73. Mitte des 18. Jahrhunderts entschied das Reichskammergericht in einem Streit um eine rechtlich nicht begründete willkürliche Entlassung eines Beamten zu dessen Gunsten. Dies war Grundlage gesetzlicher Vorschriften, die vor der willkürlichen Entlassung/Maßregelung durch die monarchisch geprägte Obrigkeit bewahren sollten.

Beamten gestellt werden können. Individuelle (vertragliche) Absprachen über Rechte und Pflichten der Beamtin oder des Beamten gefährdeten insbesondere die Neutralitätspflicht (§ 33 Abs. 1 Satz 1 BeamtStG, § 60 Abs. 1 Satz 1 BBG), wenn sich die Beamtin oder der Beamte nicht mehr als Mittler zwischen Politik und Bürger verstehen müssten, sondern einseitig (»weisungsgemäß«) Interessen vertreten dürfte.

Disziplinarrecht ist hoheitsrechtlich im engsten Sinne zu verstehen, weil die Be- 19 amtinnen oder Beamten in der Regel hoheitliche Aufgaben wahrzunehmen haben (§ 3 Abs. 2 Nr. 1 BeamtStG, § 5 Nr. 1 BBG).

1.3 Rechtsgrundlagen

Ob das Verhalten einer Beamtin oder eines Beamten ein Dienstvergehen ist, beur- 20 teilt sich nach dem **materiellem Disziplinarrecht,** den beamtenrechtlichen Bestimmungen über die Pflichten und Folgen einer Pflichtverletzung. Die Pflichten ergeben sich grundlegend aus den Beamtengesetzen; die disziplinaren Konsequenzen (u. a. die zugelassenen Disziplinarmaßnahmen) sind hingegen in den Disziplinargesetzen geregelt.

Für das zur Aufklärung und Verfolgung eines Pflichtenverstoßes anzuwendende 21 Verfahren gilt das **formelle Disziplinarrecht.** Die hierfür geltenden Disziplinargesetze haben daneben auch materiellrechtlichen Inhalt (z. B. über die Disziplinarmaßnahmen); sie sind mithin keine reinen Verfahrensgesetze[25].

1.3.1 Materielles Disziplinarrecht

Die Dienstpflichten der Beamtinnen und Beamten richten sich nach dem Status- 22 recht. Diese Regelungen finden sich als Folge der Föderalismusreform seit dem 01.04.2009 in nur noch zwei Gesetzen (bisher siebzehn), dem BeamtStG[26] und dem BBG[27], die insoweit weitgehend übereinstimmen. Hinzu kommen die Gesetze und Verwaltungsvorschriften des Bundes und der Länder, die das Verwaltungshandeln insgesamt regeln und damit auch für die Dienstpflichten gelten.

Die Folgen von Pflichtverletzungen sind – weniger übersichtlich – in den Dis- 23 ziplinargesetzen des Bundes (BDG) und der Länder (immer noch siebzehn, *siehe* 1.3.2) geregelt. Zu den Folgen gehören insbesondere die Disziplinarmaßnahmen, deren unterschiedliche Zulässigkeitsvoraussetzungen sowie weitere besoldungs-, versorgungs- und andere dienstrechtliche Konsequenzen. Wesentliche Unterschiede der Disziplinargesetze gibt es bei deren Regelungen nicht.

Die Darstellung dieses Leitfadens zum materiellen Recht bezieht sowohl die Regelungen des BeamtStG als auch des BBG ein, im Übrigen jedoch nur das BDG. Die fortgeltenden Bestimmungen der Landesbeamtengesetze, die durch die Anpassungsgesetze an das BeamtStG nicht berührt worden sind, werden nicht gesondert aufgeführt.

---

25 Konsequent wurde deshalb die Neuordnung des Disziplinarrechts zum Anlass genommen, die Vorschriften einheitlich als Disziplinar»-gesetze« und nicht mehr als »-ordnungen« (z. B. Bundesdisziplinarordnung – BDO) zu bezeichnen.
26 Vom 17.06.2008, BGBl 2008, 1010, in Kraft getreten zum 01.04.2009 (§ 63 Abs. 2 BeamtStG).
27 I. d. F. des DNeuG vom 05.02.2009, BGBl 2009, 160, in Kraft getreten zum 11.02.2009 (Art. 16 Abs. 11 DNeuG).

24   Die Regelung der Beamtenpflichten im BeamtStG und BBG ist überschaubar und beschränkt sich auf vergleichsweise wenige Vorschriften (§§ 33–47 BeamtStG, §§ 60–77 BBG). Dabei handelt es sich um Pflichten mit staatspolitischem oder Amtsbezug, Verpflichtungen gegenüber den Bürgerinnen und Bürgern, gegenüber Vorgesetzten, Kollegen und Kolleginnen sowie außerhalb des Dienstes. Auf eine detaillierte Gliederungsübersicht kann an dieser Stelle verzichtet werden. Grundlage ist die **Wohlverhaltenspflicht,** die auch außerhalb des Dienstes gilt. Für den innerdienstlichen Bereich werden zusätzlich nur **wichtige Einzelpflichten** gesetzlich näher beschrieben. Eine eingehende Darstellung ist in den Kapiteln 2 und 3 enthalten (zur Übersicht *siehe* 3.1, insbesondere Rz. 168). Eine vergleichende Tabelle zum BeamtStG und BBG sowie dem früheren BRRG findet sich im Anhang 1 (13.2). Auf die im BDG geregelten materiellrechtlichen Bestimmungen wie die Entscheidungsmöglichkeiten der Dienstvorgesetzten, die Disziplinarmaßnahmen und Maßnahmeverbote wird im Kurzüberblick über das Verfahren (*siehe* 1.4) und in den Kapiteln 4 ff. im sachlichen Zusammenhang eingegangen. Zur Gliederungsübersicht des BDG *siehe* nachstehend Rz. 30.

1.3.2 Formelles Disziplinarrecht

25   Für die Beamtinnen und Beamten des Bundes gilt das **BDG**[28]. Die Länder haben auf der Basis des BDG bis Ende 2008 ebenfalls neue Disziplinargesetze erlassen. Rheinland-Pfalz hatte bereits 1998, gewissermaßen im Vorlauf, eine weitgehend ähnliche Regelung getroffen. Durch das BeamtStG[29] hat sich an der Gesetzgebungskompetenz der Länder für die Disziplinargesetze nichts geändert, trotz des **Übergangs der Statusrechte in die Zuständigkeit des Bundes.** Sie bleiben auf der Grundlage des § 47 Abs. 3 BeamtStG für die Regelung weiterhin zuständig. **Die Disziplinargesetze der Länder gelten uneingeschränkt fort.**

26   Die Gesetze der Länder weichen nur geringfügig vom BDG ab. Z. B. haben Berlin und Schleswig-Holstein für das gerichtliche Verfahren zur Vereinfachung auf die Regelungen des BDG verwiesen. Bayern und Sachsen-Anhalt haben auf die – erstmals mit dem BDG neu eingeführte – Revision und damit auf die Vereinheitlichung der Rechtsprechung durch das BVerwG verzichtet[30]. Auch wurden teilweise die verwaltungsüblichen Vorverfahren für eine Anfechtungsklage ausgeschlossen[31] (Bayern[32], Berlin, Mecklenburg-Vorpommern, Niedersachsen; Schleswig-Holstein). Baden-Württemberg hat auf den Richtervorbehalt bei

---

28 Vom 03.07.2001, BGBl 2001, 1501, in Kraft getreten am 01.01.2002, zuletzt geändert durch das DNeuG vom 05.02.2009, BGBl 2009, 160.
29 *Auerbach/Pietsch* S. 14. »Der Bund hat nach der neu angefügten Nummer 27 des Art. 74 Abs. 1 GG nunmehr die konkurrierende Gesetzgebungszuständigkeit zur Regelung der Statusrechte und – pflichten der Beamten der Länder, Gemeinden und anderen Körperschaften des öffentlichen Rechts sowie der Richter in den Ländern mit Ausnahme der Laufbahnen, Besoldung und Versorgung. Nach Art. 72 Abs. 2 GG (neu) gilt hier nicht die Erforderlichkeitsklausel. Den Ländern steht im Bereich der konkurrierenden Gesetzgebungskompetenz für das Statusrecht kein Abweichungsrecht nach Art. 72 Abs. 3 GG zu«.
30 Zur Begründung *siehe* Fn. 560 und 561.
31 Ziel ist die Beschleunigung der Verwaltungsverfahren.
32 »Durch die Abschaffung der Selbstkontrolle der Verwaltung kann der Beamte schneller die Entscheidung eines Gerichts erlangen und für beide Seiten tritt früher Rechtssicherheit ein«, amtl. Begründung des Gesetzentwurfes Landtagsdrucksache Drucksache 15/4076.

schwersten Disziplinarmaßnahmen verzichtet und sich damit an das Arbeitsrecht angenähert. Das Legalitätsprinzip (Einleitungspflicht) wurde in den Ländern Hessen, Mecklenburg-Vorpommern, Thüringen, Niedersachsen und Hamburg eingeschränkt. Durch diese vereinzelten Abweichungen der Disziplinargesetze wurde die mit der Föderalismusreform angestrebte Vereinheitlichung des Statusrechts der Beamtinnen und Beamten auf interessante Weise wieder relativiert.

Ergänzend zu den Disziplinargesetzen gelten grundsätzlich die Vorschriften   27 der **VwGO** und der für den Bund oder die Länder zuständigen **Verwaltungsverfahrensgesetze.** Der Bund und die Länder haben außerdem in anderen Gesetzen und Verwaltungsvorschriften einzelne formelle Fragen, wie z. B. Zuständigkeiten für die Einleitung von Disziplinarverfahren, geregelt.

Einheitlich gelten die Bestimmungen der §§ 52 ff, 76 StPO über die Auskunfts-   28 verweigerungsrechte bestimmter Personen und bei Beschlagnahmen und Durchsuchungen (§ 27 Abs. 1 Satz 3 BDG).

Der Leitfaden bezieht sich aus Gründen der Übersichtlichkeit überwiegend nur   29 *auf die Regelungen des BDG unter Ergänzung durch das VwVfG (Bund) und der VwGO. Ein besonderer Hinweis auf die entsprechenden Gesetze der Länder erfolgt nur bei wichtigen Abweichungen. Auf eine gesonderte Darstellung der strukturbedingten (geringfügigen) Abweichungen im Richterdienstrecht kann verzichtet werden.*

Gliederungsübersicht BDG: 30

Teil 1 enthält den persönlichen und sachlichen **Geltungsbereich des Gesetzes,**   31 verweist auf die ergänzende Geltung der VwGO und des VwVfG – soweit nicht anders bestimmt ist – und betont das **Beschleunigungsgebot.**

Teil 2 beschreibt die zulässigen **Disziplinarmaßnahmen und ihre Wirkung,** re-   32 gelt die Disziplinarmaßgrundsätze, die Auswirkungen des Zeitablaufs, die Einflüsse eines sachgleichen behördlichen oder gerichtlichen nicht-disziplinaren Verfahrens, den Einfluss einer anderweitigen, staatlichen Reaktion (beschränktes Maßnahmeverbot) sowie das Verwertungsverbot und die Tilgungsbestimmungen nach Bestandskraft disziplinarer Entscheidungen. Der Unterhaltsbeitrag im Falle einer Auflösung des Beamtenverhältnisses oder der Aberkennung des Ruhegehalts ist auf 6 Monate und 50 % der Dienstbezüge begrenzt.

Teil 3 regelt das **behördliche Disziplinarverfahren.**   33

Kapitel 1 beginnt mit dem **Legalitätsprinzip** (Einleitungspflicht bei Verdacht   34 eines Dienstvergehens). Betroffene Beamtinnen und Beamte haben die Möglichkeit, ein **Selbstentlastungsverfahren** zu verlangen. Es folgen Bestimmungen über mögliche Ausdehnungen oder Beschränkungen eines Verfahrens (Konzentrationsmaxime).

Kapitel 2 regelt die **Ermittlungen der Verwaltung.** Die Rechte der Beamtinnen   35 und Beamten und die Durchführung der Beweiserhebungen werden beschrieben. Die Herausgabepflicht von Unterlagen, Beschlagnahmemöglichkeiten im behördlichen Verfahren sowie die Anhörungsrechte der Beamtinnen und Beamten vor der Abschlussentscheidung sind geregelt.

Der **Vorrang des Strafverfahrens** bedeutet grundsätzlich Aussetzung des Ver-   36 fahrens bis zur abschließenden, strafgerichtlichen Entscheidung und bindet bei rechtskräftigem Urteil die Dienstvorgesetzten.

Höhere Dienstvorgesetzte sind befugt, Verfahren, die zur Entscheidung zuständigkeitshalber vorgelegt werden, zurückzugeben, wenn die Disziplinargewalt der nachgeordneten Dienstvorgesetzten ausreicht.

37   Kapitel 3 bestimmt die Entscheidungsalternativen des Dienstvorgesetzten, Einstellung des Verfahrens, Erlass einer Disziplinarverfügung sowie die Möglichkeit zur Erhebung der **Disziplinarklage.** Die Eintrittsrechte höherer Dienstvorgesetzter sind im Falle einer Verschlechterung zum Nachteil des Beamten auf 3 Monate (bisher 6 Monate) begrenzt. Ebenfalls wird die Kosten- und Auslagetragungspflicht geregelt.

38   Kapitel 4 sieht die Möglichkeit der **vorläufigen Dienstenthebung** sowie der **Einbehaltung von Dienstbezügen** vor.

39   In Kapitel 5 wird im Wesentlichen übereinstimmend mit der Verwaltungsgerichtsordnung das **Widerspruchsverfahren** zugelassen. Ein entsprechender, ausdrücklicher Hinweis auf die zulässige Anfechtungsklage nach der VwGO fehlt.

40   Teil 4 bezieht sich auf das **gerichtliche Verfahren.**

41   Kapitel 1 überträgt die Zuständigkeit auf die **VG der Länder.**

42   Kapitel 2, Abschnitt 1 bestimmt **Inhalt und Form der Disziplinarklage,** sieht eine Nachtragsdisziplinarklage vor, regelt die Bindungswirkung sachgleicher, strafgerichtlicher Entscheidungen auch für das VG und gibt dem VG die Möglichkeit, das Verfahren auf wesentliche Pflichtverletzungen zu beschränken (Konzentrationsmaxime).

43   Die **Beweisaufnahme in der gerichtlichen Verhandlung** wird nicht detailliert geregelt. Entscheidungsform ist regelmäßig das Urteil aufgrund mündlicher Verhandlung. Der Umfang der gerichtlichen Prüfungspflicht im Falle einer Anfechtungsklage der Beamtin oder des Beamten wird ebenfalls geregelt. Hält das VG eine Disziplinarmaßnahme für angemessen, die auch der Dienstvorgesetzte hätte verhängen dürfen, ist mit Zustimmung der Beteiligten eine Entscheidung durch Beschluss vorgesehen. Dies gilt ebenfalls für die Abweisung einer Disziplinarklage.

44   Abschnitt 2 eröffnet dem Beamten die Möglichkeit, bei **Verzögerung des behördlichen Disziplinarverfahrens** über sechs Monate hinaus eine gerichtliche Fristsetzung zu erwirken und sich gegen vorläufige Maßnahmen (Teil 3 Kapitel 4) zu wehren.

45   Kapitel 3 regelt das Disziplinarverfahren vor dem OVG/VGH.

46   Abschnitt 1 lässt die uneingeschränkte **Berufung** gegen Disziplinarklagen zu, verlangt aber besondere Zulassung der Berufung bei Anfechtungsklagen gegen Entscheidungen des Dienstvorgesetzten.

47   Abschnitt 2 eröffnet die grundsätzlich uneingeschränkte Möglichkeit der Beschwerde beim OVG/VGH.

48   Kapitel 4 begründet die **Revisionsinstanz beim BVerwG.** Die Revision ist entsprechend der VwGO zulassungsbedürftig.

49   Kapitel 5 regelt die **Wiederaufnahme** im gerichtlichen Disziplinarverfahren.

50   Teil 5 befasst sich mit den Einzelheiten der Gewährung eines **Unterhaltsbeitrags** nach Entfernung aus dem Beamtenverhältnis/bei Aberkennung des Ruhegehalts. Es wird auch **besondere Unterhaltsleistung** im Falle einer Mitwirkung bei der Aufklärung von Straftaten, speziell Korruptionssachverhalten ermöglicht. Im Teil 5 ist auch das Begnadigungsrecht vorgesehen.

Teil 6 bestimmt Einzelheiten der Disziplinarverfahren gegen besondere Beam- 51
tengruppen und Ruhestandsbeamtinnen und Ruhestandsbeamte.

Teil 7 enthält **Übergangsbestimmungen.** 52

Eine **vergleichende Übersicht der Disziplinargesetze** des Bundes und der Län- 53
der sowie der Anwendbarkeit der VwGO und des VwVfG (Bund) findet sich im
Anhang 1 (13.1).

1.4 Kurzüberblick über das Verfahren

Unterschieden wird zwischen dem **behördlichen** und dem **gerichtlichen Diszip-** 54
linarverfahren. Dabei handelt es sich nicht um unterschiedliche Verfahrensarten,
sondern um für das Verwaltungsrecht eigentümliche Zuständigkeitsregelungen.
Einem gerichtlichen Verfahren ist in jedem Fall ein behördliches Verfahren vorgeschaltet.

Zuständig für das behördliche Disziplinarverfahren (Disziplinarbefugnisse) 55
sind die Dienstvorgesetzten. Die (in der Verwaltungshierarchie) höheren Dienstvorgesetzten einschließlich der obersten Dienstbehörden haben die Befugnis, die
Verfahren an sich zu ziehen oder abzuändern.

In Nordrhein-Westfalen und Schleswig-Holstein sind zusätzlich besondere Ein- 56
richtungen geschaffen worden, die für eine Vereinheitlichung der Ausübung der
Disziplinarbefugnisse zu sorgen haben (§ 43 f. LDG NRW, Vertreter des öffentlichen Interesses; § 21 LDG-SH, Zentrale Disziplinarbehörde)[33]. Der Vertreter
des Bundesinteresses kann sich an einer Revision beteiligen (§ 35 VwGO)[34].

Die Aufgaben der **Rechtsprechung** nehmen die Gerichte der **Verwaltungs-** 57
gerichtsbarkeit wahr (§ 45 ff. BDG). Bei dem VG werden dazu spezielle Kam-
mern gebildet. Gegen die Entscheidung des VG wiederum sind – auch für die
Dienstvorgesetzten – (von der Klageart abhängig ggf. zulassungspflichtige) Berufung an das OVG/VGH (§§ 64 ff. BDG) und zulassungspflichtige Revision an das
BVerwG[35] (§§ 69 ff. BDG) statthaft (Ausnahme Bayern und Sachsen-Anhalt –
siehe oben Rz. 26). Bei den OVG/VGH und dem BVerwG sind Senate für Disziplinarsachen eingerichtet.

Der Verwaltungsgerichtsbarkeit obliegt nicht nur der gerichtliche Rechtschutz 58
(Art. 19 Abs. 4 GG) gegen die abschließenden Entscheidungen der Dienstvorgesetzten, sondern auch die **Ausübung eigener Disziplinarbefugnisse bei**
schwersten Disziplinarmaßnahmen (Richtervorbehalt).

---

33 Der Bund hat mit dem BDG die frühere Einrichtung des Bundesdisziplinaranwalts, die noch weitrei-
chendere Befugnis als die bezeichneten Einrichtungen hatte, abgeschafft.

34 Die Einrichtung des Bundesdisziplinaranwalts wurde mit dem BDG aufgegeben.

35 Das BVerwG ist nicht mehr Berufungsinstanz für Disziplinarverfahren gegen Beamtinnen und Beamte des Bundes, sondern Revisionsinstanz für den Bund und die Länder. Die Zahl der Entscheidungen des BVerwG in Disziplinarsachen geht damit zurück, wirkt aber nunmehr auch unmittelbar in
den Bereich der Länder hinein.

1.4.1 Behördliches Disziplinarverfahren

1.4.1.1 Zuständigkeiten

59   Das behördliche Disziplinarverfahren liegt – abgesehen von der rechtsstaatlich gebotenen gerichtlichen Überprüfbarkeit – in den Händen der Dienstvorgesetzten (§ 17 ff. BDG), die ihre Disziplinarbefugnisse höchstpersönlich ausüben und nicht delegieren können. Das Selbsteintrittsrecht der höheren Dienstvorgesetzten, z. B. § 17 Abs. 1 Satz 2 BDG, entspricht der hierarchischen Struktur der Verwaltung.

60   Die Zuständigkeit der Dienstvorgesetzten zur abschließenden Entscheidung ist abgestuft nach Art und Höhe der abschließenden Disziplinarmaßnahme und ihrer Stellung in der jeweiligen Verwaltung (§ 33 BDG). Sie können leichtere bis mittelschwere Dienstvergehen mit leichteren bis mittelschweren Disziplinarmaßnahmen durch Disziplinarverfügung (§ 33 BDG) eigenverantwortlich ahnden.

1.4.1.2 Verfahrensablauf

61   Das behördliche Disziplinarverfahren beginnt mit der **Einleitung des Verfahrens durch die Dienstvorgesetzten (§ 17 Abs. 1 BDG)**, wenn zureichende tatsächliche Anhaltspunkte für den Verdacht eines Dienstvergehens vorliegen (§ 17 Abs. 1 Satz 1. BDG). Die Einleitung des Verfahrens ist unverzichtbar und entspricht allein dem **Legalitätsprinzip (Verfolgungsgrundsatz** – *siehe* 5.3); § 17 BDG hat somit außerordentlich zentrale Bedeutung. Die Einleitung ist aktenkundig zu machen (§ 17 Abs. 1 Satz 3. BDG).

62   Das Legalitätsprinzip gilt nicht mehr uneingeschränkt bundeseinheitlich, sondern in Hessen, Mecklenburg-Vorpommern, Thüringen, Niedersachsen und Hamburg modifiziert. Dort kann von der Einleitung eines Disziplinarverfahrens abgesehen werden, wenn die Einleitung z. B. »Wegen der geringen Bedeutung des Vergehens« (§ 22 Abs. 2 Satz 3 ThürDG, § 20 Abs. 3 HDG) für nicht erforderlich gehalten wird oder »Unter Berücksichtigung der Umstände des Einzelfalls nach Abwägung von Anlass und Auswirkungen unverhältnismäßig wäre« (§ 19 Abs. 2 LDG M-V), oder wenn »eine Disziplinarmaßnahme nicht angezeigt erscheint« (§ 18 Abs. 2 Satz 1 Nr. 2 NDiszG). Diese Durchbrechung des Legalitätsprinzips könnte in Zukunft zur Folge haben, dass in eine pragmatische Verfahrenserledigung zu Ungleichbehandlung oder jedenfalls zu Erläuterungsproblemen führt[36]. Praktische Erfahrungen dazu sind derzeit noch nicht bekannt.

63   Ein Verfahren kann auch von der Beamtin oder vom Beamten selbst beantragt werden, um sich vom Verdacht eines Dienstvergehens zu befreien (§ 18 BDG, Einleitung auf Antrag, **Selbstentlastungsverfahren**[37] – *siehe* 6.3.2).

64   Ist das Disziplinarverfahren eingeleitet, kann der Beamte oder die Beamtin (auch auf Probe oder Widerruf) unter besonderen Voraussetzungen vorläufig des Diens-

---

36 Vgl. mit begründeter Kritik und Hinweis auf eine vorschnelle Verfahrenserledigung *Weiß*, Vom Niedergang des disziplinarrechtlichen Verfolgungsgrundsatzes – eine Chance für vermehrte Personalratsbeteiligung, PersV 2009, 1.

37 Der bekannte Ausdruck »Selbstreinigungsverfahren« (z. B. BayVGH vom 11.04.2005 – 16 as 05.317; *Köhler/Ratz*, § 18 Rz. 3; *siehe* auch noch die Vorauflagen dieses Leitfadens) ist eher antiquiert und unglücklich. Die Formulierung »Selbstentlastungsverfahren« – vgl. *Weiß*, a. a. O., S. 6 – erscheint mir zutreffender und zeitgemäß.

tes enthoben werden (§ 38 Abs. 1 BDG, *siehe* 8.5). Zuständig sind die Dienstvorgesetzten.

Wiegt das Dienstvergehen so schwer, dass voraussichtlich die Entfernung aus 65 dem Beamtenverhältnis oder die Aberkennung des Ruhegehalts angezeigt ist, können außerdem – je nach wirtschaftlichen Verhältnissen – bis zu 50 % der Dienstbezüge bzw. 30 % der Ruhestandsbezüge vorläufig einbehalten werden (§ 38 Abs. 2 BDG)[38]. Diese Maßnahme kann auch im Verlaufe des weiteren Verfahrens ergriffen werden.

Die folgenden Schritte der disziplinaren **Ermittlungen** (§§ 20 ff. BDG) dienen 66
– der Unterrichtung über den erhobenen Vorwurf (§ 20 BDG),
– der Belehrung der über die Rechte im Verfahren (§ 20 BDG),
– der ersten Anhörung (§ 20 BDG),
– der Sachverhaltsaufklärung (§ 21 BDG) und haben
– die belastenden,
– die entlastenden und
– die für die Bemessung einer Disziplinarmaßnahme bedeutsamen Umstände aufzuklären.
Einzelheiten zu den Ermittlungen finden sich in Abschnitt 6.4. ff.

Die Ermittlungen haben sich grundsätzlich auf das gesamte Dienstvergehen zu 67 erstrecken (Grundsatz der **Einheit des Dienstvergehens**, – *siehe* 2.2.6).

Im Einzelfall können die Ermittlungen auf Teilsachverhalte **eingeschränkt** wer- 68 den (§ 19 Abs. 2 BDG, Konzentrationsmaxime, – *siehe* 5.5), wenn einzelne Verfehlungen im Hinblick auf die zu erwartende Disziplinarmaßnahme nicht ins Gewicht fallen. Sie können aber auch **ausgedehnt** werden, wenn neue Verfehlungen bekannt werden (§ 19 Abs. 1 BDG, a. a. O.). Die Beschränkung oder Ausdehnung ist aktenkundig zu machen (§ 19 Abs. 1 Satz 2 BDG).

Regelmäßig werden Dienstvorgesetzte die Ermittlungen nicht selbst führen, 69 sondern geeignete Mitarbeiterinnen und Mitarbeiter mit den Ermittlungen beauftragen.

Sobald dies ohne Gefährdung des Ermittlungszwecks möglich ist, ist der erho- 70 bene Vorwurf zu eröffnen (§ 20 Abs. 1 BDG) und **Gelegenheit zur schriftlichen oder mündlichen Stellungnahme** zu geben (§ 20 Abs. 2 BDG).

Dafür gilt eine Frist von 1 Monat zur schriftlichen Stellungnahme. Wünscht die 71 Beamtin oder der Beamte, sich mündlich zu äußern, ist für die entsprechende Erklärung 2 Wochen Zeit einzuräumen; zur ersten Anhörung ist innerhalb von 3 Wochen zu laden (§ 20 Abs. 2 BDG).

Auch kann sich die Beamtin oder der Beamte einer oder eines **Bevollmächtigten** 72 oder eines Beistands (im Falle einer mündlichen Erörterung) bedienen (§ 20 Abs. 1 Satz 3 BDG).

Die Mitwirkung der **Personalvertretung** im behördlichen Disziplinarverfah- 73 ren ist in Bund und Ländern nicht einheitlich vorgesehen (*siehe* hierzu im Einzelnen Abschnitt 1.5).

---

38 Die früher in Bayern geltende Regelung, dass auch bei einer mit dem Disziplinarverfahren angestrebten Zurückstufung in ein Amt derselben Laufbahn mit niedrigerem Endgrundgehalt eine vorläufige Kürzung der Dienstbezüge erfolgen durfte, Art. 81 Abs. 1 BayDO, ist nicht in das BayDG übernommen worden.

74   Die **Schwerbehindertenvertretung** ist zu informieren, aber erst vor dem Erlass einer abschließenden Entscheidung anzuhören, sofern die Beamtin oder der Beamte dies wünscht (§ 95 Abs. 2 SGB 9).

75   In den Ermittlungen hat die Beamtin oder der Beamte ein Recht auf Anwesenheit, wenn z. B. Zeuginnen und Zeugen gehört werden (§ 24 Abs. 4 BDG), ebenso Bevollmächtigte bzw. der Beistand. Diese haben das Recht, sachdienliche Fragen zu stellen (§ 24 Abs. 4 BDG).

76   Die Beamtin oder der Beamte kann in den Ermittlungen Beweisanträge stellen, denen stattzugeben ist, wenn sie für die Tat- oder Schuldfrage oder für die Bemessung der Disziplinarmaßnahme von Bedeutung sind (§ 24 Abs. 3 BDG).

77   Unterlagen, Aufzeichnungen usw. mit dienstlichem Bezug sind auf Verlangen herauszugeben (§ 26 BDG). Beschlagnahmen und Durchsuchungen (§ 27 BDG) dürfen nur über eine Einschaltung des VG und durch die nach der StPO zuständigen Organe erwirkt werden.

78   Liegt ein **beschränktes Maßnahmeverbot** (§ 14 BDG, – *siehe* 4.6) vor, kann auf die (formelle) Einleitung eines Verfahrens oft verzichtet werden (§ 17 Abs. 2 BDG).

79   Besteht ein **Maßnahmeverbot wegen Zeitablaufs** (§ 15 BDG, – *siehe* 4.7 – »Verjährung«), gilt das Gleiche, (§ 17 Abs. 2 BDG).

80   Im Falle eines **parallelen Strafverfahrens** (vgl. Abschnitt 5.6) ist mit Erhebung der öffentlichen Klage vor dem Strafgericht das Disziplinarverfahren grundsätzlich **auszusetzen** (§ 22 Abs. 1 BDG). Wenn allerdings die Sachverhaltsaufklärung gesichert ist, z. B. im Falle eines umfassenden Geständnisses, kann das Verfahren ausnahmsweise fortgesetzt werden (§ 22 Abs. 1 BDG). Eine Aussetzung des Verfahrens kommt auch bei anderen, gesetzlich geordneten Verfahren in Betracht, wenn dort über eine Frage zu entscheiden ist, deren Beurteilung für die Entscheidung im Disziplinarverfahren von wesentlicher Bedeutung ist (§ 22 Abs. 3 BDG). Strafgerichtliche Urteile sind für Dienstvorgesetzte im Sachverhalt bindend (§ 23 BDG).

81   Ein »wesentliches Ergebnis der Ermittlungen«[39], das nach früherem Recht der Beamtin oder dem Beamten vor der abschließenden Entscheidung der Dienstvorgesetzten zuzuleiten war, ist nur noch in den Ländern Hessen, Mecklenburg-Vorpommern, Nordrhein-Westfalen, Rheinland-Pfalz, Saarland und Thüringen vorgeschrieben. Es ist aber in Form eines **Ermittlungsberichts** dennoch in den meisten Fällen zu empfehlen (*siehe* Kapitel 7).

82   Dienstvorgesetzte sind verpflichtet, Gelegenheit zur **abschließenden Anhörung** (§ 30 BDG) zu geben. Dabei gilt ebenfalls eine schriftliche Einlassungsfrist von 1 Monat bzw. 2 Wochen zur Mitteilung, ob eine mündliche Äußerung gewünscht wird (§ 20 Abs. 2 BDG).

1.4.1.3 Reaktionsmöglichkeiten der Dienstvorgesetzten

83   Dienstvorgesetzte können nach Abschluss der Ermittlungen
      – das Disziplinarverfahren aus **formalrechtlichen Gründen einstellen** (§ 32 Abs. 1 Abs. 2 BDG),

---

39 Früher *Vorermittlungen,* vgl. hierzu § 26 Abs. Abs. 4 BDO.

– das Disziplinarverfahren **einstellen** und die Beamtin oder den Beamten vom **Vorwurf eines Dienstvergehens freistellen** (§ 32 Abs. 1 Nr. 1 BDG),
– das Disziplinarverfahren unter **Feststellung eines Dienstvergehens einstellen**, ohne dass eine Disziplinarmaßnahme verhängt wird, wenn nach den Gesamt- umständen eine Disziplinarmaßnahme nicht angezeigt ist (§ 32 Abs. 1 Nr. 2 BDG).
– Wenn in gleicher Sache bereits durch ein Strafgericht oder eine Ordnungs- behörde eine staatliche Sanktion erfolgt ist, beschränkt § 14 BDG die Verhän- gung einer zusätzlichen Disziplinarmaßnahme auf Sonderfälle (**beschränktes Maßnahmeverbot**). Das Verfahren ist unter diesen Voraussetzungen (sofern überhaupt eingeleitet – *siehe* 5.3.2) ebenfalls **einzustellen** (§ 32 Abs. 1 Nr. 3 BDG).
– Besteht ein **Maßnahmeverbot wegen Zeitablaufs** (§ 15 BDG), gilt das Gleiche.

Können Dienstvorgesetzte das Verfahren nicht einstellen, dürfen sie mit einer **84** **Disziplinarverfügung eine Disziplinarmaßnahme** verhängen (§ 33 BDG). Zu- lässige Disziplinarmaßnahmen im behördlichen Verfahren sind:
– **Verweis** (§ 6 **BDG**), der schriftliche Tadel eines bestimmten Verhaltens.
– **Geldbuße** (§ 7 **BDG**), ein bestimmter Geldbetrag bis zur Höhe eine Monats- gehalts.
– **Kürzung der monatlichen Dienstbezüge** bis zur Höhe von einem Fünftel und auf die Dauer von bis zu drei Jahren (§ 8 BDG).
– Ausnahme: In Baden-Württemberg wurde mit dem LDG vom 22.01.2008 auch die Verhängung der schwersten Disziplinarmaßnahmen (Zurückstufung und Entfernung aus dem Beamtenverhältnis bzw. Aberkennung des Ruhegehalts) den Dienstvorgesetzten überlassen[40].

Gegen im **Ruhestand** befindliche ist nur die **Kürzung des Ruhegehalts** zulässig **85** (§ 5 Abs. 2 BDG). Gegen Beamte oder Beamtinnen auf Probe oder Widerruf sind nur Verweis und Geldbuße zulässig (§ 5 Abs. 3 BDG).

Eine (als solche bezeichnete) **schriftliche Missbilligung** ist keine Disziplinar- **86** maßnahme, auch wenn in einer Verfügung ein Dienstvergehen festgestellt wird (§ 6 Satz 2 BDG).

Reicht die Disziplinarbefugnis der Dienstvorgesetzten nicht aus, **87**
– ist der Vorgang den (nächst-)höheren Dienstvorgesetzten zur abschließenden Entscheidung vorzulegen (§ 31 Abs. 3 BDG),
– ist Disziplinarklage (§ 34 BDG) zu erheben, sofern diese Befugnis zusteht, oder
– sind die zuständigen höheren Dienstvorgesetzten zu bitten, Disziplinarklage zu erheben (§ 31 Abs. 3 BDG).

Einzelheiten zu den Entscheidungsmöglichkeiten der Dienstvorgesetzten *siehe* **88** Kapitel 8.

1.4.1.4 Rechtsbehelfe – Rechtsmittel

Beamtinnen oder Beamte können innerhalb von 1 Monat gegen eine Disziplinar- **89** verfügung wie auch gegen eine belastende (unter Feststellung eines Dienstver-

---

40 Es wird sich zeigen, ob diese Regelung einer verfassungsrechtlichen Überprüfung Stand hält, da hie- rin ein Verstoß gegen einen tragenden Grundsatz des Berufsbeamtentums, den Richtervorbehalt – vgl. *Franke* GKÖD I Rz. 53 –, liegen dürfte.

gehens ergehende) Einstellungsverfügung **Widerspruch** bei den (nächst-)höheren Dienstvorgesetzten (§ 41 BDG, § 70 VwGO) einlegen, sofern nicht die oberste Dienstbehörde entschieden hat. Dies gilt nicht in Bayern, Berlin, Mecklenburg-Vorpommern, Niedersachsen und Schleswig-Holstein.

90   Zur Verfahrensbeschleunigung können betroffene Beamtinnen und Beamte gegen eine verzögerte Bearbeitung des behördlichen Verfahrens **Antrag auf gerichtliche Fristsetzung für die Dienstvorgesetzten stellen**, wenn das behördliche Disziplinarverfahren nicht innerhalb von 6 Monaten durch abschließende Verfügung (Einstellungsverfügung, Disziplinarverfügung) oder Erhebung der Disziplinarklage abgeschlossen wurde (§ 62 Abs. 1 BDG).

91   Gegen die Entscheidung über den Widerspruch bzw. die abschließende Verfügung der obersten Dienstbehörde – generell in Bayern, Berlin, Mecklenburg-Vorpommern, Niedersachsen und Schleswig-Holstein – können die Beamtin oder der Beamte **Anfechtungsklage** erheben. Im weiteren Instanzenzug sind (Zulassungspflicht) Berufung und Revision möglich.
Zu Einzelheiten der Rechtsbehelfe und Rechtsmittel *siehe* Kapitel 10.

1.4.2 Gerichtliches Verfahren

1.4.2.1 Zuständigkeiten

92   Das gerichtliche Disziplinarverfahren (**Disziplinarklage,** *siehe* Kapitel 9) wird von den Dienstvorgesetzten bei schwersten Dienstvergehen initiiert, wenn ihre Disziplinarbefugnis nicht ausreicht (§§ 33 Abs. 1, 34, 52 ff. BDG). Ausnahme: In Baden-Württemberg ist die Disziplinarklage nicht vorgesehen; die Verhängung der schwersten Disziplinarmaßnahmen ist den Dienstvorgesetzten überlassen.

93   Befugt zur Eröffnung eines gerichtlichen Disziplinarverfahrens sind regelmäßig die obersten Dienstbehörden, die auch das Ernennungsrecht für die betroffenen Beamtinnen oder Beamten haben (§ 34 Abs. 2 BDG).

94   Eine **verwaltungsgerichtliche Feststellungsklage** der Beamtin oder des Beamten mit dem Ziele der Freistellung von einem Dienstvergehen (»Umgekehrte Disziplinarklage«) ist **nicht statthaft**. Hierfür ist der besondere Antrag der Beamtin oder des Beamten auf Einleitung eines Verfahrens gegen sich selbst vorgesehen (§ 18 BDG – Selbstentlastungsverfahren).

95   Die **Anfechtungsklage** gegen Entscheidungen der Dienstvorgesetzten ist hingegen statthaft. Sie ist im BDG nicht ausdrücklich erwähnt und wird im Kapitel über die Rechtsbehelfe und Rechtsmittel beschrieben (*siehe* 10.4).

96   Die **Entscheidung** im gerichtlichen Verfahren ist der **Verwaltungsgerichtsbarkeit** vorbehalten (§§ 45 ff. BDG).

1.4.2.2 Disziplinarmaßnahmen mit Richtervorbehalt

97   Folgende Disziplinarmaßnahmen unterliegen dem **Richtervorbehalt** (originäre, verwaltungsgerichtliche Disziplinarbefugnis – Umkehrschluss aus § 33 Abs. 1 BDG):
– **Zurückstufung** (Versetzung in ein Amt derselben Laufbahn mit niedrigerem Endgrundgehalt, § 9 BDG – nur gegen aktive Beamtinnen oder Beamte auf Lebenszeit zulässig),

– **Entfernung aus dem Beamtenverhältnis** (§ 10 BDG – nur gegen aktive Beamte oder Beamtinnen auf Lebenszeit zulässig) als schwerste disziplinare Maßregelung in den Fällen eines völligen Vertrauensverlustes (§ 13 Abs. 2 BDG),
– **Aberkennung des Ruhegehalts** (§ 12 BDG) als schwerste disziplinare Maßregelung für Ruhestandsbeamtinnen und -beamte (§ 13 Abs. 2 BDG).
Bei Verhängung der schwersten Maßnahmen wird, unter Verlust der Beamten-   98
bzw. Ruhestandsrechte, insbesondere der Dienste- oder Versorgungsbezüge, ein
befristeter **Unterhaltsbeitrag** gewährt (§§ 10 Abs. 3, 12 Abs. 2 BDG).

1.4.2.3 Verfahrensablauf

Das gerichtliche Disziplinarverfahren wird mit der **Erhebung der Disziplinar-**   99
klage eröffnet. Sie ist nur gegen Beamtinnen oder Beamte auf Lebenszeit und
im Ruhestand zulässig (§ 5 Abs. 2 BDG). Die Disziplinarklage kann vor einem Urteil jederzeit zurückgenommen werden. Soweit die Disziplinarklage zurückgenommen wurde, können die ihr zugrunde liegenden Handlungen nicht mehr
Gegenstand eines Disziplinarverfahrens sein (§ 61 Abs. 1 BDG).
Die Mitwirkung der **Personalvertretung** im gerichtlichen Disziplinarverfahren   100
ist in Bund und Ländern nicht einheitlich geregelt (*siehe* 1.5).
Die **Schwerbehindertenvertretung** ist vor der Erhebung der Disziplinarklage   101
anzuhören, sofern die Beamtin oder der Beamte dies wünscht (§ 95 Abs. 2 SGB9).
Die Disziplinarklage beschreibt und begrenzt den Prozessstoff, § 52 Abs. 1   102
BDG (**Substantiierung**) und muss deshalb inhaltlich eindeutig gefasst sein.
In der mündlichen, öffentlichen (§§ 55, 101 VwGO, § 169 GVG, Ausnahme: 103
Ausschluss der Öffentlichkeit in Nordrhein-Westfalen, § 38 LDG-NRW[41]) Ver-
handlung wird der Sachverhalt umfassend erörtert (§ 104 VwGO). Die Beweisauf-
nahme ist unmittelbar.
Das **Urteil** (§ 60 BDG) des **VG** kann lauten auf: 104
– Abweisung der Disziplinarklage.
– Verurteilung zu einer Disziplinarmaßnahme. Dabei sind alle Disziplinarmaß-
nahmen möglich, auch die nicht dem VG vorbehaltenen, leichteren Maßnahmen
(Verweis, Geldbuße, Kürzung der Dienstbezüge oder des Ruhegehalts).
Einstellung z. B. aus formalen Gründen ist nicht möglich. Auch ist ein Frei-   105
spruch wie nach der früheren BDO nicht mehr vorgesehen. In diesen Fällen erfolgt
konsequent Abweisung der Disziplinarklage.
In Einzelfällen kann auch mit Zustimmung der Beteiligten im **Beschlusswege**   106
auf eine geringere Disziplinarmaßnahme als die Zurückstufung erkannt oder die
Klage abgewiesen werden (§ 59 BDG).

1.4.2.4 Rechtsmittel

Gegen das Urteil des VG über eine Disziplinarklage kann (keine Zulassungs-   107
pflicht) Berufung beim OVG/VGH eingelegt werden (§§ 64 ff. BDG). Gegen
die Entscheidung des OVG/VGH ist zulassungspflichtige Revision an das

---

41 Entspricht der früheren Handhabung der Disziplinarordnung im Interesse des Schutzes der Betroffenen. Der Regelung ist entgegenzuhalten, dass auch andere Beamtensachen und auch arbeitsgericht-
liche Prozessen grundsätzlich öffentlich sind.

BVerwG möglich (§§ 69 f. BDG). Bayern und Sachsen-Anhalt haben die Revision ausgeschlossen[22].

1.4.3 Verfahren gegen Beamtinnen/Beamte auf Probe

108   Gegen Beamte oder Beamtinnen auf Probe ist ein Gerichtliches Verfahren nicht statthaft, da dem Richtervorbehalt unterliegende Disziplinarmaßnahmen gegen diese nicht zulässig sind.

109   Dieser Personenkreis (§ 4 Nr. 3 BeamtStG, § 6 Abs. 1 Nr. 3 BBG) kann wegen eines Dienstvergehens durch Verfügung entlassen werden, wenn bei einer Lebenszeitbeamtin oder einem Lebenszeitbeamten mindestens die Verhängung einer Kürzung der Dienstbezüge in Betracht käme (§ 23 Abs. 3 Nr. 1 BeamtStG, § 34 Abs. 1 Nr. 1 BBG). Es muss kein Dienstvergehen vorliegen, welches die Zurückstufung oder disziplinare Höchstmaßnahme der Entfernung aus dem Beamtenverhältnis erfordert. Das Entlassungsverfahren ist ein allgemeines, beamtenrechtliches Verfahren.

110   Ein dem Entlassungsverfahren vorgeschaltetes oder paralleles, behördliches Disziplinarverfahren ist wegen des Legalitätsprinzips dennoch unverzichtbar; damit sind disziplinare Ermittlungen nach den §§ 20 ff. BDG erforderlich. Bei der Feststellung eines Dienstvergehens in einem Nicht-Disziplinarverfahren würden sonst Schutzrechte des Disziplinarverfahrens unterlaufen. Es wäre bedenklich, unmittelbar (nur) ein Entlassungsverfahren nach § 3 BeamtStG, § 34 BBG zu veranlassen[42].

1.4.4 Verfahren gegen Beamtinnen/Beamte auf Widerruf

111   Gegen Beamte oder Beamtinnen auf Widerruf ist ein Gerichtliches Verfahren nicht statthaft, da die dem Richtervorbehalt unterliegenden Disziplinarmaßnahmen gegen diese nicht zulässig sind.

112   Für sie (§ 4 Nr. 4 BeamtStG, § 6 Abs. 1 Nr. 4 BBG) gilt nicht die Einschränkung des Entlassungsgrundes wegen schwererer Dienstvergehen (§ 23 Abs. 4 BeamtStG, § 37 Abs. 1 BBG). Einem Entlassungsverfahren muss daher kein Disziplinarverfahren vorgeschaltet werden (wie bei Beamtinnen und Beamten auf Probe).

1.5   Beteiligung der Personalvertretung

113   Die Beteiligung der Personalvertretung ist nicht bundeseinheitlich geregelt.

114   § 54 Abs. 2 BremPersVG sieht eine zwingende **umfassende Information** des Personalrates bereits im **behördlichen Verfahren** vor.

115   Vor dem Erlass von **Disziplinarverfügungen** ist der Personalrat in Baden-Württemberg (§ 80 Abs. 1 Nr. 5, Abs. 2 LPVG 1996), Bayern (Art. 76 Abs. 1 Nr. 3, Abs. 2 Satz 2 BayPVG), Hamburg (§ 87 Abs. 1 Nr. 22 HmbgPersVG), Mecklenburg-Vorpommern (§ 68 Abs. 2 Nr. 4, Abs. 2 Satz 2 PersVG) **antragsabhängig** zu beteiligen, in Berlin (§ 90 Nr. 8 PersVG) und Brandenburg (§ 68 Abs. 1 Nr. 7 PersVG) auch **ohne Antrag.**

---

42 Kommt in der Praxis aber durchaus vor.

Der Bund (§ 78 Abs. 1 Nr. 3, Abs. 2 Satz 2 BPersVG), Rheinland-Pfalz (§ 79   116
Abs. 1 Nr. 14 LpersVG), Nordrhein-Westfalen (§ 73 Nr. 4 LPVG) und Sachsen
(§ 81 Abs. 1 Nr. 10 SächsPersVG) sehen eine **antragsabhängige** Beteiligung
erst mit Erhebung der **Disziplinarklage vor.**

Hessen, Niedersachsen, das Saarland und Sachsen-Anhalt sehen überhaupt   117
keine Mitwirkung in Disziplinarsachen vor (auch bei Erhebung der Disziplinarklage).

Die Mitwirkung der Personalvertretung ist für Beamte und Beamtinnen in be-   118
stimmten Besoldungsgruppen (mit leitender Funktion, überwiegend Besoldungsgruppe A 16 und höher) ausgeschlossen.

1.6 Beteiligung der Schwerbehindertenvertretung

Die Schwerbehindertenvertretung ist vor Erlass einer abschließenden Entschei-   119
dung (Verfügung, Disziplinarklage) **anzuhören,** wenn die Beamtin oder der Beamte es wünscht (§ 95 Abs. 2 SGB 9). Eine **Information** über das Disziplinarverfahren ist in jedem Fall erforderlich.

§ 95 SGB 9 Aufgaben der Schwerbehindertenvertretung
»(2) Der Arbeitgeber hat die Schwerbehindertenvertretung in allen Angelegenheiten,
die einen einzelnen oder die schwerbehinderten Menschen als Gruppe berühren, unverzüglich und umfassend zu unterrichten und vor einer Entscheidung anzuhören; er hat ihr
die getroffene Entscheidung unverzüglich mitzuteilen. Die Durchführung oder Vollziehung einer ohne Beteiligung nach Satz 1 getroffenen Entscheidung ist auszusetzen, die
Beteiligung ist innerhalb von sieben Tagen nachzuholen; sodann ist endgültig zu entscheiden.«

2 Dienstvergehen

2.1 Allgemeines

Beamtinnen und Beamten begehen ein Dienstvergehen, wenn sie schuldhaft ihre 120
Pflichten verletzen (§ 47 Abs. 1 Satz 1 BeamtStG, § 77 Abs. 1 Satz 1 BBG). Zum
Tatbestand eines Dienstvergehens gehören
– objektiv die Verletzung einer Pflicht und
– subjektiv Verschulden.
  Fehlt eine dieser Voraussetzungen, liegt kein Dienstvergehen vor. Gleiches gilt, 121
wenn nur ein Formalverstoß ohne disziplinarrechtlichem Unrechtsgehalt vorliegt
(Bagatellverfehlung, Arbeitsfehler – *siehe* 2.2.2).
  Ein Dienstvergehen liegt ebenfalls nicht vor, wenn für das Fehlverhalten ein 122
Rechtfertigungsgrund (*siehe* 2.3) geltend gemacht werden kann.

2.2 Objektiver Tatbestand

2.2.1 Gesetzliche Grundlagen

2.2.1.1 Einzelpflichten – Wohlverhaltenspflicht

Die Dienstpflichten sind in den Beamtengesetzen nur unvollkommen beschrieben. 123
Einen Katalog von Einzeltatbeständen, der – wie im Strafrecht bei den Straftaten –
eine **abschließende Aufzählung** der möglichen Pflichtverletzungen enthält, **gibt
es nicht.** Wegen der unterschiedlichsten Pflichten in den jeweiligen Verwaltungen
mit völlig andersartiger Aufgabenstellung wäre eine abschließende Regelung in
einem einheitlichen Regelungswerk auch kaum darstellbar und mit Sicherheit
sehr unübersichtlich.
  Der (für das Statusrecht der Beamtinnen und Beamte nunmehr einheitlich zu- 124
ständige Bundes-)Gesetzgeber hat es deshalb dabei belassen, **Einzelregelungen
für besondere Pflichtenlagen**, die ausschließlich den innerdienstlichen Bereich
betreffen, und einen in das Außerdienstliche übergreifenden **Grundtatbestand**[43]
zu schaffen, die so genannte **Wohlverhaltenspflicht (§ 34 Satz 3 BeamtStG, § 61
Abs. 1 Satz 3 BBG)**[44] als »Grundsatznorm für das Verhalten der Beamten«[45].
  Diese **Berufsgrundpflicht**, die bereits in den frühen, grundlegenden Gesetzen, 125
die das Beamtentum kodifizierten, ähnlich enthalten war, ist leicht differenziert für
Bund und Länder geregelt (*siehe auch* Abschnitt 1.2); die Unterschiede sollen hier
noch einmal wiederholt werden.

> § 34 Satz 3 BeamtStG, § 61 Abs. 1 Satz 3 BBG: »(Das) ... Verhalten (der Beamten und
> Beamtinnen) *innerhalb und außerhalb des Dienstes (nur BBG)* muss der Achtung und
> dem Vertrauen gerecht werden, die ihr Beruf erfordert«.

---

43 *Zängl* GKÖD I K § 54 Rz. 113.
44 Vgl. hierzu *Claussen/Janzen*, Einl. C 1 a.
45 *Zängl* GKÖD I K § 54 Rz. 112.

126 Diese – in Teilen überkommene – Vorschrift regelt (zwar wenig konkret, im Prinzip aber dennoch umfassend) in wenigen Worten das beamtenrechtliche Grundverständnis[46]. Trotz des heutigen, gewandelten Beamtenbildes und unseren Forderungen nach einer gesetzlich möglichst präzisen Ausformulierung, insbesondere der Pflichten, wurde nicht auf eine solche generalklauselartige Formulierung verzichtet, da sich in einer stetigen Anforderungen und Wandlungen unterliegenden Gesellschaft nicht alle Pflichtenverstöße im Einzelnen vorhersehen lassen. Die Grundpflicht ist damit zugleich **Auffangtatbestand**.

2.2.1.2 Abgrenzung inner-/außerdienstliche Pflichten

127 **Außerhalb des Dienstes** wird die Wohlverhaltenspflicht noch zusätzlich eingeschränkt.

> § 47 Abs. 1 Satz 2 BeamtStG, § 77 Abs. 1 Satz 2 BBG: »Ein Verhalten außerhalb des Dienstes ist nur dann ein Dienstvergehen, wenn es nach den Umständen des Einzelfalls in besonderem Maße geeignet ist, das Vertrauen in einer für ihr Amt *oder das Ansehen des Beamtentums (nur BBG)* bedeutsamen Weise zu beeinträchtigen«

128 Die in diesen Vorschriften enthaltenen, mehrfachen Begrenzungen sollen deutlich machen: **Der Privatbereich einer Beamtin oder eines Beamten soll so weit wie möglich geschützt und für den Dienstherrn unzugänglich bleiben.** Beamtinnen und Beamte sind eben nicht immer im Dienst[47]. Achtungsunwürdiges Verhalten außerhalb des Dienstes darf deshalb nicht grundsätzlich und von vornherein als Dienstvergehen gewertet werden, selbst dann nicht, wenn es sich um eine Straftat handelt (vgl. Abschnitt 3.3.2)[48]. Das Verhalten ist immer zuerst unter Beachtung der Einschränkungen nach § 47 Abs. 1 Satz 2 BeamtStG, § 77 Abs. 1 Satz 2 BBG auf seine disziplinarrechtliche Relevanz zu prüfen.

129 Die Prüfung ist demnach eine zweistufige.
– Zunächst kommt es auf die Feststellung an, ob das Fehlverhalten **außerdienstlich** ist,
– und erst danach darauf, ob es auch »in besonderem Maße« geeignet ist, eine bedeutsame Achtungs- und Vertrauenseinbuße (bzw. Ansehensschädigung) zu bewirken.

130 Auf das zweite Merkmal wird aus praktischen Gründen erst bei der näheren Befassung mit den außerdienstlichen Fehlverhaltensweisen eingegangen (*siehe* 3.3).

131 Ob und wann eine Verhaltensweise als »**außerdienstlich**« zu werten ist, haben Schrifttum und Rechtsprechung nicht immer einheitlich beurteilt[49]. Nach der (zutreffenden) **materiellrechtlichen Betrachtungsweise des BVerwG**[50] ist nicht entscheidend, ob formal eine zeitliche oder örtliche Verbindung mit dem Dienst

---

46 *Lemhöfer*, Nach der Föderalismusreform: Das kommende Beamtenstatusgesetz für Länder- und Gemeindebeamte, RiA 2007, 49 (51). Sinngemäß für die bisherige Gesetzeslage *Zängl* A. a. O.
47 *Lenders/Peters/Weber* Rz. 559.
48 So die aktuelle Rechtsprechung zur Bewertung außerdienstlichen Fehlverhaltens,. Diese Auffassung wurde bereits früher vertreten, vgl. *Hertel*, Tätigkeitsbericht des Bundesdisziplinaranwalts für die Jahre 1989–1992, ZBR 1993, 289 ff., sowie *Wattler*, Die Disziplinarbefugnis in der Hand des Dienstvorgesetzten – ein Instrument der Personalführung mit besonderen Mitteln, Zeitschrift für Tarifrecht 1989, 335–346.
49 *Claussen/Janzen*, Einl. C 59 a m. Nachw.
50 Vgl. den ausführlichen Nachweis bei *Plog/Wiedow/Lemhöfer/Bayer* § 77 BBG Rz. 9.

vorliegt. Maßgebend ist vielmehr der **enge sachliche Zusammenhang mit den dienstlichen Aufgaben, unter** Anlegung eines strengen Maßstabes. Dies ist dann der Fall, wenn die Beamtin oder der Beamte nur aufgrund der dienstlichen Tätigkeit oder unter Ausnutzung dienstlicher Möglichkeiten in der Lage war, den zur Last gelegten Sachverhalt zu verwirklichen, und hierdurch zugleich auch Beamtenpflichten schuldhaft verletzt wurden[51]. »Stellt sich das Verhalten des Beamten bei der gebotenen materiellen Betrachtung als das eines Privatmannes dar, ist es als ein außerdienstliches, sonst als innerdienstliches zu würdigen«[52]

Beispiele: Der Zugriff auf Mittel eines privaten Vereins ist außerdienstlich, obwohl dieser Verein aus sozialen und dienstlichen Gründen erheblich durch den Dienstherrn gefördert wurde[53].

Auch ein Betrug mit Reisekosten eines zur Dienstleistung zur EU abgeordneten Beamten gegenüber den dortigen Behörden wurde als außerdienstlich eingestuft, da durch die Beurlaubung die innerdienstlichen Pflichten gegenüber dem Dienstherrn Bundesrepublik weitgehend ruhen[54].

Die Schädigung des Staates durch Steuerhinterziehung ist ebenfalls außerdienstlich[55] und kann zur Entfernung aus dem Dienst führen[56].

Bei Abordnung zu Unternehmen der Post oder Deutschen Bahn sind Verfehlungen ebenfalls grundsätzlich als außerdienstlich einzustufen[57]. In diesen Fällen liegen (außerdienstliche) arbeitsrechtliche Verfehlungen vor, deren Bewertung durchaus so schwerwiegend sein kann, dass dennoch eine Entfernung aus dem Beamtenverhältnis angebracht ist[58], unbeschadet einer eventuellen parallelen arbeitsrechtlichen Reaktion, die keinen Verbrauch der Disziplinarbefugnisse bewirkt.

Eine Beleidigung von Kollegen in einer anonymen Eingabe an den Dienstvorgesetzten ist eine innerdienstliche Pflichtverletzung, ebenso eine Verkehrsstraftat beim Führen eines Dienstwagens nach Beendigung des Dienstes und verfassungsfeindliche Aktivitäten außerhalb der Dienstzeit.

Die Unterscheidung zwischen inner- und außerdienstlichen Pflichtverletzungen ist auch deshalb notwendig, weil die disziplinaren Konsequenzen bei innerdienstlichen Pflichtverletzungen härter sind[59]. Dies bedarf keiner näheren Begründung. 132

2.2.2 *Bagatellverfehlungen – Arbeitsfehler*

Disziplinarrechtlich irrelevant sind sog. Bagatellverfehlungen[60]. Sie können zwar 133 formal die Voraussetzungen einer schuldhaft begangenen Pflichtverletzung erfüllen. Materiell handelt es sich bei ihnen jedoch um bloße **Unkorrektheiten ohne disziplinaren Unrechtsgehalt.** Sie haben keinen Achtungs- oder Vertrauensver-

---

51 Z. B. BVerwG vom 21.08.1996 – 1 D 66/95; BVerwG vom 24.11.1992 – 1 D 52.91. Ausführlich hierzu *Plog/Wiedow/Lemhöfer/Bayer* § 77 BBG Rz. 9 und § 54 Rz. 21.
52 BVerwG vom 20.02.2001 – 1 D 55/99.
53 BVerwG vom 26.02.1992 – 1 D 29/91.
54 BDiG vom 01.12.1994 – XVI VL 35/94 = DÖD 1995, 80–83 = Dok. Ber. B 1995, 105–110.
55 OVG Saarlouis vom 12.11.2008 – 6 A 157/08.
56 OVG Münster vom 30.05.2006 – 21 d A 3905/05 = IÖD 17/2006; OVG Münster, vom 15.03.2006 – 21 d A 2169/04.O = IÖD 11/2006.
57 BVerwG vom 07.06.2000 – 1 D 4/99.
58 BVerwG vom 24.10.2006 – 1 DB 6/06.
59 Z. B. *Plog/Wiedow/Lemhöfer/Bayer* § 54 BBG Rz. 20.
60 Vgl. hierzu m. Nachw. *Claussen/Janzen,* Einl. B 4 a–4 c. »Minimum an Evidenz«.

lust zur Folge, sodass es unverhältnismäßig wäre, sie als Dienstvergehen zu qualifizieren.

> *Beispiele:* Als Bagatellverfehlung wäre z. B. der einmalige, geringfügig verspätete Dienstantritt eines Bürobeamten oder eine einmalige (fahrlässige) verspätete Eintragung im Fahrtenbuch zu werten.
> Die Verkennung einer nicht alltäglichen Rechtslage durch einen Bürgermeister kann als Bagatellverfehlung eingestuft werden[61].
> Leichte Annäherungsversuche (Anmache) im Dienst können noch als Bagatellverfehlungen angesehen werden[62].

134   Der **Bagatellcharakter** des Fehlverhaltens **muss sich jedoch geradezu aufdrängen;** es bedarf dann regelmäßig keiner Ermittlungen. Sie sind allerdings einzuleiten, wenn sich in formlosen Verwaltungsermittlungen (*siehe* 6.5) der Verdacht eines Dienstvergehens ergibt.

135   Die »Bagatellisierung« einer Verfehlung darf andererseits nicht dazu führen, das Disziplinarrecht zu unterlaufen und unter Missachtung des Legalitätsprinzips und der Schutzrechte für den Beamten oder die Beamtin ein gebotenes Verfahren zu unterlassen. Bei geringfügigen Verfehlungen, die sich nicht mehr als disziplinarrechtlich irrelevante Bagatellen qualifizieren lassen, haben Dienstvorgesetzte immer noch die Möglichkeit, im Rahmen einer **Opportunitätsentscheidung** nach § 13 BDG (*siehe* 4.4) von der Verhängung einer Disziplinarmaßnahme abzusehen.

136   Einer Abgrenzung zum Dienstvergehen bedarf es auch bei **Arbeitsfehlern,** die nicht zwingend den Charakter einer Verfehlung haben müssen. Sie sind bedauerlicherweise nicht zu vermeiden, auch bei ansonsten tadellosem Leistungsbild. Disziplinare Reaktionen wären in solchen Fällen eher kontraproduktiv und könnten den Leistungswillen bemühter Mitarbeiterinnen und Mitarbeiter behindern. Nicht jeder ist jeden Tag in Höchstform. Eine konsequente Dienstaufsicht und sorgfältig geführte Personalführungsgespräche sind in diesen Fällen eher angezeigt.

137   **Es wird dringend angeraten, das Disziplinarrecht als ultima ratio nicht mit Kleinigkeiten zu verschleißen. Konsequente Personalführungsgespräche sind nicht durch das Disziplinarrecht ersetzbar.**

2.2.3 Dienstvergehen durch Ruhestandsbeamtinnen/-beamte

138   Werden Ruhestandsbeamtinnen oder Ruhestandsbeamte eines **vor dem Eintritt in den Ruhestand** begangenen Dienstvergehens – für welche die Pflichten der aktiven Beamtinnen und Beamten uneingeschränkt gelten – verdächtigt, so veranlasst die oberste Dienstbehörde (vgl. § 84 Satz 1 BDG) die auch hier obligatorischen (Legalitätsprinzip, § 17 BDG) Ermittlungen nach § 20 ff. BDG.

139   Ruhestandsbeamtinnen oder Ruhestandsbeamte können auch für ein **Fehlverhalten nach Eintritt in den Ruhestand** zur Verantwortung gezogen werden, obwohl ihr Beamtenverhältnis erloschen ist (Fiktion eines Dienstvergehen, das Verhalten »gilt« als Dienstvergehen). Der gegenüber aktiven Beamtinnen und Beamten stark eingeschränkte Pflichtenkreis ist in § 48 Abs. 2 BeamtStG, § 77 Abs. 2 BBG abschließend geregelt (*siehe* zu einem Einzelfall Abschnitt 3.5). Die Wohlver-

---

61 VG Meiningen vom 09.06.2008 – 6 D 60012/02. Me.
62 BVerwG vom 23.02.2005 – 1 D 1/04.

haltenspflicht gilt in ihrer umfassenden Form nicht. Auch in diesen Fällen ist die oberste Dienstbehörde (vgl. § 84 Satz 1 BDG) zuständig.

2.2.4 Begehungsformen

Eine Dienstpflicht kann durch **pflichtwidriges Handeln** oder durch **Unterlassen** 140 eines **gebotenen, pflichtgemäßen Handelns** verletzt werden[63]. Eine Unterscheidung hinsichtlich der unechten oder echten Unterlassungsdelikte (wie sie im Strafrecht gilt, § 13 StGB[64]) ist sachlich nicht notwendig. Beamte und Beamtinnen haben entweder bestimmte Vorschriften zu beachten, sodass die Nichtbeachtung allein schon den Pflichtenverstoß begründet, oder haben diese Pflicht nicht. Ein Unterlassen kann auch oft einem aktiven Handeln gleichkommen, z. B. wenn es um die Unterdrückung von Urkunden oder Akten geht.

> *Beispiel:* Die unterlassene Aufnahme eines Vermerks über ein Gespräch in die Akte, »in welchem der Beschuldigte – möglicherweise einem Beweisverwertungsverbot unterliegende – Angaben zur Sache gemacht hat, ist (hingegen keine bloße) Bagatellverfehlung«[65].

2.2.5 Teilnahme und Versuch

Eine Unterscheidung nach **Täterschaft** (auch mittelbare Täterschaft) und **Teil-** 141 **nahme** (Anstiftung, Beihilfe) entsprechend dem Strafrecht **gibt es daher im Disziplinarrecht nicht;** wer Kolleginnen oder Kollegen zu einem Dienstvergehen verleitet oder bei einem Dienstvergehen unterstützt, verletzt eigene Pflichten und begeht somit auch selbst ein Dienstvergehen[66].

Auch der (strafrechtlichen) Figur des **Versuchs** bedarf es nicht, da bereits der Ver- 142 such einer Pflichtverletzung ein Pflichtverstoß und damit ein Dienstvergehen sein kann[67]. Das »negative Persönlichkeitsbild« der Beamtin oder des Beamten – und damit das letztlich für eine Disziplinierung ausschlaggebende Merkmal eines Dienstvergehens – hat sich bereits im Versuch einer Pflichtverletzung gezeigt. Der Versuch einer Straftat kann damit ebenfalls eine »vollendete Dienstpflichtverletzung« sein. »Ist der Erfolg der Tat nicht eingetreten, so ist dies für die Bemessung nur von Bedeutung, wenn der Nichteintritt auf einem dem Beamten zurechenbaren Verhalten beruht«[68].

2.2.6 Einheit des Dienstvergehens

Treffen mehrere Pflichtverletzungen zusammen, liegt darin keine Mehrzahl von 143 Dienstvergehen, sondern nur »**ein**« Dienstvergehen[69] (§ 47 Abs. 1 Satz 1 BeamtStG, § 77 Abs. 1 Satz 1 BBG). Dieser Grundsatz der **Einheit des Dienstvergehens** ist kein Verfahrensgrundsatz, sondern die Forderung des Disziplinarrechts nach einer **ganzheitlichen Beurteilung** der **Persönlichkeit** und des **Gesamtverhaltens.** Es ist eine **materiellrechtliche Entscheidung** zur Bewertung eines ein-

---

63 Vgl. z. B. *Köhler/Ratz*, A I Rz. 5.
64 Z. B *Tröndle/Fischer*, StGB, 51. Aufl., Vor § 13 Rz. 12.
65 VGH Mannheim vom 13.02.2007 – DL 16 S 17/06.
66 *Claussen/Janzen*, Einl. B 1 c; *Köhler/Ratz*, a I Rz. 8.
67 *Claussen/Janzen*, Einl. B 1 c; *Köhler/Ratz*, a I Rz. 6.
68 BVerwG vom 11.03.2008 – 2 B 8/08.
69 Vgl. hierzu eingehend *Claussen/Janzen*, Einl. B Rz. 6 a ff; *Köhler/Ratz*, a I Rz. 11 ff.

heitlichen Dienstvergehens und keine Methode, um mehrere Pflichtverletzungen in der Zusammenfassung zu bewerten. Einer speziellen Konkurrenzlehre – wie im Strafrecht (§§ 52 ff. StGB) – bedarf das Disziplinarrecht nicht. Falsch wäre es daher, in diesen Fällen von der Begehung »Mehrerer Dienstvergehen« zu sprechen. Das wird oft übersehen.

144   Eine wichtige praktische Folge des Grundsatzes der einheitlichen Beurteilung eines Dienstvergehens ist, dass es **erst mit Begehung der letzten Pflichtverletzung vollendet** ist[70]. Dies ist bei der Berechnung der Frist für das Maßnahmeverbot infolge Zeitablaufs (§ 15 BDG, – *siehe* 4.7) zu beachten. Auch das beschränkte Maßnahmeverbot (§ 14 BDG – *siehe* 4.6) kann aus diesem Grunde nur greifen, wenn alle Fehlverhaltensweisen insgesamt strafgerichtlich geahndet worden sind.

145   Eine Ausnahme gilt, wenn eine Einzelverfehlung in keinem auf eine für die Beamtin oder den Beamten typische innere Fehlhaltung hindeutenden Zusammenhang mit weiterem Fehlverhalten steht[71]. In diesen Fällen kann die Einzelverfehlung isoliert gewürdigt werden. Das hat u. a. zur Folge, dass die Frist für das Maßnahmeverbot infolge Zeitablaufs (§ 15 BDG) für diese Verfehlung gesondert zu berechnen ist oder das Verfahren hinsichtlich einer einzelnen Pflichtverletzung insoweit nach § 14 BDG eingestellt werden kann[72].

146   Ein vergleichbarer Gedanke gilt, wenn bereits einzelne Verfehlungen eine abschließende Beurteilung der Gesamtpersönlichkeit ermöglichen[73] und deshalb die disziplinare Höchstmaßnahme zu verhängen ist[74] oder einzelne Verfehlungen für das Disziplinarmaß ohne Bedeutung sind. In diesen Fällen ist eine Verfahrensbeschränkung (§ 19 Abs. 2 BDG, **Konzentrationsmaxime,** vgl. Abschnitt 5.5) sinnvoll und unter dem Gesichtspunkt des **Beschleunigungsgebots** (§ 4 BDG, – *siehe* 5.4) sogar geboten[75].

2.3   Rechtswidrigkeit

147   Wer sich objektiv pflichtwidrig verhält, handelt regelmäßig auch rechtswidrig[76], sodass die Rechtswidrigkeit im Disziplinarrecht tatbestandsbegründend sein kann. Umstände, die (ausnahmsweise) ein pflichtwidriges Verhalten rechtfertigen könnten (sog. **Rechtfertigungsgründe),** kommen im Disziplinarrecht nur selten vor, wenn man sich z. B. auf eine ausdrückliche Anweisung des Vorgesetzten berufen kann (§ 35 Satz 2 BeamtStG, § 35 Satz 2 BeamtStG, § 62 Abs. 1 Satz 2 BBG). Sogar die Befolgung einer (auch rechtswidrigen) Anordnung kann gerechtfertigt sein, jedenfalls wenn die angeordnete Handlung keinen Straftatbestand verwirklicht (§ 35 Satz 3 BeamtStG, § 62 Abs. 2 Satz 3 BBG). In diesem Fall muss die Beamtin oder der Beamte aber bei den höheren Dienstvorgesetzten remonstrieren.

---

70 BVerwG vom 14.11.2007 – 1 D 6/06; Std. Rspr. So bereits u. a. BDHE 3, 180, BVerwGE 63, 88, BayVGH ZBR 1984, 189.
71 *Claussen/Janzen,* Einl. B 7 a; *Köhler/Ratz,* a I Rz. 16 ff.
72 Ausführlicher Nachweis in BVerwG vom 10.12.1991 – 1 D 26/91.
73 In diesem Sinne z. B. *Köhler/Ratz,* A I Rz. 16.
74 So schon im Vorgriff auf die heutige Gesetzeslage BVerwG vom 26.02.1992 – 1 D 29/91.
75 Diese Regelungen kannten nur wenige Disziplinarordnungen; die Praxis nahm jedoch vielfach die Konzentrationsmaxime vorweg.
76 *Claussen/Janzen,* Einl. B 10.

Beispiel: Ordnet z. B. ein Vorgesetzter an, gegen zwingende Haushaltsvorschriften zu verstoßen, dann handelt der Angewiesene regelmäßig rechtmäßig, wenn der höhere Vorgesetzte auf der Durchführung der Anordnung besteht.

Dulden Vorgesetzte pflichtwidrige Handlungen, liegt darin regelmäßig kein Rechtfertigungsgrund[77]; diese »Nachsicht« kann aber ein Milderungsgrund sein[78].   148

Beispiel: Abfertigungsbeamte nehmen mit Wissen des Vorgesetzten entgegen einem ausdrücklichen schriftlichen Verbot »Trinkgelder« an. Die Kenntnis des Vorgesetzten, der einfach wegsieht, ändert an der Pflichtwidrigkeit nichts.

Gerechtfertigt kann ein Verhalten auch sein, wenn eine besondere (außergewöhnliche) Pflichtenkollision bestand.   149

Beispiel: Verletzung des Dienstgeheimnisses zur Verhinderung eines Verstoßes gegen die Verfassungsordnung oder Nichtanzeige einer schweren innerdienstlichen Verfehlung einer Beamtin oder eines Beamten durch dessen Freund und Kollegen aus Gründen der Interessenkollision[79].

2.4 Schuld

2.4.1 Schuldformen

Nach § 47 Abs. 1 Satz 1 BeamtStG, § 77 Abs. 1 Satz 1 BBG ist **schuldhaftes** Verhalten für die Verwirklichung der subjektiven Seite eines Dienstvergehens erforderlich. »Das Schuldprinzip und der Grundsatz der Verhältnismäßigkeit (Übermaßverbot) gelten auch im Disziplinarverfahren«[80]. Die Rechtsprechung rechnet die Kenntnis einer Pflicht nicht zum Vorsatz und stellt lediglich auf das **Wollen des konkreten Handelns** ab[81]. Die Schuldformen im Disziplinarrecht unterscheiden sich damit nicht vom Strafrecht.   150

Es können **Vorsatz** (Absicht = sicheres Wollen, Vorsatz = direktes Erfolgswissen) sowie **Fahrlässigkeit** (bewusste, unbewusste und leichtfertige) in den verschiedenen Varianten in Betracht kommen.   151

Vorsätzlich handelt, wer bewusst und gewollt das Verhalten, das die Pflichtverletzung darstellt, in allen seinen Einzelmerkmalen mit Wissen und Wollen verwirklicht[82]. Wird die Verwirklichung des Tatbestandes nur für möglich gehalten, aber dennoch in Kauf genommen, liegt **bedingter Vorsatz** (Eventualvorsatz) vor.   152

Fahrlässigkeit ist, wenn diejenige Sorgfalt außer Acht gelassen wird, zu welcher die Beamtin oder der Beamte nach den Umständen des Einzelfalls und den persönlichen Kenntnissen oder Fähigkeiten – auch bei Vergesslichkeit[83] – verpflichtet und imstande ist.   153

Ob die Beamtin oder der Beamte (nur) fahrlässig oder vorsätzlich gehandelt hat, ist bei der Feststellung, ob überhaupt ein Dienstvergehen vorliegt, nicht entschei-   154

77 *Claussen/Janzen*, Einl. B 10; *Köhler/Ratz*, A. I.3, Rz. 23; BDiG vom 27.03.2003 – III VL 23/01.
78 OVG Münster vom 19.12.2007 – 21 d A 767/07. BDG.
79 *Claussen/Janzen*, Einl. B 11 m. Nachw.
80 BVerfG vom 20.12.2007 – 2 BvR 1050/07.
81 Z. B. BVerwG vom 22.06.2006 – 2 C 11/5.
82 Z. B. *Plog/Wiedow/Lemhöfer/Bayer* § 77 BBG Rz. 6.
83 *Plog/Wiedow/Lemhöfer/Bayer* § 77 BBG Rz. 7.

dend; die **Schuldform** ist aber bei der **Bemessung des Disziplinarmaßes** (*siehe* 4.4) von **erheblicher** Bedeutung.

155   Zu weiteren speziellen Einzelheiten zu den Schuldformen darf auf die einschlägige Strafrechtsliteratur verwiesen werden.

2.4.2 Schuldfähigkeit

156   Die Feststellung eines Verschuldens setzt **Schuldfähigkeit** voraus. Daran fehlt es, wenn die Beamtin oder der Beamte bei Begehung der Verfehlung wegen
– einer krankhaften seelischen Störung,
– einer tief greifenden Bewusstseinsstörung,
– Schwachsinns oder
– einer anderen schweren seelischen Abartigkeit
unfähig ist, das Unrecht der Tat einzusehen oder nach dieser Einsicht zu handeln (§ 20 StGB).

157   Ist diese Fähigkeit nur erheblich vermindert, verbleibt subjektive Verantwortlichkeit für das Fehlverhalten (§ 21 StGB). Dieser Umstand kann im Einzelfall zu einer milderen Betrachtungsweise führen. Bei schwersten Pflichtverletzungen, welche regelmäßig die Entfernung aus dem Beamtenverhältnis erforderte, war nach früherer Rechtsprechung **verminderte Schuldfähigkeit** grundsätzlich aus Gründen der »objektiven Untragbarkeit« unbeachtlich[84], kann neuerdings aber als **Milderungsgrund** angenommen werden[85] (*siehe* 3.1.14.2, 4.4.2). Der Gedanke der »objektiven Untragbarkeit« dürfte damit als letztlich dem Schuldprinzip widersprechendes Kriterium vom Tisch sein. Zu Recht wurde in diesem Zusammenhang darauf hingewiesen, »dass die Disziplinarmaßnahme in solchen Fällen durchaus vermag, die Schuld zu übersteigen, ein Rechtsergebnis, das nach strafrechtlichen Vorstellungen, weil verfassungswidrig, undenkbar wäre«[86]. Das BVerwG hat diese Rechtsprechung[87] ausdrücklich aufgegeben.

158   Die Frage der Schuldfähigkeit darf nicht mit dem Vorhandensein des Unrechtsbewusstseins (*siehe* nachfolgenden Abschnitt) verwechselt werden.

159   In Fällen der Vermögenskriminalität wird öfters geltend gemacht, dass als Ursache für Unterschlagungen oder Veruntreuung von Geldern schuldausschließende Spielleidenschaft (»Spielsucht«, zumeist Automatenspiel) vorgelegen habe. Krankhafte Spielleidenschaft konnte nach der bisherigen Rechtsprechung aber grundsätzlich nur in sehr seltenen, extrem gelagerten Fällen zur die Schuldfähigkeit ausschließenden seelischen Abartigkeit im Sinne von § 20 StGB führen[88]. Bei verminderter Schuldfähigkeit hingegen könnten solche Fälle nach der neueren Rechtsprechung anders bewertet werden (siehe Rz. 157).

160   Zur Frage der Verantwortlichkeit für Dienstvergehen bei Alkoholkrankheit *siehe* 3.1.10, auch 3.1.10.7 – mittelbar suchtbedingte Verfehlungen.

---

84 Z. B. BVerwG vom 27.01.1999 – 1 D 10/98.
85 BVerwG vom 27.10.2008 2 – B 48/08 m. w. N, BVerwG vom 29.05.2008 2 – C 59/07.
86 *Weiß GKÖD* II K 13 Rz. 7.
87 A. a. O.
88 BVerwG vom 19.01.1993 – 1 D 68/91 = DokBer B 1993, 161–162; BVerwG vom 08.10.1991 – 1 D 86.90 – m. w. N.; BVerwG vom 19.01.1993 – 1 D 64/91.

2.4.3 Unrechtsbewusstsein/Irrtum

Zum Verschulden gehört auch, dass die Beamtin oder der Beamte bei der Verwirk- 161
lichung der einzelnen Tatbestandsmerkmale einer Pflichtverletzung **Unrechts-**
bewusstsein hatte, sich demnach bewusst war, dass ihr oder sein Verhalten ein disziplinarrechtlich relevanter Pflichtenverstoß ist.

Wird angenommen, nichts Verbotenes getan zu haben (**Verbotsirrtum**, § 17 162
StGB)[89], kann disziplinar nur zur Verantwortung gezogen werden, wer diesen Irrtum vermeiden konnte. »Erkennt der Beamte zutreffend den von ihm verursachten
Geschehensablauf, der objektiv einen Dienstvergehenstatbestand erfüllt, glaubt er
aber gleichwohl, nicht pflichtwidrig gehandelt zu haben, ... kann das Bewusstsein
der Pflichtwidrigkeit (Unrechtsbewusstsein) entfallen ... Wenn dem Beamten
nicht widerlegt werden kann, die Pflichtverletzung unter einem Verbotsirrtum begangen zu haben, schließt ein solcher Irrtum die Schuld – und damit das Dienstvergehen – nur dann aus, wenn er unvermeidbar war (vgl. § 17 Satz 1 StGB)«[90]

Ein solcher Irrtum wird zumeist dann vermeidbar sein, wenn es sich um eine 163
leicht einsehbare Grundpflicht handelt. Umgekehrt kann ein Verbotsirrtum unvermeidbar sein, wenn die Beamtin oder der Beamte »falsch oder unzureichend in-
struiert worden war«[91]. Dabei kommt es auf die individuellen Verhältnisse an[92],
z. B. die Vorbildung oder dienstliche Stellung.

> *Beispiel:* Ein vermeidbarer Verbotsirrtum liegt vor, wenn die Beamtin oder der Beamte
> etwaige Zweifel über die Bedeutung oder den Umfang einer Dienstpflicht unschwer
> durch Rückfrage bei Dienstvorgesetzten oder zuständigen Sachbearbeitern hätte klären
> können[93]. Handeln auf anwaltlichen Rat kann sich andererseits als Tatbestands- oder Ver-
> botsirrtum auswirken[94].

Dies gilt ebenso, wenn die Beamtin oder der Beamte infolge von Kontakten der
Vorgesetzten zu Unternehmern glaubte, von diesen könnten Belohnungen und Geschenke angenommen werden[95].

---

89 Zur weiteren begrifflichen und inhaltlichen Vertiefung dieser Frage sei auf die einschlägige strafrecht-
    liche Literatur verwiesen, z. B. *Tröndle/Fischer, StGB,* § 17.
90 BVerwG vom 21.02.2008 2 B 1/08 m. ausführlichem Nachweis.
91 BVerwG vom 25.08.2008 – 2 B 18/08.
92 BVerwG vom 21.02.2008 – 2 B 1/08.
93 *Claussen/Janzen,* Einl. B 16 b.
94 BVerwG vom 22.06.2006 – 2 C 11/05.
95 BVerwG vom 02.09.1999 – 1 D 1/98.

3 Dienstpflichten

Die Systematik der Pflichten der Beamtinnen und Beamten ist nicht einfach zu 164
überblicken. Die Vielzahl der sich aus (wenigen) gesetzlichen Regelungen und
zahlreichen Einzelanordnungen (in Bund. Ländern und Kommunen) ergebenden
Dienstpflichten ist fast unübersehbar. Es können deshalb nachfolgend – dem
Zweck des Leitfadens entsprechend – nur die häufigsten oder schwerwiegenderen
Pflichten dargestellt werden.

Es ist zu unterscheiden zwischen der allgemeinen **Grundpflicht (Kernpflicht**[96]), 165
der **Wohlverhaltenspflicht** (§ 34 Satz 3 BeamtStG, § 61 Abs. 1 Satz 3 BBG) und
den speziellen, gesetzlichen **Einzelregelungen** (§§ 33 ff BeamtStG, §§ 60 ff. BBG).
Eine nähere Unterscheidung der Pflichten nach staatspolitischem oder Amtsbezug, ob sie eher gegenüber den Bürgerinnen und Bürgern oder gegenüber Vorgesetzten, Kollegen und Kolleginnen verbindlich sind oder auch außerhalb des
Dienstes ihre Bedeutung haben, ist eher von akademischem Interesse[97] und soll
in diesem Leitfaden außen vor bleiben. Für die Praxis ist letztlich vor allem wichtig,
ob es sich um eine innerdienstliche oder außerdienstliche Pflicht handelt. Im
Übrigen hängt die Bedeutung stark von den konkret durch die Beamtinnen
oder Beamten wahrgenommenen Ämtern oder Aufgaben ab. Auf die Notwendigkeit
der Abgrenzung zwischen den inner- und außerdienstlichen Pflichten wurde bereits hingewiesen (*siehe 2.2.1.2*).

Die Pflichten treffen auf einen konkreten Lebenssachverhalt sehr häufig auch 166
überschneidend oder ergänzend zu, und sind in ihrer Bedeutung und damit Gewichtung im Einzelfall oft unterschiedlich zu bewerten. Ein Sachverhalt wird
daher zumeist unter dem Blickwinkel der Verletzung mehrerer Vorschriften zu
prüfen sein. Die Frage nach einer Gesetzeskonkurrenz wie im Strafrecht stellt
sich wegen des Grundsatzes der Einheit des Dienstvergehens (*siehe 2.2.6*) nicht.

Praktischer Hinweis: Bei der Begründung eines Dienstvergehens genügt es im 167
Allgemeinen (sowohl in Berichten als auch in abschließenden Verfügungen und
einer Disziplinarklage), alle in Betracht kommenden Vorschriften zusammenfassend aufzuführen, bei der Beschreibung mehrerer Pflichtverletzungen jeweils getrennt nach Sachverhalten. Entbehrlich dürfte es sein, zusätzlich noch die Verletzung der übergreifenden Wohlverhaltenspflicht (§ 34 Satz 3 BeamtStG, § 61
Abs. 1 Satz 3 BBG) darzustellen, wenn bereits spezielle Vorschriften einschlägig
sind. Dies wäre aber nicht grundsätzlich falsch.

3.1 Einzelregelungen – innerdienstliche Pflichtverletzungen

3.1.1 Übersicht

Zu den **wichtigsten innerdienstlichen, besonders geregelten Pflichten** zählen: 168
– Neutralitätspflicht, Verhinderung von Interessenkollision (§ 65 BBG) (§ 33
Abs. 1 Satz 1 BeamtStG, § 60 Abs. 1 Satz 1 BBG – *siehe 3.1.2*)

---

96 *Zängl* GKÖD I K vor § 52 Rz. 2; *Schütz/Schmiemann* C Rz. 7.
97 Auch die einschlägige Kommentarliteratur stellt die zu schützenden Rechtsgüter regelmäßig nur jeweils bei den Einzelpflichten dar.

– Pflicht zu gemeinwohlorientiertem Handeln (§ 33 Abs. 1 Satz 1 BeamtStG, § 60 Abs. 1 Satz 1 BBG- *siehe 3.1.3*)
– Bindung an Recht und Gesetz (§ 33 Abs. 1 Satz 2 BeamtStG, § 60 Abs. 1 Satz 2 BBG) und Verantwortlichkeit für die Rechtmäßigkeit des Handelns (§ 36 BeamtStG, § 63 BBG – *siehe 3.1.4*)
– Verfassungstreue (§ 33 Abs. 1 Satz 3 BeamtStG, § 60 Abs. 1 Satz 3 BBG – *siehe 3.1.5*)
– Zurückhaltungspflicht bei politischer Betätigung – Mäßigungspflicht (§ 33 Abs. 2 BeamtStG, § 60 Abs. 2 BBG – *siehe 3.1.6*)
– Dienstleistungspflicht (§ 34 Satz 1 BeamtStG, § 61 Abs. 1 Satz 1 – *siehe 3.1.7*)
– Anwesenheitspflicht (§ 34 Satz 1 BeamtStG, § 61 Abs. 1 Satz 1 BBG- mit Sonderregelung: Fernbleiben vom Dienst (§ 96 BBG – *siehe 3.1.8*)- Folge ggf. Verlust der Dienstbezüge (§ 9 BBesG- *siehe 3.1.8.6*) – Abgrenzung zur Nichtanzeige einer Erkrankung (*siehe 3.1.8.5*)
– Gesunderhaltungspflicht (§ 34 Satz 1 BeamtStG, § 61 Abs. 1 Satz 1 BBG – *siehe 3.1.9 ff.*)
– Dienstleistungspflicht – Fürsorgepflicht (§ 34 Satz 1 BeamtStG, § 61 Abs. 1 Satz 1 BBG – *siehe 3.1.12*)
– Fortbildungspflicht (§ 61 Abs. 2 BBG – *siehe 3.1.13*)
– Uneigennützigkeit (§ 34 Satz 2 BeamtStG, § 61 Abs. 1 Satz 2 BBG – *siehe 3.1.14*)
– Verbot der Geschenkannahme oder Korruptionsdelikte (§ 42 BeamtStG, § 71 BBG – *siehe 3.1.15*)
– Weisungsgebundenheit oder Folgepflicht (§ 35 Satz 2 BeamtStG, § 62 Abs. 1 Satz 2 BBG – *siehe 3.1.16*)
– Beratungs- und Unterstützungspflicht (§ 35 Satz 1 BeamtStG, § 62 Abs. 1 Satz 1 BBG – *siehe 3.1.17*)
– Pflicht zur Amtsverschwiegenheit (§ 37 BeamtStG, § 67 BBG – *siehe 3.1.18*)
– Anzeige- oder Genehmigungspflicht bei Nebentätigkeiten (§§ 40 BeamtStG, §§ 97 ff. BBG) und Anzeigepflicht einer Tätigkeit nach Eintritt in den Ruhestand (§ 41 BeamtStG, § 105 BBG – *siehe 3.1.19*).

169　Über diese Einzelpflichten hinaus lassen sich aus der **Wohlverhaltens- oder Grundpflicht** (§ 34 Satz 3 BeamtStG, § 61 Abs. 1 Satz 3 BBG) folgende weitere Fallgruppen ableiten, die innerdienstlich von Bedeutung sein können:
– Innerdienstliche Straftaten,
– Sexuelle Belästigung (unter Beachtung des § 5 Abs. 4 AGG),
– Mobbing,
– Wahrheitspflicht in dienstlichen Angelegenheiten,
– Wahrung des Betriebsfriedens,
– Betrügerisches Verhalten zum Nachteil des Dienstherrn.

170　*Um den Zugang zur bisherigen Literatur und Rechtsprechung zu erleichtern, ist eine tabellarisch vergleichende Übersicht BeamtStG/BBG/BRRG im Anhang 1 (13.5) eingefügt. Eine vergleichende Übersicht mit den bisherigen Beamtengesetzen der Länder erscheint verzichtbar, da diese nur noch für Verfehlungen, die vor dem 01.04.2009 lagen, von Interesse wäre.*

3.1.2 Neutralitätspflicht/Unparteilichkeit (§ 33 Abs. 1 Satz 1 BeamtStG, § 60 Abs. 1 Satz 1 BBG)

Die **Neutralitätspflicht** (§ 33 Abs. 1 Satz 1 BeamtStG, § 60 Abs. 1 Satz 1 BBG)   171
gebietet es, nur nach sachlichen Kriterien und objektiv tätig zu werden. So darf niemand z. B. aus religiösen oder politischen Gründen bevorzugt behandelt werden, wie auch persönliche Interessen oder »Seilschaftsdenken« zurücktreten müssen[98].

Auch in den Fällen missachteter Interessenkollision (§ 65 BBG) kann ein Verstoß   172
gegen die Neutralitätspflicht gesehen werden.

Beispiel: Schulamtsleiter versucht eine Stellenausschreibung zugunsten seiner Ehefrau zu ändern[99]. »In-sich-beurlaubter« Beamter der Deutschen Post AG unterstützt einen ihm familiär verbundenen einzelkaufmännischen Betrieb z. N. der Deutschen Post AG[100]. Polizeibeamter verhindert Verfolgung von Verkehrsstraftaten gegen prominente Person, um dieser Person Unannehmlichkeiten zu ersparen (Urkundenfälschung)[101].

Zu beachten ist, dass eine Verletzung der Neutralitätspflicht oft zusammen mit an-   173
deren Pflichtenverletzungen, insbesondere bei Korruptionsdelikten (*siehe* 3.1.15), zu prüfen ist.

Beispiel: Beamter des gehobenen Dienstes betreibt gleichzeitig eine Tagungsstätte des Dienstherrn sowie ein privates Hotel und leitet Interessenten um[102]. In solchen Fällen könnte auch ein Verstoß gegen die Pflicht zur Uneigennützigkeit vorliegen (§ 34 Satz 2 BeamtStG, § 61 Abs. 1 Satz 2 BBG)[103], ebenso ein Verstoß gegen Nebentätigkeitsbestimmungen.

3.1.3 Verpflichtung auf das Gemeinwohl (§ 33 Abs. 1 Satz 2 BeamtStG, § 60 Abs. 1 Satz 2 BBG)

Die Beachtung des Gemeinwohls ist eine der tragenden Grundlagen der öffent-   174
lichen Verwaltung. Während die Neutralitätspflicht eher auf die Wahrung der Interessen der Bürgerinnen und Bürger im Einzelfall gerichtet ist, sind Beamtinnen oder Beamte auch verpflichtet, »über den Einzelfall und die dabei zutage tretenden Sonderinteressen hinaus das öffentliche Interesse im Auge zu behalten und ihm den Vorrang zu geben«[104]. Eine Grundentscheidung, dass im Zweifelsfall dem Gemeinwohl der Vorrang vor den zu berücksichtigenden Individualinteressen einer Bürgerin oder eines Bürgers zu geben ist, gibt es jedoch nicht. Beamtinnen und Beamte sollen auch Helfer des Einzelnen sein[105].

Bei Verletzung der gebotenen Güterabwägung wird in Fällen einer Missachtung   175
des Gemeinwohls daneben auch an eine Verletzung der Neutralitätspflicht (§ 33 Abs. 1 Satz 1 BeamtStG, § 60 Abs. 1 Satz 1 BBG) und an einen Zusammenhang mit Korruptionsdelikten (*siehe* 3.1.15) zu denken sein.

---

98 *Plog/Wiedow/Lemhöfer/Bayer* § 60 BBG Rz. 2 a.
99 VG Meiningen vom 11.09.2006 – 6 D 60009/03. Me.
100 BVerwG vom 24.10.2002 – 1 DB 10/02.
101 BayVGH vom 05.03.2008 – 16 a D 06.2662 = IÖD 13/2008.
102 BDiG vom 03.08.2000 – VIII VL 37/99.
103 *Plog/Wiedow/Lemhöfer/Bayer* § 54 Rz. 17.
104 *Plog/Wiedow/Lemhöfer/Bayer* § 52 BBG Rz. 2 b.
105 A. a. O.

3.1.4 Bindung an Recht und Gesetz (§ 33 Abs. 1 Satz 2 BeamtStG, § 60 Abs. 1 Satz 2 BBG) – volle persönliche Verantwortung (§ 36 BeamtStG, § 63 BBG)

176   Mit dem Bild einer integeren Beamtenschaft sind Bedienstete, die im Dienst Rechtsverletzungen begehen, grundsätzlich nicht vereinbar. Diese Pflicht, **Gesetz und Recht zu wahren**, ist nicht nur einfachgesetzlich aus § 33 Abs. 1 Satz 2 BeamtStG, § 60 Abs. 1 Satz 2 BBG abzuleiten, sondern im innerdienstlichen Bereich eine **Kernpflicht mit Verfassungsrang** (Art. 20 GG).

> *Beispiele:* Rechtsverletzungen, die – wie z. B. der Verstoß eines Berufskraftfahrers gegen die 0,5-‰-Grenze oder die Vernichtung von Zählunterlagen bei einer Volkszählung durch einen Lehrer – die Vertrauenswürdigkeit im dienstlichen Bereich infrage stellen.

177   Die Pflicht zur Bindung an Recht und Gesetz deckt sich oft mit der Neutralitätspflicht (§ 33 Abs. 1 Satz 1 BeamtStG, § 60 Abs. 1 Satz 1 BBG). Außerdem ist zu beachten, dass Beamte oder Beamtinnen für die Rechtmäßigkeit ihrer Amtshandlungen die volle persönliche Verantwortung (§ 36 BeamtStG, § 63 BBG) haben.

178   Die Verpflichtung, sich an Recht und Gesetz zu halten, wird in der Rechtsprechung zumeist aber pragmatisch und unmittelbar aus der grundlegenden Wohlverhaltenspflicht (§ 34 Satz 3 BeamtStG, § 61 Abs. 1 Satz 3 BBG) abgeleitet.

3.1.5 Verfassungstreue (§ 33 Abs. 1 Satz 3 BeamtStG, § 60 Abs. 1 Satz 3 BBG)

179   Der Staat muss sich auf die Loyalität der Beamtinnen und Beamten verlassen können. Diese müssen sich »mit der Idee des Staates, dem sie dienen, mit der freiheitlichen, demokratischen, rechts- und sozialstaatlichen Ordnung dieses Staates identifizieren«[106]. »Damit ist nicht eine Rechtspflicht zu einer bestimmten inneren Gesinnung ausgesprochen – das wäre so nicht möglich – sondern eine Pflicht zu einem äußeren Verhalten, durch das sich der Beamte zu der freiheitlich-demokratischen Grundordnung bekennt und für deren Erhaltung eintritt«[107]. Der Umgang mit extremen Organisationen und Parteien und die aus diesem Grunde anhaltende Diskussion zeigen die Bedeutung dieser Pflicht.

180   Es muss daher verlangt werden, dass sich gerade Beamte oder Beamtinnen eindeutig von extremistischen Haltungen distanzieren und erst recht nicht selbst aktiv ein radikales Verhalten zeigen. Die Pflicht zur Verfassungstreue, § 33 Abs. 1 Satz 3 BeamtStG, § 60 Abs. 1 Satz 3 BBG ist daher eine der Kernpflichten. Zumeist liegt auch eine Kombination mit einem Verstoß gegen die im § 33 Abs. 2 BeamtStG, § 60 Abs. 2 BBG geregelten Mäßigungspflicht vor[108].

> *Beispiele:* Halten von Hitlerreden in alkoholisiertem Zustand[109].
> Fristlose Entlassung eines Zeitsoldaten wegen Abhören von CDs rechtsradikaler Musikgruppen[110].

---

106 BVerfG vom 22.05.1975 – 2 BvL 13/73 = BVerfGE 39, 334.
107 *Plog/Wiedow/Lemhöfer/Bayer* § 62 BBG Rz. 3 m. w. N.
108 Diese Pflichten sind nicht identisch hierzu vgl. *Claussen/Janzen*, Einl. C 10 a–11 b; *Weiß*, ZBR 1988, 109.
109 VG Saarlouis vom 13.06.2008 – 7 K 1107/07.
110 OVG Münster vom 01.03.2006 – 1 B 1843/05.

Hören rechtsextremistischer Musik ist unvereinbar mit unbedingter Treuepflicht eines Soldaten zur Verfassung[111].

Auch geheimdienstliche Betätigung für einen fremden Staat oder Organe der früheren DDR kann ein Verstoß gegen die politische Treuepflicht sein[112][113].

Die Verteilung einer sog. *»Strategischen Skizze«*, die zur *»Entausländerung Deutschlands«* und zu bewaffneten und unbewaffneten *»Gemeinde – und Gauaufständen«* auffordert, stellt ebenfalls eine Pflichtverletzung nach § 33 Abs. 1 Satz 3 BeamtStG, § 60 Abs. 1 Satz 3 BBG dar, weil die Beamtin oder der Beamte sich nicht eindeutig von Aktivitäten distanziert hat, die gegen die freiheitlich demokratische Grundordnung gerichtet sind[114].

Eine Dienstpflichtverletzung wiederum kann angenommen werden, wenn ein Postbeamter aus Gewissensgründen die Zustellung von Schrifttum der Scientology-Sekte verweigert, ohne »zuvor zumutbare Möglichkeiten wahrgenommen (zu haben), seinen Gewissenskonflikt mit den mit den Mitteln des Beamten rechts, etwa durch Umsetzung, zu lösen«[115].

Gegenstand der Diskussion der politischen Treuepflicht war auch die Frage, ob ein Dienstvergehen vorliegt, wenn sich eine Beamtin oder ein Beamter außerhalb des Dienstes für eine **Partei mit einer verfassungsfeindlichen Zielsetzung, die jedoch nicht verboten ist,** einsetzt. Dazu hat das **Bundesverfassungsgericht** – für die Verwaltungen verbindlich (§ 3 Abs. 1 BVerfGG) – in einer **grundlegenden Entscheidung** u. a. Folgendes entschieden[116]:   181
– Beamte und Beamtinnen haben sich aufgrund der Treuepflicht eindeutig von Gruppen **zu distanzieren**, welche die geltende Verfassungsordnung angreifen, bekämpfen und diffamieren.
– Die **Treuepflicht hat Verfassungsrang** und ist mit dem Parteienprivileg (Art. 21 GG), dem Grundrecht der Meinungsfreiheit (Art. 5 Abs. 1 u. 2 GG) und dem Verbot der Benachteiligung wegen politischer Anschauungen (Art. 3 Abs. 3 GG) vereinbar.

Auf der Grundlage dieser Entscheidung hat das **BVerwG** in **ständiger Rechtsprechung**[117] u. a. festgestellt, dass   182
– die DKP und die NPD verfassungsfeindliche Ziele verfolgen,
– Aktivitäten für eine verfassungsfeindliche Partei auch dann pflichtwidrig sind, wenn sie außerhalb des Dienstes liegen und
– nicht dadurch rechtmäßig werden, dass die Beamtin oder der Beamte für die verfassungsfeindliche Partei ein Wahlmandat anstrebt oder ausübt,
– fortgesetzte verfassungsfeindliche Aktivitäten eines nicht distanzierungswilligen Beamten die Entfernung aus dem Beamtenverhältnis erfordern.

---

111 VG Augsburg vom 01.02.2006 – Au 2 K 04.1604.
112 Z. B. BVerwG vom 02.09.1998 – 1 D 3/98.
113 Z. B. BVerwG vom 18.05.1994 – 1 D 67/93 = ZBR 1994, 387 = Dok. Ber. B 1994, 313–318 = ZBR 1995, 57 = NVwZ 1995, 171–173 = DÖV 1995, 285–286 = NJW 1995, 1373 = DVBl.1995, 632 = PersV 1995, 381; BVerwG vom 25.10.1995 – 1 D 2/95 = *Buchholz* § 52 BBG Nr. 7.
114 BVerwG vom 18.11.1996 – 1 DB 1/96 = NVwZ – RR 1998, 47–49 = Dok. Ber. B 1997, 196 = *Buchholz* § 52 BBG Nr. 8.
115 BVerwG vom 29.09.1999 – 1 D 104/97.
116 BVerfG vom 22.05.1975 – 2 BVL 13/73 = NJW 1975, 1641.
117 U. a. BVerwG vom 01.02.1989 – 1 D 2/86; BVerwG vom 16.09.1987 – 1 D 122/86; BVerwG vom 29.10.1981 – 1 D 30/50 (BDiG) = NJW 1982, 779 = ZBR 1984, 270.

– Normen des Völkerrechts oder andere Vorschriften des internationalen Rechts stehen diesen Feststellungen nicht entgegen.

Beispiele: Versagung einer Beförderung, wenn ein Kriminalbeamter sich durch die Kandidatur für die Republikaner mit einer nicht gesichert verfassungstreuen Partei identifiziert[118].

Ebenso kann die Umsetzung eines Soldaten auf den Posten eines Redakteuroffiziers in einer Rundfunkkompanie aus den gleichen Gründen verweigert werden[119].

Eine Verletzung der Pflicht zur Verfassungstreue liegt nicht vor, wenn eine Beamtin oder ein Beamter für eine Partei (Republikaner) kandidiert, die zwar nachrichtendienstlich observiert wird, deren Verfassungsfeindlichkeit aber noch nicht gerichtlich festgestellt wurde[120].

Die Treuepflicht gebietet es auch nicht, sich bereits bei Auftreten von verfassungsfeindlichen Tendenzen in einer Partei von dieser zu distanzieren[121].

183   Die Frage der »bloßen Mitgliedschaft« in einer Partei oder sonstigen Vereinigung mit feststellbar verfassungsfeindlicher Zielsetzung, ohne dass besondere Aktivitäten wie Kandidaturen vorliegen (»sich nicht aus dem Fenster beugen«), ist bislang in der Rechtsprechung nicht ausdrücklich entschieden worden[122].

3.1.6 Politische Mäßigung (§ 33 Abs. 2 BeamtStG, § 60 Abs. 2 BBG)

184   Persönliche politische Betätigung steht allen Beamtinnen und Beamten zu. Wenn für die amtliche Betätigung bereits das Neutralitätsgebot eine politische Betätigung einschränkt, so gilt außerhalb der amtlichen Betätigung, sei es nun im Dienst oder im privaten Bereich, die politische Mäßigungspflicht (§ 33 Abs. 2 BeamtStG, § 60 Abs. 2 BBG). Dazu gehört, dass Beamtinnen oder Beamte die Autorität ihres Amtes nicht zu (persönlichen) politischen Interessen umfunktionieren, im Dienst nicht politische Werbung betreiben[123] oder in politischen Diskussionen unsachlich, ehrverletzend oder diffamierend auftreten dürfen[124].

3.1.7 Dienstleistungspflicht (§ 34 Satz 1 BeamtStG, § 61 Abs. 1 Satz 1 BBG)

185   Die Pflicht, sich dem Beruf (und damit dem Dienst) zu widmen (§ 34 Satz 1 BeamtStG, § 61 Abs. 1 Satz 1 BBG), ist Grundlage[125] der jeder dienstfähigen Beamtin

---

118 VGH BW vom 04.10.1999 – 4 s 292/97.
119 BVerwG vom 14.09.1999 – 1 WD 40, 41, 42/99.
120 VG Münster vom 24.02.1995 – 15 K 4889/94. O = DVBl.1995, 630–632 = V 1995, 519–521; OVG Münster vom 10.01.2000 – 13 K 231/97; BVerwG vom 18.05.2001 – 2 WD 42, 43/00.
121 Hess. VGH vom 07.05.1998 – 24 DH 2498/96 = DÖD 1998, 239.
122 *Plog/Wiedow/Lemhöfer/Bayer* § 52 BBG Rz. 11 weist begründet darauf hin, es sei davon auszugehen, »dass Beamte solche Vereinigungen nicht unterstützen dürfen, ihnen bei Anlass sogar aktiv entgegentreten müssen dass sie grundsätzlich schon nicht Mitglied einer solchen Partei/sonstigen Vereinigung sein dürfen. Denn regelmäßig stärkt schon die Mitgliedschaft als solche die Position der Vereinigung und fördert deren Ziele, weil sie als Bekenntnis zu der Vereinigung und ihren Zielen wirkt und ihr jedenfalls die Möglichkeit gibt, sich zum Beweis ihrer Unterstützung durch die Bürger auf die Mitgliederzahl – bundesweit, regional und lokal – zu berufen. Zudem fördert ggf. die Zahlung von Beiträgen die Ziele der Vereinigung durch Stärkung ihrer finanziellen Mittel. Erst recht ist die Mitgliedschaft grundsätzlich das Gegenteil des gebotenen Entgegentretens«.
123 *Plog/Wiedow/Lemhöfer/Bayer* § 53 Rz. 5.
124 *Plog/Wiedow/Lemhöfer/Bayer* § 53 Rz. 6.
125 Z. B. *Auerbach/Pietsch* S. 119.

oder jedem dienstfähigen Beamten obliegenden Pflicht zur Dienstleistung[126] und tragender Grundsatz des Berufsbeamtentums[127]. Sprachlich verstärkt wird »**voller persönlicher Einsatz**« verlangt.

Die **Dienstleistungspflicht** ist der Anspruch des Dienstherrn auf die nach den **persönlichen Fähigkeiten zumutbare Dienstleistung.** Es kommt nicht auf die Leistungsfähigkeit anderer Mitarbeiter und Mitarbeiterinnen oder auf eine Beurteilung der individuellen Fähigkeiten am Durchschnitt einer Vergleichsgruppe[128] an. Aufmerksamkeit und Reaktionsbereitschaft auch auf ungewöhnliche Situationen können verlangt werden, ebenso besondere Risikobereitschaft. Ein Verweisen (Rückzug) auf bestehende Vorschriften genügt nicht[129]. Die Beschreibung »voller persönlicher Einsatz« ist jetzt eindeutiger gegenüber der früheren Aussage, auch wenn sie im Übrigen keine weitere Präzisierung erhalten hat (§ 54 Satz 1 BBG – alt – sah die Pflicht zur »vollen Hingabe an den Beruf« vor[130]; inhaltlich hat sich aber durch die Neuformulierung eher nichts geändert). 186

Die Dienstleistungspflicht verlangt den »Einsatz für den Beruf mit voller Intensität während der Arbeitszeit«[131] bzw. die »bestmögliche Erfüllung der dienstlichen Aufgaben in ihrer zeitlichen und sachlichen Ausprägung«[132] oder. Der Hinweis auf das zu den hergebrachten Grundsätzen des Berufsbeamtentums gehörende **Streikverbot**[133], die Verweigerung der gebotenen Dienstleistung (auch der sogenannte Bummelstreik)[134] dürfte das deutlichste Beispiel für einen Pflichtenverstoß sein. Führt ein »Beamtenstreik« zur Arbeitsniederlegung, kann zudem ein Fall des ungenehmigten und schuldhaften Fernbleibens vom Dienst vorliegen (*siehe* unten Abschnitt 3.1.8). 187

Fehlerhafte Arbeitsweise andererseits ist – soweit es sich nicht um ein Versagen im Kernbereich der Pflichten handelt – nur dann pflichtwidrig, wenn sie über das normale Maß hinausgeht und »echte Schuld« vorliegt[135]. Eine gewisse »Fehlerquote« ist menschlich bedingt und darf nicht zu unnachsichtigem Korrekturbedürfnis führen (*siehe* 2.2.2). Zu Recht wurde deshalb festgestellt, dass »die Beamtenschaft … kein Eliteclub (ist). Sie erhebt keinen Anspruch darauf, eine Vereinigung von Übermenschen oder eine Ansammlung von Anwärtern auf einen Heiligenschein zu sein«[136]. 188

Der **Nachweis** einer vorwerfbaren **Schlechtleistung** ist **oft nicht einfach.** Es werden – und zwar möglichst genau nach Zeit und Ort – die Erteilung des Auftra- 189

---

126 *Plog/Wiedow/Lemhöfer/Bayer* § 77 BBG Rz. 3 ff.
127 Z.B. *Auerbach/Pietsch* S. 119.
128 So noch *Köhler/Ratz*, B II 6 Rz. 2; A. A. *Plog/Wiedow/Lemhöfer/Bayer* § 54 Rz. 11. Die Auffassung, dass mehr als eine durchschnittliche Leistung nicht verlangt werden dürfte, wie sie noch in der 5. Auflage des Leitfadens vertreten wurde, wird ausdrücklich aufgegeben.
129 A. a. O. m. w. N.
130 Zutreffend bemerken *Plog/Wiedow/Lemhöfer/Bayer* zu § 34 BeamtStG: »So wurde insbesondere die schon lange belächelte »Volle Hingabe an den Beruf« ohne Veränderung des gemeinten Inhalts durch ›Vollen persönlichen Einsatz‹ abgelöst«. Siehe auch *Battis*, § 61 Rz. 3: »bisherige mißverständliche Pflicht«.
131 *Battis*, § 61 Rz. 3, wie schon zutreffend in der Vorauflage § 54 Rz. Rz. zur früheren Formulierung.
132 *Zängl*, GKÖD I § 54 Rz. 8.
133 Z.B. *Nokiel*, Die hergebrachten Grundsätze des Berufsbeamtentums, RiA, 2007, 162.
134 A. a. O. Rz. 13 m. ausführlichem Nachweis.
135 Std. Rspr, u. a. BDHE 7, 79.
136 *Wattler*, Bericht über die Behörde des Bundesdisziplinaranwalts, ZBR 1989, 321 ff., 353 ff., 362.

ges (allgemein durch Geschäftsverteilung oder im Einzelfall), Erledigungsfristen, Rücksprachen, eventuelle Mitteilungen über aufgetretene Verzögerungen, sonstige beeinflussende Faktoren und ggf. auch entstandener Schaden detailliert dargelegt werden müssen. Einem plötzlichen Leistungsabfall trotz früherer guter Ergebnisse (z. B. hervorragende dienstliche Beurteilungen) wird zunächst auch aus Gründen der Fürsorgepflicht nachzugehen sein und nicht nur aus disziplinarer Veranlassung. Die Abgrenzung zum Arbeitsfehler (*siehe* 2.2.2) ist fließend.

190 Versagen Führungskräfte im Umgang mit den Mitarbeiterinnen und Mitarbeitern und lassen die gebotene **Dienstaufsicht** missen, so kann ebenfalls eine Verletzung der Dienstleistungspflicht vorliegen. Hätten Vorgesetzte bei gehöriger Aufmerksamkeit Dienstpflichtverletzungen erkennen können, verstoßen diese gleichermaßen und mit nicht geringerer Schuld gegen ihre Dienstpflichten[137]! Vernachlässigung der zu ihrem Führungsauftrag gehörenden Aufsichtspflicht kann sich auch in schwersten Fällen zumindest als Milderungsgrund durch **Mitverschulden der Vorgesetzten** darstellen (*siehe* Rz. 282).

3.1.8 Anwesenheitspflicht (§ 34 Satz 1 BeamtStG, § 96 BBG) – ungenehmigtes und schuldhaftes Fernbleiben vom Dienst

191 Zur Dienstleistungspflicht (§ 24 Satz 1 BeamtStG, § 61 Abs. 1 Satz 1 BBG) gehört auch die grundlegende Pflicht des Erscheinens zum Dienst. In Konkretisierung dieser Verpflichtung bestimmt § 96 Abs. 1 BBG[138]:

> »Beamtinnen und Beamte dürfen dem Dienst nicht ohne Genehmigung ihrer Dienstvorgesetzten fernbleiben. Dienstunfähigkeit infolge von Krankheit ist auf Verlangen nachzuweisen«.

Die entsprechenden (fast wortgleichen) Bestimmungen der Landesbeamtengesetze, die durch die notwendigen Anpassungsgesetze zum BeamtStG nicht berührt worden sind, gelten fort: BW § 95 – Bay Art. 95 – Bln § 36 – Brbg § 40 – HB § 77 – HH § 81 – Hess § 86 MV § 81 – Nds § 81 – NRW § 79 – RP § 81 – Sa § 88 – Sachs § 92, 98 – LSA § 73 – SH § 89 – Thür § 77[139]. Die Regelungen der Länder sind z. T. detaillierter hinsichtlich der Anzeigepflicht für Erkrankungen (z. B. § 92 Abs. 1 Satz 2 SächsBG regelt die Anzeigepflicht auch für den Verhinderungsfall aus vorgehenden, gesetzlichen Gründen; Art. 95 BayBG schreibt eine Anzeigepflicht für das Verlassen des Wohnorts im Erkrankungsfall vor).

3.1.8.1 Objektives Fernbleiben – Genehmigungspflicht

192 Verstöße gegen die Anwesenheitspflicht werden üblicherweise ungenehmigtes, schuldhaftes oder unerlaubtes Fernbleiben vom Dienst genannt[140]. Voraussetzungen sind **objektives** Fernbleiben und **Fehlen einer Genehmigung**. – Das objektive Fernbleiben ist zumeist leicht festzustellen.

---

137 Zur Problematik des Führungsauftrags siehe Wilhelm, Das Mitverschulden von Vorgesetzten in Disziplinarverfahren, ZBR 2009, 158.
138 § 96 Abs. 1 BBG müsste daher eigentlich als erläuternde Vorschrift zu § 64 Abs. 1 Satz 1 BG angesehen werden.
139 Stand 01.04.2009, dem Verfasser waren noch nicht alle Anpassungsgesetze verfügbar.
140 Die Bezeichnung »unentschuldigtes Fernbleiben«, die sich gelegentlich auch in der Rechtsprechung findet, ist missverständlich; als ob es genügen würde, sich zu »entschuldigen«, nach Schulmanier.

– Genehmigungsfälle sind z. B. Urlaub oder Dienstbefreiung.

Liegt keine Genehmigung vor, ist dennoch nicht jedes nicht genehmigte Nicht- 193
erscheinen zum Dienst eine Pflichtverletzung.

> *Beispiel:* Plötzliche Verkehrsereignisse oder Erkrankungen sind naturgemäß nicht vor-
> hersehbar.

Ungenehmigtes Fernbleiben vom Dienst liegt auch nicht vor, wenn die Einholung 194
einer vorherigen Genehmigung nicht erwartet werden kann. Regelmäßig besteht
aber in diesen Fällen gegenüber den Dienstvorgesetzten eine Anzeigepflicht (sofern möglich).

> *Beispiele:* Verbüßung einer Freiheitsstrafe[141], es sei denn, es handelte sich um eine (kaum
> vorstellbare) rechtsmissbräuchliche Herbeiführung dieses Rechtfertigungsgrundes[142].

Aus der Tatsache einer Festnahme mit Untersuchungshaft kann im Allgemeinen 195
nicht auf schuldhaftes Verhalten geschlossen werden. Über das Verschulden ist
eben noch nicht entschieden.

Zur Wahrnehmung staatsbürgerlicher Aufgaben – etwa als Mandatsträger oder 196
ehrenamtlicher Beisitzer bei Gericht – bedarf es nach der Rechtsprechung hingegen einer Genehmigung[143]. Diese dürfte wohl kaum versagt werden können, sodass eine Anzeigepflicht in diesen Fällen genügen dürfte.

Pflichtwidrig ist es, wenn die Beamtin oder der Beamte im Rahmen der Verfol- 197
gung berufspolitischer Ziele unerlaubt dem Dienst fernbleibt. Dies rechtfertigt
nicht das Fernbleiben.

> *Beispiel:* Teilnahme an einem gewerkschaftlichen Streik aus berufspolitischen Gründen.

Gleiches gilt, wenn aus diesen Gründen die Dienstleistung nur unvollkommen er- 198
bracht wird und im Ergebnis ein »Bummelstreik« vorliegt.

> *Beispiele:* »Dienst nach Vorschrift« und vergleichbare Verhaltensweisen, wie z. B. zeit-
> weise Teilnahme an einer rechtswidrigen Personalversammlung, sind Dienstpflichtverlet-
> zungen[144].

3.1.8.2 Verschulden – Nachweis der Dienstfähigkeit

Das **Verschulden** ist nicht immer leicht nachzuweisen. Zu beachten ist vor allem, 199
dass eine Beamtin oder ein Beamter nur bei Dienstfähigkeit ungenehmigt und
schuldhaft dem Dienst fernbleiben kann. **Den Beweis der Dienstfähigkeit
muss stets der Dienstherr führen**[145]. »Aufklärungsdefizite gehen zulasten des
Dienstherrn«[146]. Zwar besteht die Pflicht, eine Erkrankung auf Verlangen nachzuweisen (§ 96 Abs. 2 BBG). Dabei handelt es sich jedoch nur um die Nachweispflicht und nicht um eine »Umkehr der Beweislast«!

Andererseits besteht bei der **Prüfung der Dienstfähigkeit Mitwirkungspflicht.** 200
Unterbleibt die Mitwirkung, kann das disziplinare Folgen haben (Verstoß gegen

---

141 BDHE 4, 117.
142 *Schütz/Schmiemann* C Rz. 146; BVerwG vom 07.06.1994 – 1 D 35.93 = Dok. Ber. B 24/1994, 331 ff.
143 BVerwG vom 31.08.2001 – 1 DB 23/01.
144 *Claussen/Janzen,* Einl. C 14 c, 17.
145 Z. B. VGH Mannheim, Urteil vom 18.07.1996 – D 17 S 5/96 m. w. N.
146 BayVGH vom 12.08.2005 – 3 B 98.1080.

die Folgepflicht, § 35 Satz 2 BeamtStG, § 62 Abs. 1 Satz 2 BBG – *siehe* 3.1.16)[147]. Auch eine stationäre Beobachtung zur Klärung der Dienstfähigkeit ist anzutreten[148].

201   Die Verletzung der Mitwirkungspflicht zur Klärung des eigenen Gesundheitszustands durch **Verweigerung amtsärztlicher Untersuchungen** kann jedenfalls als wichtiges **Indiz für vorhandene Dienstfähigkeit** gewertet werden (ständige Rechtsprechung; *siehe auch* Rz. 201)[149]. Als zusätzliches Indiz für Dienstfähigkeit in Betracht kommende körperliche Betätigungen wie Leistungssport (*siehe* Rz. 770) können zudem als Verstoß gegen die Wiedergesundungspflicht gewertet werden. Ein solcher Vorwurf ist zudem besonders schwerwiegend[150].

202   Zur Mitwirkungspflicht dürfte wohl nicht die Entbindung der behandelnden Privatärzte von der Schweigepflicht gehören. Zwar hat die Rechtsprechung in einem Zurruhesetzungsverfahren eine derartige Verpflichtung angenommen[151]. Ob diese Rechtsprechung auch auf den Vorwurf des ungenehmigten und schuldhaften Fernbleibens angewendet werden kann, ist aber zweifelhaft. Die Verpflichtung zur Entbindung der Privatärzte dient im Zurruhesetzungsverfahren der Notwendigkeit der »für die Durchführung eines ordnungsgemäßen Dienstbetriebs ... erforderliche Klärung des Gesundheitszustands«[152] Im Zusammenhang mit einer Dienstpflichtverletzung würde sie aber auf eine Selbstbelastung hinauslaufen.

203   Zu beachten ist, dass gesundheitliche Einschränkung oder Erkrankung nicht mit **Dienstunfähigkeit** gleichzusetzen ist. Maßgeblich sind die Anforderungen am Arbeitsplatz. Dienstunfähig ist, wer »aus gesundheitlichen Gründen zur Erfüllung der Dienstpflichten dauernd unfähig (dienstunfähig) ist. Als dienstunfähig kann auch angesehen werden, wer infolge Erkrankung innerhalb von sechs Monaten mehr als drei Monate keinen Dienst getan hat, wenn keine Aussicht besteht, dass innerhalb weiterer sechs Monate die Dienstfähigkeit wieder voll hergestellt ist« (§ 26 Abs. 1 BeamtStG, § 44 Abs. 1 BBG).

204   Beruft sich die Beamtin oder der Beamte auf ein privatärztliches Attest mit der Begründung, sie oder er sei nicht dienstfähig, so muss der Dienstherr die ärztliche Bescheinigung entkräften. Dienstvorgesetzte sollten deshalb bei Zweifeln an der Dienstunfähigkeit regelmäßig eine amtsärztliche Stelle einschalten. Dabei gilt der Grundsatz, dass **amtsärztlichen Bescheinigungen höherer Beweiswert** zukommt[153]. Die Diagnose, ob einer Gesundheitsstörung Krankheitswert zukommt, kann zwar auch eine Privatärztin oder ein Privatarzt, zumal eine Fachärztin oder ein Facharzt, stellen. Ob und wann aber eine Störung mit Krankheitswert die Dienstfähigkeit beeinträchtigt, kann die Amtsärztin oder der Amtsarzt oder die zuständige

---

147 BVerwG vom 10.05.1995 – 1 DB 4/95.
148 OVG Koblenz vom 16.09.2005 – 3 A 10815/05.
149 BVerwG vom 25.01.2007 – 2 A 3. 05; BVerwG vom 11.02.1997 – 1 DB 12/96 unter Hinweis auf BVerwG vom 16.03.1984 – 1 DB 4.84 = BVerwGE 76, 142 = ZBR 1984, 186 = RiA 1984, 185 = DÖD 1984, 179; BVerwG vom 30.09.1993 – 1 DB 21.93; vgl. auch BVerwG vom 27.11.1969 – III D 26.68 = BVerwGE 43, 30.
150 BVerwG vom 14.11.2001 – 1 D 60/00; BVerwG vom 12.02.1992 – 1 D 2/91.
151 Nicht allgemeine Meinung; VGH Mannheim vom 07.08.2008 – 4 S 1068/08.
152 A. a. O.
153 Zum Vorrang eines amtsärztlichen Gutachtens vor einer privatärztlichen Bescheinigung vgl. z. B. BVerwG vom 11.10.2006 – 1 D 10/05 = IÖD 6/2007; BDiG vom 02.03.1999 – XVI VL 25/98; VGH Mannheim vom 13.04.1999 – D 17 s 3/99; BVerwG vom 20.05.1999 – 1 DB 11/99; VG Ansbach vom 29.07.2008 – AN 1 K 05. 04148, AN 1 K 06. 01548.

ärztliche Stelle der betroffenen Verwaltung besser beurteilen[154], während behandelnde Ärzte bestrebt sein werden, das Vertrauen der Patienten zu erhalten[155].

3.1.8.3 Disziplinarmaß

Das **Disziplinarmaß** macht in den Fällen ungenehmigten und schuldhaften Fern- 205 bleibens vom Dienst wegen der Variationsbreite von wenigen Minuten Dauer oder über Stunden, Tage und Monate hinweg erhebliche Probleme. Dabei lässt sich eine Rechenregel oder Formel nicht aufstellen.

Tageweises Fernbleiben, auch für nur einen Tag, erforderte nach der früheren 206 Rechtsprechung regelmäßig die Einleitung eines förmlichen Verfahrens; die Verhängung einer Kürzung der Dienstbezüge durch Dienstvorgesetzte ist damit auch nach der Erweiterung der Disziplinarbefugnisse der Dienstvorgesetzten gerechtfertigt[156].

> *Beispiel:* Auch eine Beamtin oder ein Beamter, die oder der nur teilweise (z. B. vier Stunden täglich) zur Dienstleistung in der Lage ist, kann sich wegen langfristigen Fernbleibens vom Dienst untragbar machen, wenn sie oder er nicht einmal dieser eingeschränkten Dienstleistungsverpflichtung nachkommt[157].
>
> Es besteht sogar die Verpflichtung, sich im Falle einer orthopädischen Behinderung einen PKW zu beschaffen, um die nur auf einige Stunden beschränkte Dienstleistungspflicht erfüllen zu können[158].

Bei einer Dienstverweigerung über einen längeren Zeitraum (insgesamt 2 Monate 207 und mehr, auch in mehreren Abschnitten) ist stets an die Entfernung aus dem Beamtenverhältnis zu denken[159].

> *Beispiel:* Fernbleiben vom Dienst von je einmal einer Woche und drei Wochen sowie später annähernd fünf Wochen – Gesamtzeitraum 3 Jahre – liegt im Grenzbereich zwischen der Dienstentfernung und Degradierung[160].
>
> Fahrlässiges Fernbleiben vom Dienst über 5 Monate[161], 8 Monate[162] – Zurückstufung.
>
> Ungenehmigtes vorsätzliches Fernbleiben über 18 Monate[163], 6 Monate[164] – Entfernung aus dem Beamtenverhältnis.

---

154 Ausführlicher Nachweis bei VG Ansbach vom 01.07.2008 – AN 1 K 08. 0243, AN 1 K 08. 0245 und 14.04.2008 AN 1 s 08. 0242, AN 1 s 08. 0244; BVerwG vom 12.10.2006 – 1 D 2/05; VG München vom 26.11.2003 – M 13B DA 03.4230; BVerwG vom 27.11.1997 – 1 DB 25/96; BVerwG vom 09.09.1997 – 1 DB 17.97; BVerwG vom 24.04.1990 – 1 DB 2.90 = Dok. Ber. B 1993, 236; BVerwG vom 13.07.1993 – 1 DB 14/93; BVerwG vom 27.05.1997 – 1 DB 6/97 = Dok. Ber. B 1997, 207–210; BVerwG vom 17.11.1998 – 1 DB 14/98.
155 BVerwG vom 08.03.2001 – 1 DB 8/01.
156 Die Disziplinarmaßnahme der Gehaltskürzung = Kürzung der Dienstbezüge war bis 2002 der Verhängung durch die Disziplinargerichte, dem so genannten förmlichen Disziplinarverfahren, vorbehalten.
157 BVerwG vom 23.11.1994 – 1 D 15/94.
158 BVerwG vom 27.11.1997 – 1 DB 25/96.
159 Eine umfassende Übersicht über die Rechtsprechung, die fortgesetzt übernommen wird, findet sich in BVerwG vom 22.04.1991 – 1 D 62/90 = BVerwGE 93, 78 = DokBerB 1991, 189; BVerwG 10.06.1998 – 1 D 39/96; BVerwG vom 06.05.2003 – 1 D 26. 02; BayVGH vom 28.10.2008 – 16 b D 08.133.
160 VG Magdeburg vom 22.01.2008 – 8 A 19/07.
161 BVerwG vom 12.10.2006 – 1 D 2/05.
162 BayVGH vom 13.12.2006 – 16 a D 05.1837.
163 VG München vom 09.07.2007 – M 19B DK 07.589.
164 VG München vom 26.03.2007 – M 19B DK 06.4778.

208   Ist die Beamtin oder der Beamte nur in eingeschränktem Umfang dienstfähig, ändert sich an diesen Grundsätzen nichts.

209   Zum Fernbleiben vom Dienst vergleiche auch die Aufklärungshinweise unter
Abschnitt 6.14.3.

3.1.8.4 Abgrenzung Fernbleiben vom Dienst/Verspätungen

210   Bei formaler Betrachtungsweise sind natürlich auch geringfügige Verspätungen im
Minutenbereich objektiv ein Verstoß gegen die konkrete Anwesenheitspflicht und
als ungenehmigtes und schuldhaftes Fernbleiben vom Dienst zu betrachten. Die
Rechtsprechung sieht das begrifflich nicht so streng, sondern stellt auf den Einzelfall ab und spricht von »Verspätungen«.

211   Dies ändert nichts daran, dass vor allem wiederholter, verspäteter Dienstantritt
erhebliche Konsequenzen haben kann. Das BVerwG »hat auch bei wiederholtem
verspäteten Dienstantritt nur ausnahmsweise den Beamten aus dem Dienst entfernt (... Verspätungen innerhalb eines Jahres, weitere Pflichtverletzungen von erheblichem Gewicht, u. a. massive Drohungen und Beleidigungen gegenüber anderen Dienstkräften). Soweit Beamte sonst in Fällen verspäteter Dienstaufnahme aus
dem Dienst entfernt wurden, standen entweder andere wesentliche Pflichtverletzungen im Vordergrund ... oder waren die disziplinarrechtlichen Vorbelastungen
von erheblichem Gewicht (... Der Beamte war zuvor bereits zweimal in ein Amt
mit geringerem Endgrundgehalt versetzt worden). In anderen Fällen hat der Senat
dagegen auch bei einschlägiger disziplinarrechtlicher Vorbelastung auf eine Gehaltskürzung oder auf eine Dienstgradherabsetzung erkannt ...«[165].

3.1.8.5 Nichtanzeige einer Erkrankung

212   Nicht zu verwechseln mit ungenehmigtem und schuldhaftem Fernbleiben vom
Dienst ist die **Unterlassung einer angeordneten Attestvorlage im Erkrankungsfall (Nichtanzeige einer Erkrankung)**. Die Nichtbefolgung der entsprechenden Anordnung ist ein **Verstoß gegen die Folgepflicht** (§ 35 Satz 2 BeamtStG, § 62 Abs. 1 Satz 1 Satz 2 BBG – *siehe* 3.1.16). In einigen Ländern ist
die Anzeigepflicht ausdrücklich im Zusammenhang mit dem Verbot des Fernbleibens vom Dienst geregelt (z. B. § 92 Abs. 1 Satz 2 SächsBG). Dieses Fehlverhalten
ist nicht gleich bedeutend mit ungenehmigtem und schuldhaftem Fernbleiben vom
Dienst, weil durchaus Rechtfertigungsgründe vorliegen können oder krankheits-
bedingte Dienstunfähigkeit.

213   Da die nicht unterlassene oder auch nicht rechtzeitige Vorlage von Attesten die
Planung des Personaleinsatzes empfindlich stören kann, z. B. im Schichtdienst
oder bei Präsenzdiensten, kann zugleich auch ein Verstoß gegen die Wohlverhaltenspflicht im Dienst (§ 34 Satz 3 BeamtStG, § 61 Abs. 1 Satz 3) vorliegen.

214   Es darf nochmals wiederholt werden, dass aus der bloßen Nichtvorlage von Attesten nicht auf ungenehmigtes und schuldhaftes Fernbleiben vom Dienst geschlossen werden kann. Indizielle Bedeutung kann es jedoch haben, wenn andere
Tatsachen auf Dienstfähigkeit hinweisen und die Behauptung der Erkrankung damit als vorgeschoben erscheint (*siehe* 3.1.8.2).

---

165 BVerwG vom 06.05.1992 – 1 D 12/91.

3.1.8.6 Verlust der Dienstbezüge (§ 9 BBesG)

Gelegentlich wird übersehen, dass für den Zeitraum des – auch **stundenweisen**[166] – 215
Fernbleibens vom Dienst **kraft Gesetzes der Verlust der Dienstbezüge** eintritt,
der durch deklaratorischen Bescheid der zuständigen Behörde festzustellen ist
(§ 9 BBesG – *siehe* 8.7).

Die Nichtmitwirkung bei der Feststellung der Dienstfähigkeit rechtfertigt nicht 216
die Feststellung des Verlustes der Dienstbezüge nach § 9 BBesG. Die Maßnahme
der Verlustfeststellung ist darüber hinaus auch nicht als Druckmittel auf die Beamtin oder den Beamten zulässig, damit sich dieser einer Untersuchung der Dienstfähigkeit stellt[167].

3.1.9 Gesunderhaltungspflicht (§ 34 Satz 1 BeamtStG, § 61 Abs. 1 Satz 1 BBG)

Zur Pflicht zum vollen persönlichen Einsatz im Beruf gehört die beamtenrecht- 217
liche **Pflicht zur Erhaltung der Arbeitskraft** oder **Dienstfähigkeit** (§ 34 Satz 1
BeamtStG, § 61 Abs. 1 Satz 1 BBG). Diese Pflicht wird verletzt, wenn die Beamtin
oder der Beamte schuldhaft die Ursache für eine Dienstunfähigkeit oder Krankheit
setzt oder zumutbare Heilmaßnahmen unterlässt[168]. Dennoch gilt auch hier der
Grundsatz, dass die private Lebensführung ein Freiraum ist, der nur sehr eingeschränkt antastbar ist. »Wer in seiner Freizeit einen unfallträchtigen Sport ausübt,
zu ungesundem Essen und Trinken neigt, sich in der Liebe verausgabt oder sich
strapazierend in der Politik engagiert, handelt im Hinblick auf die sich mehr
oder weniger zwangsläufig daraus ergebenden Gesundheitsbeeinträchtigungen
schon grundsätzlich nicht treuwidrig und damit auch nicht tatbestandsmäßig.
Es muss die Zumutbarkeit der Änderung der privaten Lebensführung hinzukommen«[169].

Die wohl häufigste Verletzung dieser Verpflichtung zum vollen Einsatz im Beruf 218
ist die **Pflicht zur Beschränkung des Alkoholgenusses im dienstlichen Bereich.**
Hiergegen wird – z. T. aus Unkenntnis über den Umfang dieser Dienstpflicht –
vielfach verstoßen. Diese Pflichtverletzung liegt nicht nur vor, wenn die Beamtin
oder der Beamte im Dienst oder auch vor Dienstbeginn im Übermaß Alkohol zu
sich nimmt oder alkoholbedingt auffällig wird, sondern kann schon bei einem vergleichsweise geringen Alkoholkonsum gegeben sein. Es geht nicht allein darum,
sich nicht alkoholbedingt achtungsunwürdig zu Verhalten oder konkrete Dienst-
aufgaben zu vernachlässigen. Wesentlich ist vielmehr, dass der **Alkoholgenuss zu
einer Gefährdung dienstlicher Interessen führt,** wie es bei einer alkoholbeding-
ten Einschränkung der Dienstfähigkeit regelmäßig der Fall ist. Sie tritt nach der
ständigen Rechtsprechung bereits bei einem Blutalkoholgehalt von 0,5 ‰ ein[170]
(vgl auch § 24 a StVG).

---

166 Z. B. BVerwG vom 01.07.1997 – 1 DB 8/97.
167 NDH vom 17.03.1998 – 1 NDH M 19/97; BVerwG vom 11.02.1997 – 1 DB 12/96.
168 Sehr ausführlich die Darstellung bei *Köhler/Ratz, BDG* B II 5 und *Weiß,* J 665 – Gesunderhaltungs-
    pflicht.
169 Nachweis bei *Köhler/Ratz,* BDG S. 194.
170 BVerwG vom 20.06.1974 – I D 22/74 = BVerwGE 46, 272 u. 73, 115.

Beispiele: Auf einer dienstlich genehmigten Feier wird über das zugestandene Gläschen Sekt hinaus weiter getrunken.

Es wird zwar nicht im Dienst getrunken, wohl aber am Abend zuvor bis in die frühen Morgenstunden, sodass der Arbeitstag noch mit erheblicher Alkoholisierung begonnen wird.

219   Zu den Aufklärungsproblemen bei Alkoholverfehlungen dieser Art *siehe* im Einzelnen Abschnitt 6.14.1.

220   Aber auch **Drogenkonsum**, selbst wenn er außerdienstlich erfolgt, jedoch dienstliche Auswirkungen hat, kann dienstpflichtwidrig sein, insbesondere wenn dadurch Sicherheitsbelange gefährdet werden.

221   Wer in Kenntnis der Gefahren des Rauschgiftmissbrauchs und trotz eingehender fachlicher und dienstlicher Hinweise süchtig und damit krank wird, handelt ebenfalls pflichtwidrig[171].

Beispiel: Polizeibeamter konsumiert über langen Zeitraum Haschisch und Speed. Folge: Verlust der Kraftfahreignung, Nichteignung im Umgang mit Schusswaffen, häufige Fehlzeiten (Disziplinarmaß Entfernung aus dem Beamtenverhältnis)[172].

222   Zur **Gesunderhaltungspflicht** gehört nicht nur das Unterlassen gesundheitlicher Beeinträchtigungen. Es gehört dazu auch, sich im Falle einer Erkrankung so zu verhalten, dass sich diese Erkrankung bessern kann, jedenfalls nicht verschlechtert. Auch die Verpflichtung, sich einer für den Heilungserfolg einer Erkrankung unumgänglichen Therapie[173] oder einer Operation[174] zu unterziehen, »wenn das zu erwartende Operationsrisiko nicht durch besondere Umstände erhöht wird«[175], wird dazugehören, sofern es den Umständen nach zumutbar ist.

Beispiel: Therapie in einer psychosomatischen Klinik zur Wiedererlangung der Dienstfähigkeit wird verweigert[176]. Verweigerung einer stationären orthopädischen Behandlung[177].

223   Dienstvorgesetzte können anweisen, ärztlicherseits empfohlene Maßnahmen zur Wiedergesundung zu befolgen, sofern nicht die Beamtin oder der Beamte begründete Einwendungen dagegen machen kann[178]. Die Weigerung kann eine Verletzung der Folgepflicht (§ 35 Satz 2 BeamtStG, § 62 Abs. 1 Satz 2 BBG) sein.

Die besondere und häufige Problematik der Therapiepflicht bei Alkoholkrankheit wird im nachfolgenden Abschnitt erörtert.

---

171 Z. B. *Köhler/Ratz*, BDG B II 5 Rz. 8.
172 VG Berlin vom 13.02.2006 – 80 A 27. 05.
173 BVerwG vom 07.09.1993 – D 66.92 – m. w. N; vgl. auch BVerwG vom 09.01.1980 – 1 D 40.79 = BVerwGE 63, 322 (327) = BVerwG Dok. Ber. B 1980, 103 = DÖV 1980, 380 = NJW 1980, 1347 = DVBl. 1980, 456 = ZBR 1980, 319.
174 BDH 5, 319; BVerwG vom 27.11.1997 – 1 DB 25/96; ausführlich hierzu *Weiß*, GKÖD II, J 665 Rz. 20 ff.
175 BVerwG – 1 D 13.93.
176 BayVGH vom 20.04.2005 – 16 a D 04.531.
177 VG München vom 10.09.2008 – M 13 DK 08.2730.
178 VGH Mannheim vom 18.09.2002 – D 17 s 1/02.

3.1.10 Alkohol- und Drogensucht

Die folgenden Ausführungen gelten für die statistisch erhebliche Alkoholkrank-   224
heit, gleichermaßen aber auch für alle anderen stoffgebundenen Suchterkrankungen[179].

3.1.10.1 Alkoholkrankheit – dienstliche Folgen – Legalitätsprinzip

Die Weltgesundheitsorganisation (WHO) definiert die weit verbreitete **Alkohol-**   225
krankheit[180] (Alkoholismus, Alkoholsucht) als gesundheitliche Störung[181], deren
wesentliches Charakteristikum darin besteht, dass ein oft starker, gelegentlich
übermächtiger Wunsch vorhanden ist, Alkohol zu konsumieren. Es besteht krankhafte Abhängigkeit vom Alkohol[182].

Der Krankheitswert ist eine medizinische Frage. Einen besonderen »rechtlichen   226
Krankheitsbegriff«[183] gibt es nicht. Die Alkoholkrankheit ist als Erkrankung **nicht
schuldhaft verursacht** und kann damit keine schuldhafte Pflichtverletzung
sein[184]. Alkohol hat zwar Suchtpotenzial, aber kein zwingendes. Anderes kann
z. B. bei der »harten Droge« Heroin angenommen werden[185]. Bei derartigem Drogenmissbrauch wird in der Regel Verschulden für die nahezu zwangsläufig folgende Abhängigkeit angenommen werden müssen.

Mit dem ersten Schluck, gleichgültig, in welchem Alter er getrunken wird, ris-   227
kiert niemand, alkoholabhängig zu werden. Dies gilt nicht nur für die erste Alkoholaufnahme im Leben, sondern auch für den weiteren Alkoholgenuss, der sich
zumeist noch nicht als Missbrauch darstellt. Dieser (Mit-)Hintergrund veranlasst
die Rechtsprechung zur Feststellung, dass »trotz der gesundheitlichen Gefahren,
die gerade im Falle eines alkoholkranken Beamten mit Alkoholgenuss erfahrungsgemäß verbunden sind, ... es dem Beamten selbst überlassen (bleibt), ob, wann und
gegebenenfalls in welcher Form er Alkohol zu sich nimmt. Das ist grundsätzlich
Sache der eigenen Lebensführung, über die der Dienstherr nicht zu bestimmen
hat«[186]. Insbesondere kann es dann auch nicht vorgeworfen werden, »dass ... Kon-

---

179 *Siehe* Definition unter Fn. 181.
180 Ausführlicher zum Thema insgesamt, *Schwandt,* Beamtenrechtliche Aspekte des Alkoholismus,
     DÖD 2002, 1 ff. Man sollte den noch deutlicher bezeichnenden Begriff Alkoholkrankheit (in Abweichung von der Vorauflage) verwenden.
181 ICD F10.2, Abhängigkeitssyndrom =»Eine Gruppe von Verhaltens –, kognitiven und körperlichen
     Phänomenen, die sich nach wiederholtem Substanzgebrauch entwickeln. Typischerweise besteht
     ein starker Wunsch, die Substanz einzunehmen, Schwierigkeiten, den Konsum zu kontrollieren,
     und anhaltender Substanzgebrauch trotz schädlicher Folgen. Dem Substanzgebrauch wird Vorrang
     vor anderen Aktivitäten und Verpflichtungen gegeben«.
182 Für die Bundesrepublik Deutschland sind nach Angaben der Deutschen Hauptstelle für Suchtfragen (DHS) »Etwa 1,6 Mio. Menschen (= 2,4 % der Wohnbevölkerung ab 18 Jahren) ... akut alkoholabhängig, Alkoholmissbrauch liegt aktuell bei etwa 2,65 Mio. Menschen (4 %) vor ...« *DHS Info*,
     Alkoholabhängigkeit, S. 14 – http://www.dhs.de/web/infomaterial.
183 A. A. offenbar *Weiß,* GKÖD II, I 665, Rz. 25 b.
184 H. M, anderer Ansicht früher OVG Münster. BVerwG vom 19.04.1993 – 12 D 887/92. O =
     NWVBl.1993, 353–355 = DÖD 1993, 234–236 = NJW 1993, 3015–3016 = RiA 1994, 104–107.
     Die ältere Ansicht bei *Fischer,* Chronischer Alkoholismus als Dienstvergehen, DÖD 1988, 173.
185 BVerwG vom 14.05.1997 – 1 D 58/96.
186 BVerwG vom 22.11.1999 VGH BW – D 17 s 9/99; BVerwG vom 15.03.1995 – 1 D 37.93 = NVwZ
     1996, 1220 = ZBR 1996, 55; BVerwG vom 04.07.1990 – 1 D 23.89 = DVBl.1990, 1240.

trollverlust eingetreten (ist) und er deshalb unfähig war, auch nur für einen kürzeren Zeitraum ohne Entzugserscheinungen auf Alkohol zu verzichten«[187].

228   Akzeptiert die Rechtsprechung grundsätzlich die **Alkoholerkrankung als Privatsache** und damit als zunächst dienstrechtlich folgenlos, sind die **dienstlichen Folgen der Alkoholkrankheit,** die dadurch entstehenden dienstlichen Einschränkungen, nicht bedeutungslos.

229   Wie bei jeder Erkrankung ist die Frage nach der Behandlungsbedürftigkeit und den Behandlungsmöglichkeiten vorrangig (*siehe* Rz. 229). Alkoholkrankheit ist **nur in Ausnahmefällen nicht therapiefähig** und die Therapie steht zunächst im Vordergrund. Die Gesunderhaltungspflicht gebietet daher auch im Falle einer Alkoholkrankheit, mögliche Therapieangebote wahrzunehmen. Ob die Therapie Erfolg hat, hängt vom Einzelfall ab.

230   Betroffene Beamtinnen und Beamte müssen im Falle einer Therapiebedürftigkeit darauf hingewiesen werden, akzeptable Therapieangebote wahrnehmen zu müssen[188]. Es wird auch darauf hinzuweisen sein, dass finanzielle Aufwendungen zusätzlich zu Beihilfe- oder Versicherungsleistungen für eine Therapie zumutbar sein können, wenn sie zur Bekämpfung der Alkoholkrankheit erforderlich sind.

231   **Disziplinares Einschreiten ist erst dann möglich, wenn konkrete dienstliche Folgen der Krankheit aufgetreten sind.** Diese Interventionsschwelle ist nicht erreicht, solange lediglich außerdienstliche gesundheitliche, familiäre oder finanzielle Konsequenzen der Sucht vorhanden sind, im dienstlichen Bereich aber noch nicht erkennbar, allenfalls erahnbar sind. Dienstrechtliche Intervention im privaten Bereich muss generell, auch im Krankheitsfall, die Ausnahme sein[189].

232   Diese Schlussfolgerung darf aber nicht missverstanden werden. Denn die **Fürsorgepflicht der Dienstvorgesetzten (= Dienstleistungspflicht)** gebietet es, bereits im Vorfeld der dienstlichen Auswirkungen tätig zu werden. »Eine unterbliebene Hilfestellung durch die Dienststelle … (kann) disziplinarrechtlich (entlastend) von Bedeutung werden, wenn der Beamte angeschuldigt wird, nicht die erforderlichen Maßnahmen zur Erhaltung oder Wiederherstellung ihrer oder seiner Dienstfähigkeit unternommen zu haben«[190]. Ein frühzeitiges Einschreiten bei Verdacht einer Alkoholkrankheit ist aus diesem Grunde auf jeden Fall nicht unzulässig. Dabei geht es nicht um disziplinares Einschreiten gegen die betroffenen Mitarbeiterinnen und Mitarbeiter, sondern um Hilfestellung!

233   Auch die Verpflichtung der Dienstvorgesetzten, die Leistungsfähigkeit der Verwaltung zu gewährleisten (Dienstleistungspflicht), verlangt im Ergebnis das Gleiche. Es gilt, Hilfsangebote zu realisieren, deren die Alkoholkranken bedürfen, um die Behörde unter Mitwirkung der betroffenen Beamtinnen und Beamten funktionsfähig zu erhalten. Erhalten sie **kein Hilfsangebot, verletzen die Dienstvorgesetzten ihre (Dienstleistungs- und Fürsorge-)Pflicht** gegenüber der Beamtin oder dem Beamten wie auch gegenüber dem Dienstherrn.

---

187 BVerwG vom 09.05.1995 – 1 D 50/94.
188 VG München vom 30.11.2005 – M 13 D 05.3491.
189 Dieser Grundsatz, den das BVerwG aufgestellt hat, findet sich konsequent auch darin wieder, dass es bei Straftaten außerhalb des Dienstes keine Regel gibt, wonach Straftaten stets zugleich den Tatbestand eines Dienstvergehens erfüllen, BVerwG vom 30.08.2000 – 1 D 37.99 = ZBR 2001, 35.
190 BVerwG vom 23.10.1996 – 1 D 55/96.

Oft – aus falscher Scheu zumeist sogar wissentlich – warten Dienstvorgesetzte ab   234
und schreiten nicht schon aus fürsorglichen Gründen ein. Bei ersten **dienstlichen
Auffälligkeiten** schlägt jedoch die abwartende Haltung der Dienstvorgesetzten in
die **Pflicht** zum **disziplinaren Einschreiten** (Legalitätsprinzip) um.

Die Rechtsprechung hat als solche dienstliche Auswirkungen z. B. angenom-   235
men:
– verbotswidrigen Alkoholgenuss im Dienst[191],
– alkoholbedingt verspäteten Dienstantritt[192],
– Dienstantritt unter Alkoholeinwirkung[167]
– vorzeitigen Abbruch des Dienstes[167],
– Arbeitsfehler (Schlechtleistung) [167],
– Fehlzeiten ohne Angabe von Gründen[167],
– vermehrte Erkrankungen[167],
– Häufung von Krankmeldungen[167],
– Betriebsdienstuntauglichkeit[193],
– vorübergehende oder dauernde Dienstunfähigkeit der Beamtin oder des Beamten[194],
– negativ auffälliges Verhalten gegenüber Kollegen oder Vorgesetzten
– alkoholbedingte Straftaten, z. B. im Straßenverkehr.

3.1.10.2 Krankheitseinsicht – Therapiepflicht – Verschulden

Sofern derartige Auffälligkeiten den Verdacht einer Alkoholkrankheit und damit   236
Zweifel an der Dienstfähigkeit rechtfertigen, müssen Dienstvorgesetzte diesem
nachgehen. Regelmäßig haben die Erkrankten jedoch nicht die Einsicht in ihren
Zustand und ihre Dienstfähigkeit; sie haben **fehlende Krankheitseinsicht.** Dienstvorgesetzte haben in diesen (in der Anzahl weitaus überwiegenden) Fällen die Verpflichtung, eine (amts-)ärztliche Untersuchung zu veranlassen, um eine gesicherte
Diagnose zu erhalten.

Auch bei dieser Untersuchung trifft die Beamtinnen und Beamten eine Mitwir-   237
kungspflicht bei der Feststellung der Dienstfähigkeit. Es gilt hier das gleiche wie
bei Untersuchung der Dienstfähigkeit im Falle des Verdachts einer Verletzung der
Anwesenheitspflicht. Kommen sie entsprechenden Anordnungen nicht nach, liegt
ein Verstoß gegen die Folgepflicht (§ 35 Satz 2 BeamtStG, § 62 Abs. 1 Satz 2 BBG –
siehe 3.1.16) vor.

Sofern sich die Diagnose einer behandlungsbedürftigen Alkoholkrankheit er-   238
gibt, müssen Betroffene die ärztlicherseits zur Wiederherstellung der Dienstfähigkeit für zweckmäßig erachtete **Therapie antreten und durchhalten** (§ 35 Satz 2
BeamtStG, § 62 Abs. 1 Satz 2 BBG *siehe* a. a. O.). Unmittelbarer Druck scheidet
aus. Eine zwangsweise Verbringung z. B. in eine Suchtklinik ist nicht möglich.

Dazu ist es förderlich, konsequent, deutlich und frühzeitig (zweckmäßigerweise   239
auch aktenkundig) darauf hinzuweisen, dass eine Therapie erforderlich ist, und
zugleich auch auf mögliche, rechtliche Folgen einer Weigerung, die Therapie an-

---

191 BDiG vom 15.09.1999 – XVI VL 2/99.
192 BVerwG vom 05.10.1993 – 1 D 31/92.
193 BVerwG vom 15.03.1995 – 1 D 37/93.
194 BVerwG vom 08.04.1997 – 1 D 75.96; BVerwG vom 29.11.1995 – 1 D 29.94; BVerwG vom
    20.08.1993 – 1 D 75.92.

zutreten. »Erkennt der Dienstherr, dass zur Erhaltung der Dienstfähigkeit eines Beamten eine Langzeit-Alkoholtherapie[195] erforderlich ist, so ist es geboten, den Beamten **nachweislich über die dienstrechtlichen Konsequenzen einer Verweigerung** hinzuweisen«[196]. Damit haben Dienstvorgesetzte immerhin ein **rechtliches Druckmittel** zur Verfügung. Selbst wenn man darin keine dienstliche Weisung zum Antritt einer Therapie sehen sollte, läge jedenfalls ein berechtigter Hinweis auf die Eigenverantwortlichkeit im Umgang mit der Alkoholkrankheit vor. Die Verweigerung einer Therapie wäre dann ein Verstoß gegen die Gesunderhaltungspflicht durch Unterlassen. Im Ergebnis würde diese Auffassung nichts an der disziplinaren Bedeutung der Verletzung der Dienstleistungspflicht ändern.

240   Die **fehlende Einsicht** in die Behandlungsbedürftigkeit (Krankheitseinsicht), die häufig zum Krankheitsbild gehört, lässt nicht das Verschulden entfallen. Das **Verschulden** liegt in diesen Fällen in der (im Einzelfall auch nur fahrlässigen) **Verkennung der Erfordernis, etwas gegen die Krankheit unternehmen zu müssen**. Verschulden ist damit regelmäßig vorhanden. »Von dem Alkoholkranken (wird) ... nicht die Einsicht in die medizinische Tatsache der Alkoholkrankheit ..., sondern das Erkennen der Forderung des Dienstherrn, eine Therapie durchzuführen (verlangt), und zwar unabhängig davon, ob er, der Betroffene, eine solche Behandlung für sich selbst für nötig hält oder nicht«[197].

241   Schuldunfähigkeit wird für eine derartige Verfehlung regelmäßig erst dann angenommen werden können, wenn totaler Verlust der Wahrnehmungsfähigkeit (im Sinne einer Demenz) eingetreten ist.

3.1.10.3 Therapieverweigerung und deren Folgen

242   Die **disziplinaren Folgen einer Therapierverweigerung** können konsequent, aber auch hart sein. Insbesondere bei **vorsätzlichem Verhalten** kann eine Weigerung die **Verhängung der Höchstmaßnahme** zur Folge haben, wenn hierdurch die dauernde Dienstunfähigkeit eintritt[198] oder wenn periodisch immer wiederkehrende, längerfristige Dienstunfähigkeit vorliegt[199].

243   Betroffene Beamte oder Beamtinnen sind auf diesen Umstand hinzuweisen. Bei der Mitteilung der Therapieempfehlung ist die entsprechende Belehrung aktenkundig zu machen.

244   Die disziplinare Höchstmaßnahme scheidet in der Regel bei fahrlässigem Handeln aus[200]. Auch widersprüchliches Verhalten der Dienstvorgesetzten kann das Verschulden mindern, weil (z. B.) die Weigerung »eine Entziehungskur durchzuführen ... nicht mehr vorgehalten werden (kann), wenn der Beamte (in Kenntnis der Alkoholkrankheit) trotzdem auf Lebenszeit verbeamtet worden ist«[201].

---

195 Der Begriff der »Kur« sollte tunlichst vermieden werden, da die Alkoholtherapie nicht zu einer Heilung der Krankheit führen kann.
196 BVerwG vom 08.04.1997 – 1 D 75.96; BVerwG vom 29.11.1995 – 1 D 29.94; BVerwG vom 20.08.1993 – 1 D 75.92.
197 BVerwG vom 16.03.1993 – 1 D 67/91.
198 BVerwG vom 11.03.1997 – 1 D 68/95; BVerwG vom 16.03.1993 – 1 D 67/91; BVerwG vom 18.09.1996 – 1 D 93/95; BVerwG vom 07.09.1993 – 1 D 12/93 = DokBerB 1994, 10–12; OVG Koblenz vom 30.08.2000 – 3 a 10529/00 = EZBBG 2000–129.
199 OVG Saarlouis vom 07.11.2006 – 6 R 3/05 = IÖD 9/2007.
200 BVerwG vom 20.05.1998 – 1 D 57/96.
201 OVG Greifswald vom 10.09.1998 – 2 M 91/98.

Folgt die Beamtin oder der Beamte der ärztlichen, von der oder dem Dienstvor- 245
gesetzten wiederholten Empfehlung, eine Therapie anzutreten, ist die Alkoholkrankheit disziplinar nicht relevant.

Mit dem Therapieantritt sind die Pflichten zur Gesunderhaltung aber noch kei- 246
neswegs erschöpfend erfüllt[202]. Betroffene haben vielmehr eine gesteigerte **Mitwir-
kungsverpflichtung.** »Der Beamte hat … die Verpflichtung, nach besten Kräften
am Erfolg der Kur zu arbeiten, sein **besonderer Einsatz** hierfür wird vorausgesetzt«[203]. Die **Verweigerung der Mitwirkung in der Therapie** kann mithin
als Verstoß gegen die Gesunderhaltungspflicht (Pflicht zur Wiedergesundung) vorwerfbar sein[204]. Erhebliche finanzielle Aufwendungen, um »eine Besserung seines
Gesundheitszustandes und damit auch seiner dienstlichen Leistungsfähigkeit zu
erreichen«[205], können andererseits entlastend sein.

Geschuldet wird nicht der Erfolg derartiger Maßnahmen, sondern lediglich das 247
volle Bemühen, der Alkoholerkrankung therapeutisch zu begegnen. Eine Erfolgs-
garantie besteht für keine Therapie (wie bei jeder Erkrankung).

3.1.10.4 Belehrung nach der Alkoholtherapie

Nach der Therapie muss auf die Folgen eines Rückfalls (*siehe* 3.1.10.6) hingewiesen 248
werden. Diese **Belehrung** muss deutlich als **Hinweis auf die Gesunderhaltungspflicht und die disziplinaren Folgen deren Verletzung** durch einen Rückfall formuliert sein. Es genügt nicht, wenn die gesundheitsschädigenden Folgen erneuten,
übermäßigen Alkoholgenusses aus allgemeiner Quelle oder durch die Therapie bekannt waren. Erforderlich ist vielmehr die Kenntnis, damit zugleich Dienstpflichten zu verletzen[206]. Es genügt auch nicht eine einfache »Auflage, überhaupt keine
alkoholischen Getränke mehr zu sich zu nehmen«[207].

Betroffene benötigen auch nach der Therapie Unterstützung und Halt. Sie sind 249
aus diesem Grunde aber auch verpflichtet, selbst etwas zu tun. Dazu gehört es, an
Nachsorgemaßnahmen, z. B. in einer **Selbsthilfegruppe**[208] teilzunehmen, um der
Rückfallgefahr entgegenzuwirken[209]. Die Empfehlung zum Engagement in einer
dieser Gruppen gehört in der Therapie zum Standard. Die Belehrung über die
dienstrechtlichen Folgen eines Rückfalls sollte auch den Hinweis auf diese **Notwendigkeit der Nachsorge** enthalten.

Einer bestimmten Form bedarf die Belehrung nicht. So könnte z. B. in einem 250
quittierten Schreiben auf diese Pflichten hingewiesen werden. Die Belehrung ist
zweckmäßigerweise aktenkundig zu machen.

---

202 BDiG vom 15.09.1999 – XVI VL 2/99.
203 BVerwG vom 05.10.1993 – 1 D 31/92.; OVG Koblenz vom 30.08.2000 – 3 A 10529/00.
204 OVG Koblenz vom 30.08.2000 – 3 a 10529/00; BDiG vom 15.09.1999 – XVI VL 2/99.
205 BDiG vom 15.09.1999 – XVI VL 2/99.
206 So in dieser Frage grundlegend BVerwG vom 10.01.1984 – 1 D 13/83 = BVerwGE 76, 128–135 =
   DVBl. 1984, 485–487 = ZBR 1984, 155–155 = BayVBl. 1984, 441–441.
207 BVerwG vom 15.03.1995 – 1 D 37/93.
208 Bekannt sind Anonyme Alkoholiker und Guttempler Eine gute Übersicht findet sich in *Schneider*,
   Die Suchtfibel, 13. Auflage, S. 251. Das Internet ist ebenfalls sehr hilfreich mit einer Fülle von Hinweisen, z. B. über die Hauptstelle für Suchtgefahren, www. dhs. de.
209 Z. B. VGH Mannheim vom 22.11.1999 – D 17 s 9/99; BVerwG vom 05.05.1998 – 1 D 40/96.

251   Voraussetzung ist, dass die Beamtin oder der Beamte trocken ist und demzufolge die Belehrung verstanden hat. **Die Belehrung allein bewirkt noch keinen Erfolg der Therapie.**

3.1.10.5 Rückfall

252   Nehmen Betroffene nach einer Therapie aus **vorwerfbarem Anlass erneut Alkohol** zu sich und werden hierdurch wieder **rückfällig**[210], begründet dieses Verhalten unter bestimmten Voraussetzungen einen schuldhaften Verstoß gegen die Gesunderhaltungspflicht.

253   »Als rückfällig bezeichnet man Personen, die trotz des Vorsatzes zur Abstinenz wieder mit der Einnahme von Suchtmitteln (Alkohol oder Medikamente) beginnen«[211]. Diese Definition ist sehr weit gefasst. Damit würde schon »der Griff zum ersten Glas« den Rückfall bedeuten. Wegen der krankheitsimmanenten Rückfallgefahr[212] hat die Rechtsprechung aber die Messlatte für die Verantwortlichkeit einer rückfälligen Beamtin oder eines rückfälligen Beamten hoch gelegt. **Disziplinar vorwerfbar** ist ein Rückfall unter folgenden Voraussetzungen[213]:
   – **Nachweisliche Belehrung** über die Folgen eines Rückfalls. Die Belehrung muss nicht durch den Dienstvorgesetzten erfolgen. Ein z. B. ärztlicher Hinweis dürfte genügen. Auf Aktenkundigkeit der Belehrung ist achten.
   – **Dienstliche Folgen** des Rückfalls.
   – **Erfolg** einer abgeschlossenen **Therapie**[214].

254   Auch für den Rückfall gilt also wieder, dass sich erst dann rechtliche Weiterungen ergeben dürfen, wenn es zu erheblichen dienstlichen Auswirkungen des Rückfalls kommt, wenn z. B. erneut alkoholbedingte Dienstausfälle oder andere alkoholbedingte Fehlleistungen auftreten[215] (**dienstliche Folgen**, *siehe* oben 3.1.10.1).

255   Zu den zurechenbaren Folgen kann dabei auch die Notwendigkeit einer erneuten Therapie[216] mit dadurch bedingtem Dienstausfall[217] zählen.

256   Einbezogen werden können sogar alkoholbedingte Verfehlungen, die bereits Gegenstand eines parallelen, weiteren Disziplinarverfahrens waren oder sind. »Der Verbrauch der Disziplinarbefugnisse – z. B. durch eine Disziplinarverfügung (wegen einzelner, anderer Verfehlungen), die nach Einleitung[218] des Disziplinar-

---

210 Eine Unterscheidung zwischen Rückfall und Rückfall im disziplinarrechtlichen Sinne, wie ihn *Weiß*, a. a. O., Rz. 25 c ff., differenziert sehen will, erscheint mir nicht geboten. Es geht lediglich um disziplinare Folgen eines Rückfalls.
211 *Schneider*, Suchtfibel S. 224.
212 Dies kommt erstaunlicherweise in der Rechtsprechung nirgends deutlich zum Ausdruck.
213 Eine Unterscheidung zwischen Rückfall und Rückfall im disziplinarrechtlichen Sinne, wie ihn *Weiß*, a. a. O., Rz. 25 c ff., differenziert sehen will, erscheint mir nicht geboten. Es geht lediglich um disziplinare Folgen eines Rückfalls.
214 Z. B. OVG Lüneburg vom 28.01.2005 – 1 NDH L 6/03.
215 BVerwG vom 05.10.1993 – 1 D 31/92.
216 BVerwG vom 21.09.1994 – 1 D 62/93 = DokBerB 1995, 7–12; BVerwG vom 11.02.1998 – 1 D 21/97.
217 BVerwG vom 10.02.1987 – 1 D 67.86; BVerwG vom 09.07.1987 – 1 D 144.86; BVerwG vom 21.09.1994 – 1 D 62.93; BVerwG vom 19.05.1999 – 1 D 41.98; BDiG vom 31.05.1999 – II VL 12/99; BVerwG vom 11.02.1998 – 1 D 21/97.
218 Unter Zurückstellung des Grundsatzes von der Einheitlichkeit des Dienstvergehens, der mehrere zeitlich überlagernde Disziplinarverfahren grundsätzlich verbietet.

verfahrens (wegen des Rückfalls) verhängt wurde – hindert daran (an der Berücksichtigungsfähigkeit derartiger Vorfälle) nicht«[219].

Alkoholbedingte Vorfälle ausschließlich außerhalb des Dienstes, z. B. im Straßenverkehr, reichen nach der Rechtsprechung für die Vorwerfbarkeit eines Rückfalls nicht aus[220]. Erst wenn die Beamtin oder der Beamte wieder so viel trinkt, dass es zu einer erneuten **dienstlichen Beeinträchtigung** führt[221], kann eingeschritten werden. Diese Rechtsprechung setzt konsequent die Linie fort, dass der private Bereich grundsätzlich dem dienstlichen Einfluss entzogen ist, auch wenn die Gefahr dienstlicher Folgen als durchaus wahrscheinlich erscheint. Der private Bereich bleibt auch in diesen Fällen unantastbar. · 257

Zu beachten ist aber, dass z. B. bei einer strafrechtlich relevanten Trunkenheitsfahrt ein zumeist höherer Blutalkoholgehalt vorliegt, der auf eine erneute Alkoholgewöhnung schließen lassen dürfte. Innerdienstliche Folgen sind damit vorprogrammiert. Wenn Dienstvorgesetzte bei dieser Sachlage erneut eingreifen und eine erneute Therapieempfehlung geben, handeln sie vorbeugend, richtig und in Entsprechung ihrer Fürsorgepflicht. Keinesfalls ist ihnen durch die Rechtsprechung eine Intervention untersagt! · 258

Der **Erfolg einer Therapie** wird sich ohne praktische Erprobung der erreichten Stabilisierung regelmäßig kaum erkennen lassen. Eine nur kurze Zeit der Enthaltsamkeit nach der Therapie kann Indiz für den Nichterfolg der Behandlung sein[222], eine längere Zeit des »Trockenseins« nach der Therapie andererseits als Anzeichen für deren Erfolg gewertet werden[223]. Die Einlassung einer rückfälligen Person, sie habe nach der Therapie längere Zeit nichts getrunken, ist nicht selten unwahr. Oft wird aus Scham erneuter Alkoholmissbrauch kurze Zeit nach einer Therapie verschwiegen. Der erhoffte Therapieerfolg kann damit zweifelhaft sein. · 259

3.1.10.6 Disziplinare Folgen eines schuldhaften Rückfalls

Wenn vorzeitige Dienstunfähigkeit die Folge eines **vorsätzlichen Rückfalls** ist – bedingter Vorsatz kann genügen[224] –, kann die Aberkennung des Ruhegehalts bzw. die Entfernung aus dem Beamtenverhältnis gerechtfertigt sein[225]. · 260

Auch andere, schwerwiegende dienstliche Auswirkungen des Rückfalls können die disziplinare Höchstmaßnahme nach sich ziehen, wie z. B. häufige alkoholbedingte Dienstausfälle[226] oder die Weigerung, eine erneute, angebotene Therapie anzutreten. · 261

Selbst bei **Fahrlässigkeit** kann die **schwerste, disziplinare Folge** nach den besonderen Umständen des Einzelfalls verhängt werden[227]. Gleiches gilt, wenn bereits einschlägige disziplinare oder strafrechtliche Vorbelastungen vorliegen[228]. · 262

---

219 OVG Münster – 12 d a 534/98. O.
220 BVerwG vom 04.07.1990 – 1 D 23/89.
221 BVerwG vom 04.07.1990 – 1 D 23.89 = BVerwG Dok. Ber. B 1990, 231 = DVBl. 1990, 1240.
222 BVerwG vom 05.05.1998 – 1 D 40/96; vom 11.03.1997 – 1 D 68/95; vom 15.03.1994 – 1 D 42/93.
223 BDiG vom 31.05.1999 – II VL 12/99; BVerwG vom 23.11.1993 – 1 D 58.92.
224 BVerwG vom 24.08.1993 – 1 D 37/92.
225 BVerwG vom 11.08.1992 – 1 D 47/91; OVG Lüneburg vom 28.01.2005, – 1 NDH L 6.
226 BVerwG vom 08.07.1986 – 1 D 9/86.
227 BVerwG vom 23.02.1982 – 1 D 68.81.
228 BVerwG vom 10.07.1991 – 1 D 84/90.

263   Zumeist wird aber in diesen Fällen eine geringere Disziplinarmaßnahme ausreichend sein[229], vor allem, wenn sich die Beamtin oder der Beamte z. B. »bereits vor der Versetzung in den Ruhestand ... erfolgreich bemüht hat, von der nassen Phase der Alkoholkrankheit wieder wegzukommen«[230].

264   **Therapiemaßnahmen nach dem Eintritt in den Ruhestand** haben nur dann einen Einfluss auf die Bemessung der Disziplinarmaßnahme, wenn zu erwarten ist, dass die volle Dienstfähigkeit wieder erlangt wird und eine Reaktivierung möglich erscheint[231].

3.1.10.7 Andere alkoholbedingte Pflichtverletzungen ohne Verletzung der Gesunderhaltungspflicht

265   Für **mittelbar suchtbedingte Verfehlungen,** deren disziplinare Bedeutung nicht im Alkoholmissbrauch als solchem bestehen, entfällt durch die Alkoholkrankheit nicht das Verschulden. Wenn unterschlagene Gelder »dazu benötigt (werden), um sich (erst) Alkohol kaufen zu können« **(Beschaffungskriminalität),** kann das allenfalls verminderte Schuldfähigkeit ergeben, die nur im Einzelfall zum Absehen von der disziplinaren Höchstmaßnahme als Milderungsgrund ausreichen könnte[232] *(siehe Rz. 157).*

3.1.11 Alkoholgefährdung ohne dienstliche Auffälligkeiten

266   Ergibt sich in den Ermittlungen, dass dienstlich relevante Pflichtverletzungen nicht vorliegen, eine Beamtin oder ein Beamter aber **alkoholgefährdet ist, ohne dass eine Krankheit mit Suchtwert vorliegt,** ist dies zunächst dienstrechtlich nicht relevant. Eine Verpflichtung, erforderliche Schritte zu unternehmen, um ein späteres »Abgleiten in den Alkoholismus«[233] zu vermeiden, besteht nicht, sondern erst bei Eintritt dienstlicher Auswirkungen.

267   Es ist aber trotzdem sinnvoll und auch keineswegs unzulässig, gefährdete Beamtinnen oder Beamte (möglichst nachweislich) auf die möglichen disziplinarrechtlichen Folgen eines solchen Fehlverhaltens hinzuweisen. Hierauf wurde bereits bei der Beschreibung der Folgen eines Rückfalls hingewiesen *(siehe 3.1.10.6).*

---

229 BVerwG vom 11.03.1997 – 1 D 68/95; OVG Münster vom 28.10.1998 – 12 d a 534/98. O.
230 BVerwG vom 27.11.2001 – 1 D 64/00; BVerwG vom 10.07.1991 – 1 D 63/90; VG München vom 31.01.2007 – M 13B DK 06.3903.
231 BVerwG vom 09.06.1993 – 1 D 4.92; BVerwG vom 09.04.1997 – 1 D 23.96.
232 Nach der älteren Rechtsprechung reichte der Milderungsgrund nicht aus, BVerwG vom 07.05.1993 – 1 DB 35/92 m. w. N; BVerwG vom 04.05.1993 – 1 D 72/9; BVerwG vom 16.04.1996 – 1 D 79/95; BVerwG vom 14.10.1997 – 1 D 60/96; BVerwG vom 23.09.1997 – 1 D 3/96; BVerwG vom 16.03.1993 – 1 D 69.91; BVerwG vom 16.03.1993 – BVerwG 1 D 69.91. Seit der Änderung der Rechtsprechung zur Berücksichtigung verminderter Schuldfähigkeit, BVerwG vom 29.05.2008 – 2 C 59/07 könnte sich etwas anderes ergeben. Jedoch liegt noch keine Entscheidung für den konkreten Fall der Beschaffungskriminalität vor.
233 So z. B. OVG Lüneburg vom 28.01.2005 – 1 NDH L 6/03; BayVGH vom 14.12.2005 – 16 a D 04.3486 BerwG vom 27.11.2001 – 1 D 64/00.

3.1.12 Dienstleistungspflicht – Legalitätsprinzip – Fürsorgepflicht der Dienstvorgesetzten (§ 34 Satz 1 BeamtStG, § 61 Abs. 1 Satz 1 BBG)

Zur Dienstleistungspflicht gehört für Dienstvorgesetzte auch die Beachtung des **Legalitätsprinzips** (§ 17 BDG, – *siehe* 5.3) im Disziplinarrecht. Dienstvorgesetzte, die disziplinaren Vorwürfen nicht nachgehen, verstoßen gegen § 61 Abs. 1 Satz 1 BBG i. vom m. § 17 Abs. 1 Satz 1 BDG bzw. § 34 Satz 1 BeamtStG i. vom m. der entsprechenden landesgesetzlichen Bestimmung.   268

Die Unterlassung der Aufklärung eines ungerechtfertigt erhobenen Vorwurfs gegen eine Mitarbeiterin oder einen Mitarbeiter kann ebenfalls als eine Verletzung der **Fürsorgepflicht** der Vorgesetzten (§ 34 Satz 1 BeamtStG, § 61 Abs. 1 Satz 1 BBG) pflichtwidrig sein. Die Fürsorgepflicht aus § 45 BeamtStG, § 78 BBG ist durch Art. 33 Abs. 5 GG geschützter, hergebrachter Grundsatz des Berufsbeamtentums[234]. Sie gibt Beamtinnen und Beamten einen unmittelbaren Anspruch gegenüber dem Dienstherrn auf unterstützende Maßnahmen und ist damit Bestandteil des Führungsauftrags und der Dienstleistungspflicht[235]   269
Zur Verletzung der Fürsorgepflicht durch Nichteinschreiten bei Mobbing – *siehe* 3.2.2 und gegenüber alkoholkranken Mitarbeitern – *siehe* 3.1.10.1.

3.1.13 Dienstleistungspflicht – Fortbildungspflicht (§ 34 Satz 2 BeamtStG, § 61 Abs. 2 BBG)

Die Pflicht,»an Maßnahmen der dienstlichen Qualifizierung zur Erhaltung oder Fortentwicklung ihrer Kenntnisse und Fähigkeiten teilzunehmen«, ist nunmehr in das BBG (§ 61 Abs. 2 BBG) eingefügt worden[236]. Einige Länder kannten eine sinn- oder wortgleiche Bestimmung schon früher. Das BeamtStG hat auf entsprechende Regelung verzichtet. Die Fortbildungspflicht wird auf jeden Fall aus der Dienstleistungspflicht (§ 34 Satz 2 BeamtStG – »voller persönlicher Einsatz«) abgeleitet werden können, sofern die das BeamtStG ergänzenden Gesetze der Länder keine entsprechende, ausdrückliche (redundante) Regelung vorsehen.   270

> *Beispiel.* Wahrnehmung angebotener Fortbildungsveranstaltungen, auch mit Eigeninitiative[237].
> Verpflichtung, ggf. eine anderweitige Laufbahnbefähigung zu erwerben[238] oder sich der »beruflichen Rehabilitation«[239] zu widmen.

Im Falle einer Versetzung kann die Teilnahme an Qualifizierungsmaßnahmen für einen anderen Arbeitsplatz dazu gehören, § 28 Abs. 3 Satz 3 BBG.   271
Die Fortbildungspflicht bindet nicht nur die Beamtinnen und Beamten; sie ist vielmehr zugleich als ihr Recht anzusehen, die für die Erfüllung der dienstlichen Aufgaben notwendigen Fort- und Weiterbildungsmöglichkeiten angeboten zu bekommen (Fürsorgepflicht, § 45 BeamtStG, § 78 BBG). Dies gehört zu den Per-   272

---

234 *Plog/Wiedow/Lemhöfer/Bayer* § 79 BBG Rz. 1 a.
235 Eine ausdrücklich an die Vorgesetzten adressierte Verpflichtung zur Dienstaufsicht und Fürsorge wäre de lege ferenda wünschenswert. Bedürfen Vorgesetzte keines Hinweises auf ihre Pflichten?
236 Bisher galt § 42 BundeslaufbahnVO i. d. F. der Bekanntmachung vom 02.07.2002, BGBl. I 2459.
237 VG München vom 04.07.2007 – M 13 DB 07.1609.
238 VG Ansbach vom 05.06.2008 AN 11 E 08. 0865.
239 BVerwG vom 07.09.2004 – 1 D 20/03.

sonalführungs- und Entwicklungsaufgaben[240]. Darüber hinaus ergibt sich auch für die **Vorgesetzten** die Pflicht, die dienstlichen Aufträge so zu gestalten und zu organisieren, dass für die **Fortbildung der anvertrauten Mitarbeiterinnen und Mitarbeiter genügend** Zeit zur Verfügung steht.

3.1.14 Uneigennützigkeit (§ 34 Satz 2 BeamtStG, § 61 Abs. 1 Satz 2 BBG)

273   Die Regelungen der Pflicht zur Uneigennützigkeit sind in § 34 Satz 2 BeamtStG und § 61 Abs. 1 Satz 2 BBG nicht mehr einheitlich wie noch in § 36 Satz 2 BRRG formuliert. Beamtinnen und Beamte »haben die übertragenen Aufgaben (BeamtStG)/*das übertragene Amt (BBG)* uneigennützig nach bestem Gewissen wahrzunehmen«. Die Neuformulierung des § 34 Satz 2 BeamtStG soll »deutlicher als bisher ... auf die konkret wahrzunehmenden Aufgaben« abstellen. Damit wird die Verantwortung gegenüber den Bürgerinnen und Bürgern als Kern der beamtenrechtlichen Pflichtenstellung deutlich gemacht[241]. Ein gravierender Unterschied dürfte zu der bisherigen – und für das BBG noch aktuellen – Fassung aber nicht gegeben sein; durch die Formulierung des BeamtStG sollen lediglich die »hohen Anforderungen an das innerdienstliche und (die) weniger weitgehenden Anforderungen an das außerdienstliche Verhalten«[242] verdeutlicht werden.

3.1.14.1 Hauptfall – Zugriffsdelikte

274   Eine Verletzung der Pflicht zur Uneigennützigkeit nach § 34 Satz 2 BeamtStG, § 61 Abs. 1 Satz 2 BBG liegt vor allem bei **Unterschlagung** und **Veruntreuung** anvertrauter Werte im **innerdienstlichen Bereich** vor. Auf die strafrechtliche Qualifikation allein kommt es dabei nicht an. Auch in einem Betrug kann durchaus ein **Zugriffsdelikt** liegen. **Kollegendiebstahl** ist den Zugriffsdelikten gleichzustellen[243].

> *Beispiele:* Bei einem Auszahlungsvorgang wird eine Kundin um 1000 € betrogen, die sich der Täter anschließend aneignet[244].
>
> Aneignung einer zur Aufbewahrung übergebenen Fundsache durch einen Schalterbeamten[245]. Vorübergehende Verwendung eingezogener Nachnahmebeträge und Manipulation der zugehörenden Abrechnungsunterlagen[246].
>
> Diebstahl von Verwaltungseigentum[247].
>
> Buchmäßiges »Abzweigen« von Geldern vom Konto einer sozialen dienstlichen Einrichtung[248].
>
> Die missbräuchliche Benutzung einer dienstlich zugänglichen Tankkarte hat das BVerwG jedoch als Betrug und nicht als Zugriff auf anvertraute Werte angesehen[249].
>
> Entnahme von Bargeld aus den Geldbörsen mehrerer Kolleginnen[250].

---

240 Vgl. *Battis*, § 61 Rz. 14.
241 Begründung Entwurf BeamtStG.
242 *Plog/Wiedow/Lemhöfer/Bayer*, § 34 BeamtStG Rz. 2.
243 Z. B. BVerwG vom 27.10.2008 – 2 B 48/08 m. w. N. und 29.05.2008 – 2 C 59/07.
244 BVerwG vom 21.07.1993 – 1 D 46/92.
245 BVerwG vom 27.01.1999 – 1 D 10/98.
246 BVerwG vom 10.11.1998 – 1 D 103/97.
247 Z. B. BVerwG vom 10.02.1999 – 1 D 66/97.
248 BVerwG vom 09.04.2002 – 1 D 14.1.
249 BVerwG vom 25.11.1998 – 1 D 42/97.
250 BVerwG vom 29.05.2008 – 2 C 59/07; BayVGH vom 10.11.2006 – 16 b D 05.356.

Zugriff auf Gemeinschaftskasse[251].

Die Entnahme von Bargeld aus der anvertrauten Kasse gegen Einlage eines nicht gedeckten Schecks ist ebenso kein Zugriffsdelikt[252].

Hinweis zur Abgrenzung: Betrügerisches Verhalten zum Nachteil des Dienstherrn 275
wird regelmäßig als Verstoß gegen die Wohlverhaltenspflicht (§ 34 Satz 3 BeamtStG, § 61 Abs. 1 Satz 3 BBG) angesehen (*siehe* 3.2.5), nicht als Zugriffsdelikt, und daher oft minderschwer bewertet.

3.1.14.2 Disziplinarmaß – Milderungsgründe

Zugriffsdelikte erfordern grundsätzlich die Verhängung der **disziplinaren** 276
Höchstmaßnahme[253]. »Die Entfernung aus dem Beamtenverhältnis (ist) grundsätzlich Ausgangspunkt und Richtschnur für die Maßnahmebestimmung«[254].

Ein Absehen von der Höchstmaßnahme kommt in diesen Fällen ausschließlich 277
bei Vorliegen erheblicher und der Bedeutung der Verfehlung **angemessener Milderungsgründe** in Betracht[255].

Die Rechtsprechung hat im Hinblick auf die Vorgaben des § 13 BDG (Bemes- 278
sungsgrundsätze für die Disziplinarmaßnahmen) dazu festgestellt, dass sich »Entlastungsgründe ... aus allen Umständen ergeben (können); sie müssen in ihrer Gesamtheit geeignet sein, die Schwere des Pflichtenverstoßes erheblich herabzusetzen. Erforderlich ist stets eine Prognoseentscheidung zum Umfang der Vertrauensbeeinträchtigung auf der Grundlage aller im Einzelfall be- und entlastenden Umstände«[256]. »Hierbei gilt generell, dass das Gewicht von entlastenden Gesichtspunkten umso größer sein muss, je schwerer das Zugriffsdelikt aufgrund der Höhe des Schadens, der Anzahl und Häufigkeit der Zugriffshandlungen, der Begehung von Begleitdelikten und anderer belastender Gesichtspunkte im Einzelfall wiegt«[257].

Beispiele: Neuere Rechtsprechung: Ein einmaliges Versagen, ohne dass dies typisch persönlichkeitsfremd ist, und gewisse »Blauäugigkeit« im Umgang mit seinen Finanzen rücken das Verhalten in die Nähe eines klassischen Milderungsgrundes (*siehe* unten) und können daher von durchgreifendem, milderndem Gewicht sein[258]. Schwierige persönliche Situation (Scheidung), unterwertiger dienstlicher Einsatz (Frust)[259] ebenso.

Diese Gesamtabwägung setzt eine umfassende Auseinandersetzung mit dem ge- 279
samten inner- wie außerdienstlichen Umfeld voraus.

Auch **verminderte Schuldfähigkeit** kann im Einzelfall eine Milderung der an 280
sich angezeigten disziplinaren Höchstmaßnahme bewirken. Die frühere Rechtsprechung, die diesen Milderungsgrund bisher ablehnte, wurde inzwischen kor-

---

251 VG Dresden vom 01.08.2003 – 10 D 1272/03.
252 BVerwG vom 06.02.2001 – 1 D 67/99.
253 St. Rspr., z. B. BVerwG vom 09.04.2002 – 1 D 14.1; BVerwG vom 29.05.2008 – 2 C 59/07.
254 BVerfG vom 19.02.2003 – 2 BvR 1413/01 = NVwZ 2003, 1504 m. w. N.
255 Z. B. Nachweis a. a. O.
256 VG Magdeburg vom 18.03.2008 – 8 A 22/07 unter Hinweis auf BVerwG vom 20.10.2005 – 2 C 12.4
und vom 10.01.2007 – 1 D 15.5; OVG Münster vom 19.12.2007 – 21 d A 767/07; BVerwG vom
03.05.2007 – 2 C 30.05 = IÖD 17/2007.
257 VG Trier vom 04.03.2008 – 3 K 888/07; BVerwG vom 24.05.2007 – s C 25.06.
258 OVG Saarlouis vom 16.04.2008 – 7 A 141/08.
259 VG Magdeburg a. a. O.

rigiert.«Auch bei Zugriffsdelikten muss das Gericht der Frage nachgehen, ob der Beamte im Zustand erheblich verminderter Schuldfähigkeit gehandelt hat, wenn der Sachverhalt dazu Anlass bietet … (und) muss dem Gericht … Anlass zu Überlegungen geben, ob dann noch die schärfste Disziplinarmaßnahme geboten ist«[260]. Der Gedanke der »objektiven Untragbarkeit« dürfte damit keine Bedeutung mehr haben (*siehe* Rz. 157)

281   Auch **Mitverschulden der Vorgesetzten** kann Milderungsgrund sein. »Eine **Vernachlässigung der Aufsichtspflicht** durch Vorgesetzte kann unter dem Gesichtspunkt der Verletzung der Fürsorgepflicht oder des ''Mitverschuldens‹ als Mitursache einer dienstlichen Verfehlung bei der Bemessung der Disziplinarmaßnahme mildernd berücksichtigt werden, wenn konkrete Anhaltspunkte für besondere Umstände vorlagen, die ausreichende Kontrollmaßnahmen unerlässlich machten, solche aber pflichtwidrig unterblieben oder nur unzureichend durchgeführt wurden«[261].

> *Beispiel:* Postzusteller unterschlägt in der nassen Phase der Alkoholabhängigkeit anvertraute Gelder. Keine Kontrolle (Aufsicht), obwohl Erkrankung bekannt war[262].

282   Weiterhin werden auch folgende (früher als exklusiv angesehene) Milderungsgründe durchgreifen können:
– Eine einmalige, **persönlichkeitsfremde Augenblickstat** liegt vor, wenn sie »spontan, ohne vernünftige Überlegung und normalerweise in kurzer Zeit« erfolgt[263]. Dabei kann es sich auch um mehrere Handlungen handeln, wenn diese innerlich und äußerlich zusammengehören und von einem einheitlichen, spontanen Vorsatz umfasst sind[264].
– Eine **psychische Ausnahmesituation** (Zwangssituation) ist gegeben, wenn die Tat in einer Seelenlage begangen wurde, die schockartig und ihrer Natur nach vorübergehend zur persönlichkeitsfremden Tat verleitet hat.
– Eine **unverschuldete, ausweglose, wirtschaftliche Notlage** setzt eine existenzbedrohende, tatsächlich vorhandene Notlage voraus. Das ist dann der Fall, wenn das Verfügung stehende Einkommen die Regelsätze der Sozialhilfe unterschreitet und die Beamtin oder der Beamte keine andere Möglichkeit sah (subjektiv), sich anders als mit der Verfehlung zu behelfen[265].
– Freiwillige Wiedergutmachung vor Tatentdeckung oder
– Offenbarung des Schadens vor Tatentdeckung als besonderer Fall der »tätigen Reue«[266].
– **Geringer Wert** der unterschlagenen Gegenstände (ca. 50 €[267]).

---

260 BVerwG vom 27.10.2008 – 2 B 48/08.
261 BVerwG vom 10.01.2007 – 1 D 15/05; OVG Münster 19.12.2007 – 21 d A 767/07.BDG = DVBl 2008, 533 (Leitsatz) = ZBR 2008, 323 (Leitsatz); OVG Münster vom 15.08.2007 – 21 d A 3599/06.BDG = IÖD 2/2008; *siehe auch* eingehend *Wilhelm,*Das Mitverschulden der Dienstvorgesetzten im Disziplinarrecht, ZBR 2009, 158.
262 BVerwG a. a. O.
263 Z. B. BVerwG vom 24.04.1991 – 1 D 48.90.
264 Z. B. BVerwG vom 11.06.1985 – 1 D 157.84.
265 Z. B. BVerwG vom 14.05.1991 – 1 D 73.90.
266 Z. B. BVerwG vom 05.03.2002 – 1 D 8.1.
267 OVG Münster vom 22.02.2006 – 21 d A 2732/04 0 IÖD 12/2006.

Alle Milderungsgründe setzen voraus, dass es sich um einen im Übrigen unbe- 283
scholtenen Beamten handelt.

Spielsucht wurde als Milderungsgrund nicht anerkannt. Bei Zugriffsdelikten 284
können Erkrankungen für sich genommen nur dann zu seinen Gunsten berücksichtigt werden, wenn sie Schuldunfähigkeit im Sinne von § 20 StGB herbeigeführt
haben[268]. Voraussetzung ist außerdem, dass nicht weitere schutzwürdige Rechte
zugleich verletzt werden, wie z. B. das Postgeheimnis, Manipulationen oder Verstöße gegen das Haushaltsrecht. Dies sind wiederum erschwerende Umstände.

3.1.15 Verbot der Geschenkannahme – Korruptionsdelikte (§ 42 BeamtStG, § 71 Abs. 1 BBG)

Neben dem hohen Gewicht der Straftaten nach §§ 331 und 332 StGB (**Vorteils-** 285
annahme und **Bestechlichkeit**) sind die (zumeist) strafrechtlich noch nicht relevanten **Verstöße gegen das Verbot, Vorteile in Bezug auf das Amt anzunehmen**
(Korruptionsdelikte, § 42 BeamtStG, § 71 Abs. 1 BBG) von Bedeutung. »Der Beamte hat ... jeden Anschein zu vermeiden, als wäre er in seiner dienstlichen Tätigkeit durch Gefälligkeiten u. ä. beeinflussbar oder verfolge bei seiner Amtsführung
persönliche Interessen«[269].

Es geht darum, den Anfängen zu wehren und die dienstliche Tätigkeit nicht von 286
der Gewährung irgendwelcher persönlicher Vorteile abhängig zu machen oder
zum eigenen Vorteil auszunützen, damit nicht der Verdacht erweckt wird, Amtshandlungen seien allgemein käuflich oder von der Rücksicht auf Vorteile abhängig[270].

3.1.15.1 Verbot der Geschenkannahme – Grundtatbestand

Das **Verbot der Geschenkannahme in Bezug auf das Amt** ist dienstrechtlich der 287
eigentliche **Grundtatbestand;** die (auch) strafbaren Handlungen sind zusätzlich
qualifizierte Varianten.

Der Tatbestand des § 42 BeamtStG, § 71 Abs. 1 BBG deckt sich weitgehend mit 288
den strafrechtlichen Regelungen der §§ 331 ff. StGB. Danach ist nicht nur **die An-**
nahme eines Vorteils, sondern auch **das Fordern** oder das **Versprechenlassen**
eines Vorteils pflichtwidrig.

Hinweis für Altfälle (bis 31.03.2009): § 70 BBG – alt war enger gefasst, da nur die 289
Annahme von Vorteilen ausdrücklich verboten war. Dennoch waren bereits das
Versprechen, in Bezug auf das Amt einen Vorteil annehmen zu wollen, oder die Forderung eines Vorteils pflichtwidrig. Die Pflichtverletzung gründete sich dann aber
nicht auf einen Verstoß gegen § 70 BBG – alt –, sondern wurde aus der beamtenrechtlichen Grundnorm (Wohlverhaltenspflicht) abgeleitet.

Das Strafrecht verlangt zusätzlich zur Amtsbezogenheit den Nachweis des Zu- 290
sammenhanges einer Zuwendung mit einer rechtswidrigen (bei Bestechlichkeit),
oder auch rechtmäßigen (bei Vorteilsnahme) **konkreten Dienstausübung,** also

---

268 BVerwG vom 23.10.2002 – 1 D 5. 02.
269 BVerwG vom 14.12.1995 – 2 C 27.94 = BVerwGE 100, 172 ff.
270 Besonders deutlich zeigt dies § 10 Abs. Abs. 2 BAT, wonach der Angestellte ausdrücklich verpflichtet ist, sogar das Angebot einer Belohnung/eines Geschenkes dem Arbeitgeber unverzüglich mitzuteilen.

eine **Unrechtsvereinbarung**[271]. Das beamtenrechtliche Verbot der Geschenkannahme verlangt dies nicht; es genügt die Amtsbezogenheit. Die Voraussetzungen sind damit geringer als die strafgerichtlichen Bestimmungen über die Bestechlichkeit und Vorteilsannahme. Es liegt **keine Verknüpfung des Verbots mit
konkreten »dienstlichen Aufgaben«** (vgl. hierzu den Wortlaut des § 34 Satz 2 BeamtStG) vor.

291   Das Verbot der Geschenkannahme gilt fort, auch wenn das Amt nicht mehr ausgeübt wird[272].

3.1.15.2 Zuwendungen

292   Als **Zuwendungen** kommen in Betracht Geschenke und Belohnungen aber auch
mittelbare Zuwendungen.

293   **Geschenk** ist die Zuwendung von Sachen, insbesondere Geld, ohne dass eine
gleichwertige Gegenleistung gefordert oder erwartet wird und für den Beschenk-
ten ein Vorteil eintritt, der die wirtschaftliche Lage objektiv messbar verbessert[273].

294   Als **Belohnung** wird jeder sonstige Vorteil, der nicht in der Übereignung von
Sachen besteht, verstanden. **Immaterielle Vorteile** können ebenfalls unter das Verbot fallen.

> *Beispiel:* Ein Beamter wird zum Dank für den dienstlichen Einsatz zugunsten eines pri-
> vaten Vereins zum Vorsitzenden des Vereins gewählt, was sein Ansehen in der Gemeinde
> erheblich steigert.

295   **Mittelbare Zuwendungen** sind Leistungen an Dritte, die letztlich auch für die Beamtin oder den Beamten von zumeist wirtschaftlichem Interesse sind.

> *Beispiel:* Kleidungsstücke für die Partnerin oder den Partner oder Kinder, Haushalts-
> gegenstände usw. werden unentgeltlich oder zu einem ungewöhnlich niedrigen Preis ge-
> liefert, und die Beamtin oder der Beamte nimmt dies hin.

296   Nimmt ein Familienangehöriger oder ein sonstiger Angehöriger des Haushalts der
Beamtin oder des Beamten die ihr oder ihm zugedachte Zuwendung entgegen, so
kommt eine Annahme durch die Beamtin oder den Beamten dann in Betracht,
wenn sie oder er davon weiß oder bei erforderlicher Sorgfalt davon wissen muss.

297   **Annahme eines Geschenks** ist die **Ausnutzung angebotenen Vorteils**. Dazu
ist keine ausdrückliche Annahmeerklärung notwendig (stillschweigende Annahme). Die bloße Erklärung, die Zuwendung nicht annehmen zu wollen, hindert
die Annahme nicht. Die tatsächliche Ausnutzung genügt. Es bedarf weder einer
Annahmeerklärung noch einer sonstigen Tätigkeit. Wird ein Geldbetrag auf das
Konto überwiesen oder ein Gegenstand ins Haus geschickt, so muss das Geschenk
umgehend zurückgesendet werden.

---

271 *Tröndle/Fischer*, StGB § 33 o Rz. 21 ff. (23).
272 Bei Angestellten endet demgegenüber das Verbot der Geschenkannahme mit Beendigung des Ar-
    beitsverhältnisses.
273 *Siehe auch Schwandt*, Entwicklungen und Tendenzen im Beamten – Disziplinarrecht seit 1993,
    DÖD 1999, 169 ff.; BVerwG vom 25.02.1997 – 1 D 22/96.

3.1.15.3 Amtsbezogenheit

Das **Amt**, auf das sich die Zuwendung beziehen muss, ist der gesamte dienstliche   298
Aufgabenkreis einschließlich der Nebenämter und Nebenbeschäftigungen im öffentlichen Dienst, die die Beamtin oder der Beamte wahrnimmt, früher wahrzunehmen hatte oder künftig wahrnehmen wird.
Amtsbezogenheit der Zuwendung bedeutet:

Die **gebende Seite** lässt sich davon leiten, dass die oder der Bedienstete **Inhabe-**   299
rin oder Inhaber des betreffenden Amtes ist (war, sein wird), unabhängig von
einer konkreten Amtshandlung. Ausreichend ist, wenn das wahrgenommene
Amt für die Gewährung des Vorteils maßgebend ist. Nicht notwendig ist, dass
sich die gebende Seite durch eine bestimmte, bereits vorgenommene oder in Zukunft zu erwartende Amtshandlung zu der Schenkung oder Belohnung hat bestimmen lassen.

Die **nehmende Seite** andererseits erkennt, sozusagen korrespondierend, auf die   300
gegenwärtige, frühere oder zukünftige **amtliche Eigenschaft** und nicht als Privat-
frau oder Privatmann angesprochen zu werden. Eine verbotswidrige Geschenkannahme scheidet grundsätzlich nicht dadurch aus, dass zwischen den Gebenden
und den Nehmenden persönliche Beziehungen (z. B. eine enge Freundschaft) bestehen. Aus privaten Kontakten können somit erhebliche Konfliktsituationen entstehen.

3.1.15.4 Genehmigung/Zustimmung

Die **Zustimmung der Vorgesetzten zur Annahme** ist die **Ausnahme** und **vor der**   301
Annahme des Geschenks oder der Belohnung erforderlich. Die Zustimmung ist
auf dem Dienstweg einzuholen. Bloße Anzeige der Tatsachen oder Kenntnis des
Dienstherrn von einer Geschenkannahme reicht nicht aus. Die Zustimmung
muss ausdrücklich erklärt werden.

> *Beispiel:* Einem Beamten, der auf Verlangen, Vorschlag oder Veranlassung seines Dienst-
> herrn einen Sitz im Aufsichtsrat eines Unternehmens übernommen hat, wird ein Ge-
> schenk oder eine Belohnung in Bezug auf das Aufsichtsratsmandat gewährt, wie es für
> das Unternehmen typisch ist. Die Annahme des Vorteils ist gleichwohl verboten; dies
> gilt auch, wenn der Beamte inzwischen aus dem Aufsichtsrat ausgeschieden ist.

Allgemeine Genehmigung kann angenommen werden, wenn nach den Umstän-   302
den
– offensichtlich eine Beeinträchtigung der Unparteilichkeit und Objektivität aus-
  scheidet und keinesfalls der Eindruck entstehen kann, dass die Beamtin oder der
  Beamte in der Amtsführung eigennützig oder beeinflussbar sei, oder es sich um
– geringwertige Aufmerksamkeiten oder
– Höflichkeitsgeschenke handelt.

Obwohl für diesen Bereich in den Verwaltungen durch Runderlasse oder andere   303
Verwaltungsvorschriften vielfach klarstellende Regelungen getroffen sind, bestehen bei der Abgrenzung immer noch große Unsicherheiten.

Ein nicht seltener Fall sind **Einladungen zu Essen** im Zusammenhang mit der   304
Durchführung von Projekten. Eingeladene sollten sich in diesen Fällen stets durch
vorherige Genehmigung der Vorgesetzten bestätigen lassen, dass sie sich im Rahmen des Zulässigen bewegen. **Offenheit und Transparenz** sind angezeigt. Die

Vorgesetzten müssen ihren Mitarbeiterinnen und Mitarbeitern verdeutlichen, dass sie sich nicht in Grauzonen begeben dürfen, und möglichst verbindlich zur Vorsicht mahnen. Eine nachträgliche Genehmigung sollte regelmäßig nicht in Betracht kommen. Es genügt erst recht nicht, wenn lediglich in der Reisekostenabrechnung die Angabe einer unentgeltlichen Mahlzeit von Amts wegen angegeben wird. Die Gewährung der Reisekosten ist keine Genehmigung!

305   Allgemeine Regeln für die Vereinbarkeit einer solchen Einladung mit den Dienstpflichten sind schwer definierbar; ein eher zurückhaltender Maßstab ist angezeigt.

3.1.15.5 Disziplinarmaß – disziplinarer Überhang

306   Ein Verstoß gegen das Verbot der Geschenkannahme erforderte nach der früheren Rechtsprechung stets die Einleitung eines förmlichen Disziplinarverfahrens mit Entscheidung durch ein Disziplinargericht[274]. Zu beachten sind auch § 24 Abs. 1 Nr. 2 BeamtStG, § 41 Abs. 1 Nr. 2 BBG, die bei der Bestechlichkeit ausdrücklich vom Verlust der Beamtenrechte kraft Gesetzes ausgehen. Grundsätzlich sollte daher an die Erhebung der **Disziplinarklage** gedacht werden.

307   Die Annahme von **Geld** – ob in bar oder nicht ist uninteressant[275] – erfordert grundsätzlich die Verhängung der **disziplinaren Höchstmaßnahme** (Entfernung aus dem Beamtenverhältnis, Aberkennung des Ruhegehalts). Das Gleiche gilt grundsätzlich auch, wenn zugleich gegen strafrechtliche Bestimmungen verstoßen wird oder wenn schwerwiegende Interessen der Verwaltungen betroffen sind. Zum besonderen Gewicht, das in diesen Fällen Milderungsgründe haben müssen *siehe* 4.4.2.

308   Ein Verstoß gegen die Verbotsregelung des § 42 BeamtStG, § 71 Abs. 1 BBG kann verbleiben, obwohl ein wegen des gleichen Verhaltens durchgeführtes **Strafverfahren zum Freispruch** vom Vorwurf der Bestechlichkeit oder Vorteilsannahme nach §§ 331 ff. StGB geführt hat. Wenn die konkrete Unrechtsvereinbarung über den Zusammenhang zwischen Vorteilsgewährung und »für die Dienstausübung«[276] des Strafrechts fehlt, kann dennoch z. B. eine Geldübergabe vorliegen. Dann läge ein **disziplinarrechtlicher Überhang**[277] (§ 14 Abs. 2 BDG) vor, da § 71 Abs. 2 BBG geringere Anforderungen hat als die einschlägigen strafrechtlichen Tatbestände[278]. Eine gesonderte Prüfung des Verbots der Geschenkannahme (§ 42 BeamtStG, § 71 Abs. 1 BBG) in einem Disziplinarverfahren ist daher ungeachtet des strafrechtlichen Ergebnisses bei der Zuwendung von Vorteilen an Beamte stets unumgänglich. Das wird nicht nur in der Öffentlichkeit vielfach übersehen.

309   Zusätzlich von Bedeutung können im Zusammenhang mit Korruptionsdelikten auch andere Pflichten, wie z. B. die Pflicht zur uneigennützigen Amtsführung (§ 34 Satz 2 BeamtStG, § 61 Abs. 1 Satz 2 BBG), die Verschwiegenheitspflicht (§ 37 BeamtStG, § 67 BB) sowie ein Verstoß gegen die Bestimmungen über die An-

---

274 Nach § 28 Abs. 2 BDO war sogar ein förmliches Verfahren einzuleiten, wenn nicht in den Vorermittlungen zweifelsfrei die Unschuld der Beamtin/des Beamten nachgewiesen wurde!
275 BVerwG vom 23.11.2006 – 1 D 1/06.
276 *Tröndle/Fischer*, StGB § 33 o Rz. 21 ff. (23).
277 *Weiß* GKÖD § 14 Rz. 97 ff. *Claussen/Janzen*, § 17 Rz. 17; *siehe* auch Rz. 500.
278 BDHE 5, 49; BVerwG vom 09.02.1999 – 1 D 1/98; vgl. hierzu auch *Claussen*, Korruptionsdelikte im öffentlichen Dienst (1995).

zeige- oder Genehmigungspflicht bei Übernahme einer Nebentätigkeit (§§ 97 ff BBG) sein.

Eine Verletzung der **Verschwiegenheitspflicht in dienstlichen Angelegenhei-** 310 **ten** (§ 34 BeamtStG, § 67 BBG, *siehe* 3.1.18) wird im Rahmen der Prüfung eines Falles mit Korruptionsverdacht oft übersehen. Diese Pflicht soll ebenfalls die Integrität der Verwaltung bewahren und vor unrechtmäßigen Eingriffen schützen. Der gebende Seite geht es bei einem entsprechenden Ansinnen oft nicht nur um sofort erkennbare, wirtschaftliche Interessen, sondern um Kenntnisse aus dem Bereich der Verwaltung, die vorteilhaft sind. Dazu gehören nicht nur kriminelle Intentionen, wie Kenntnis bevorstehender Razzien oder »Auskünfte« aus Fahndungsunterlagen[279]. Auch Wirtschafts- oder Planungsdaten sind oft von hohem Wert für Interessierte. Die Verletzung der Verschwiegenheitspflicht kann daher neben einem Verstoß gegen das Verbot der Geschenkannahme einen das Gewicht einer Verfehlung besonders erschwerenden Umstand darstellen.

3.1.16 Weisungsabhängigkeit – Folgepflicht (§ 35 Satz 2 BeamtStG, § 62 Abs. 1 Satz 2 BBG)

Die in § 35 Satz 2 BeamtStG, § 62 Abs. 1 Satz 2 BBG geregelte Folgepflicht ist eine 311 der wesentlichen Grundlagen geordneter Verwaltungstätigkeit, weil der Dienstbetrieb notwendigerweise durch eine Fülle allgemeiner oder individueller Regelungen organisiert werden muss. Verstöße hiergegen sind in der Disziplinarpraxis relativ häufig[280].

> *Beispiel:* Nichtbefolgung der Geschäftsordnung. Nichtbeteiligung einer anderen, zuständigen Organisationseinheit oder Behörde. Verletzung eines ausdrücklichen Verbots, im Dienst Alkohol zu trinken oder ein Dienst-Kfz unter Alkoholeinfluss zu fahren (abgesehen vom Verstoß gegen die Gesunderhaltungspflicht).

Ein Verstoß setzt eine (von zuständigen Vorgesetzten erlassene) **dienstliche An-** 312 **ordnung** voraus. Sie kann mündlich oder auch schriftlich (durch Einzelanweisung, allgemeine Verfügung oder Verwaltungsvorschrift) erteilt werden[281]. Auch ein in die Form einer Bitte gekleidetes Verlangen kann sich inhaltlich als Anordnung darstellen (Auslegungsfrage!).

Ein **Verstoß gegen Haushaltsvorschriften**, z. B. das Zweckbindungsprinzip 313 (z. B. § 45 Abs. 1 Bundeshaushaltsordnung), wonach Mittel nur für den im Haushaltsplan ausgebrachten Zweck eingesetzt werden dürfen, kann eine schwerwiegende Pflichtverletzung sein. Es kann sogar strafrechtliche Relevanz unter dem Gesichtspunkt der Untreue (§ 266 StGB) gegeben sein, wenn durch den Verstoß für den Staat ein Nachteil eintritt[282].

Anordnungen müssen, um wirksam zu sein, den dienstlichen Bereich betreffen 314 und dienstlichen Zwecken dienen.

---

279 Im Zusammenhang mit einer »Nebentätigkeit« – OVG Saarlouis vom 22.02.2006 – 7 R 1/05.
280 Zur vielschichtigen Problematik der Gehorsamspflicht vergleiche im Übrigen *Claussen/Janzen*, Einl. C 31 a–36 m. Nachw.
281 Ausführlich die Darstellung der Gehorsams- und Unterstützungspflicht bei *Köhler/Ratz* B II 7.
282 Z. B. BGH vom 14.12.2000 – 5 StR 123/00.

Beispiele: Die Anordnung, aus Sicherheitsgründen eine Schuldenerklärung abzugeben[283], ist rechtmäßig.

Ebenso die Weisung, in dringenden Fällen kurzfristig eine unterwertige Tätigkeit auszuüben[284].

Weigerung, eine bestimmte, zumutbare Therapie zur Behandlung einer Erkrankung anzutreten.

315   Der Beamtin oder dem Beamten kann auferlegt werden, an einem Alkoholtest zur Feststellung der Dienstfähigkeit mitzuwirken[285]; dies gilt jedoch nicht, wenn es nur darum geht, sie oder ihn disziplinar zu belasten, da keine Verpflichtung besteht, an der eigenen Überführung mitzuwirken.

316   Unverbindlich sind Anordnungen, die ein strafbares, ordnungswidriges oder gegen die Menschenwürde verstoßendes Verhalten verlangen (vgl. § 56 BBG). An einer dienstlichen Anordnung im Rechtssinne fehlt es insbesondere, wenn die Beamtin oder der Beamte verpflichtet werden soll, strafgesetzliche Bestimmungen bei Meidung disziplinarrechtlicher Konsequenzen zu verletzen. Ob in diesen Fällen ein Pflichtenverstoß vorliegt, beurteilt sich nicht nach § 35 Satz 2 BeamtStG, § 62 Abs. 1 Satz 1 BBG, sondern danach, ob in der Verletzung des Strafgesetzes selbst ein Pflichtenverstoß liegt, wie das z. B. bei einer Trunkenheitsfahrt (*siehe z. B. Abschnitt 6.14.1.2*) der Fall sein kann.

317   Die Nichtbefolgung kann zugleich auch andere Beamtenpflichten berühren.

318   Unterlässt eine Beamtin oder ein Beamter eine nach der Verdingungsordnung für Leistungen in Verbindung mit der Vergabeverordnung vorgeschriebene Ausschreibung, wird zugleich die Neutralitätspflicht (§ 33 Abs. 1 Satz 1 BeamtStG, § 60 Abs. 1 Satz 1 BBG) verletzt. Dies bedeutet, dass die Beamtin oder der Beamte bei amtlicher Tätigkeit nicht nur eine Bevorzugung der eigenen Person oder der Angehörigen zu unterlassen hat. Auch gegenüber Mitbewerbern besteht im Rahmen einer Ausschreibung eine Schutzpflicht. »Als Diener des Staates hat der Beamte zugleich Helfer der Staatsbürger zu sein«[286].

319   Auch Verkehrsdelikte sind – soweit innerdienstlich – teilweise unter dem Gesichtspunkt der Verletzung der Folgepflicht zu sehen. Sie werden aus Gründen des Zusammenhangs mit anderen Pflichten gesondert dargestellt (*siehe 3.4.2*).

3.1.17 Beratungs- und Unterstützungspflicht (§ 35 Satz 1 BeamtStG, § 62 Abs. 1 Satz 1 BBG)

320   Verstöße gegen die im § 35 Satz 1 BeamtStG, § 62 Abs. 1 Satz 1 BBG geregelte Pflicht, Vorgesetzte zu unterstützen, sind zwar verhältnismäßig selten. Allerdings wird vielfach übersehen, dass sich aus dieser Verpflichtung **besondere Mitteilungspflichten** ergeben können.

Beispiele: So ist z. B. ein Vorgesetzter verpflichtet, seinen höheren Vorgesetzten über alle bedeutsamen Vorgänge in seinem Verantwortungsbereich zu unterrichten. Das gilt ins-

---

283 BVerwG vom 12.05.1971 – II WD 2/79 = ZBR 1973, 222.
284 BDHE 6, 92.
285 BVerwG vom 10.02.1972 – 1 D 38/71 = ZBR 1972, 222; BVerwG vom 16.12.1980 – 1 D 129/79 = BVerwGE 73,118; BVerwG vom 06.12.1988 – 1 D 98/87 = Dok. Ber. B 1989, 40 = DVBl.1989, 780 = PersV 1989, 392 = ZBR 1989, 342 = DÖD 1989, 264.
286 Vgl. *Plog/Wiedow/Lemhöfer/Bayer*, BBG, § 52 Satz 3.

besondere für die Unterrichtung des Dienstvorgesetzten über Pflichtverletzungen, die von Mitarbeitern begangen wurden[287].

Ebenso kann sich für eine Beamtin oder einen Beamten im Einzelfall eine Auskunftspflicht ergeben, wonach sie oder er gehalten ist, bei begründetem dienstlichem Interesse Fragen ihres oder seines Vorgesetzten über »private« Angelegenheiten – z. B. Verschuldung, wenn es um Sicherheitsbelange geht – zu beantworten[288].

3.1.18 Amtsverschwiegenheit (§ 37 BeamtStG, § 67 BBG)

Die Pflicht zur **Amtsverschwiegenheit** (§ 37 BeamtStG, § 67 BBG) erstreckt sich, was oft nicht genügend beachtet wird, auf **alle Tatsachen**, die der Beamtin oder dem Beamten bei ihrer oder seiner **dienstlichen Tätigkeit** bekannt werden. Hierzu gehören insbesondere Tatsachen, die nach den Bestimmungen der Verschlusssachenanweisung ausdrücklich als »Vertraulich« oder »nur für den Dienstgebrauch bezeichnet sind, zumal in diesen Fällen auch ein Straftatbestand (§ 353 b StGB) verwirklicht werden kann. Der Datenschutz hat in diesem Zusammenhang ebenfalls erhebliche Bedeutung.   321

Beispiel: Abfrage und Mitteilung von Informationen ins kriminelle Milieu über eine Ausschreibung zur Festnahme (Mitglied der Hells-Angel) durch einen Zollfahnder. Daneben ungenehmigte Nebentätigkeit. Entfernung aus dem Beamtenverhältnis[289].

Auch Tatsachen, bei denen nur ein mittelbarer Zusammenhang mit der dienstlichen Tätigkeit der Beamtin oder des Beamten vorhanden ist, können der Pflicht zur Amtsverschwiegenheit unterliegen.   322

Ausnahmen von der Verschwiegenheitspflicht bestehen jedoch bei der **Mitteilung offenkundiger Tatsachen**, die allgemein bekannt oder jederzeit für einen Verwaltungsfremden feststellbar sind (z. B. aus der Presse); ferner bei Tatsachen, die ihrer **Bedeutung nach** offensichtlich keiner Geheimhaltung bedürfen.   323

Auch bei »**Mitteilungen im dienstlichen Verkehr**«, z. B. an andere Behörden, besteht keine Geheimhaltungspflicht, vorausgesetzt, dass ein dienstliches Interesse an der Mitteilung vorhanden ist und besondere Geheimhaltungspflichten (z. B. das Steuergeheimnis) nicht entgegenstehen[290].   324

Wendet sich eine Beamtin oder ein Beamter mit innerdienstlichen Angelegenheiten an die Öffentlichkeit, um für seine eigenen Vorstellungen zu werben (so genannte »**Flucht in die Öffentlichkeit**«), liegt regelmäßig zugleich ein Dienstvergehen vor[291]. »Etwas anderes ergibt sich auch nicht aus der grundrechtlich geschützten Meinungsfreiheit. Wie jeder andere Staatsbürger genießt der Beamte den Schutz des Art. 5 II GG; er muss dabei aber die Grenzen beachten, die sich aus seinen Dienstpflichten ergeben ... Der vorliegende Fall ist dadurch gekennzeichnet, dass der Beamte nicht zu einer allgemeinpolitischen Frage Stellung bezogen, sondern innerdienstliche, die polizeiliche Organisation und Arbeit betreffende Entscheidungen seiner Dienstvorgesetzten öffentlich kritisiert hat«[292]. Ob eine   325

---

287 Vgl. BDiA – Jahresbericht, ZBR 1986, 223 (229).
288 Vgl. *Claussen/Janzen*, Einl. C 38; *siehe* auch BVerwG vom 12.05.1971 – II WD 2/79 = ZBR 1973, 222.
289 OVG Saarlouis vom 22.02.2006 – 7 R 1/05.
290 Wegen der Einzelheiten der sich in diesem Bereich ergebenden z. T. komplexen Problemstellungen vgl. die umfassende Darstellung von *Weiß*, GKÖD J 530.
291 Zur Flucht in die Öffentlichkeit vgl. im Einzelnen *Weiß*, ZBR 1984, 129.
292 BVerfG vom 21.06.2006 – 2 BvR 1780/04.

»besonnen, tolerant und sachlich vertreten(e)«[293] Auffassung diesen Anforderungen genügt, hängt wohl vom Einzelfall ab.

326   Das Gewicht derartiger Verfehlungen ist schwierig zu beurteilen[294]. Wenn eindeutig erkennbar eine Gewerkschaft vertreten wird, gelten andere Maßstäbe, da sich die Beamtin oder der Beamte in diesem Fall als »natürlicher Widerpart des Dienstherrn« äußert und »vorbehaltlich der für das Beamtenverhältnis unerlässlichen Grundbindungen – grundsätzlich den einem nicht verbeamteten Gewerkschaftsvertreter vergleichbaren Freiraum« in Anspruch nehmen kann[295].

327   **Geheimdienstliche Tätigkeit** ist ebenfalls unter dem Aspekt der Pflicht zur Amtsverschwiegenheit zu betrachten. Jedoch ist dieses Verhalten – abgesehen von der strafrechtlichen Bedeutung (Verlust der Beamtenrechte in diesen Fällen bei mindestens sechs Monaten Freiheitsstrafe – § 24 BeamtStG, § 41 BBG) – hauptsächlich als Verstoß gegen die Pflicht zur Verfassungstreue (§ 33 Abs. 1 Satz 3 BeamtStG, § 60 Abs. 1 Satz 3 BBG) zu bewerten und hat schon aus diesem Grunde ein besonderes Gewicht[296][297].

3.1.19 Nebentätigkeit (§ 40 BeamtStG §§ 97 ff. BBG) – Anzeigepflicht nach Eintritt in den Ruhestand (§ 41 BeamtStG, § 105 BBG)

328   In engem Zusammenhang mit der Verletzung der Gehorsamspflicht stehen Verstöße gegen **Regelungen des Nebentätigkeitsrechts** (§ 40 BeamtStG, §§ 97 ff. BBG sowie die entsprechenden Regelungen der Länder) und der Anzeigepflicht nach Eintritt in den Ruhestand (§ 41 BeamtStG, § 105 BBG sowie die entsprechenden Regelungen der Länder). Sie haben zunehmende Bedeutung.

329   Ein Verstoß gegen die **Anzeige- oder Genehmigungspflicht** ist regelmäßig eine Pflichtverletzung und kann deshalb disziplinare Konsequenzen haben. Eine ungenehmigte Nebentätigkeit ist jedenfalls dann keine dienstliche Ordnungswidrigkeit mehr, wenn sie sich nicht mehr auf einen ganz kurzen Zeitraum beschränkt[298]. »Diesem Interesse dient die Notwendigkeit der Zustimmung des Dienstherrn zu der beabsichtigten Tätigkeit; der Dienstherr soll in dem berechtigten Interesse an einer vollwertigen, nicht durch anderweitige Verausgabung der Arbeitskraft beeinträchtigten Dienstleistung des Beamten geschützt werden«[299]. Bei besonders schweren Verstößen kann sogar die Entfernung aus dem Beamtenverhältnis angezeigt sein, wenn z. B. die Nebentätigkeit über Jahre hinweg und während Erkrankungen ausgeübt wird[300].

330   Selbst bei Erteilung einer Genehmigung kann eine Pflichtverletzung vorliegen, wenn die Nebentätigkeit in einem solchen Umfang ausgeübt wird, dass die Dienst-

---

293 VG Berlin vom 13.12.2007 – 85 A 6. 07.
294 Vgl die Rechtsprechungsübersicht bei *Köhler/Ratz, BDG* S. 364 ff.
295 OVG Koblenz vom 24.12.1998 – 2 a 11514/98 = DVBl. 1999, 330–332.
296 BVerwG vom 02.09.1998 – 1 D 3/98.
297 BVerwG vom 18.05.1994 – D 67/93 = ZBR 1994, 387 = Dok. Ber. B 1994, 313–318 = ZBR 1995, 57 = NVwZ 1995, 171–173 = DÖV 1995, 285–286 = NJW 1995, 1373 = DVBl.1995, 632 = PersV 1995, 381; BVerwG vom 25.10.1995 – 1 D 2/95 = *Buchholz* § 52 BBG Nr. 7.
298 BVerwG vom 17.03.1998 – 1 D 73/96.
299 BVerwG vom 25.01.1990 – 2 C 10.89 = BVerwGE 84, 299 (301 f.).
300 OVG Koblenz vom 21.01.2002 – 3 a 11578/01 = DÖD 2002, 166–168.

leistung darunter leidet[301]. Hierin kann auch eine Verletzung der Gesunderhaltungspflicht (§ 34 Satz 1 BeamtStG, § 61 Abs. 1 Satz 1 BBG) liegen. Dies kann ein Erschwerungsgrund sein[302].

Bei Nebentätigkeiten ist auch darauf zu achten, dass eine Unvereinbarkeit mit   331
der Amtstätigkeit bestehen kann[303]. Dies kann sowohl Verstoß gegen die Dienstleistungspflicht (§ 34 Satz 1 BeamtStG, § 61 Abs. 1 Satz 1 BBG) als auch gegen die Wohlverhaltenspflicht (§ 34 Satz 3 BeamtStG, § 61 Abs. 1 Satz 3 BBG) sein.

> *Beispiel:* Ein Beamter hat die Genehmigung für eine Nebentätigkeit als Gutachter und wird für ein Unternehmen tätig, das auf der Grundlage eines von ihm selbst erstellten Gutachtens seiner Behörde eine Genehmigung für den Betrieb einer technischen Anlage beantragt.
> Ein Polizeibeamter baut sich während Krankschreibung einen »Zweitberuf« auf (Entfernung aus dem Beamtenverhältnis)[304].

Zum Disziplinarmaß »steht wegen der Vielfalt der möglichen Pflichtverstöße   332
grundsätzlich der gesamte disziplinarrechtliche Maßnahmenkatalog zur Verfügung ... (es kommt auf die) Dauer, Häufigkeit und Umfang der Nebentätigkeiten an. Weiterhin muss berücksichtigt werden, ob der Nebentätigkeit gesetzliche Versagungsgründe entgegenstehen, d. h. die Betätigungen auch materiell rechtswidrig sind und ob sich das Verhalten des Beamten nachteilig auf die Erfüllung seiner dienstlichen Aufgaben ausgewirkt hat«[305].

3.2 Innerdienstliche Pflichtverletzungen – Wohlverhaltenspflicht

Aus der Wohlverhaltenspflicht (§ 34 Satz 3 BeamtStG, § 61 Abs. 1 Satz 3), lassen   333
sich für den innerdienstlichen Bereich mehrere **bedeutsame Einzelpflichten** ableiten. Hierzu zählen zum Beispiel folgende Pflichtverstöße (*siehe* nachfolgende Abschnitte):
– Sexuelle Belästigung im Dienst,
– Mobbing,
– Verletzung der Wahrheitspflicht in dienstlichen Angelegenheiten,
– betrügerisches Verhalten zum Nachteil des Dienstherrn,
– Verletzung der Pflicht zur Wahrung des Betriebsfriedens.

3.2.1 Sexuelle Belästigung

Der Tatbestand der sexuellen Belästigung im dienstlichen Bereich ist seit 2006   334
durch das Allgemeine Gleichstellungsgesetz (§§ 5 Abs. 4, 24 AGG) verboten[306].

---

301 Vgl. hierzu und zum disziplinaren Gewicht von ungenehmigten Nebentätigkeiten *Claussen/Janzen*, Einl. C 19 a–19 c, D 41 d.
302 BVerwG vom 11.01.2007 – 1 D 16/05.
303 A. a. O.
304 A. a. O.
305 A. a. O.
306 Bis 2006 galt § 2 Beschäftigtenschutzgesetz, das in der Formulierung präziser war.
   § 2 Schutz vor sexueller Belästigung.
   (1) Arbeitgeber und Dienstvorgesetzte haben die Beschäftigten vor sexueller Belästigung am Arbeitsplatz zu schützen. Dieser Schutz umfasst auch vorbeugende Maßnahmen.
   (2) Sexuelle Belästigung am Arbeitsplatz ist jedes vorsätzliche, sexuell bestimmte Verhalten, das die

»(4) Eine sexuelle Belästigung ist eine Benachteiligung in Bezug auf § 2 Abs. 1 Nr. 1 bis 4, wenn ein unerwünschtes, sexuell bestimmtes Verhalten, wozu auch unerwünschte sexuelle Handlungen und Aufforderungen zu diesen, sexuell bestimmte körperliche Berührungen, Bemerkungen sexuellen Inhalts sowie unerwünschtes Zeigen und sichtbares Anbringen von pornographischen Darstellungen gehören, bezweckt oder bewirkt, dass die Würde der betreffenden Person verletzt wird, insbesondere wenn ein von Einschüchterungen, Anfeindungen, Erniedrigungen, Entwürdigungen oder Beleidigungen gekennzeichnetes Umfeld geschaffen wird«.

335   Ein solches Verhalten ist als Benachteiligung i. S. d. § 5 AGG ein Verstoß gegen die Grundpflicht des Wohlverhaltens am Arbeitsplatz (§ 61 Satz 3 BBG)[307].

336   Dazu gehören zunächst alle sexuellen Handlungen und Verhaltensweisen, die auch im **Strafgesetzbuch** unter Strafe gestellt sind, wie Straftaten gegen die sexuelle Selbstbestimmung (§§ 174 ff. StGB), Körperverletzungsdelikte (§§ 223 ff. StGB) und Nötigung (§ 240 StGB).

337   Auch **Handlungen mit sexuellem Inhalt,** die im Strafgesetzbuch nur unter den Auffangtatbestand der Beleidigung fallen (§§ 185 ff. StGB), wie sexuell bestimmte Berührungen oder **Bemerkungen sexuellen Inhalts,** jedes unerwünschte Berühren, Betätscheln und Befingern, anzügliche und beleidigende Bemerkungen[308], sogenannte Witze und Sprüche, obszöne und kompromittierende Aufforderungen[309], Fotoaufnahmen mit erotischem Bezug, Aufforderungen zu sexuellen Gefälligkeiten oder Handlungen, können Dienstpflichtverletzungen sein. Voraussetzung ist, dass diese vom Belästigten abgelehnt werden. Eine Zustimmung dürfte wohl regelmäßig nicht vorliegen. Eine ausdrückliche Ablehnung (»Finger weg!«) zu verlangen, ginge zu weit. Es genügt, wenn nach den Umständen eine Zustimmung oder »Gegenliebe« nicht erwartet werden kann und gegen den »erklärten oder erkennbaren Willen der Betroffenen«[310] gehandelt wird. Es kommt darauf an, wie das Verhalten gegenüber der anderen Person wirkt[311].

338   Auch indirekt, ohne unmittelbar gegenüber dem Verletzten geäußerte Beleidigungen, kann der Tatbestand der sexuellen Belästigung erfüllt sein.

> *Beispiel:* Beamter beleidigt eine Zeugin schwer, indem er auf Briefumschlägen und Postkarten beleidigende und obszöne Bemerkungen anbringt und an verschiedene Dienststellen sendet[312].
>
> Bahnbeamter bedrängt als Schaffner eine Zugreisende sexuell (Entfernung aus dem Beamtenverhältnis)[313].

Würde von Beschäftigten am Arbeitsplatz verletzt. Dazu gehören sexuelle Handlungen und Verhaltensweisen, die nach den strafgesetzlichen Vorschriften unter Strafe gestellt sind, sowie sonstige sexuelle Handlungen und Aufforderungen zu diesen sexuell bestimmte körperliche Berührungen, Bemerkungen sexuellen Inhalts sowie Zeigen und sichtbares Anbringen von pornographischen Darstellungen, die von den Betroffenen erkennbar abgelehnt werden.
(3) Sexuelle Belästigung am Arbeitsplatz ist eine Verletzung der arbeitsvertraglichen Pflichten/ein Dienstvergehen.

307 *Plog/Wiedow/Lemhöfer/Bayer* § 79 Rz. 19 c.
308 VGH Mannheim vom 13.12.1999 – D 17 s 13/99; VG Trier vom 15.05.2008 – 3 K 1019/07. TR.
309 A. a. O.
310 VG Ansbach vom 06.08.2008 – AN 6 b D 08. 00017.
311 A. a. O.
312 BVerwG vom 15.11.1996 – 1 DB 5.96.
313 BVerwG vom 22.05.1996 – 1 D 72/95, = NJW 1997, 1719.

Sexuelle Belästigung per SMS[314].
Beamter fotografiert provozierend das Dekolleté von Kolleginnen und äußert sich obszön[315].

Das Gesetz definiert auch das »Zeigen und sichtbare Anbringen von pornografischen Darstellungen« als sexuelle Belästigung. Zu weit dürfte die Ansicht gehen, dass ein »Porno-Kalender« im Einvernehmen aller Mitarbeiter aufgehängt werden dürfe[316]. Dies dürfte auch ohne konkretes Anstoßnehmen den Tatbestand der sexuellen Belästigung erfüllen, da zumindest damit gerechnet werden muss, dass jemand sich belästigt fühlen könnte, es aber nicht zeigt.   339

Besonders schwerwiegend ist sexuelle Belästigung am Arbeitsplatz, wenn ein **Abhängigkeits-, insbesondere ein Ausbildungsverhältnis ausgenutzt** wird[317], berufliche Vorteile versprochen oder Nachteile angedroht werden. In diesen Fällen muss die Frage nach der weiteren Tragbarkeit für den öffentlichen Dienst geprüft werden.   340

> *Beispiel:* Kriminalhauptkommissar berührt an mehreren Tagen mehrfach als Ausbilder Kriminalanwärterin am Busen und Oberschenkel, beleidigt sie und fordert sie zum Geschlechtsverkehr auf. Disziplinarmaß Zurückstufung[318].

Die Dunkelziffer dürfte bei sexuellen Belästigungen hoch sein. Das Problem wird von den Betroffenen meist verschwiegen, von den Verursachern geleugnet und von den Vorgesetzten nicht wahrgenommen. Wer sich gegen sexuelle Belästigung wehrt, geht das Risiko ein, nicht ernst genommen zu werden (Zimperlichkeit) und im Arbeitsumfeld auf Kritik und Ablehnung zu stoßen.   341

Vorgesetzte, die ihren Führungsaufgaben gerecht werden wollen, dürfen Hinweise auf eine sexuelle Belästigung am Arbeitsplatz nicht ignorieren bzw. bagatellisieren. Zu ihren Pflichten gehört auch die direkte Ansprache potenzieller Opfer, sobald Anzeichen für eine Belästigung erkennbar sind, bzw. der potenziellen Belästiger. Vorgesetzte sind in ihrem Zuständigkeitsbereich dafür verantwortlich, dass ein **Arbeitsklima gefördert** wird, in dem persönliche Integrität und Selbstachtung gewahrt werden. Erfüllen sie ihren Führungsauftrag nicht, verletzen sie zugleich ihre Dienstleistungs- und **Fürsorgepflicht** (§ 34 Satz 1 BeamtStG, § 61 Abs. 1 Satz 1 BBG).   342

3.2.2 Mobbing

Auch das Phänomen des **Mobbing** ist unter dem Aspekt der Störung des Betriebsfriedens zu sehen. Begrifflich verbirgt sich dahinter eine **Zusammenfassung unterschiedlichster Erscheinungsformen.** Mobbing sind »fortgesetzte, auf einander aufbauende und ineinander übergreifende, der Anfeindung, Schikane oder Diskriminierung dienende Verhaltensweisen, die nach ihrer Art und ihrem Ablauf im Regelfall einer übergeordneten, von der Rechtsordnung nicht gedeckten Zielsetzung dienen und in ihrer Gesamtheit das allgemeine Persönlichkeitsrecht, die   343

---

314 BVerwG vom 26.10.2005 – 2 WD 33/04.
315 VG Trier vom 15.05.2008 3 K 1019/07. TR.
316 So offenbar http://www.ra-kassing.de/vrbrauch/rechtgeb/arbrecht/arbeitsrecht-frame. htm.
317 BVerwG vom 04.04.2001 – 1 D 15/00; BDiG vom 05.09.1989 – I VL 4/88 –, bestätigt durch BVerwG vom 09.07.1991 – 1 D 72.89; BVerwG vom 24.06.1999 – XVI VL 3/99.
318 VGH Mannheim vom 13.12.1999 – D 17 s 13/99.

Ehre oder die Gesundheit des Betroffenen verletzen«[319]. Ein im Arbeitsumfeld Unterlegener ist über längere Zeit Angriffen durch Kollegen oder Vorgesetzte ausgesetzt, die »über gewöhnliche, von jedem zu bewältigende berufliche Schwierigkeiten hinausgehen«[320]. Der Betroffene sieht keine Möglichkeit, sich gegen die dadurch entstehende Diskriminierung und den daraus folgenden Ausschluss aus der beruflichen Gemeinschaft zu wehren. Es entstehen erhebliche negative Folgen sowohl für den Dienst (Fehlzeiten, Kündigungen etc.) als auch für den betroffenen Mitarbeiter (psychische und körperliche Beschwerden). Mobbing kann auf verschiedene Weisen stattfinden, so z. B. durch Schädigung der sozialen Beziehungen oder des Ansehens des Betroffenen mit dem Ziele der Ausgrenzung der gemobbten Person[321]. Auch kann »Missbrauch der Stellung eines Vorgesetzten ..., um einen Untergebenen systematisch und fortgesetzt zu beleidigen, zu schikanieren und zu diskriminieren«[322] Mobbing (Bossing) sein. Kennzeichnend für Mobbing ist eine gewisse Systematik der Vorgehensweise[323].

344   Die entsprechenden – oft konzertierten – Handlungen sind dabei nicht nur einzeln, sondern auch im Zusammenhang auf disziplinare Relevanz zu prüfen, z. B. unter dem Gesichtspunkt der Beleidigung einer Kollegin oder eines Kollegen. Der Nachweis des Zusammenwirkens Mehrerer, die einen Kollegen z. B. bewusst »schneiden«, wird oft nicht leicht zu erbringen sein.

345   Die Folgen für »**Gemobbte**« können so beträchtlich sein, dass diese ihrerseits **Pflichtverletzungen** begehen und z. B. dem Dienst schuldhaft fernbleiben. Dies kann zu einer Verminderung der Schuldfähigkeit führen, die in solch einem Falle das an sich angemessene **Disziplinarmaß mildert**[324]. Vom Mobbing Betroffene sind gut beraten, rechtzeitig ihre Betroffenheit darzulegen, was oft schwer fallen dürfte.

346   Den **Dienstherrn** wiederum trifft die **Verpflichtung**, »das **allgemeine Persönlichkeitsrecht** der bei ihm beschäftigten **Arbeitnehmer** nicht selbst durch Eingriffe in deren Persönlichkeits- oder Freiheitssphäre zu verletzen, diese vor Belästigungen durch Mitarbeiter oder Dritte, auf die er einen Einfluss hat, **zu schützen**, einen menschengerechten Arbeitsplatz zur Verfügung zu stellen und die Arbeitnehmerpersönlichkeit zu fördern. Zur Einhaltung dieser Pflichten kann die Arbeitgeberin oder der Arbeitgeber als Störer nicht nur dann in Anspruch genommen werden, wenn er selbst den Eingriff begeht oder steuert, sondern auch dann, wenn er es unterlässt, Maßnahmen zu ergreifen oder seinen Betrieb so zu organisieren, dass eine Verletzung des Persönlichkeitsrechts ausgeschlossen wird«[325]. Diese grundsätzliche Entscheidung aus dem Arbeitsrecht ist auf die Beamtenschaft übertragbar.

347   **Vorgesetzte, die nichts unternehmen,** wenn sie schädigende Verhaltensweisen von Mitarbeitern gegenüber Kollegen erkennen, verletzen nicht nur die **Wohlver-**

---

319 BayVGH. vom 09.07.2008 – 15 ZB 07.2046; LAG Thüringen vom 10.04.2001 – PersR 2002, 532.
320 VG Saarlouis vom 23.09.2008 – 2 K 1964/07.
321 Definition aus http://www. m – ww. de.
322 VG Göttingen vom 02.04.2008 – 3 A 263/06.
323 A. a. O. Ausführlich *Bochmann,* Mobbing und die hergebrachten Grundsätze des Berufsbeamtentums, ZBR 2003, S. 257 ff.
324 BVerwG vom 04.05.1993 – 2 WD 33/92.
325 LAG Thüringen vom 10.04.2001 – 5 Sa 403/00.

haltenspflicht, sondern auch die **Dienstleistungs- und Fürsorgepflicht** (§ 34 Satz 1 BeamtStG, § 61 Abs. 1 Satz 1 BBG).

3.2.3 Wahrheitspflicht in dienstlichen Angelegenheiten

Die **Wahrheitspflicht in dienstlichen Angelegenheiten** fordert, in allen Äußerun-   348
gen mit dienstlichem Zusammenhang unbedingt bei der Wahrheit zu bleiben[326].

> *Beispiel:* Die Frage Vorgesetzter, wann die Beamtin oder der Beamte den Dienst angetre-
> ten oder wann sie oder er die Dienststelle verlassen habe, ist wahrheitsgemäß zu beant-
> worten.
> Eine – konkludente – Lüge liegt vor, wenn mit Zeitnachweisen manipuliert wird und ein
> »Kollege« für Abwesende das Erfassungsgerät bedient. In diesen Fällen hat auch der
> »Kollege« eine Wahrheitspflichtverletzung begangen. Bei der Manipulation mit Zeit-
> nachweisen ist auch an schuldhaft ungenehmigtes Fernbleiben vom Dienst zu denken.

Die Wahrheitspflicht wird zwar auch aus der Unterstützungspflicht abgeleitet[327].   349
Jedoch geht es bei der Wahrheitspflicht weniger um eine personenbezogene Verbindung zwischen Vorgesetzten und Mitarbeiterinnen und Mitarbeitern, sondern
um die dienstlichen Angelegenheiten insgesamt, sodass es eher die Wohlverhaltenspflicht berührt ist.

Die Wahrheitspflicht umfasst auch Angaben zu Umständen, die mit den dienst-   350
lichen Aufgaben nur mittelbar im Zusammenhang stehen, z. B. bei der Abgabe
einer Schuldenerklärung im Zusammenhang mit Vollstreckungsmaßnahmen
oder bei einer Sicherheitsüberprüfung (*siehe auch* Abschnitt 3.4.1). Erklärungen
gegenüber staatlichen Instanzen unterliegen ohnehin grundsätzlich der Wahrheitspflicht, so z. B. Angaben vor einem Untersuchungsausschuss oder Eingaben an Behörden.

Ob und wann eine Pflichtverletzung angenommen werden kann, wenn eine Be-   351
amtin oder ein Beamter in einer besonderen Konfliktsituation – z. B. bei der Vernehmung als Beschuldigte in einem Disziplinarverfahren – die Unwahrheit sagt,
hängt von den Umständen des Einzelfalls ab[328]. Die Ansicht, dass eine Beamtin
oder ein Beamter generell im Disziplinarverfahren nicht verpflichtet sei, die Wahrheit zu sagen[329], ist wohl zu pauschal. Man wird andererseits auch nicht allgemein
sagen können, dass eine Verletzung der Wahrheitspflicht in einem Disziplinarverfahren generell eine ahndungswürdige Dienstpflichtverletzung ist[330], sondern
sollte auf das Gewicht der »Wahrheitspflichtverletzung im Verhältnis zu dem ge-
leugneten Dienstvergehen«[331] abstellen. Das Schweigen ist selbstverständlich
keine Verletzung der Wahrheitspflicht[332]; auch nicht einfaches Bestreiten. Werden
in einem Disziplinarverfahren hingegen die Verfehlungen nicht nur bestritten, sondern durch die Einlassung eine Kollegin oder ein Kollege belastet oder versucht
wird, Zeuginnen oder Zeugen zu beeinflussen, so ist dies ein Verstoß gegen die

---

326 BDHE 4, 59.
327 *Köhler/Ratz* B II 8 Rz. 1.
328 Vgl. hierzu – kritisch zu der nicht ganz einheitlichen Rspr. – *Claussen/Janzen*, Einl. C 41 b–42 b.
329 Vgl. *Köhler/Ratz*, B II 8 Rz. 9 unter Berufung auf die Rspr. der Wehrdienstsenate. Dabei wird aber
     übersehen, dass der soldatische Pflichtenkreis nicht deckungsgleich mit dem beamtenrechtlichen ist.
330 Vgl. hierzu mit ausführlichem Rechtsprechungsnachweis *Köhler/Ratz* B II 8 Rz. 9.
331 A. a. O.
332 *Claussen/Janzen*, Einl. C zum Schweigen bei Bestehen einer Äußerungspflicht Rz. 43.

Wohlverhaltenspflicht. Das Gewicht des Dienstvergehens ist dann nicht mehr so gering, dass es keine, »selbstständige Bedeutung für die Zuverlässigkeitsprognose des Beamten«[333] haben kann.

3.2.4 Wahrung des Betriebsfriedens

352   Eine Verletzung der Pflicht zur Wahrung des Betriebsfriedens ist wegen der Störung des geordneten Verwaltungsablaufs von erheblichem Gewicht. Es gilt im Prinzip das Gleiche wie für das Mobbing (*siehe* 3.2.2).

> *Beispiele:* Wenn eine Beamtin Kolleginnen oder Vorgesetzte verunglimpft, bedroht, ihnen gegenüber tätlich wird oder sie ohne ausreichende tatsächliche Grundlagen in einer Eingabe belastet, handelt es sich um eine schwerwiegende Störung[334].
> Auch anonyme Anzeigen können in schwerer Weise die Zusammenarbeit belasten. Polizeivollzugsbeamte sind aus ihrer Stellung heraus regelmäßig verpflichtet, auch bei innerdienstlichen Straftaten eine Strafanzeige zu erstatten. Es ist aber wohl in diesem Falle angezeigt, dass sich der betreffende Polizeibeamte mit seinen Vorgesetzten abstimmt.

353   Die Erstattung einer Strafanzeige ist bei hinreichenden Anhaltspunkten für eine Straftat nicht ohne weiteres pflichtwidrig. Eine Strafanzeige (und damit das Hinaustragen dienstlicher Angelegenheiten in die Öffentlichkeit[335]) darf dennoch regelmäßig nur als das letzte Mittel angesehen werden. Zuvor ist eine verwaltungsinterne Klärung angezeigt[336].

3.2.5 Betrügerisches Verhalten zum Nachteil des Dienstherrn

354   Betrügerisches Verhalten zum Nachteil des Dienstherrn ist eine Pflichtverletzung, deren Erscheinungsform sehr vielfältig sein kann. Dabei spielt der regelmäßig vorliegende eigennützige Charakter des Verhaltens (§ 34 Satz 2 BeamtStG, § 61 Abs. 1 Satz 2 BBG) wie auch die Verletzung der Wohlverhaltens- und Wahrheitspflicht in dienstlichen Angelegenheiten (§§ 34 Satz 3 BeamtStG, § 61 Abs. 1 Satz 3 BBG) eine Rolle. Folgende Fallgruppen sind nicht selten:

3.2.5.1 Unberechtigte Beantragung von Beihilfen im Krankheitsfall

355   Im Zusammenhang mit der Gewährung von Beihilfen im Krankheitsfalle handelt es sich zumeist um Manipulationen an dem Erstattungsantrag beigefügten Rechnungen bzw. Rezepten (sog. Beihilfebetrug).

> *Beispiele:* Beleg (Rechnung, Rezept) wird vordatiert, um die Jahresausschlussfrist zu umgehen, sodass ein verspätet eingereichter Beleg noch erstattet wird[337].
> Der Augenarzt wird dazu bewegt, eine Brillenverschreibung zurückzudatieren, damit der Eindruck entsteht, die Beamtin oder der Beamte habe sich die Brille nicht ohne vorherige ärztliche Verordnung beschafft.
> Erneute Vorlage eines bereits erstatteten Rezepts[338]. Veränderung des Rechnungsbetrages.

---

333 A. a. O.
334 Vgl. hierzu *Claussen/Janzen*, Einl. C 44.
335 Zur Flucht in die Öffentlichkeit vgl. im Einzelnen *Weiß*, ZBR 1984, 129.
336 VG Berlin vom 29.06.2006 – 85 A 9.04.
337 BVerwG vom 29.03.1979 – 1 D 21/78.
338 Z. B. VG Berlin vom 14.10.2003 – 85 A 9.3; 23.11.2005 – 85 A 15.4; 17.01.2005 – 80 A 37. 04.

Totalfälschung eines Rezepts[339].

Verwendung eines anlässlich eines Dienstgeschäftes bei einem Arzt entwendeten Rezeptblocks oder Blankorechnungen[340].

Veranlassen eines Arztes, Rechnungen zu fingieren[341].

Verschweigen, dass der behandelnde Arzt nachträglich einen Nachlass auf den Rechnungsbetrag gewährt hat, der den Differenzbetrag zwischen Rechnungshöhe und Beihilfe ausmacht[342].

Auch bei Tätigkeit in einem privatisierten Unternehmen ändert sich an der disziplinaren Relevanz eines Betrugs zum Nachteil der Krankenversorgung der Bundesbahnbeamten nichts[343].

Die Bearbeitenden von Beihilfeanträgen haben sehr oft Schwierigkeiten zu prüfen, 356 ob die Belege echt sind. Dies bedeutet, dass an Beihilfeberechtigte ein hohes Maß an Vertrauenswürdigkeit gestellt werden muss. Es ist auch schon zu Totalfälschungen gekommen, zumal mit Hilfe von PC und Scanner heute fast jedes beliebige Formular nachgeahmt werden kann. Insbesondere in diesen Fällen ist auch an den Straftatbestand der Urkundenfälschung zu denken.

Aber auch falsche Angaben, z. B. über den Familienstand, im Erstattungsantrag 357 selbst haben mehrfach zu einer Überzahlung von Beihilfeleistungen geführt.

Beispiel: (Richtiger) Beleg für selbst beihilfeberechtigtes Familienmitglied wird vorgelegt und dabei wahrheitswidrig verschwiegen, dass der Sohn inzwischen selbst Beamtenanwärter ist.

Verschweigen der Mitgliedschaft des Ehegatten in einer gesetzlichen Krankenversicherung[344].

Es darf dabei nicht übersehen werden, dass die Antragsvordrucke oft nicht leicht 358 verständlich sind und eine fahrlässig falsche Beantwortung der betreffenden Fragen erleichtern. Auch ausweichende Antworten der für die Bearbeitung von Beihilfeangelegenheiten Zuständigen sind oft wenig hilfreich, wenn sie nicht sogar die Pflichtverletzung begünstigt haben können.

3.2.5.2 Erstattung von Umzugskosten

Hier spielen falsche oder unvollständige Angaben in dem Erstattungsantrag sowie 359 Manipulationen mit den diesem Antrag beigefügten Rechnungsbelegen eine Rolle. Vielfach halfen Umzugsfirmen mit, indem sie bereits die Vergleichsangebote der Konkurrenz mit angepassten Beträgen beifügten, um der Beamtin oder dem Beamten »den Aufwand zu erleichtern«.

Beispiele: Die Anzahl der beteiligten Familienangehörigen wird falsch angegeben.

Unterlassene Angabe – auch nachträglich –, dass die Umzugsfirma Nachlass eingeräumt hat[345].

Fingierte Rechnungen über Nebenkosten werden dem Antrag beigefügt.

Gefälligkeitsrechnungen.

---

339 BVerwG vom 17.05.1994 – 1 D 15/93.
340 BVerwG vom 26.11.1991 – 1 D 28/91.
341 BGH Dienstgericht des Bundes 09.06.2004 – RiSt (R) 1/02.
342 BVerwG 26.09.2001 – 1 D 32/00.
343 BVerwG vom 28.11.2000 – 1 D 56.99.
344 BVerwG vom 15.06.1994 – 1 DB 33/93.
345 BVerwG vom 26.02.1980 – 1 D 7/79.

Einreichung von Belegen über Kosten für die Überführung von Umzugsgut von dritten Personen (die sogar selbst Anspruch auf Umzugskosten hatten; die Einreichung erfolgte nur aus reiner Bequemlichkeit durch den Beamten!).

3.2.5.3 Erstattung von Trennungsgeld

360   Ähnlich liegt es bei der Zahlung von Trennungsgeld. Auch hier wurden nicht selten falsche Angaben über die Voraussetzungen oder sonstigen Umstände gemacht.

> *Beispiele:* Unrichtige Angaben in dem Trennungsgeld- oder Weiterbewilligungsantrag über eine am bisherigen Dienstort vorhandene, eigene Wohnung, z. B. falsche Angaben über gemeinschaftlichen Haushalt mit Ehegatten am bisherigen Wohnort[346].
> Falsche Behauptung eines Hinderungsgrundes für einen Umzug.
> Falsche Angabe eines späteren Umzugszeitpunktes – auch unter Mitwirkung von Umzugsunternehmen!
> Unterlassen der Mitteilung von Veränderungen.

3.2.5.4 Erstattung von Reisekosten

361   Bei der Erstattung von Reisekosten lagen überwiegend falsche Angaben in den Reisekostenrechnungen zu Grunde.

> *Beispiele:* Falsche Angaben über das benutzte Verkehrsmittel.
> Falsche Angaben über die Dauer der Dienstreise.
> Falsche Angaben über die während der Dienstreise erfolgten unentgeltlichen Übernachtungen oder gewährten Mahlzeiten.
> Hotelrechnung wird vorgelegt, die in Wahrheit von der Inhaberin einer Würstchenbude stammt[347]. Vorlage von Gefälligkeitsbescheinigungen, obwohl in Wahrheit am Einsatzort nicht übernachtet bzw. geringere Miete gezahlt wurde[348],
> Unwahre Angaben über Besuchsreisen an einen Kurort[349].
> Bildung einer Fahrgemeinschaft, jedoch Einzelabrechnung der gemeinschaftlich Reisenden[350].
> Fingierung von Reisekostenrechnungen, z. T. für erfundene Dienstreiseanlässe[351].
> Falsche Angaben in Reisekostenabrechnung der Telekom[352], wobei wegen Maßnahmebeschränkung der Berufung die Wertung als innerdienstliches Dienstvergehen übernommen werden musste.
> Abrechnung eines Lehrgangs, an dem nicht teilgenommen wurde, und Versuch, den Rechnungsführer nachträglich zur Vernichtung der Unterlagen zu bewegen[353].

3.2.5.5 Kindergeldzahlung/familienbezogene Leistungen

362   Verfehlungen aus dem Bereich der Zahlung von Kindergeld und sonstigen familienbezogenen Gehaltsbestandteilen sind ebenfalls vorgekommen.

---

346 BVerwG vom 30.11.2006 – 1 D 6/05.
347 BVerwG vom 01.09.1998 – 1 D 71/97.
348 BVerwG vom 22.02.2005 – 1 D 30/03.
349 BVerwG vom 23.02.2008 2 WD 5.7.
350 BayVGH vom 08.04.2008 – 18 P 06.3061.
351 OVG Koblenz vom 08.01.2001 – 3 A 11835/00.
352 BVerwG vom 20.09.2006 – 1 D 8/05.
353 BVerwG vom 21.06.2000 – 2 WD 19/00.

Beispiele: Ein Familienmitglied kann bei der Gewährung des Ortszuschlags nicht berücksichtigt werden, wird aber angegeben.

Es wird behauptet, Kinder seien noch in der Ausbildung, obwohl sie zwischenzeitlich selbst einer Erwerbstätigkeit nachgehen.

3.2.5.6 Fahrlässige Falschangaben in solchen Fällen

Da betrügerisches Verhalten neben der Eigennützigkeitskomponente auch noch   363
eine Verletzung der Wahrheitspflicht in dienstlichen Angelegenheiten beinhaltet, stellt sich die Frage nach der disziplinaren Relevanz falscher Angaben besonders dann, wenn die Beamtin oder der Beamte diese Angaben lediglich fahrlässig macht. Bei einem erstmaligen Fall mit geringem Schaden kann in solchen Fällen durchaus an Flüchtigkeits- und damit Arbeitsfehler gedacht werden, die disziplinar nicht relevant sind.

Beispiele: Die Unterlagen werden vom Ehegatten oder einer Schreibkraft mit unzutreffenden Angaben ausgefüllt und ungelesen unterschrieben (was manchmal schwer zu widerlegen ist).

Beihilfebelege werden versehentlich doppelt vorgelegt. In diesen Fällen wird sicherlich zu überlegen sein, ob eine solche Nachlässigkeit bereits disziplinar relevante Fahrlässigkeit ist (Wiederholungsfall?).

3.3 Außerdienstliche Pflichtverletzungen – Wohlverhaltenspflicht

Auch **außerdienstlich** gilt die allgemeine Pflicht, der Achtung und dem Vertrauen   364
gerecht zu werden, die der Beruf erfordert (**Wohlverhaltenspflicht,** § 34 Satz 3 BeamtStG, § 61 Abs. 1 Satz 3 BBG). Sie wird jedoch durch § 47 Abs. 1 Satz 2 BeamtStG und § 77 Abs. 1 Satz 2 BBG eingeschränkt. Es wurde bereits in der Einführung darauf hingewiesen, dass damit an die Qualifikation eines außerdienstlichen Verhaltens als Dienstvergehen besonders hohe Anforderungen gestellt werden (Rz. 8 f.). Das Verhalten muss »nach den Umständen des Einzelfalls in besonderem Maße geeignet (sein), das Vertrauen in einer für ihr Amt (der Beamtinnen und Beamten) *oder das Ansehen des Beamtentums (nur BBG)* in bedeutsamer Weise zu beeinträchtigen«. Eine »Achtungs«-Beeinträchtigung, eine Einbuße der persönlichen »Wertschätzung, die der Beamte innerhalb des Dienstes als auch gegenüber der Öffentlichkeit genießt«[354], ist nicht mehr erforderlich. »Ansehen«-beeinträchtigung bedeutet die »Grundlage eines allgemeinen Vertrauens in eine rechtstaatliche gesetzestreue Verwaltung (zu stören). Sie bezieht sich nicht auf das gesellschaftliche Ansehen«[355].

3.3.1 Besondere Eignung zur Vertrauens-/Ansehensschädigung (§ 47 Abs. 1 Satz 2 BeamtStG, § 77 Abs. 1 Satz 2 BBG)

Wann ein Verhalten geeignet ist, »in besonderem Maße« zu einer **bedeutsamen**   365
Vertrauenseinbuße (oder auch Ansehensschädigung) zu führen, ist gesetzlich nicht weiter definiert. Die Rechtsprechung hat sich zu den »Umständen des Ein-

---

354 Zängl, GKÖD I, § 54 Rz. 117.
355 Zängl, GKÖD I, § 77 Rz. 55.

zelfalls« auf die Bewertung von außerdienstlichen Straftaten beschränken können, da andere Verfehlungen bedeutungslos sind (Ausnahme im Einzelfall – *siehe* 3.3.3). Unter Aufgabe früherer Rechtsprechung wurde dabei festgestellt, dass die **Qualifikation eines Verhaltens als Straftat** für sich betrachtet **nicht ausreichend ist,** »in besonderem Maße« (§ 47 Abs. 1 Satz 2 BeamtStG, § 77 Abs. 1 Satz 2 BBG) geeignet zu sein, eine Dienstpflichtverletzung zu ergeben. Es müssen vielmehr weitere Elemente hinzukommen[356].

366   Welche Auswirkungen die neue Fassung des § 47 Abs. 1 Satz 2 BeamtStG haben könnte, die gegenüber § 77 Abs. 1 Satz 2 BBG ausdrücklich auf das Ziel der »Ansehenswahrung« als Disziplinierungsgrund verzichtet[357], ist noch nicht absehbar; § 47 BeamtStG ist erst seit 01.04.2009 in Kraft. Die amtliche Begründung zu § 47 BeamtStG erwartet offenbar keine Änderung der Rechtsprechung: »Die **vorkonstitutionelle Auffassung,** die Beamtin oder der Beamte sei ›immer im Dienst‹ gilt jedoch in dieser Allgemeinheit nicht mehr. Es geht vielmehr allein um das Vertrauen in eine objektive, rechtmäßige und effiziente Aufgabenerfüllung. Das entspricht auch der neuen höchstrichterlichen Rechtsprechung (vgl. Bundesverwaltungsgericht vom 30.08.2000 – 1 D 37. 99 – zur außerdienstlichen Trunkenheitsfahrt)«.

367   Aufgrund dieser hilfreichen Vorkorrektur der Rechtsprechung für den Gesetzgeber (es ging um den Fall eines Beamten im Bundesdienst – Post!) kann im Leitfaden auch für die Länder ohne Bedenken die **bisherigen Haltung der Rechtsprechung** weiter vertreten werden. Für den Bundesbereich dürfte diese – wegen der in § 77 Abs. 1 Satz 2 BBG beibehaltenen »Ansehenswahrung« – ohnehin weiter gelten[358].

3.3.2 Außerdienstliche, besonders qualifizierte Straftaten

368   Grundsatz der aktuellen Rechtsprechung ist, dass von Beamtinnen und Beamten »außerdienstlich kein wesentlich anderes Sozialverhalten« erwartet werden kann, als von jeder anderen Bürgerin oder jedem anderen Bürger. Außerdienstliche Straftaten sind nur unter einzelnen, besonders qualifizierenden Umständen ein Dienstvergehen. Pauschale und abschließende Leitlinien sind bisher nicht aufgestellt worden.

369   Die Rechtsprechung hat bisher verschiedene **Fallgruppen** angenommen, in denen solche Umstände vorliegen[359].

370   Das außerdienstliche Fehlverhalten weist einen **Bezug zu den übertragenen Dienst- und Obhutspflichten** (z. B. Polizeibeamtinnen und -beamte = Hilfsbeamtinnen und -beamte der Staatsanwaltschaft mit besonderen Anordnungsbefugnissen[360], Beamte und Beamtinnen der Finanzverwaltung, Lehrerinnen und Lehrer als Vorbilder) auf und ist deshalb geeignet, Rückschlüsse auf die

---

356 Grundlegend BVerwG vom 30.08.2000 – 1 D 37.99 – und vom 08.05.2001 – 1 D 20. 00.
357 Begründung zu § 47 BeamtStG.
358 Vielleicht sollen auch die Beamtinnen/Beamte des Bundes einer kritischeren Würdigung unterliegen als die Beamtinnen und Beamten der Länder und Kommunen? Die Rechtsprechung hätte damit die Möglichkeit, unterschiedlich strenge Wege/noch engere Grenzen für die Bedeutung außerdienstlicher Verfehlungen aufzuzeigen.
359 Grundlegend dazu BVerwG a. a. O.
360 Hierzu ausführlich VG Dresden vom 12.02.2004 – 10 D 2737/01 m. w. N.

mangelnde dienstliche Vertrauenswürdigkeit zu ziehen, d. h. es liegt ein inner-dienstlicher Bezug der Straftat vor. »Ein Polizeivollzugsbeamter, der selbst zum Straftäter wird und gegen Dienstanordnungen verstößt, verletzt (sogar) die **Kernpflichten des Polizeidienstes**«[361]!

> *Beispiele:* Außerdienstliche Vermögensdelikte eines Kassenbeamten[362].
> Besitz kinderpornografischer Schriften durch einen Staatsanwalt[363], Polizeibeamten[364], Soldaten in Vorgesetztenstellung[365], Ministerialrat (Vorbildfunktion, »mit dem Dienstrang (steigen) die Anforderungen an Zuverlässigkeit, Pflichtgefühl und Verantwortungsbewusstsein«)[366], Lehrer[367].
> Kindesmissbrauch durch einen Polizeivollzugsbeamten[368].
> Exhibitionistische Handlungen durch einen Lehrer[369].
> Freiheitsberaubung und Körperverletzung durch einen Justizbeamten[370].
> Alkohol am Steuer durch Polizeivollzugsbeamte[371].
> Tragen eines Ringes mit SS-Rune durch einen Polizeivollzugsbeamten[372].
> Eigentumsdelikte eines Lehrers auch bei Diebstahl geringwertiger Sachen[373].
> Bei Beurlaubung zum Zwecke der Dienstleistung bei einem Tochterunternehmen der Telekom, können dort begangene Unterschlagungen[374] oder Personalaktenverfälschungen[375] ebenfalls als (außerdienstlich) disziplinar relevant angesehen werden.

Das außerdienstliche Verhalten wirkt sich **zum Nachteil des Staates** aus. Dazu gehören insbesondere Straftaten gemäß §§ 80–120 StGB wie z. B. Friedensverrat, Hochverrat, Gefährdung des demokratischen Rechtsstaats, Landesverrat und Gefährdung der äußeren Sicherheit, Straftaten gegen ausländische Staaten, gegen Verfassungsorgane, gegen die Landesverteidigung und Widerstand gegen die Staatsgewalt. Bei solchen Straftaten ist zu beachten, dass zugleich auch innerdienstliche Pflichten verletzt sein können, wie z. B. die Verfassungstreue (§ 35 Abs. 1 Satz 3 BeamtStG, § 60 Abs. 1 Satz 3 BBG) oder Amtsverschwiegenheit (§ 37 BeamtStG, § 67 BBG). In diesen Fällen stellt sich dann die Frage nach den besonderen Voraussetzungen des § 47 Abs. 1 Satz 2 BeamtStG, § 77 Abs. 1 Satz 2 BBG nicht; Folgen nach § 24 BeamtStG, § 41 Satz 1 Nr. 1 und 2 BBG (Verlust der Beamtenrechte) treten ohnehin ein.

Andere Beispiele: Bedrohung der eigenen Verwaltung durch Finanzbeamten mit der Verantwortung für Tötungen: »Sollten die Finanzbehörden Sachsen-Anhalts die Abgabe

---

361 VG Berlin vom 29.04.2005 – 80 A 8.01.
362 *Plog/Wiedow/Lemhöfer/Bayer* § 77 BBG Rz. 11 a.
363 BVerfG vom 18.01.2008 – 2 BvR 313/07.
364 VGH Mannheim vom 14.02.2008 – DL 16 s 29/06.
365 BVerwG vom 25.09.2007 – 2 WD 19/06 m. ausführlichem Nachweis.
366 BayVGH vom 15.07.2008 – 16 a D 08.736.
367 OVG Niedersachsen vom 04.09.2007 – 20 LD 14/06; OVG Koblenz vom 12.07.2007 – 3 A 10296/07; vom 31.03.2004 – 80 A 37. 03.
368 Z. B. VG Dresden vom 12.02.2004 – 10 D 2737/01.
369 VG München vom 28.05.2008 – M 13 D 08.134.
370 VG Saarlouis vom 25.01.2008 – 7 K 322/07.
371 OVG Münster vom 18.12.2001 – 6 B 1326.1.
372 BVerwG vom 17.05.2001 – 1 DB 15.1.
373 VG München vom 28.04.2008 – M 19 DK 08.747 – Güter allerdings auch einschlägige Vorbelastung, die insoweit auch als Wiederholungsfall- *siehe* dort – besonders qualifiziert hätten.
374 BVerwG vom 07.06.2000 – 1 D 4.99.
375 BVerwG vom 12.12.2001 – 1 D 4.1.

(von Vorgängen an eine andere Steuerbehörde) rechtswidrig verweigern, werden die Kinder von Frau J. und Frau F. missbraucht und umgebracht. Es liegt daher in der Entscheidung der Verwaltung Sachsen- Anhalts, den Tod von fünf Kindern verantworten oder meinem rechtsgültigen Antrag zu entsprechen«[376].

372 Auch Straftaten, die das **Vermögen des Staates** betreffen, z. B. Steuer- und Abgabenhinterziehung, insbesondere durch Beamtinnen und Beamte, die der Finanzverwaltung angehören[377], sind »in besonderem Maße geeignet«, die amtliche Vertrauenswürdigkeit infrage zu stellen.

373 Wenn eine **besonders schwerwiegende Straftat** vorliegt, kann ebenfalls ein solcher, besonderer Umstand angenommen werden. Sofern wegen einer Vorsatztat zu einer **Freiheitsstrafe** von mindestens einem Jahr bzw. sechs Monaten (Landesverratsdelikt, Bestechlichkeit) verurteilt (§ 24 BeamtStG, § 41 Satz 1 Nr. 1 und 2 BBG) wurde, bedarf es keiner näheren Erläuterung der disziplinaren Bedeutung. Aber auch andere Straftaten, die zu einer Freiheitsstrafe geführt haben und damit als besonders schwerwiegend anzusehen sind, können die amtliche Vertrauenswürdigkeit berühren.

374 Die Vertrauenseinbuße kann sich auch daraus ergeben, dass eine Vorbelastung durch frühere, vergleichbare außerdienstliche oder auch innerdienstliche Gesetzesverstöße und damit ein **Wiederholungsfall** vorliegt.

Beispiel: Vorbelastung Verkehrsunfallflucht, später dann Alkohol am Steuer[378]; mehrfach Alkohol am Steuer[379].

375 Offen geblieben ist in der Rechtsprechung bisher, wie der Sachverhalt zu beurteilen ist, wenn mehrere außerdienstliche Pflichtverletzungen zusammentreffen. Aus dieser Häufung könnte sich durchaus ein besonderes Gewicht ableiten lassen, selbst wenn einzelne Pflichtverletzungen für sich betrachtet nicht besonders schwer wiegen.

376 Wenn zusätzlich zu einer erstmaligen außerdienstlichen Straftat andere, innerdienstliche Pflichtverletzungen hinzukommen, könnte man aufgrund dieser Kumulierung ebenfalls einen besonderen Vertrauensverlust annehmen. Da sich in solchen Fällen aber die Bewertung des Verhaltens ohnehin vor allem nach den innerdienstlichen Verfehlungen richten wird, kommt es jedenfalls bei leichteren außerdienstlichen Straftaten auf das Zusammentreffen mit innerdienstlichen Verfehlungen kaum an.

377 Wegen der Bandbreite denkbarer, außerdienstlich begangener Straftaten werden sich über die allgemeinen Bemessungsgrundsätze hinaus für außerdienstliche Verfehlungen keine grundsätzlichen Leitlinien aufstellen lassen. Die Disziplinarmaßnahme hängt vom Einzelfall ab. In schwersten Fällen kommt auch die Entfernung aus dem Beamtenverhältnis in Betracht.

Beispiele: Justizvollzugsbeamter begeht außerdienstlich gefährliche Körperverletzungen, Freiheitsberaubung, Nötigung, Bedrohung und Beleidigung gegenüber seiner Lebens-

---

376 VG Magdeburg vom 03.04.2008 – 10 L 3/07.
377 OVG Münster vom 07.08.2001 – 15 dA 4172/00. O; OVG Münster vom 12.11.2001 – 15 d a 5014/99. O.; BayVGH vom 24.09.2008 – 16 a D 07.2849.
378 BVerwG vom 25.08.2001 – 1 D 49. 01.
379 BVerwG vom 08.05.2001 – 1 D 20. 00; BVerwG vom 08.05.2001 – 1 D 20/00.

gefährtin sowie Beleidigung gegenüber einem behinderten Verwandten und ist grundsätzlich aus dem Beamtenverhältnis zu entfernen[380].

Außerdienstliche Straftaten ergeben daher keineswegs immer eine »Weglegesa- 378
che«. Vielmehr muss jeder Einzelfall unter Beachtung der vorstehenden Kriterien geprüft werden.

Hinweis: Auch bei **Trunkenheitsfahrten** außerhalb des Dienstes kann ein soge- 379
nannter **Kumulierungsfall**, Weil die außerdienstliche Trunkenheit auch **Auswirkungen auf den Dienstbetrieb** haben könnte. Wenn nach einer Trunkenheitsfahrt bei Dienstantritt noch Restalkohol im Blut vorhanden ist, ist regelmäßig die Dienstleistungsfähigkeit beeinträchtigt. Fährt die Beamtin oder der Beamte kurz nach Dienstende alkoholisiert, besteht der Verdacht, dass die Alkoholaufnahme unzulässigerweise im Dienst erfolgte. In diesem Zusammenhang ist zu klären, ob sich aus der Verknüpfung mit dem innerdienstlichen Fehlverhalten ein innerdienstlicher Bezug der Straftat ergibt oder ob die Trunkenheitsfahrt aus dem Sachverhalt des Dienstvergehens ausgeklammert werden kann. Zu den Verkehrsdelikten *siehe auch* 3.4.2. und 6.14.1.2.

3.3.3 Sonstige außerdienstliche Pflichtverletzungen

Nur beispielhaft lassen sich neben außerdienstlichen Straftaten noch Pflichtverlet- 380
zungen im außerdienstlichen Bereich feststellen, die von der Rechtsprechung als disziplinar relevant entschieden wurden.

Beispiel: Werbung im Internet mit sadomasochistischen Praktiken durch eine Beamtin der Finanzverwaltung[381].

3.4 Andere, einzelne Fallgruppen

Die folgenden Fallgruppen sind bei ähnlichem Erscheinungsbild gelegentlich in- 381
ner-außerdienstlich überschneidend und werden deshalb besonders zusammengefasst dargestellt.

3.4.1 »Schuldenmachen«

Bei der Beurteilung der Frage, inwieweit im Zusammenhang mit der **Eingehung** 382
und Abwicklung von Schulden Pflichtverletzungen vorliegen können, bestehen erhebliche Unsicherheiten. Zum Teil wird (zu Unrecht) generell die Möglichkeit eines disziplinarrechtlich relevanten Fehlverhaltens ausgeschlossen, z. T. wird aber auch (ebenfalls unzutreffend) die Ansicht vertreten, dass bereits der Eingang mehrerer Pfändungs- und Überweisungsbeschlüsse bei der Dienststelle ausreiche, um den Beamten eines achtungswidrigen Verhaltens zu überführen.

(Abzulehnendes) *Beispiel:* Beamtinnen oder Beamte seien verpflichtet, Zusatzbelastungen der Personalstelle durch die Befassung mit Pfändungsvorgängen zu vermeiden.

380 VG Saarlouis vom 25.01.2008 – 7 K 322/07.
381 VG Berlin vom 11.06.2008 – 80 A 17. 07.

Zum »Schuldenmachen« sollte zusammengefasst Folgendes gelten:

383   Auch eine Beamtin oder ein Beamter darf Schulden machen. Verbindlichkeiten sind normal und disziplinarrechtlich ohne Bedeutung[382]. Führen sie **leichtfertig und bedenkenlos zu einem völligen Vermögensverfall** mit der Folge der Zahlungsunfähigkeit (»bis an den Rand des Ruins«)[383] herbei, kann eine Pflichtverletzung vorliegen.

384   Pflichtwidrig handelt regelmäßig aber auch, wer sich in bedeutsamer Weise **aktiv unehrlich und damit vertrauensunwürdig** verhält, und wenn bei der Eingehung von Verbindlichkeiten eine Störung deren Abwicklung voraussehbar ist[384]. Dabei handelt es sich regelmäßig um betrügerisches Vorgehen[385].

Beispiele: Zechbetrug, falsche Angaben gegenüber Kreditgebern, sofern ein dienstlicher Bezug oder andere erschwerende Umstände vorliegen.
Vortäuschen der Kreditwürdigkeit durch Vorlage des Dienstausweises. Hinweis auf Eigenschaft als Polizeibeamter bei vielfacher, betrügerischer Kreditaufnahme – Entfernung aus dem Beamtenverhältnis[386].
Anborgen von Personen, mit denen die Beamtin oder der Beamte dienstlich in Verbindung steht[387].
Anborgen von Untergebenen (u. U. auch Kollegen), wenn die Beamtin oder der Beamte Schulden nicht mit der ihr oder ihm möglichen, gebotenen und zumutbaren Sorgfalt tilgt und dadurch die Gefahr gerichtlicher Maßnahmen gegen sich heraufbeschwört[388].

385   In (eher seltenen) Ausnahmefällen kann auch eine Pflichtverletzung bei der Abwicklung von Schulden in Betracht kommen.

Beispiel: Die Beamtin oder der Beamte unterlässt es, Arztrechnungen trotz ausreichender Krankenkassen- und Beihilfeleistungen zu begleichen[389].
Vortäuschen von Zahlungsbereitschaft in einem gerichtlichen Verfahren, um einen Vergleich zu erreichen.

386   Schuldenmachen kann auch schuldhafte Verursachung eines Sicherheitsrisikos sein[390]. Die disziplinare Relevanz liegt in diesen Fällen in der Beeinträchtigung der dienstlichen Einsetzbarkeit (Verletzung der Dienstleistungspflicht – innerdienstlichen Charakter, § 34 Satz 1 BeamtStG, § 61 Abs. 1 Satz 1 BBG). Es ist auch an eine Verletzung der Wahrheitspflicht zu denken (Wohlverhaltenspflicht, § 34 Satz 3 BeamtStG, § 61 Abs. 1 Satz 3 – *siehe* 3.2.3)

---

382 *Weiß*, in GKÖD, Disziplinarrecht des Bundes und der Länder, Band II, Teil II, J 750 Rt.8 m. w. N. zur Rechtsprechung.
383 BGH Dienstgericht des Bundes vom 10.08.2001 – RiSt R 1/00; OVG Magdeburg vom 12.09.2006 – 10 L 4/06; VG Berlin vom 08.08.2005 – 80 A 38. 04.
384 VG Magdeburg vom 18.03.2008 – 8 A 22/07 und vom 21.02.2006 – 8 A 10/05.
385 Z. B. BVerwG vom 09.07.1996 – 1 D 43/95; *siehe* auch *Schwandt*, Entwicklungen und Tendenzen.
386 OVG Lüneburg vom 28.05.2003 – 1 NDH L 1/02.
387 OVG Münster vom 06.03.2002 – 12 D A 2046/00 O.
388 BVerwG vom 28.06.1995 – 1 D 66/94 = *Buchholz* 54 Satz 3 BBG Nr. 1; BVerwG vom 27.01.2000 – 2 WD 28/99; OVG Lüneburg vom 28.02.2003 – 1 NDH L 1/02.
389 Vgl. hierzu – ausführlich – *Weiß*, GKÖD J 750; *Claussen*, Schuldenmachen als Dienstvergehen, ZBR 1964, 304; BVerwG vom 21.01.1997 – 1 D 5/96; BVerwG vom 08.05.1996 – 1 D 74/95; VG München vom 10.11.2006 – M 19 D 06.3218, wobei für das Disziplinarmaß der Entfernung aus dem Beamtenverhältnis die Pflichtverletzung des Zugriffs auf amtlich anvertrautes Geld maßgeblich war, sowie erhebliche, mehrfache Vorbelastungen wegen Schuldenmachens.
390 BVerwG vom 20.01.2004 – 1 D 33/02 m. w. N.

Beispiel: Mehrfache Abgabe unrichtiger Schuldenerklärungen[391].

3.4.2 Verkehrsdelikte

Verkehrsstraftaten und -ordnungswidrigkeiten sind statistisch sehr häufig. Die Variationsbreite ist groß. Zumeist ist Alkohol mit im Spiel.   387

Der disziplinarrelevante Sachverhalt ist regelmäßig deckungsgleich mit dem   388 Straftatbestand oder der Ordnungswidrigkeit. Bei außerdienstlichem Verhalten liegt daher zumeist noch kein Verstoß gegen die Wohlverhaltenspflicht vor (*siehe* 3.3.1).

Die Bewertung **innerdienstlich** begangener Verkehrsdelikte oder bei **dienst-**   389 **lichem Bezug** der Straftat (Führer von Dienst-Kfz) ergibt nach wie vor ein **Dienstvergehen** (Gesunderhaltungspflicht, Erhaltung der dienstlichen Einsetzbarkeit, § 34 Satz 1 BeamtStG, § 61 Abs. 1 Satz 1 BBG). Wenn ein Verstoß gegen innerdienstliche Bestimmungen vorliegt, z. B. bei einem absoluten Alkoholverbot für Dienstkraftfahrzeugführer, so ist in diesem Fall auch die Folgepflicht nach § 35 Satz 2 BeamtStG, § 62 Abs. 1 Satz 2 BBG berührt.

Die folgende Übersicht gibt die Praxis wieder.   390

Fallgruppe		Nicht mit der Führung von Kfz beauftragt	Führung von Dienst-Kfz	
			Außerdienstliches Verhalten	Innerdienstliches Verhalten
1	Ordnungswidrigkeit (§ 24 a StVG – 0,5 ‰)	Regelmäßig (auch im Wiederholungsfall) kein Dienstvergehen, Weglegesache.	Regelmäßig (auch im Wiederholungsfall) kein Dienstvergehen. Weglegesache.	Regelmäßig Verweis, in Wiederholungsfällen steigende Disziplinarmaßnahmen.
2	Alkohol im Straßenverkehr (§ 316 StGB, § 315 c Abs. 1 Nr. 1 a, Abs. 2 und 3 StGB)	Regelmäßig kein Dienstvergehen. Weglegesache.	Dienstvergehen, Einstellung nach § 14 BDG.	Dienstvergehen, Kürzung der Dienstbezüge.
3	Wie 2 und anschließende Dienstverrichtung in alkoholisiertem Zustand	Geldbuße oder Kürzung der Dienstbezüge durch Disziplinarverfügung wegen Dienstverrichtung unter Alkoholeinfluss.	Dienstvergehen, Kürzung der Dienstbezüge.	Dienstvergehen, Kürzung der Dienstbezüge.
4	Wie 2 im Wiederholungsfall[392]	Dienstvergehen, bei erstmaliger Wiederholung Einstellung nach § 14 BDG.	Dienstvergehen, Kürzung der Dienstbezüge.	Dienstvergehen, Kürzung der Dienstbezüge.

---

391 A. a. O.
392 Hierzu zählen insbesondere Vorstrafen/Disziplinarmaßnahmen wegen gleichartiger/gleichschwerer Verkehrsdelikte (z. B. bei Wiederholungstaten, wechselweisem Begehen von Alkoholdelikten und/oder Unfallflucht, fahrlässiger Tötung, Fahren ohne Fahrerlaubnis, Fahren ohne Versicherungsschutz).

| Fallgruppe | Nicht mit der Führung von Kfz beauftragt | Führung von Dienst-Kfz | |
		Außerdienstliches Verhalten	Innerdienstliches Verhalten
5 Wie 2 bei erschwerenden Umständen[393]	Dienstvergehen, bei erstmaliger Wiederholung Einstellung nach § 14 BDG.	Dienstvergehen, Kürzung der Dienstbezüge.	Dienstvergehen, Kürzung der Dienstbezüge.
6 Unerlaubtes Entfernen vom Unfallort § 142 StGB	Regelmäßig kein Dienstvergehen, Weglegesache.	Dienstvergehen, Einstellung nach § 14 BDG.	Dienstvergehen, Kürzung der Dienstbezüge.

391   Im Rahmen der Aufklärung derartiger Sachverhalte sollte bei zunächst als außerdienstlich anzusehenden Verkehrsdelikten auch an innerdienstliche Folgen gedacht werden (*siehe* hierzu näher auch Abschnitt 3.1.9).

3.5 Besondere Pflichten der Ruhestandsbeamtinnen/-beamten

392 Pflichtverletzungen, die bei Beamtinnen und Beamten im Ruhestand als (fiktive) als Dienstvergehen gelten (§ 48 Abs. 2 BeamtStG, § 77 Abs. 2 BBG), sind selten. Die entsprechenden Bestimmungen der Landesbeamtengesetze sind durch das BeamtStG und die Anpassungsgesetze dazu nicht berührt: BW § 91, 97 – Bay Art. 77 – Bln § 40 – Brbg § 43 – HB § 76 – HH § 81 – Hess § 90 MV § 85 – Nds § 85 – NRW § 83 – RP § 85 – Sa § 92 – Sachs § 96 – LSA § 77 – SH § 93 – Thür§ 81[394].

393   Es sind bisher lediglich Einzelfälle der Verletzung der Reaktivierungspflicht bekannt geworden. Hierfür gilt das Gleiche wie für ungenehmigtes und schuldhaftes Fernbleiben vom Dienst. »Die schuldhafte Verletzung der ... Pflicht eines Ruhestandsbeamten, einer erneuten Berufung in das Beamtenverhältnis nachzukommen, steht dem ungenehmigten und schuldhaften Fernbleiben vom Dienst ... bei Beamten im aktiven Dienst gleich«[395].

393 Erschwerende Umstände liegen insbesondere vor bei besonders rücksichts-/verantwortungslosem Verhalten/bei Alkoholdelikten unmittelbar nach Dienstende, denen leistungsmindernde Alkoholaufnahme im Dienst vorausging,/bei bereits vor der Tat erkennbar gewordener besonderer Labilität und Uneinsichtigkeit.
394 Stand 01.04.2009, siehe auch Fn. 139.
395 BVerwG vom 20.01.2009 – 2 B 4/08; VG Berlin vom 22.10.2003 – 85 A 6. 03; BVerwG vom 19.06.2000 – 1 DB 13/00; BVerwG vom 29.06.1995 – 1 D 67/92.

4 Disziplinarmaßnahmen und Bemessungsgrundlagen

4.1 Aktive Beamtinnen und Beamte

Disziplinarmaßnahmen gegen Beamtinnen und Beamte sind (§ 5 Abs. 1 BDG):   394
- Nr. 1: Verweis (§ 6 BDG),
- Nr. 2: Geldbuße (§ 7 BDG),
- Nr. 3: Kürzung der Dienstbezüge (§ 8 BDG),
- Nr. 4: Zurückstufung (§ 9 BDG),
- Nr. 5: Entfernung aus dem Beamtenverhältnis (§ 10 BDG).

Gegen Beamtinnen und Beamten auf Probe und Widerruf können nur Verweis   395
und Geldbuße (§ 5 Abs. 3 BDG) verhängt werden. Ansonsten kommt nur eine
Entlassung in Betracht.

4.2 Ruhestandsbeamtinnen/-beamte

Disziplinarmaßnahmen gegen Ruhestandsbeamtinnen oder Ruhestandsbeamte   396
sind (§ 5 Abs. 2 BDG):
- Nr. 1: Kürzung des Ruhegehalts (§ 11 BDG),
- Nr. 2: Aberkennung des Ruhegehalts (§ 12 BDG).

4.3 Die einzelnen Disziplinarmaßnahmen

Der **Verweis** ist der schriftliche Tadel eines bestimmten Verhaltens der Beamtin 397
oder des Beamten (§ 6 Satz 1 BDG). Der Verweis muss ausdrücklich als solcher
bezeichnet werden (»Verhänge ich gegen Sie einen Verweis«). Die Verhängung dieser Disziplinarmaßnahme steht bei entsprechender Bewährung einer Beförderung
nicht entgegen. Andere missbilligende Äußerungen, wie z. B. Ermahnungen oder
Rügen, die nicht ausdrücklich als Verweis bezeichnet werden, sind keine Disziplinarmaßnahmen (§ 6 Abs. 2 BDG). Ein Verweis steht bei Bewährung einer Beförderung nicht entgegen (Ausnahme: Thüringen, Beförderungssperre von einem Jahr,
§ 4 ThürDG).

Die **Geldbuße** kann bis zur Höhe der monatlichen Dienst- oder Anwärterbe- 398
züge (§ 1 BBesG) verhängt werden (§ 7 Satz 1 BDG). Sie ist in einem bestimmten
Betrag anzugeben (»Verhänge ich gegen Sie eine Geldbuße in Höhe von 1200 €«).
Dabei sollte darauf geachtet werden, dass die Höhe der verhängten Geldbuße sowohl zum Gewicht des Dienstvergehens (=Schwere der Verfehlung) als auch zu
den wirtschaftlichen Verhältnissen in ausgewogenem Verhältnis steht (»individuelle **Maßnahmebemessung**«[396]). Auch die Verhängung einer Geldbuße steht bei
Bewährung einer Beförderung nicht entgegen (Ausnahme: Thüringen, Beförderungssperre von einem Jahr, § 4 ThürDG).

---

[396] Z. B. *Weiß* GKÖD II M § 7 Rz. 15 f.

399   Wenn die Beamtin oder der Beamte keine Dienst- oder Anwärterbezüge hat (z. B. Ehrenbeamte), darf die Geldbuße bis zum Höchstbetrag von 500 € auferlegt werden (§ 7 Satz 2 BDG).

400   Die **Kürzung der Dienstbezüge** besteht in der bruchteilmäßigen Verminderung der monatlichen Dienstbezüge der Beamtin oder des Beamten (§ 8 Abs. 1 Satz 1 BDG) auf ein Fünftel (20 %) dieser Bezüge und bis zur Dauer von drei Jahren (»Verhänge ich gegen Sie eine Kürzung der Dienstbezüge von einem Zehntel – 10 % – Ihrer monatlichen Dienstbezüge auf die Dauer von 18 Monaten«). Für die **Kürzung des Ruhegehalts** gilt Entsprechendes.

401   Durch die Laufzeit der Kürzung der Dienstbezüge soll die Schwere des Dienstvergehens[397] zum Ausdruck gebracht werden. Die Mindestlaufzeit sollte 2 Monate betragen, da bei einer Laufzeit von 1 Monat nur eine symbolische Einstufung als Kürzung der Dienstbezüge vorläge.

402   Mit dem Kürzungsbruchteil der Dienstbezüge sind die aktuellen wirtschaftlichen Verhältnisse der Beamtin oder des Beamten zu berücksichtigen; es soll auf die »Fühlbarkeit der dem Beamten zuzufügenden materiellen (finanziellen) Nachteile im Hinblick auf (das) Erziehungsbedürfnis«[398] ankommen. Als Orientierungshilfe könnte dabei ein Fünfundzwanzigstel im einfachen, ein Zwanzigstel im mittleren und ein Zehntel im gehobenen und höheren Dienstes bis zur Besoldungsgruppe A 16 dienen[399]. Außerdem sollte ein Vergleich mit den Folgen einer Zurückstufung geprüft werden[400].

403   Die Kürzung der Dienstbezüge beginnt mit dem Kalendermonat, der auf den Eintritt der Unanfechtbarkeit der Entscheidung folgt. Wird die Beamtin oder der Beamte vor diesem Zeitpunkt während der Dauer der Kürzung der Dienstbezüge in den Ruhestand versetzt, tritt eine entsprechende Kürzung des Ruhegehalts (§ 11 BDG) an die Stelle der Kürzung der Dienstbezüge.

404   § 8 Abs. 4 BDG legt für die Dauer der Kürzung der Dienstbezüge ein Beförderungsverbot fest[401]. Der Zeitraum des Beförderungsverbots kann in der Entscheidung verkürzt werden, wenn dies im Hinblick auf die Dauer des Disziplinarverfahrens angezeigt ist (§ 8 Abs. 4 Satz 2 BDG).

405   Ist die Beamtin oder der Beamte **ohne Dienstbezüge beurlaubt**, wird die Kürzung der Dienstbezüge für diesen Zeitraum gehemmt (ausgesetzt). Der Kürzungsbetrag kann aber monatlich vorab dem Dienstherrn entrichtet werden; die Kürzung der Dienstbezüge nach der Beendigung der Beurlaubung verringert sich entsprechend (§ 8 Abs. 3 BDG).

406   Die **Zurückstufung** nach § 9 Abs. 1 Satz 1 BDG ist die »Versetzung der Beamtin oder des Beamten in ein Amt derselben Laufbahn mit geringerem Endgrundgehalt« und soll die Verleihung eines Beförderungsamtes korrigieren, dessen sich die Beamtin oder der Beamte durch das Dienstvergehen als ungeeignet erwiesen hat. Sie ist gewissermaßen eine Zurücknahme der letzten Beförderung.

---

397   Z. B. *Weiß* GKÖD II M § 8 Rz. 35 m. w. N.
398   A. a. O. Rz. 36 m. w. N.
399   Vgl. die eingehende rechnerische Überlegung bei *Weiß* GKÖD II § 8 Rz. 37.
400   *Siehe* hierzu *Schwandt*, Zur Problematik des Kürzungssatzes der Disziplinarmaßnahme einer Gehaltskürzung im Disziplinarrecht, Festgabe für Claussen 1988, S. 175 ff.
401   Im Wehrrecht gibt es eine eigenständige Disziplinarmaßnahme des Beförderungsverbots, die auch neben anderen Disziplinarmaßnahmen verhängt werden kann (§ 60 WDO).

Eine erneute Beförderung ist frühestens fünf Jahre nach Eintritt der Unanfecht- 407
barkeit der Entscheidung (§ 121 VwGO) zugelassen. Der Zeitraum kann im Urteil
verkürzt werden, sofern dies im Hinblick auf die Dauer des Disziplinarverfahrens
angezeigt ist (§ 9 Abs. 3 BDG).

Die **Entfernung aus dem Beamtenverhältnis** (§ 10 BDG) beendet das Dienst- 408
verhältnis. Sie ist als Regel für die Fälle vorgesehen, in denen durch ein schweres
Dienstvergehen das Vertrauen des Dienstherrn oder der Allgemeinheit endgültig
verloren ist (§ 13 Abs. 2 BDG – *siehe* z. B. auch 4.5, 3.1.14.2, 3.1.15.5, 3.1.8.3). Der
Anspruch auf Dienstbezüge (§ 83 BBG, § 3 BBesG), Beihilfen im Krankheitsfalle
und Versorgung (§ 85 BBG, §§ 1, 49 BeamtVG) erlischt; jedoch wird in der gesetzlichen Rentenversicherung nachversichert.

Eine Nachversicherung in der Arbeitslosenversicherung ist nicht zugelassen. 409
Stattdessen erhält die frühere Beamtin oder der frühere Beamte einen **Unterhaltsbeitrag** (*siehe* 9.12.3).

Für die **Aberkennung des Ruhegehalts** gilt Entsprechendes. 410

4.4 Opportunitätsprinzip – Bemessungsgrundlagen (§ 13 BDG)

4.4.1 Grundprinzip

Das Grundprinzip für die Bemessung der Disziplinarmaßnahmen ist in § 13 BDG 411
beschrieben:

> »(1) Die Entscheidung über eine Disziplinarmaßnahme ergeht nach pflichtgemäßem Er-
> messen. Die Disziplinarmaßnahme ist nach der Schwere des Dienstvergehens zu bemes-
> sen. Das Persönlichkeitsbild des Beamten ist angemessen zu berücksichtigen. Ferner soll
> berücksichtigt werden, **in welchem Umfang der Beamte das Vertrauen des Dienst-
> herrn** oder der Allgemeinheit beeinträchtigt hat.«

Eine weitergehende Aussage über die Angemessenheit einer Disziplinarmaß- 412
nahme ist nicht enthalten. Nur in schwersten Fällen ist die Entfernung aus dem
Beamtenverhältnis grundsätzlich angezeigt (§ 13 Abs. 2 BDG).

> »(2) Ein Beamter, der durch ein schweres Dienstvergehen das **Vertrauen des Dienst-
> herrn oder der Allgemeinheit endgültig verloren** hat, ist aus dem Beamtenverhältnis
> zu entfernen. Dem Ruhestandsbeamten wird das Ruhegehalt aberkannt, wenn er als
> noch im Dienst befindlicher Beamter aus dem Beamtenverhältnis hätte entfernt werden
> müssen«.

Hamburg stellt bei schwersten Dienstvergehen alternativ zum erforderlichen Ver- 413
trauensverlust auf einen »**Ansehensverlust** (ab) . . .«, der so erheblich ist, dass eine
Weiterverwendung der Beamtin oder des Beamten das **Ansehen des Beamtentums unzumutbar** belastet« (§ 11 Abs. 2 HambDG). Etwas eingehender als die
Regelung im BDG wird eine Zurückstufung als notwendig angesehen, wenn
eine Weiterverwendung »ohne Gefährdung dienstlicher Belange« nicht möglich
ist« (§ 11 Abs. 3 HambDG); eine Kürzung der Dienstbezüge ist angezeigt, »wenn
das Dienstvergehen eine intensive und auf bestimmte Zeit wirkende Pflichtenmah-
nung der Beamtin oder des Beamten erfordert« (§ 11 Abs. 4 HambDG).

414 Baden-Württemberg hat in den §§ 27 ff. LDG-BW leichte Dienstvergehen (Verweis und Geldbuße) sowie mittelschwere Dienstvergehen (Kürzung der Dienstbezüge und Zurückstufung) überschlägig eingestuft.

415 Diese programmatischen – immerhin etwas eingehendere – Vorgaben sehen jedoch ebenfalls keine gesetzliche, feste Zuordnung bestimmter Disziplinarmaßnahmen zu konkreten Pflichtverletzungen vor.

416 Weitere Merkmale, die z. B. für schwerste Dienstvergehen den geforderten, völligen Vertrauensverlust bewirken, sind gesetzlich nicht festgelegt; die Regelungen müssen durch die Rechtsprechung ergänzt werden. Eine vergleichsweise sehr differenzierte aber dennoch näher ausfüllungsbedürftige Liste einzelner Umstände enthält nur § 11 Abs. 1 HambDG. Eine Zuordnung zu konkreten Pflichtverletzungen und Disziplinarmaßnahmen fehlt aber auch dort.

> »...
> Insbesondere sind zu berücksichtigen:
> 1. das Maß der Pflichtwidrigkeit,
> 2. das Ausmaß des *innerdienstlichen Vertrauensschadens und des außerdienstlichen Ansehensverlustes*,
> 3. die Auswirkung der Pflichtverletzung auf den Dienstbetrieb,
> 4. die weitere dienstliche Verwendbarkeit der Beamtin oder des Beamten,
> 5. die dem Amt der Beamtin oder des Beamten innewohnende Verantwortung und Vorbildfunktion,
> 6. der Grad des Verschuldens,
> 7. die Tatmotive und Tatumstände,
> 8. das Verhalten der Beamtin oder des Beamten nach der Tat, insbesondere ihr oder sein freiwilliges Bemühen, entstandenen Schaden wieder gutzumachen und einen Ausgleich mit der oder dem Verletzten zu erreichen,
> 9. die bisherige und die künftig zu erwartende dienstliche Leistung und Führung der Beamtin oder des Beamten,
> 10. eine tätige Reue der Beamtin oder des Beamten durch ihre oder seine aktive Mitwirkung an der Aufdeckung, Aufklärung oder Verhinderung dienstrechtsrelevanter Straftaten, die im Zusammenhang mit ihrem oder seinem Dienstvergehen standen.«

417 Diese Grundsätze entsprechen der Rechtsprechung und der Praxis der Dienstvorgesetzten. Eine analoge Anwendung des § 11 Abs. 1 HambDG wird für den Bund und die anderen Länder nicht notwendig zu sein. Die »Hamburger Liste« wie auch die andeutungsweise Zuordnung in Baden-Württemberg sollten aber ergänzender Anhalt sein und sind in der weiteren Darstellung dieses Leitfadens berücksichtigt.

418 Danach gilt für das Disziplinarmaß folgendes:
– Die Entscheidung über das »Ob« und »Wie« **einer disziplinarrechtlichen Reaktion** liegt im **pflichtgemäßen Ermessen** der Dienstvorgesetzten und Disziplinargerichte (**Opportunitätsprinzip – § 13 BDG**).
– Die Disziplinarmaßnahme soll **keine Vergeltung** oder **Sühne** einer einzelnen Tat sein (wie im Strafrecht, *siehe* Rz. 10) und selbstverständlich nicht willkürlich aus sachfremden Überlegungen heraus (Gleichbehandlungsgrundsatz) verhängt werden. Sie dient der **Individualprävention**. Maßgeblich sind allein die **Leistungsfähigkeit und Ordnung der Verwaltung sowie die Persönlichkeit der Beamtin oder des Beamten (§ 13 Abs. 1 BDG).**

4.4.2 Schwere des Dienstvergehens

Das **Disziplinarmaß** richtet sich in erster Linie nach dem **Eigengewicht** des   419
Dienstvergehens (§ 13 Abs. 1 Satz 2 BDG), also
– der Eigenart der Pflichtverletzung,
– dem Ausmaß der **Vertrauens-**(oder Ansehens-)störung,
– der sich aus dem Fehlverhalten und sonstigen Umständen ergebenden **Erschwe-
rungs- und Milderungsgründen,** sowie der
– Notwendigkeit, im Interesse der **Funktionssicherung des öffentlichen Dienstes** eine erzieherische oder das Dienstverhältnis auflösende Maßnahme zu verhängen.

Das BVerwG hat zusammenfassend dazu ausgeführt:»**Die Schwere des Dienst-**   420
vergehens beurteilt sich nach objektiven Handlungsmerkmalen, wie Eigenart und
Bedeutung der Dienstpflichtverletzungen, den besonderen Umständen der Tat-
begehung sowie Häufigkeit und Dauer eines wiederholten Fehlverhaltens, darüber hinaus nach subjektiven Handlungsmerkmalen wie Form und Gewicht des
Verschuldens des Beamten, den Beweggründen für sein Verhalten sowie nach
den unmittelbaren Folgen für den dienstlichen Bereich und für Dritte«[402].

Zur **Art und Bedeutung der Pflichtverletzung** kann an dieser Stelle eine nur   421
eine kurze Übersicht gegeben werden. Einzelne Beispiele sind bereits in der Darstellung einzelner Pflichtverletzungen (*siehe* Kapitel 3) enthalten. Auf weitere Einzelheiten wird noch bei der Beschreibung der Ermittlungen eingegangen (*siehe* insbesondere 6.14, 6.10.6.2, 6.10.6.3).

Bestimmend kann die **Typisierung der verletzten Pflicht** sein, ob es sich um   422
– eine inner- oder außerdienstliche Pflicht,
– allgemeine Kernpflichten[403], die für alle Beamtinnen und Beamte gelten (Dienstleistungspflicht, Verfassungstreue usw.),
– spezielle Kernpflichten der übertragenen Aufgaben, die abhängig von der jeweiligen Funktion innerhalb der Verwaltung sind (Polizeivollzugsdienst, Lehrerschaft, Finanzbehörden usw.)[404],
– oder nur um Nebenpflichten mit bloßer Ordnungsfunktion[405] handelt, und
– ob ein und ggf. welcher Straftatbestand zugleich verletzt wurde.

»**Kernpflichten** sind gegenüber den anderen Pflichten von besonderer Bedeu-   423
tung und ihre schuldhafte Verletzung durch den Beamten belastet das Dienstverhältnis in besonderer Weise und legt die Prüfung der Entfernung aus dem Beamtenverhältnis nahe«[406]. Eine weiter gehende Definition des Kernpflichtbegriffs gibt es
dafür; die Rechtsprechung stellt dies jeweils bei den Dienstpflichten besonders einzeln heraus[407].
Die folgenden **Merkmale** können sich auch überschneiden und unter verschiedenen Blickwinkeln erheblich sein.

Es kann auch **besondere, öffentliche Aufmerksamkeit** für die Pflichtverletzun-   424
gen vorliegen, wenn

---

402 Z. B. BVerwG vom 07.02.2008 – 1 D 4. 07 m. w. N.
403 Vgl. *Zängl*, GKÖD I K § 52 Rz. 2.
404 Vgl. die Übersicht bei *Weiß* GKÖD II K § 13 Rz. 89.
405 A. a. O.
406 *Schütz/Schiemann* C Rz. 7.
407 A. a. O.

– diese in der Öffentlichkeit besonders wahrgenommen worden sind (Korruptionsdelikte, Straftaten durch Polizeibeamtinnen oder -beamte, Vorbildfunktion der Lehrerschaft usw.) oder
– schwere, außerdienstliche Straftaten vorliegen (z. B. Sittlichkeitsdelikte).

425   Auch dürfen die **Folgen einer Pflichtverletzung**, wie
– Aufmerksamkeit der Öffentlichkeit (Ansehensverlust),
– schwerer Schaden für die Funktionsfähigkeit der Verwaltung oder
– Einschränkung der dienstlichen Einsetzbarkeit
– nicht übersehen werden.

426   Des weiteren können **individuelle, erschwerende Merkmale** bedeutsam sein, wie
– Vorbildung, besondere Kenntnisse,
– die dienstliche Stellung (Vorgesetzteneigenschaft, Vorbildfunktion, Kollegialität, besondere Vertrauensstellung),
– die Häufigkeit, Dauer und Wiederholung einer Pflichtverletzung.

427   Das Verhalten
– vor der Pflichtverletzung (Vorbereitungshandlungen usw., *siehe* auch Abschnitt 6.10.5.6),
– während der Pflichtverletzung außerhalb des Kerngeschehens (*siehe* 6.10.5.7) und
– nach der Pflichtverletzung (*siehe* 6.10.5.8), z. B.
– Vertuschungsversuche,
– Zeugenbeeinflussung,
– Belastung anderer Mitarbeiterinnen oder Mitarbeiter usw.

428   Nicht zuletzt ist auch auf **subjektive Merkmale**,
– das Verschulden (Vorsatz oder Fahrlässigkeit) und
– die Motive für das Verhalten
– zu achten.

429   Außerdem sind **verhaltensbezogene Milderungsgründe** abzuwägen wie
– Verhalten nach der Pflichtverletzung (*siehe* 6.10.5.8), z. B.
– gezeigte Einsicht,
– Wiedergutmachung eines Schadens,
– Offenbarung der Verfehlung,
– Geständnis,
– Mitwirkung bei der Aufdeckung usw. sowie
– besondere Milderungsgründe bei schwersten Dienstvergehen (*siehe* 4.5).

430   – Hinzu kommen können äußere Milderungsgründe wie
– Begünstigung oder
– Duldung durch Vorgesetzte.

431   Hat ein Dienstvergehen ein besonders **hohes Eigengewicht**, wird dieses aufgrund der **Einstufungsfunktion**[408] regelmäßig bereits in der Disziplinarmaßnahme zum Ausdruck kommen müssen; Dienstvorgesetzte müssen in diesen Fällen Disziplinarklage erheben.

432   Die bei schwersten Dienstvergehen in § 13 Abs. 2 BDG vorgegebene **gesetzliche Beschränkung des Opportunitätsprinzips** aufgrund des endgültigen Ver-

---

408 Z. B. VGH Mannheim vom 09.03.2006 – DL 16 S 4/06.

trauensverlustes hat die Rechtsprechung näher konkretisiert und dazu ausgeführt: »Ein endgültiger Vertrauensverlust ist eingetreten, wenn aufgrund einer Gesamtwürdigung der bedeutsamen Umstände der Schluss gezogen werden muss, der Beamte werde auch künftig seinen Dienstpflichten nicht ordnungsgemäß nachkommen oder habe durch sein Fehlverhalten eine erhebliche, nicht wiedergutzumachende Ansehensschädigung des Berufsbeamtentums herbeigeführt.«[409]. Die objektiven wie auch subjektiven Merkmale des Verhaltens und die einzubeziehenden Milderungsgründe müssen demnach einzeln oder auch insgesamt von hohem Gewicht sein. Zu Einzelheiten *siehe* beispielsweise Zugriffsdelikte 3.1.14, Korruptionsdelikte 3.1.15, Verletzung der Gesunderhaltungspflicht durch schuldhafte Verursachung der Dienstunfähigkeit 3.1.15.5.

Hinweis: Die strafgerichtliche Beurteilung eines Sachverhalts ist nicht zwingend   433 Vorgabe für die disziplinare Bewertung dieses Sachverhalts. »Die Eigenständigkeit des Disziplinarrechts ermöglicht es, dass ein Beamter trotz verhältnismäßig hoher Kriminalstrafe noch im Beamtenverhältnis verbleiben kann, während unter Umständen ein strafgerichtlich gar nicht oder nur gering bestrafter Beamter mit dem Ausspruch der disziplinarischen Höchstmaßnahme rechnen muss«[410]. Umgekehrt ist hingegen die Berücksichtigung der beamtenrechtlichen Folgen für die Strafgerichte bei der Bemessung der Kriminalstrafe nach der ständigen Rechtsprechung des BGH verpflichtend[411]!

4.4.3 Persönlichkeitsbild der Beamtin/des Beamten

Neben dem sich aus der Pflichtverletzung selbst ergebenden Gewicht sowie den   434 Erschwerungs- und Milderungsgründen kann das **Persönlichkeitsbild** der Beamtin oder des Beamten von erheblicher Bedeutung sein (§ 13 Abs. 1 Satz 3 BDG) z. B.
– Persönliche (auch familiäre) Verhältnisse,
– dienstlicher Werdegang,
– bisherige dienstliche Leistung und Führung
– künftig zu erwartende Leistung,
– Vorbelastungen.
Auf Einzelheiten wird bei der Beschreibung der Ermittlungen eingegangen werden (*siehe* insbesondere 6.14, 6.10.6.2, 6.10.6.3).

Diese soziale Komponente sollte – im Prinzip – den gesamten Lebensweg ein   435 beziehen, entsprechend der Grundbestimmung des Beamtenverhältnisses als besonderes öffentlich-rechtliches Dienst- und Treueverhältnis. Ob dies im Hinblick auf das gewandelte Beamtenbild so bleiben wird (*siehe* Rz. 8, 99) oder künftig nur noch die reine Funktion interessieren soll, ist abzuwarten.

Es ist naheliegend, dass ein schlechtes Leistungsbild einer nachhaltigeren Erin   436 nerung an die Pflichten bedarf. Dies gilt um so mehr, wenn bereits mehrfach in gleicher Weise versagt wurde und vor allem, wenn schon einmal eine Disziplinarmaßnahme verhängt werden musste. In diesen Fällen gilt der **Grundsatz der**

---

409 Z. B. BVerwG vom 07.02.2008 – 1 D 4. 07 m. w. N.
410 BVerwG vom 08.03.2005 – 1 D 15/04.
411 Z. B. BGH vom 03.12.1996 – 5 StR 492/96.

stufenweisen Steigerung der Disziplinarmaßnahmen[412], der besagt, dass es bei erneuter Ahndung eines Dienstvergehens nicht bei einer gleich hohen oder gar niedrigeren Maßnahme belassen werden sollte.

437 Gute Leistungen wie auch z. B. besonderer staatsbürgerlicher oder sozial überdurchschnittlicher Einsatz können das in einer Verfehlung liegende negative Bild abschwächen und daher mildernd berücksichtigt werden.

438 Zur Berücksichtigung der wirtschaftlichen Verhältnisse bei finanziell wirksamen Disziplinarmaßnahmen leichteren und mittlerem Gewichts *siehe* die Anmerkungen zur Geldbuße und Kürzung der Dienstbezüge in Abschnitt 4.3.

4.4.4 Äußere, verfahrensbezogene Umstände

439 Auch äußere, verfahrensbedingte Umstände können mildernd berücksichtigt werde.

440 **Überlange Verfahrensdauer** kann angemessen berücksichtigt werden bei Dienstvergehen, die nicht die disziplinare Höchstmaßnahme erfordern (geringere Laufzeit der Kürzung der Dienstbezüge und frühere Wiederbeförderung nach Zurückstufung – §§ 8 Abs. 4 Satz 2, 9 Abs. 3 Satz 2 BDG).

441 Bei schwersten Dienstvergehen ist eine lange Verfahrensdauer hingegen nicht beachtlich[413], zumal die längere, zumindest teilweise Belassung der Dienstbezüge ohnehin schon einen Vorteil für die Beamtin oder den Beamten bedeutet.

4.5 Rechtsprechungsgrundsätze – Einzelfälle

442 Einige Einzelfälle zum Disziplinarmaß sind bereits bei den besonders wichtigen Pflichtverletzungen dargestellt worden. Im Folgenden wird daher nur ein kurzer, zusammenfassender Überblick der Grundsätze der Rechtsprechung (als Anhaltspunkte) für häufigere, schwerste und mittelschwere Dienstvergehen gegeben.

443 **Schwerste Dienstvergehen**, welche die Entfernung aus dem Beamtenverhältnis grundsätzlich zur Folge haben müssen, § 13 Abs. 2 BDG, sind z. B.
– sexueller Missbrauch von Kindern oder Besitz von kinderpornografischem Material[414],
– Unterschlagung im Amt (Zugriffsdelikte) und sonstige Eigentumsverfehlungen im Dienst oder gelegentlich der Ausübung des Dienstes[415], sofern nicht besondere Milderungsgründe vorliegen (vgl. Abschnitt 3.1.14.2),

---

412 BVerwG i. std. Rspr; vgl. u. a. BVerwG Dok. Ber.1982, 233; *Claussen/Janzen*, Einl. D 3 b.
413 VGH Mannheim vom 18.06.2003 – DL 17 S 5/03; VG Berlin vom 03.03.2005 – 80 A 47.98.
414 BVerwG vom 18.01.2008 – 2 BvR 313/07 = IÖD 9/2008 betont, »dass (auch) die Beschaffung, der Besitz und die Weitergabe kinderpornographischer Bilder dazu beitragen, dass Kinder durch die Existenz eines entsprechenden Marktes sexuell missbraucht werden, und dass die Veröffentlichung und Verbreitung der Bilder fortlaufend die Menschenwürde und das Persönlichkeitsrecht der abgebildeten Kinder verletzen, ohne dass sich diese wirksam dagegen wehren können ... Jedenfalls im Hinblick auf bestimmte Gruppen von Angehörigen des öffentlichen Dienstes geht die Tendenz in der Rechtsprechung dahin, in diesen Fällen die Entfernung aus dem Dienst als Regelmaßnahme anzusehen, von der nur in Ausnahmefällen abgesehen werden könne«; z. B. auch BVerwG vom 18.11.2008 – 2 B 71/08; VGH Mannheim vom 14.02.2008 – DL 16 s 29/06; OVG Saarlouis vom 06.09.2007 – 7 B 346/07; Nds. OVG vom 04.09.2007 – 20 LD 14/06.
415 BVerfG vom 20.12.2007 – 2 BvR 1050/07.

– Kollegendiebstahl[416],
– Bestechlichkeit[417] und Vorteilsnahme[418] im Sinne der §§ 331, 332 StGB und der verbotenen Geschenkannahme nach § 42 BeamtStG § 71 BBG, wenn Geld angenommen wurde (vgl. Abschnitt 3.1.15.5),
– Meineid[419],
– Ausnutzung dienstlicher Möglichkeiten, um Straftaten zu verdecken[420],
– Fernbleiben vom Dienst für einen Zeitraum von mehr als zwei Monaten (zusammenhängend oder auch in einzelnen Abschnitten – *siehe* 3.1.8.3).

Bei **Dienstvergehen mittleren Gewichts**, wie z. B.   444
– Fernbleiben vom Dienst für einen ganzen Arbeitstag,
– Alkohol im Dienst bei absolutem Alkoholverbot,
– Kernpflichtverletzungen,
– Verbot der Geschenkannahme ohne Annahme von Geld,
– innerdienstlich begangenen Straftaten (besonders nach §§ 331 ff. StGB strafbare Amtsdelikte, betrügerisches Verhalten zum Nachteil des Dienstherrn),
– schweren außerdienstlichen Straftaten, die als Verbrechen (§ 12 StGB) einzustufen sind,

ist regelmäßig zumindest die Verhängung einer **Kürzung der Dienstbezüge** (ei-   445
ner früher den Disziplinargerichten vorbehaltenen Disziplinarmaßnahme) erforderlich[421].

4.6 Beschränktes Maßnahmeverbot (§ 14 BDG)

Wenn wegen eines Dienstvergehens, das zugleich eine Straftat oder eine Ordnungs-   446
widrigkeit ist, bereits durch ein Gericht oder eine Behörde eine Strafe oder eine Ordnungsmaßnahme oder Sanktion nach § 153 a StPO verhängt wurde, ist eine **zusätzliche Disziplinarmaßnahme** nur unter besonderen Voraussetzungen zulässig (§ 14 BDG)[422]. Ein Verweis und eine Geldbuße sind immer unzulässig.

Grundgedanke der Vorschrift ist, dass eine strafgerichtliche oder behördliche   447
Ahndung bei nicht besonders schweren Straftaten und damit auch zumeist nur mittelschweren Dienstvergehen im Allgemeinen ausreicht, um nicht nur von künftigen Straftaten abzuhalten, sondern auch nachhaltig an die Beamtenpflichten zu erinnern. Das Opportunitätsprinzip wird in diesen Fällen deutlich beschränkt (»Ermessensreduktion auf Null«).

Erste Voraussetzung dieser – vor allem bei außerdienstlichen Straftaten – wich-   448
tigen Vorschrift ist, dass **Sachverhaltsidentität** zwischen Straftat oder Ordnungs-

---

416 BVerwG vom 29.05.2008 – 2 C 59/07 »Der Diebstahl gegenüber Kollegen vergiftet das Betriebsklima und stört den Arbeitsfrieden in schwerwiegender Weise«.
417 BVerwG vom 07.02.2008 – 1 D 4. 07; VG Berlin vom 03.03.2005 – 80 A 47.98.
418 BVerwG vom 29.01.2009 – 2 B 34. 08;. BVerwG vom 23.11.2006 – 1 D 1. 06.
419 VG Meiningen vom 02.06.2008 – 6 D 60008/06 Me.
420 VGH Mannheim vom 18.06.2003 – DL 17 S 5/03.
421 *Claussen/Janzen*, Einl. D 9 a–9 e, 29 a–47. Zu den Verfehlungen, die grundsätzlich einen Verweis/ eine Geldbuße erfordern, *Claussen/Janzen*, Einl. D 9 g – 9 i; Schwandt, Entwicklungen und Tendenzen.
422 Umgangssprachlich wird diese Vorschrift oft als »Doppelbestrafungsverbot« bezeichnet. Dies ist aber wegen der völlig unterschiedlichen Zielsetzungen des Disziplinarrechts und des Strafrechts falsch.

widrigkeit und Dienstvergehen besteht. Maßgeblich ist der identische, historische Geschehensablauf. Bei der Prüfung der Sachverhaltsidentität ist besonders auf den Grundsatz von der Einheit des Dienstvergehens (*siehe* 2.2.6) zu achten. Ein (Vorab-)Ausklammern einzelner Sachverhalte verbietet sich dabei grundsätzlich; die Beschränkungsmöglichkeit des Disziplinarverfahrens nach § 19 BDG (Konzentrationsmaxime) darf nicht dazu führen, dass – und zwar fehlerhaft – die Umstände, die für eine zusätzliche Disziplinierung sprechen, irrtümlich ausgeklammert werden.

449   § 14 BDG setzt außerdem voraus, dass bereits eine Maßnahme mit echtem **Sanktionscharakter** verhängt wurde bzw. eine (sanktionsgleiche) Einstellung des Strafverfahrens nach § 153 a StPO erfolgte. Auch eine Verwarnung mit Strafvorbehalt (§ 59 StGB) gehört zu den Sanktionen[423]. Außerdem darf **keine schwerere Disziplinarmaßnahme** als eine Kürzung der Dienstbezüge[424] angezeigt sein.

450   Liegen Anhaltspunkte vor, dass die Beamtin oder der Beamte **künftig nochmals versagen** könnte, wäre eine zusätzliche Disziplinarmaßnahme gerechtfertigt.

451   **Regelfall** ist jedoch die Annahme, dass **keine zusätzliche Maßnahme** notwendig ist. Konkrete Umstände müssen Anlass zu der Befürchtung geben, dass sich die Beamtin oder der Beamte trotz der bereits auferlegten Strafe oder Ordnungsmaßnahme in Zukunft erneut einer Verletzung der Beamtenpflichten schuldig machen könnte. Es geht um die **Wiederholungsgefahr**[425]. Die Notwendigkeit einer zusätzlichen Ahndung kann nicht mit allgemeinen (z. B. generalpräventiven) Erwägungen, dem Hinweis auf die Schwere der begangenen Tat oder auf die durch die Tat eingetretenen Folgen begründet werden.

452   Die Feststellung, dass ein erneutes Versagen zu befürchten ist, kann nur aufgrund einer **Beurteilung aller Umstände des Einzelfalls und der Persönlichkeit** der Beamtin oder des Beamten getroffen werden. Es geht um »individuelle Erziehungsbedürftigkeit ... im dienstlichen Interesse«[426]. Für diese Wertung können frühere dienstliche Beurteilungen, Zurechtweisungen, Missbilligungen und Disziplinarvorgänge, aber auch frühere strafgerichtliche Verurteilungen von erheblicher Bedeutung sein, sofern diese verwertet werden dürfen (§ 16 BDG, – *siehe* 12.3). Als Wiederholungsfälle sind dabei nicht nur die Begehung der gleichen Verfehlung (z. B. zweimalige Trunkenheit am Steuer) anzusehen, sondern jedes Fehlverhalten, das auf der gleichen Ebene bereits früher geahndeter Verfehlungen liegt (z. B. Trunkenheit am Steuer – Unfallflucht). Auch Uneinsichtigkeit in das Fehlverhalten kann Anhaltspunkt für Wiederholungsgefahr sein.

453   Die Feststellung der Rechtsprechung, dass bei einer außerdienstlichen Straftat erst in einem Wiederholungsfall ein Dienstvergehen vorliegt (*siehe* 3.3.2), hat auf das beschränkte Maßnahmeverbot keinen Einfluss. Die Notwendigkeit einer zusätzlichen Disziplinarmaßnahme richtet sich nicht nur nach einer früheren disziplinaren, sondern auch nach einer früheren strafrechtlichen Reaktion. Darauf, ob wegen der früheren Verfehlung bereits disziplinar eingeschritten worden ist, kommt es nicht an.

---

423 *Gansen*, § 14 Rz. 4.
424 Die im BDG von 2001 zunächst enthaltene Erweiterung des Maßnahmeverbots auf die Zurückstufung wurde durch das DNeuG wieder gestrichen, Art. 12 b Nr. 3.
425 Z. B. BVerwG vom 13.03.1989 – 1 D 52/88; BVerwG vom 22.04.1997 – 1 D 24/96.
426 *Weiß* GKÖD II M § 14 Rz. 63.

Wenn in Wiederholungsfällen bereits die strafgerichtlichen Sanktionen entspre- 454
chend höher bemessen werden, schließt dies eine zusätzliche Disziplinarmaßnahme nicht aus.

Die früher nach § 14 BDO erforderliche weitere Voraussetzung, eine zusätzliche 455
Disziplinarmaßnahme sei zur Wahrung des Ansehens des Beamtentums[427] erforderlich, ist entfallen.

4.7 Maßnahmeverbot infolge Zeitablaufs (§ 15 BDG)

Es ist allgemeiner Rechtsgrundsatz, dass Zeitablauf im Interesse der Rechtssicher- 456
heit rechtliche Auswirkungen hat; die Zeit hat heilende Wirkung. Der Begriff der
»Verjährung« wurde gleichwohl als dem Disziplinarrecht wesensfremd angesehen[428]. Dies wurde damit begründet, dass es im Strafrecht um begrifflich fest umrissene Tatbestände in Verknüpfung mit rahmenmäßig vorgegebenen (Straf-)
Rechtsfolgen ginge. Die Verjährung habe durch die Straftat vorgegebene Bezugs-
größen. Im Disziplinarrecht hingegen gäbe es keine derartige Verbindung zwischen Pflichtverletzung und angemessener Disziplinarmaßnahme, da wesentlicher Aspekt der Angemessenheit einer Maßnahme das Persönlichkeitsbild der
Beamtin oder des Beamten sei. Hinzu trete noch der Grundsatz von der Einheit
des Dienstvergehens, der die Einzelbewertung einer Pflichtverletzung und damit
auch die Berechnung der Fristen verbiete.

§ 15 BDG folgt diesen dogmatischen Überlegungen nicht, sondern sieht nach der 457
Schwere der angemessenen Disziplinarmaßnahme gestaffelte Fristen vor, nach deren Ablauf ein »**Maßnahmeverbot**« eintritt. Durch den Begriff Maßnahmeverbot
soll klargestellt werden, dass es sich um ein »materiell-rechtliche(s)«[429] Verbot und
kein Verfolgungsverbot im Sinne eines Prozesshindernisses handelt. Aufklärungsmaßnahmen und die Einleitung eines Verfahrens sind damit nicht von vornherein
untersagt[430]. Denn oftmals wird sich erst durch Ermittlungen bestimmen lassen,
welche Disziplinarmaßnahme angezeigt sein könnte. Der Begriff der Verjährung
wird dadurch aber nicht falsch; die Bezeichnung als »Verfolgungsverjährung«[431] ist
aber eher zu weit und ungenau. Insoweit besteht tatsächlich ein Unterschied zur
»Verjährung« des Strafrechts.

Lässt sich das Gewicht des Dienstvergehens ohne eine Aufklärung des Sachver- 458
halts nicht feststellen, ergeben sich Schwierigkeiten bei der Prüfung des § 17 Abs. 2
BDG, der die Einleitung eines Verfahrens (Vereinfachtes Verfahren – *siehe* 5.3.2,
6.6.2) und aufwendige Ermittlungen gerade vermeiden will[432]. Man kann sich in
solchen Fällen nur damit behelfen, den Sachverhalt hypothetisch »hochzurech-
nen«, um daran das Maßnahmeverbot zu prüfen.

---

427 *Siehe* der Wortlaut des früheren § 14 BDO.
428 Z. B. *Claussen/Janzen*, § 4 Rz. 1.; Entwurfsbegründung, BT – Drucks.14/4659 S. 38.
429 *Gansen*, § 15 Rz. 2.
430 Wenn *Köhler/Ratz*, S. 371 in § 15 BDG ein Prozesshindernis sehen, müsste damit wohl auch ein
     Aufklärungshindernis gegeben sein. Diese Auffassung scheint – wie dargelegt – unscharf.
431 *Köhler/Ratz* z. B. § 15 Rz. 2.
432 Vgl. hierzu auch die amtl. Begründung Drucksache 467/00, zu § 17 Abs. 2 BDG.

459   Für das Maßnahmeverbot gelten folgende Fristen:
   – Sind seit einem Dienstvergehen mehr als **zwei Jahre** verstrichen, darf ein **Verweis** nicht mehr verhängt werden (§ 15 Abs. 1 BDG).
   – Eine **Geldbuße**, eine **Kürzung der Dienstbezüge** oder **Kürzung des Ruhegehalts** ist nur dann zulässig, wenn nicht mehr als **drei Jahre** seit dem Dienstvergehen verstrichen sind (§ 15 Abs. 2 BDG).
   – Sofern eine **Zurückstufung** in Betracht kommt, kann diese nach dem Ablauf von **sieben Jahren** nicht mehr verhängt werden (§ 15 Abs. 3 BDG).

460   Bei schwersten Pflichtverletzungen, die eine Entfernung aus dem Beamtenverhältnis oder Aberkennung des Ruhegehalts erfordern, gibt es kein Maßnahmeverbot.

461   **Fristbeginn** ist wegen des Grundsatzes von der Einheit des Dienstvergehens (*siehe* 2.2.6) der Tag, an dem die letzte Einzel – oder Teilhandlung begangen wurde. Etwas anderes gilt nur, wenn diese Verfehlung mit den übrigen in keinem inneren oder äußeren Zusammenhang steht und sich verselbstständigen lässt[433]. Der Tag der letzten Handlung wird mitgerechnet. **Auf den Zeitpunkt des Eintritts des Erfolgs einer Handlung kommt es nicht an.**

462   Nach § 15 Abs. 4 BDG kann in bestimmten Fällen eine **Unterbrechung der Fristen** eintreten. Es unterbrechen
   – die Einleitung des Disziplinarverfahrens (§ 17 BDG),
   – die Erhebung der Disziplinarklage (§§ 34, 52 BDG),
   – die Erhebung der Nachtragsdisziplinarklage (§ 53 BDG) und
   – die Anordnung oder Ausdehnung von Ermittlungen gegen Beamte auf Probe und Beamte auf Widerruf nach §§ 31 Abs. 4 Satz 2 BBG und § 32 Abs. 1 BBG i. vom m. § 31 Abs. 4 Satz 2 BBG (Entlassungsverfahren.

463   Nach Wegfall des Unterbrechungsgrundes beginnt die Frist für das Maßnahmeverbot neu zu laufen.

464   Eine **Hemmung der Fristen** gilt für die Dauer
   – des Widerspruchsverfahrens (§ 41 Abs. 1 Satz 1 BDG i. vom m. §§ 68 ff. VwGO, § 15 Abs. 5 Satz 1 BDG),
   – des gerichtlichen Disziplinarverfahrens (§§ 45 ff. BDG, § 15 Abs. 5 Satz 1 BDG),
   – einer Aussetzung des Disziplinarverfahrens[434] während des Laufs eines Strafverfahrens nach § 22 BDG (§ 15 Abs. 5 Satz 1 BDG) oder
   – eines wegen desselben Sachverhalts eingeleiteten Straf- oder Bußgeldverfahrens (§ 15 Abs. 5 Satz 2 BDG),
   – der Mitwirkung des Personalrats bei Erhebung der Disziplinarklage (§ 78 Abs. 1 Nr. 3 BPersVG, § 15 Abs. 5 Satz 1 BDG) bzw. den landesrechtlich entsprechend vorgesehenen, personalvertretungsrechtlichen Mitwirkungen,
   – **einer** wegen desselben Sachverhalts eingeleiteten Klage aus dem Beamtenverhältnis (§ 15 Abs. 5 Satz 2 BDG).

465   Die Hemmung beginnt, wenn die polizeilichen oder staatsanwaltschaftlichen Ermittlungen erstmalig und eindeutig aktenkundig gemacht worden sind (§ 15 Abs. 5 Satz 2 BDG). Fehlt ein dokumentierter Einleitungsvorgang, ist vom Beginn

---

433 *Claussen/Janzen*, § 4 Rz. 2 b.
434 Die Hemmung erstreckt sich in diesen Fällen auf das gesamte Verfahren, nicht nur auf den strafrechtlich relevanten Teil, BVerwG vom 14.11.2007 – 1 D 6/06.

des Strafverfahrens mit dem Eingang der Anklageschrift, des Beschlusses auf Anklageerhebung, des Strafbefehlsantrages, des Wiederaufnahmeantrages oder der Privatklageschrift bei Gericht auszugehen.

Nach **Unanfechtbarkeit** der im Strafverfahren ergangenen Entscheidungen **lau-** 466 **fen die Fristen** weiter (§ 15 Abs. 3 BDG).

Stellt sich erst **während des Disziplinarverfahrens** heraus, dass die Vorausset- 467 zungen des § 15 BDG erfüllt sind und eine Disziplinarmaßnahme nicht verhängt werden darf, ist das **Verfahren einzustellen** (§ 32 Abs. 1 Nr. 3 BDG).

5 Formelle und materielle Grundsätze des Disziplinarverfahrens

5.1 Persönlicher Anwendungsbereich

Ein Disziplinarverfahren ist nur zulässig gegen **Beamte oder Beamtinnen** (§ 1 BBG, § 1 BeamtStG) und **Ruhestandsbeamtinnen oder Ruhestandsbeamte** (§§ 50 ff. BBG, §§ 25 ff. BeamtStG). Als Ruhestandsbeamtinnen oder Ruhestandsbeamte gelten **auch frühere Beamtinnen oder Beamte**, die Unterhaltsbeiträge nach den Bestimmungen des Beamtenversorgungsgesetzes oder entsprechender früherer Regelung beziehen.   468

Es ist nicht möglich, auch gegen Tarifbeschäftigte ein Disziplinarverfahren einzuleiten, wenn diese gemeinsam mit einer Beamtin oder einem Beamten eine Pflichtverletzung begangen haben. Dies ist aus dem Blickwinkel der Gleichbehandlung nicht leicht zu erklären und es mag dafür Unverständnis aufkommen. Beamtenrechtliche (statusbedingte) Grundsätze lassen sich aber nicht ohne weiteres auf privatrechtlich begründete Anstellungsverhältnisse übertragen[435].   469

Beamtin oder Beamter (§ 2 BBG) ist, wer von den zuständigen Dienstvorgesetzten (§ 3 Abs. 2 BBG) in ein Beamtenverhältnis (§§ 4, 5 BBG, §§ 3, 4 BeamtStG) berufen wurde. Die Berufungsvoraussetzungen (§ 7 BBG, § 7 BeamtStG) müssen vorliegen, und eine Ernennungsurkunde mit dem gesetzlich vorgeschriebenen Inhalt (§ 8 Abs. 2 BBG, § 9 Abs. 2 BeamtStG) – »Unter Berufung in das Beamtenverhältnis« – muss ausgehändigt worden sein. Ohne Erfüllung dieser formalen Voraussetzungen ist die Ernennung nicht wirksam[436].   470

Ruhestandsbeamter oder Ruhestandsbeamtin ist, wer nach Erreichen der gesetzlichen Altersgrenze oder vorzeitig auf Antrag, z. B. wegen Dienstunfähigkeit, aber auch durch Zwangspensionierung in den Ruhestand versetzt wurde (§§ 50 ff. BBG, §§ 25 ff. BeamtStG). Zu beachten ist, dass die Disziplinarbefugnis bei Ruhestandsbeamten in § 84 BDG abweichend geregelt ist.   471

5.2 Sachlicher Anwendungsbereich

Das Disziplinarrecht gilt für die von Beamtinnen und Beamten **während ihres Beamtenverhältnisses** begangenen Dienstvergehen (§ 2 Abs. 1 Nr. 1 BDG, § 77 Abs. 1 BBG).   472

Bei Ruhestandsbeamtinnen und Ruhestandsbeamten sind die während ihres (aktiven) Beamtenverhältnisses begangenen Dienstvergehen uneingeschränkt verfolgbar (§ 2 Abs. 1 Nr. 2 BDG, § 77 Abs. 1 BBG), nach Eintritt in den Ruhestand begangene Pflichtverletzungen nur noch in eingeschränktem Umfang. In diesen Fällen werden die Pflichtverletzungen »als Dienstvergehen geltende Handlungen« genannt (§ 2 Abs. 1 Nr. 2 b, § 77 Abs. 2 BBG).   473

---

435 Z. B. BAG vom 06.12.2001 – 2 AZR 196/00 = NZA 2002, 847.

436 Es hat (sehr wenige) Fälle gegeben, in denen die Ernennungsurkunde nicht wirksam war, die Beamtin/der Beamte aber in langen Dienstjahren mehrfach befördert wurde und erst anlässlich eines förmlichen Disziplinarverfahrens (nach früherem Recht) bei der Prüfung der Prozessvoraussetzungen die Unwirksamkeit der Ernennung bemerkt wurde!

474   Für Beamtinnen und Beamte, die Wehrdienst im Rahmen einer Wehrübung (§ 6 WPflG) oder einer besonderen Auslandsverwendung (§ 6 a WPflG) leisten, gilt das BDG auch wegen solcher Dienstvergehen, die während des Wehrdienstes begangen wurden, wenn das Verhalten sowohl soldatenrechtlich als auch beamtenrechtlich ein Dienstvergehen darstellt (§ 2 Abs. 3 BDG, § 47 Abs. 1 BeamtStG, § 77 Abs. 1 BBG).

475   Diese Bestimmung trägt dem **Doppelstatus** Rechnung, wenn z. B. eine Beamtin oder ein Beamter der Wehrverwaltung bei einem Einsatz aus Gründen des Kombattantenstatus mit entsprechendem militärischen Dienstgrad (Wehrübung) einberufen wird. Gesetzlich ist nicht geregelt, ob und wie eine disziplinare Ahndung durch den militärischen Disziplinarvorgesetzten auf eine beamtenrechtlich zu verhängende Disziplinarmaßnahme bzw. umgekehrt anzurechnen ist. Disziplinarmaßnahmen nach der Wehrdisziplinarordnung (WDO) fallen nicht unter das Maßnahmeverbot des § 14 BDG bzw. umgekehrt beamtenrechtliche Disziplinarmaßnahmen nicht unter das entsprechende wehrdienstrechtliche Maßnahmeverbot des § 8 WDO. Es wird in diesen Fällen eine sachgerechte Einzelfallentscheidung in Betracht kommen.

5.3   Legalitätsprinzip

5.3.1   Einleitungspflicht

476   Ein **Disziplinarverfahren ist zwingend einzuleiten,** sobald »zureichende tatsächliche Anhaltspunkte« bekannt werden, die den **Verdacht eines Dienstvergehens** begründen (**Legalitätsprinzip**)[437]. Bloße Vermutungen reichen nicht aus. Nicht erforderlich ist, dass ein *dringender* Verdacht besteht. Ohne die vorgesehene korrekte Form (§§ 17 ff. BDG, *siehe* die Einzelheiten in Kapitel 6) darf ein Dienstvergehen nicht festgestellt werden.

477   Verdachtsquellen können z. B. sein: Meldungen von Mitarbeiterinnen, Mitarbeitern oder Vorgesetzten, offizielle Mitteilungen anderer Behörden, wie Staatsanwaltschaften oder Aufsichtsbehörden der Verwaltungen, Dienstaufsichtsbeschwerden, Zeitungsberichte oder anonyme Anzeigen, soweit diese konkrete, nachprüfbare Tatsachenbehauptungen enthalten.

478   Ein Sonderfall ist die Selbstanzeige einer Beamtin oder eines Beamten; möglicherweise kann darin sogar ein Geständnis liegen. Ob in einer Selbstanzeige zugleich ein Antrag auf Durchführung eines Selbstentlastungsverfahrens (§ 18 BDG) liegt, wird vom Einzelfall abhängen.

479   Dienstvorgesetzten steht im Verdachtsfall kein Ermessensspielraum zu. Wird z. B. eine Beamtin oder ein Beamter betrunken im Dienst angetroffen, darf nicht auf Ermittlungen verzichtet werden und es bei einer mündlichen Ermahnung ohne nähere Nachprüfung verbleiben. Die Beachtung des Legalitätsprinzips gehört zur »**Dienstpflicht**« (§ 17 Abs. 1 Satz 1 BDG) der Dienstvorgesetzten. Eine schuldhafte Vernachlässigung dieser Pflicht durch Dienstvorgesetzte kann ein Dienstvergehen der Dienstvorgesetzten bedeuten. Die **höheren Dienstvorgesetzten** und

---

437 So die einhellige Meinung: u. a. *Weiß*, GKÖD II § 17 Rz. 12; *Behnke*, BDO § 26 Rz. 3; *Schütz*, § 26 DO NW Rz. 5; wegen der Anwendung des Legalitätsprinzips bei Bagatellverfehlungen vgl. *Claussen/Janzen*, § 26 Rz. 6 b.

die **oberste Dienstbehörde** sind verpflichtet, ihre **Aufsicht** entsprechend wahrzunehmen. Sie können auch das Disziplinarverfahren nach pflichtgemäßem Ermessen in jedem Stadium an sich ziehen.

5.3.2 Ausnahmen – Verzicht auf Einleitung

Nach 17 Abs. 2 BDG kann auf die Einleitung eines Verfahrens (genauer genommen auf Ermittlungen) verzichtet werden, wenn nach § 14 BDG (beschränktes Maßnahmeverbot) oder § 15 BGD (Maßnahmeverbot wegen Zeitablauf) eine Disziplinarmaßnahme nicht ausgesprochen werden darf (*siehe* 4.6 und 4.7). Voraussetzung dafür ist, dass der Sachverhalt feststeht. Bei einem Maßnahmeverbot nach § 15 BDG wird dies regelmäßig kaum der Fall sein. Die Formulierung des § 17 Abs. 2 BDG »Wird nicht eingeleitet« ist insoweit unglücklich, da sie ein Aufklärungsverbot suggeriert. Dies ist aber falsch; die Vorschrift setzt vielmehr einen aufgeklärten oder wenigstens hochgerechneten (*siehe* Rz. 458 f. und vereinfachtes Verfahren – Abschnitt 6.6.2) Sachverhalt voraus. Sofern Zweifel vorhanden sind, ist die Einleitung eines Disziplinarverfahrens geboten[438]. Wenn sich das Vorliegen eines Maßnahmeverbots nachträglich bestätigen sollte, kann das Verfahren gemäß § 31 Abs. 1 Nr. 4 BDG wieder eingestellt werden. 480

Bloße Verwaltungsermittlungen[439] (*siehe* 6.5) werden sich zur Klärung der Voraussetzungen des § 17 Abs. 2 BDG jedoch nur selten vermeiden lassen (**vereinfachtes Verfahren** – *siehe* 6.6.2). Die Gründe für den Verzicht auf die Einleitung des Verfahrens sind aktenkundig zu machen und der Beamtin oder dem Beamten mitzuteilen. Auf die Aufbewahrungsfristen und bei einem Verzicht auf die Einleitung des Verfahrens wegen des beschränkten Maßnahmeverbots (§ 16 Abs. 4 BDG) sollte hingewiesen werden (*siehe* 12.3.3 f.). 481

Ob und in welchem Umfang von der in einigen Ländern vorgesehenen Möglichkeit Gebrauch gemacht wird, auch in anderen Fällen aus Opportunitätserwägungen auf die Einleitung eines Disziplinarverfahrens zu verzichten, kann derzeit noch nicht beurteilt werden. 482

5.4 Beschleunigungsgebot (§ 4 BDG)

Personalsachen sind grundsätzlich Eilsachen. Ein Disziplinarverfahren bringt zudem regelmäßig für die Beamtin oder den Beamten eine – oft nicht nur psychisch – erhebliche Belastung und andere dienstliche Auswirkungen mit sich. 483

> *Beispiel:* Keine Beförderung. Nach Einleitung des Disziplinarverfahrens ggf. vorläufige Dienstenthebung, auch in Verbindung mit einer teilweisen Einbehaltung der Dienstbezüge (§ 38 BDG).

Im Disziplinarverfahren ist deshalb besonders das **Beschleunigungsgebot** zu beachten (§ 4 BDG). Diese (bedauerlicherweise nicht selten verletzte) Vorschrift ist Ausdruck der **prozessualen Fürsorge** auf der Grundlage des wechselseitigen Treueverhältnisses zwischen der Beamtin oder dem Beamten und dem Dienst- 484

---

438 Vgl. hierzu die Amtl. Begr, Drucksache 467/00 zu § 17 BDG.
439 *Weiß* GKÖD II, § 17 Rz. 74 f.

herrn. Insbesondere in leichteren Fällen ist eine schnelle Reaktion zur Wiederherstellung des Betriebs- und Rechtsfriedens angezeigt.

485   Aus diesem Grunde ist das Beschleunigungsgebot in das BDG (und alle Disziplinargesetze der Länder auch) an vorderster Stelle – nahezu als Präambel – aufgenommen, um dessen **hohen Stellenwert zu betonen. Es ist in jeder Verfahrenslage zu beachten.**

486   Eine besondere, gesetzlich geregelte Folge des Beschleunigungsgebots ist, dass Beamtinnen und Beamte die Möglichkeit haben, nach § 62 BDG einen **Antrag auf gerichtliche Fristsetzung** zu stellen, um Dienstvorgesetzte zum alsbaldigen Abschluss des Verfahrens zu zwingen (*siehe* 10.1). Voraussetzung dafür ist, dass das behördliche Verfahren nicht innerhalb von sechs Monaten abgeschlossen worden ist. Für die Ermittlungen kann das bedeuten, dass u. U. weniger als sechs Monate zur Verfügung stehen, da die **Anhörungsfrist des § 20 BDG von einem Monat möglicherweise Ermittlungen nicht zulässt.** Die Anhörungsfrist ist deshalb in die zeitliche Planung der Ermittlungen einzubeziehen.

487   Eine weitere wichtige, dem Beschleunigungsgebot Rechnung tragende Vorschrift ist die Beschränkungsmöglichkeit des § 19 BDG auf **wesentliche Pflichtverletzungen** (**Konzentrationsmaxime**), die das Dienstvergehen zureichend kennzeichnen (*siehe* nachfolgender Abschnitt).

5.5 Ausdehnung/Beschränkung (Konzentrationsmaxime) des Verfahrens (§ 19 BDG)

488   Bis zum Erlass einer abschließenden Entscheidung (Einstellungsverfügung, Disziplinarverfügung, Erhebung der Disziplinarklage) können Dienstvorgesetzte das Disziplinarverfahren auf **neue Handlungen** ausdehnen, die den Verdacht eines Dienstvergehens rechtfertigen (§ 19 Abs. 1 Satz 1 BDG). Eine Zustimmung der Beamtin oder des Beamten ist nicht erforderlich[440].

489   Die Ausdehnung ist **aktenkundig** zu machen (§ 19 Abs. 1 Satz 2 BDG). Dem Gesetz lässt sich nicht entnehmen, ob die neuen Vorwürfe **bekannt zu geben** sind. Da die Ausdehnung des Verfahrens der Einleitung eines Disziplinarverfahrens aber qualitativ gleichzusetzen ist, dürfte eine Mitteilung an die Beamtin oder den Beamten erforderlich sein; ggf. müsste auch über die Rechte nach § 20 Abs. 1 Satz 2 BDG (Schutzrechte) erneut belehrt werden, um Missverständnissen vorzubeugen. Die **Fristvorschriften** des § 20 Abs. 2 BDG sind deshalb entsprechend anzuwenden. Es ist deshalb auch das **Verwertungsverbot** des § 20 Abs. 3 BDG entsprechend anzuwenden[441].

490   Umgekehrt kann das Disziplinarverfahren bis zum Erlass einer abschließenden Entscheidung und zudem bis zum Erlass eines Widerspruchsbescheids auch **beschränkt** werden (**Konzentrationsmaxime, § 19 Abs. 2 Satz 1 BDG**)[442]. Voraussetzung ist, dass einzelne Handlungen für die Art und Höhe der zu erwartenden Disziplinarmaßnahme voraussichtlich nicht ins Gewicht fallen, trotz des Legali-

---

440 Z. B. *Weiß*, GKÖD II, M 19 Rz. 27.
441 Vgl. hierzu *Ebert*, S. 60.
442 Baden-Württemberg, Bayern, Hessen, Niedersachsen, Nordrhein-Westfalen, Rheinland-Pfalz und Sachsen kannten diese Regelung bereits in ihren älteren Disziplinargesetzen.

tätsprinzips und des Grundsatzes der Einheit des Dienstvergehens[443]. Der für das Verwaltungsrecht typische Grundsatz der Verhältnismäßigkeit geht vor.

Beispiel: Ungenehmigtes und schuldhaftes Fernbleiben vom Dienst für einige Stunden und weiterer Vorwurf, einen dienstlich anvertrauten Geldbetrag veruntreut zu haben. Da allein schon der Zugriff auf amtlich anvertraute Gelder die Entfernung aus dem Beamtenverhältnis rechtfertigt, würde sich aus dem zusätzlichen Fernbleiben vom Dienst keine schärfere Disziplinarmaßnahme ergeben können. Das unbedeutende Fernbleiben wird ausgeklammert.

Die Beschränkung ist **aktenkundig** zu machen (§ 19 Abs. 2 Satz 2 BDG; vgl. oben   491
3.1.1). Eine Mitteilung ist gesetzlich nicht vorgesehen, aus Gründen der Prozessfürsorge jedoch geboten. Es ist daran zu denken, dass sich im Falle einer Nichtmitteilung der Verfahrensbeschränkung Bevollmächtigte möglicherweise unnötig mit den ausgeschiedenen Sachverhalten befassen und dadurch der Beamtin oder dem Beamten nicht notwendige Auslagen entstehen können.

Eine **Verfolgung der ausgeschiedenen Handlungen** nach unanfechtbarem Ab-   492
schluss des Disziplinarverfahrens ist **nicht mehr zulässig** (§ 19 Abs. 2 Satz 4 BDG). **Vor Abschluss des Verfahrens** kann jedoch eine ausgeschiedene Handlung wieder einbezogen werden, wenn sich dadurch das Gewicht des Dienstvergehens wieder verändern würde oder wenn durch die Ermittlungen einzelne Verfehlungen ausgeschieden sind, sodass sich ein völlig anderes Bild des Gesamtverhaltens der Beamtin oder des Beamten ergibt.

Die erneute Einbeziehung der Verfehlungen wäre aktenkundig zu machen und   493
aus den aufgezeigten Gründen mitzuteilen.

Beispiel: Der Vorwurf der Untreue (voriges Beispiel) lässt sich nicht nachweisen. In diesem Fall wäre das Fernbleiben vom Dienst wieder in das Verfahren einzubeziehen.

5.6 Vorgreiflichkeit eines Strafverfahrens (§ 24 BeamtStG, § 41 BBG) – Bindungswirkung (§ 23 BDG) – Aussetzung (§ 22 BDG)

5.6.1 Auswirkungen strafgerichtlicher Entscheidungen

Straftaten haben oft ein auch disziplinar hohes Gewicht.

Nach § 24 BeamtStG, § 41 BBG tritt der **Verlust der Beamtenrechte** bei Ver-   494
urteilung »wegen einer vorsätzlichen Tat zu einer Freiheitsstrafe von mindestens einem Jahr oder ... wegen einer vorsätzlichen Tat, die nach den Vorschriften über Friedensverrat, Hochverrat, Gefährdung des demokratischen Rechtsstaates oder Landesverrat und Gefährdung der äußeren Sicherheit (geheimdienstliche Tätigkeit i. w. S.) oder, soweit sich die Tat auf eine Diensthandlung im Hauptamt bezieht, Bestechlichkeit, strafbar ist, zu einer Freiheitsstrafe von mindestens sechs Monaten« kraft Gesetzes ein. In diesen Fällen ist eine weitere disziplinare Befassung nicht mehr erforderlich.

---

443 Die frühere Praxis – auch z. Zt. der BDO –, verkürzte häufig den Verfahrensstoff entsprechend, obwohl die BDO eine solche Bestimmung nicht kannte. Dies wurde nie beanstandet. Auch das BVerwG hat bei entsprechender Lage gelegentlich davon abgesehen, sich mit kleineren Pflichtverletzungen näher zu befassen, weil die übrigen Pflichtverletzungen die Entfernung aus dem Beamtenverhältnis rechtfertigten.

Hinweis: Es kann sein, dass ein Strafgericht im Hinblick auf die Beamteneigenschaft eine Freiheitsstrafe von z. B. nur 11 Monaten und 2 Wochen verhängt. Nach ständiger Rechtsprechung des BGH ist diese Berücksichtigung der beamtenrechtlichen Folgen für die Strafgerichte bei der Bemessung der Kriminalstrafe verpflichtend[444], weil es nicht Aufgabe der Strafgerichte sein soll, disziplinare Konsequenzen vorwegzunehmen[445].

495   Strafrechtliche Entscheidungen haben auch dann unmittelbare, disziplinare Auswirkungen, wenn der disziplinare und strafrechtliche Sachverhalt deckungsgleich ist. Auf diese Frage, ob überhaupt und unter welchen Voraussetzungen zusätzlich zur gerichtlichen Strafe oder Maßnahme diszipliniert werden darf (§ 14 BDG, **beschränktes Maßnahmeverbot),** wurde bereits bei den Disziplinarmaßgrundsätzen eingegangen (*siehe* 4.6).

496   Für das Disziplinarverfahren sind außerdem strafgerichtliche Urteile bindend (§ 23 BDG, *siehe* nächster Abschnitt). Verfahren sind in diesen Fällen von Dienstvorgesetzten und dem VG zumeist auszusetzen (§ 22 BDG – *siehe* 5.6.3).

497   Nicht nur aus diesem Grunde, sondern auch um ein »Auseinanderlaufen« der Disziplinarbefugnisse und der staatlichen Strafbefugnisse zu vermeiden, bestehen **für die Strafverfolgungsbehörden** gegenüber den Dienstvorgesetzten weitreichende **Informationspflichten** (49 BeamtStG, § 115 BBG). Eine Ausnahme besteht aus Gründen der Verhältnismäßigkeit für fahrlässig begangene Straftaten. Vor Übermittlung ist in diesen Fällen jeweils eine Einzelfallprüfung erforderlich; dies kann bedeuten, dass keine Information erfolgt. Dienstvorgesetzte sollten deshalb bei laufenden Strafverfahren stets nach dem Sachstand fragen lassen.

5.6.2 *Bindungswirkung eines Strafurteils (§ 23 BDG)*

498   Liegt ein **rechtskräftiges Urteil** im Strafverfahren vor, so sind Dienstvorgesetzte **an die tatsächlichen Feststellungen** dieses Urteils, auf denen die Entscheidung beruht, **gebunden** (§ 23 Abs. 1 Satz 1 BDG), soweit der disziplinarrechtliche Vorwurf denselben Sachverhalt betrifft. Maßgeblich ist der Sachverhalt des Urteils der letzten Tatsacheninstanz. Die Bindungswirkung erfasst auch die Feststellungen zur **Schuldfähigkeit** und zur **Schuldform** (Vorsatz und Fahrlässigkeit), auch wenn sie nur stillschweigend (inzidenter) getroffen wurden[446]; die Feststellung des Strafgerichts zur »Subsumierbarkeit des Sachverhalts unter einen Straftatbestand bindet die Disziplinargerichte jedoch nicht«[447]. Macht die Beamtin oder der Beamte z. B. zum Vorwurf der strafgerichtlich festgestellten Trunkenheit im Verkehr oder Zechprellerei glaubhaft geltend, infolge Alkoholkrankheit im Tatzeitpunkt schuldunfähig gewesen zu sein, ist dies für die abschließende Entscheidung der Dienstvorgesetzten ohne Bedeutung; sie **müssen von Schuldfähigkeit** ausgehen. Abweichend von den Feststellungen im strafgerichtlichen Urteil können Dienstvorgesetzte aber, wenn es die Beweislage erlaubt, eine (erhebliche) Verminderung der Schuldfähigkeit zugrunde legen. Zum Umfang der Schuldfähigkeit tritt keine Bindungswirkung ein, weil dies im Strafrecht nur Strafbemessungs-

444 Z. B. BGH vom 03.12.1996 – 5 StR 492/96.
445 Dies ist eine nur schwer zu vermittelnde, ambivalente Begründung.
446 *Köhler/Ratz,* § 17 Rz. 5.
447 VGH Mannheim vom 11.12.2008 – DL 16 S 3107/07.

grund ist und nicht zum Tatbestand gehört. Das Verschulden (Vorsatz oder Fahrlässigkeit) ändert sich dadurch nicht. **Feststellungen zum Strafmaß** sind **nicht bindend.** Liegt ein nur auf das Strafmaß beschränktes Rechtsmittel vor, ist der Sachverhalt rechtskräftig und damit bindend festgestellt.

Nicht bindend ist – was oft verkannt wird – der einem **Strafbefehl** zugrunde liegende Sachverhalt[448]. Ein Strafbefehl steht nur in der Wirkung einem Urteil gleich (§ 410 StPO).   499

Nach freisprechenden Urteilen in Straf- oder Bußgeldverfahren dürfen Ermittlungen aufgrund der absoluten Bindungswirkung nur noch wegen solcher Tatsachen durchgeführt bzw. fortgesetzt werden, die den Verdacht eines Dienstvergehens rechtfertigen, ohne zugleich den vollumfänglichen Tatbestand einer Straftat oder Ordnungswidrigkeit, der Gegenstand des freisprechenden Urteils war, zu erfüllen (sog. **disziplinarrechtlicher Überhang**[449], § 14 Abs. 2 BDG, *siehe auch* Rz. 308). Bei Freisprüchen im Strafverfahren ist dies nachzuprüfen.   500

> *Beispiel:* Die Beamtin oder der Beamte wird vom Verdacht der Bestechlichkeit freigesprochen, da eine rechtswidrige Amtshandlung nicht nachgewiesen werden kann. Es verbleibt aber der Vorwurf der (strafrechtlich unbeachtlichen) verbotenen Geschenkannahme.

Sind **Straf- und Disziplinarvorwurf in jeder Hinsicht sachverhaltsidentisch,** darf nach rechtskräftigem Freispruch im Strafverfahren ein Disziplinarverfahren wegen dieses Sachverhalts nicht eingeleitet werden; ein bereits vorher eingeleitetes Verfahren ist umgehend einzustellen.   501

Der Beamtin oder dem Beamten ist andernfalls bei der Anhörung mitzuteilen, worin der **disziplinarrechtliche Überhang** besteht.   502

Auch die Verwaltungsgerichte unterliegen im Prinzip der Bindungswirkung der Strafurteile, können sich aber durch (mehrheitlichen) Beschluss von diesen Feststellungen lösen, was bisher äußerst selten vorgekommen ist.   503

5.6.3 Aussetzung bei Strafverfahren (§ 22 BDG)

Bezieht sich das **Strafverfahren** ausschließlich auf denselben Sachverhalt wie das Disziplinarverfahren, so hat es grundsätzlich **Vorrang.** Das Disziplinarverfahren ist im Regelfall bei Erhebung der öffentlichen Klage zwingend bis zur Beendigung des Strafverfahrens **auszusetzen** (§ 22 Abs. 1 BDG), ansonsten fakultativ (§ 22 Abs. 3 BDG). Die Aussetzung ist **aktenkundig** zu machen und der Beamtin oder dem Beamten mitzuteilen.   504

In der Praxis hat es sich bewährt, das Disziplinarverfahren auch dann sozusagen ruhen zu lassen, wenn die öffentliche Klage noch nicht erhoben, aber ein Abschluss des Strafverfahrens absehbar ist. Eine Verzögerung des Disziplinarverfahrens ist vor dem Hintergrund des laufenden Strafverfahrens unvermeidbar und kann auch wegen der Hemmung der Frist nicht zu einem Maßnahmeverbot infolge Zeitablaufs (§ 15 Abs. 5 Satz 2 BDG) führen. Im Falle einer Aussetzung nach § 22   505

---

448 In Baden-Württemberg hat die obergerichtliche Rspr. dies angenommen. Diese Rspr. wird jedoch vom BVerwG abgelehnt: BVerwG vom 16.06.1992 – 1 D 11/91 = DVBl. 1992, 1376 = Dok. Ber. B 1992, 317–322.

449 *Köhler/Ratz,* § 18 Rz. 17.

BDG ist außerdem auch die Sechs-Monats-Frist für einen eventuellen Beschleunigungsantrag (§ 62 Abs. 1 BDG) gehemmt.

5.7   Vertraulichkeit

506   Das **behördliche Disziplinarverfahren** ist – wie alle Personalsachen – selbstverständlich vertraulich und darf nicht außerhalb der Personalverwaltung bekannt werden. Daher sind alle Mitarbeiter und Mitarbeiterinnen in Disziplinarsachen zur **besonderen Verschwiegenheit** verpflichtet und ggf. besonders zu belehren.

507   Dies ergibt sich nicht nur aus § 30 VwVfG, der die Geheimhaltung zum persönlichen Lebensbereich gehörender Geheimnisse vorschreibt. Auch nach dem Gedanken des § 68 VwVfG, der direkt nur für das förmliche Verwaltungsverfahren gilt, verbietet es sich, öffentlich im behördlichen Disziplinarverfahren zu verhandeln.

508   Nach § 29 Abs. 2 BDG dürfen Disziplinarvorgänge aus besonderen dienstlichen Gründen aber anderen Dienststellen zur Kenntnis gegeben werden.

509   Im **gerichtlichen Disziplinarverfahren** ist hingegen die **mündliche Verhandlung** nach § 55 VwGO i. vom m. § 169 GVG **öffentlich** (Ausnahme: Nordrhein-Westfalen, § 58 LDG-NRW). Der Grundsatz der Parteiöffentlichkeit, wie er in den früheren Disziplinarordnungen (z. B. § 73 BDO) vorgesehen war, ist aufgegeben worden. Durch die Öffentlichkeit der mündlichen Verhandlung wird die Allgemeinheit zu Recht eingebunden; auch Verhandlungen über Konkurrentenklagen, in denen höchstpersönliche Angelegenheiten der Beamtin oder des Beamten erörtert werden, sind öffentlich.

510   Die Öffentlichkeit kann im Einzelfall ausgeschlossen oder beschränkt (§ 55 VwGO, §§ 171 b und 172 GVG) werden, sofern dies durch besondere Belange der Beamtin oder des Beamten oder des Dienstherrn gerechtfertigt erscheint.

5.8   Rechtliches Gehör – Transparenz des Verfahrens

511   Der Anspruch auf rechtliches Gehör hat für das gerichtliche Verfahren **Verfassungsrang** (Art. 103 Abs. 1 GG). Für das Verwaltungsverfahren ist außerdem § 28 VwVfG zu beachten, der das rechtliche Gehör auf Anhörung vor einer Entscheidung entsprechend vorschreibt.

512   Der Grundsatz des rechtlichen Gehörs findet sich auch spezialgesetzlich im BDG wieder.
- Im **behördlichen Disziplinarverfahren** ist über die **Einleitung** des Disziplinarverfahrens zu **unterrichten**, sobald dies ohne Gefährdung der Aufklärung des Sachverhalts möglich ist (§ 20 Abs. 1 Satz 1 BDG).
- Es ist zu **eröffnen**, welche **Pflichtverletzungen** zur Last gelegt werden (§ 20 Abs. 1 Satz 2 BDG).
- Es steht frei, sich zu äußern – Schweigerecht (§ 20 Abs. 1 Satz 3 BDG).
- Es ist Gelegenheit zu geben, an den Anhörungen von Zeuginnen und Zeugen und Sachverständigen teilzunehmen (§ 20 Abs. 4 BDG – gilt auch für Bevollmächtigte und den Beistand).
- Nach Beendigung der Ermittlungen ist abschließend zu hören (§§ 30 Satz 1 BDG).

Zu berücksichtigen ist auch die notwendige **Transparenz des Verfahrens,** die 513
Vermeidung des Verdachts, dass hinter dem Rücken ermittelt werde. Dies ergibt
sich aus der Fürsorgepflicht der Dienstherrn.

Zum rechtlichen Gehör gehört die Möglichkeit der **Akteneinsicht** (*siehe* 6.7.2.3 514
und 6.7.3.3).

6 Behördliches Verfahren

Das behördliche Disziplinarverfahren hat das Ziel der Aufklärung des Sachver- 515
halts und ggf. der Verhängung einer Disziplinarmaßnahme in der **Zuständigkeit
der Dienstvorgesetzten (Verweis, Geldbuße, Kürzung der Dienstbezüge, Kürzung des Ruhegehalts, §§ 5–8, 33 Abs. 1 BDG)** geführt. Es ist auch Voraussetzung für eine Disziplinarklage (§ 61 Abs. 1 BDG)[450].
Das Verfahren hat drei Abschnitte.
Die **Einleitung des Verfahrens** (*siehe* 6.3) ist formal einfach und damit zumeist 516
unproblematisch. Wichtig ist vor allem die entsprechende **Dokumentation**.
Durch diese wird der Verfahrensbeginn verbindlich fixiert. Sie bewirkt zugleich,
dass der **Zeitablauf** nach § 15 BDG **unterbrochen wird** (§ 15 Abs. 4 BDG).
Auf den Zugangszeitpunkt der Einleitungsverfügung kommt es nicht an.
Die folgenden **Ermittlungen** (*siehe* 6.4) sind der **schwierigste Teil** des behörd- 517
lichen Disziplinarverfahrens. Dienstvorgesetzte müssen daher gerade diesen Ver-
fahrensabschnitt besonders sorgfältig vorbereiten und organisieren (lassen).
Die **abschließende Entscheidung** der Dienstvorgesetzten (*siehe* Kapitel 8) ist 518
zumeist ebenfalls schwierig. Sie setzt Kenntnis der disziplinaren Praxis und der
Rechtsprechung voraus.
Vor der Einleitung oder während des Laufs des Disziplinarverfahrens kann der 519
Beamtin oder dem Beamten aus zwingenden dienstlichen Gründen die **Führung
der Dienstgeschäfte** verboten werden (§ 39 BeamtStG, § 66 BBG, *siehe* 8. 6)[451]. Zu
beachten ist, dass dieses Verbot auf die Dauer von drei Monaten beschränkt ist.
Eine vom Verbot der Führung der Dienstgeschäfte zu unterscheidende, (formel- 520
le) **vorläufige Dienstenthebung** nach § 38 ff. BDG (*siehe* 8.5) ist erst gleichzeitig
mit der oder auch nach der Einleitung des behördlichen Disziplinarverfahrens
möglich.
Im Disziplinarverfahren der Dienstvorgesetzten sind – wie in jedem rechtsförm- 521
lich ausgestalteten Verfahren – zunächst die **Verfahrensvoraussetzungen** wie
auch andere **Grundsätze des Verfahrens** zu prüfen und während des gesamten
Verfahrens bis hin zur abschließenden Entscheidung zu beachten. Zu den Verfahrensvoraussetzungen *siehe* Persönlicher Anwendungsbereich 5.1, Sachlicher Anwendungsbereich 5.2, Zuständigkeit -nachfolgender Abschnitt – wie andere
Grundsätze materiellrechtlicher Art Kapitel 5.

6.1 Zuständigkeit der Dienstvorgesetzten

Verantwortlich für die Einleitung des Disziplinarverfahrens (§ 17 Abs. 1 BDG) ge- 522
gen aktive Beamtinnen oder Beamte sind die **Dienstvorgesetzten**. »Dienstvorgesetzte oder Dienstvorgesetzter ist, wer für beamtenrechtliche Entscheidungen
über die persönlichen Angelegenheiten der nachgeordneten Beamtinnen und Be-

---

450 Der Gedanke, eine Disziplinarklage ohne Ermittlungen zu erheben, wäre bedenklich. Auch eine
Kündigung würde wegen des Prozessrisikos kaum ohne entsprechende Aufklärung ausgesprochen
werden.
451 Das Verbot nach § 60 BBG ist als *beamtenrechtliche Maßnahme* schriftlich zu erlassen und mit einer
Rechtsbehelfsbelehrung zu versehen.

amten zuständig ist« (§ 3 Abs. 2 BBG[452]). Wer dies im Einzelfall ist, richtet sich nach dem Aufbau der öffentlichen Verwaltung.

523   Die Disziplinarbefugnis für Ruhestandsbeamtinnen und Ruhestandsbeamte liegt ab Eintritt in den Ruhestand bei der zuständigen **obersten Dienstbehörde** (§ 84 BDG). Sie kann diese Befugnis delegieren.

524   Sofern sich Dienstvorgesetzte in einer Interessenkollision befinden, sie z. B. mit der Beamtin oder dem Beamten befreundet sind, sollte die Verfahrenseinleitung der Vertreterin oder dem Vertreter überlassen oder das Verfahren an die höheren Dienstvorgesetzten bzw. die oberste Dienstbehörde abgegeben werden. Gleiches dürfte gelten, wenn Dienstvorgesetzte als Zeuginnen oder Zeugen in dem Verfahren in Betracht kommen oder selbst durch das Dienstvergehen verletzt sein könnten.

525   **Höhere Dienstvorgesetzte** sowie die **oberste Dienstbehörde** können das **Disziplinarverfahren an sich ziehen** (§ 17 Abs. 1 Satz 2 BDG). Dies sollte jedenfalls dann geschehen, wenn der begründete Verdacht besteht, dass unmittelbare oder ggf. auch höhere Dienstvorgesetzten das Disziplinarverfahren nicht ordnungsgemäß betreiben könnte.

> *Beispiel:* Dienstvorgesetzte sind selbst in die Pflichtverletzung verwickelt. Es besteht der Verdacht, Dienstvorgesetzte könnte die Beamtin oder den Beamten decken.

526   Für die Erhebung der **Disziplinarklage** ist die **oberste Dienstbehörde** zuständig (§ 34 Abs. 2 BDG). Sie kann diese Befugnis delegieren.

6.2 Zustellungen – Ladungen

527   Zustellungen an die Beamtin oder den Beamten, die gesetzliche Vertretung, Bevollmächtigte wie auch die Ladungen der Zeuginnen, Zeugen und Sachverständigen haben nach den **Vorschriften des VwZG** zu erfolgen.

528   Es sind folgende Möglichkeiten vorgesehen:
Zustellung durch die Post mit
– Zustellungsurkunde (§ 3 VwZG),
– eingeschriebenem Brief (§ 4 VwZG),
Zustellung durch die Behörde
– gegen Empfangsbekenntnis (§ 5 VwZG),
– durch Vorlage der Urschrift (§ 6 VwZG).

529   Die Zustellungsform sollte sich auch nach dem Wünschen der Beamtin oder des Beamten richten. Aus Gründen der Vertraulichkeit könnte z. B. Interesse daran bestehen, die Zustellung einer Ladung oder Verfügung nicht in die Wohnung zu erhalten, um die Familie nicht zu belasten. In diesen Fällen sollte das Empfangsbekenntnis gewählt werden.

530   *Praktischer Hinweis:* Wenn eine Verfügung belastenden Inhalts wie eine Disziplinarverfügung persönlich von Dienstvorgesetzten »gegen Quittung« und mit an Pflichten erinnernden Worten ausgehändigt wird, könnte durch die Aushändigungsform eine besondere, zusätzliche Ermahnungswirkung erreicht werden.

---

452 Bzw. die bislang insoweit unveränderten Beamtengesetze der Länder; das BeamtStG hat auf eine Definition verzichtet.

6.3 Einleitung des Verfahrens

6.3.1 Einleitung durch Dienstvorgesetzte

Die **Einleitung des Disziplinarverfahrens** nach § 17 Abs. 1 BDG ist unverzicht-   531
bar. Es gilt das **Legalitätsprinzip** (*siehe* 5.3). Die Einleitung muss **unverzüglich**
erfolgen.

Zwar ist nicht zwingend eine schriftliche Verfügung an die Beamtin oder den Be-   532
amten notwendig; es genügt ein Aktenvermerk (§ 17 Abs. 1 Satz 3 BDG), der jedoch eindeutig sein und der oder dem Dienstvorgesetzten zugeordnet werden können muss[453]. Eine **schriftliche Verfügung** ist aber im Interesse der Rechtsklarheit
angezeigt. Der Aktenvermerk dokumentiert zugleich die Unterbrechung der Frist
des Maßnahmeverbots wegen Zeitablaufs (*siehe* Rz. 462).

Es ist regelmäßig auch zweckmäßig, mit der Einleitung zugleich den **Vorwurf**   533
mitzuteilen, der erhoben wird. Diese Eröffnung hat zum frühestmöglichen Zeitpunkt zu geschehen (§ 20 Abs. 1 Satz 2 BDG). Die Benennung der **vorgeworfenen Verfehlungen** soll deutlich machen, dass **disziplinarrechtliche Ermittlungen** und nicht Ermittlungen anderer Art geführt werden. Zugleich soll der
Hinweis der Beamtin oder dem Beamten auch ermöglichen, sich auf eine sachgemäße Einlassung einzurichten. Dieser Zweck wird nicht erreicht, wenn nur ganz
allgemeine Angaben gemacht werden. Die vorgeworfenen Verfehlungen sind daher möglichst genau zu beschreiben. Einer Bezeichnung der u. U. verletzten Vorschriften bedarf es regelmäßig nicht. Mit dieser Mitteilung sollte zugleich der notwendige Hinweis verbunden werden, dass es **freisteht, sich schriftlich oder
mündlich zu äußern,** und das Recht besteht, sich einer oder eines **Bevollmächtigten oder Beistands zu bedienen** (§ 20 Abs. 1 Satz 3 BDG).

Eine Mitteilung muss natürlich unterbleiben, wenn zu befürchten ist, dass hier-   534
durch der **Ermittlungszweck gefährdet** würde. In diesen Fällen ist die Beamtin
oder der Beamte aber unverzüglich nach Entfallen des Gefährdungsgrundes zu unterrichten (§ 20 Abs. 1 BDG). Es gilt der Grundsatz: **Offenheit soweit wie möglich.** Ermittlungen »hinter dem Rücken« sind auf ein Mindestmaß zu beschränken.
Die Entscheidung darüber, ob eine Mitteilung oder Anhörung den Ermittlungszweck gefährden würde, steht im pflichtgemäßen Ermessen der Dienstvorgesetzten bzw. der Ermittelnden, wenn bereits Ermittlungen aufgenommen wurden.
Eine Gefährdung ist nicht erst dann anzunehmen, wenn sich aus dem Sachverhalt
oder aus der Person der Beamtin oder des Beamten konkrete Anhaltspunkte (z. B.
Verdunklungsgefahr) ergeben. Es genügt, wenn die Ermittelnden bei einer zusammenfassenden Bewertung der zur Verfügung stehenden Beweismittel zu der Überzeugung kommen, dass die Mitteilung den Umständen nach die Erforschung der
Wahrheit beeinträchtigen könnte. Andererseits reicht eine weit entfernt liegende
Möglichkeit der Gefährdung noch nicht ohne Weiteres für eine Zurückstellung
der Mitteilung aus. Bei der Beurteilung dieser Frage kann u. U. auch die Schwere
des Vorwurfs von Bedeutung sein.

Regelmäßig sollte mit der Mitteilung des Vorwurfs auch die **Frist für die Äuße-**   535
rung zu Beginn des Verfahrens gesetzt werden (§ 20 Abs. 2 BDG). Die Frist beträgt für eine **schriftliche Äußerung einen Monat.** Möchte die Beamtin oder der

---

453 BVerwG vom 18.11.2008 – 2 B 63.08 = IÖD 10/2009.

Beamte sich **mündlich äußern**, hat sie oder er dies innerhalb von **zwei Wochen** zu erklären und ist sodann **innerhalb von drei Wochen anzuhören**.

536   Diese Fristsetzung dient dem Beschleunigungsgebot und ist eindringlicher Hinweis auf die **Mitwirkungspflicht in einer dienstlichen Angelegenheit**. Die Beamtin oder der Beamte soll sich nicht einfach abwartend verhalten, sondern an der Aufklärung des Sachverhalts beteiligen, soweit er oder sie sich nicht dadurch selbst belasten müsste. **Es ist Pflicht, für eine zügige Wiederherstellung des Betriebsfriedens Sorge zu tragen!**

6.3.2 *Selbstentlastungsantrag der Beamtin/des Beamten*

537   Wenn eine Beamtin oder ein Beamter sich mit ungerechtfertigten Vorwürfen von Kolleginnen oder Kollegen oder auch Vorgesetzten konfrontiert sieht (z. B. »Treppenfunk«), kann es vorkommen, dass dennoch nichts zum Schutze unternommen wird. Vorgesetzte fühlen sich möglicherweise nicht dazu berufen, helfend und entlastend einzugreifen. In diesen Fällen kann die Beamtin oder der Beamte initiativ werden und die Einleitung eines **Verfahrens gegen sich selbst beantragen** (§ 18 Abs. 1 BDG – Selbstentlastungsantrag[454]). Auch in dieser Lage **muss** durch die **Dienstvorgesetzten** ein Verfahren **eingeleitet** werden. Davon kann nur abgesehen werden, wenn keine zureichenden tatsächlichen Anhaltspunkte vorliegen, die den Verdacht eines Dienstvergehens rechtfertigen (§ 18 Abs. 2 BDG).

538   Eine **formelle Einleitung** (§ 17 Abs. 1 BDG – Einleitungsverfügung) ist erforderlich. Ob darüber hinaus eine besondere Eröffnung des Vorwurfs notwendig ist, wird vom Einzelfall abhängen. Der Vorwurf dürfte zumeist bereits durch den Antrag auf Einleitung eines Verfahrens hinreichend konkretisiert worden sein. Dienstvorgesetzte sollten trotz dieser besonderen Situation die Schutzrechte der Betroffenen beachten. Auf jeden Fall ist der Beamtin oder dem Beamten **Gelegenheit zur schriftlichen oder mündlichen Äußerung** zu geben und über die Möglichkeit zu belehren, Bevollmächtigte zu konsultieren oder einen Beistand beizuziehen (§ 20 Abs. 2 BDG).

539   Die **Ablehnung** der Einleitung ist nicht zwingend an eine Form gebunden[455]. Es ist im Interesse der Rechtsklarheit zweckmäßig, zumindest einen **aktenkundigen Vermerk** zu fertigen und der Beamtin oder dem Beamten eine Kopie zuzuleiten,

540   Wird die Einleitung abgelehnt, ohne ausdrücklich festzustellen, dass keine zureichenden, tatsächlichen Anhaltspunkte für ein Dienstvergehen vorliegen, hat die Beamtin oder der Beamte die Möglichkeit, hiergegen Widerspruch einzulegen bzw. Anfechtungsklage zu erheben[456].

541   Ein Selbstentlastungsverfahren sollte sich für Beamtinnen oder Beamte immer als letztes Mittel anbieten, um sich gegen ungerechtfertigte Vorwürfe zu verteidigen. Wenn es darum geht, bloßen Vermutungen oder unhaltbaren Gerüchten nach zu gehen, müssten sich zumeist andere Wege aufzeigen lassen, um diese auszuräumen. Die Vorgesetzten sind gefordert. Sollte sich das Streuen von Gerüchten als

---

454 Die früher nicht unübliche Formulierung »Selbstreinigungsantrag« – vgl *Weiß*, GKÖD § 18 BDG Rz. 1 – sollte tunlichst vermieden werden. Der Begriff »Selbstentlastung« ist wesentlich treffender.
455 *Gansen*, § 18 Rz. 6.
456 A. a. O.

Mobbing (*siehe* dazu Abschnitt 3.2.2) darstellen, sollten diese Verhaltensweisen als Dienstvergehen verfolgt werden.

6.4 Grundfragen der Ermittlungen

Die »**erforderlichen Ermittlungen**« (§ 21 BDG) haben sich nach den Grundsät- 542 zen des Verwaltungsverfahrens zu richten (§ 3 BDG)[457]. Das Disziplinarverfahren ist ein reguläres Verwaltungsverfahren, das sich stets auf Ermittlungen nach dem Offizialprinzip stützen muss. Insbesondere die Pflichten der Zeuginnen und Zeugen und Sachverständigen sind in § 25 BDG stark in Anlehnung an § 65 VwVfG geregelt.

Ermittlungen sind damit **notwendiger Bestandteil jedes Disziplinarverfah-** 543 **rens**. Voraussetzungen und Ablauf der Ermittlungen sind in den §§ 20 ff. BDG geregelt. Die Ermittlungen müssen alle zur vollen Sachverhaltsaufklärung notwendigen Aufklärungshandlungen umfassen, die für die Beurteilung des Dienstvergehens und die Bemessung der Disziplinarmaßnahme erforderlich sind.

Mit den Ermittlungen können im Einzelfall auch **andere Aufklärungsziele** ver- 544 folgt werden. So ist es z. B. zulässig (und regelmäßig auch sachdienlich), mit der Aufklärung von Straftaten im Dienst beauftragte Hilfsbeamtinnen und -Beamte der Staatsanwaltschaft gleichzeitig sowohl die strafrechtlichen Ermittlungen als auch die aus demselben Anlass erforderlichen disziplinarrechtlichen Ermittlungen durchführen zu lassen. Die Ermittlungen können zugleich auch zur Sachverhaltsaufklärung nach § 31 Abs. 4 BBG (Entlassungsverfahren) dienen, wenn die Entlassung bei Beamten auf Probe wegen eines Dienstvergehens in Betracht zu ziehen ist[458]. Auch könnten Ermittlungen für eventuelle Schadensersatzforderungen mit einbezogen werden.

6.5 Abgrenzung Verwaltungsermittlungen

Sogenannte (und nicht mit den Ermittlungen nach dem BDG begrifflich zu ver- 545 wechselnde) **informelle Verwaltungsermittlungen sind grundsätzlich nicht zulässig**, weil damit die im Disziplinarverfahren geltenden **Schutzrechte** der Beamtin oder des Beamten (§§ 20 ff. BDG) wie
– Eröffnung des Vorwurfs,
– Belehrung über das Aussageverweigerungsrecht,
– Möglichkeit der Beratung mit Bevollmächtigten,
– Akteneinsicht und
– Teilnahmerechte an der Befragung von Zeuginnen und Zeugen
– umgangen werden könnten.

---

457 Durch die frühere Terminologie »Vorermittlungen« wurde manchmal der Eindruck erweckt, dass es sich um keine regulären Ermittlungen handelte. Auch der Begriff des »nichtförmlichen Disziplinarverfahrens« schaffte ebenfalls gewisse Verwirrung, da man denken konnte, es handelte sich um ein nicht rechtsstaatsförmliches Verfahren.
458 Ein besonderes Untersuchungsverfahren, wie es früher in § 126 BDO vorgesehen war, ist entfallen.

Diese speziellen Schutzrechte sind Ausdruck des rechtlichen Gehörs und der Transparenz des Verfahrens (*siehe* 5.8). Der Eindruck eines Geheimverfahrens muss vermieden werden.

546   Außerhalb oder vor Beginn der (disziplinaren) Ermittlungen kann sich im Einzelfall **dennoch** die Notwendigkeit von Verwaltungsermittlungen[459] ergeben, z. B. **Ermittlungen gegen unbekannte** Verantwortliche oder zur Aufklärung, ob überhaupt Anlass besteht[460], ein Disziplinarverfahren einzuleiten und damit auf der Grundlage des BDG zu ermitteln.

> *Beispiel:* Bei einer Mitteilung über eine Trunkenheitsfahrt ist es unklar, ob ein Zusammenhang mit einer Dienstverrichtung besteht.

547   Verwaltungsermittlungen machen auch dann einen Sinn, wenn zu erwarten ist, dass die erhobenen **Vorwürfe leicht entkräftet** werden können, um vor ungerechtfertigten Anwürfen zu schützen[461]. Dienstvorgesetzte sollten bei vagen Vermutungen auf **vorschnelle disziplinare Ermittlungen verzichten**; sie könnten als Überreaktion bewertet werden.

> *Beispiel:* Eine Gegenanzeige gegen einen Polizeibeamten, der einen Widerstand leistenden Straftäter festgenommen hat, kann durch einfache Überprüfung des Einsatzes in der Dienstschicht entkräftet werden, da sich der Anzeigeerstatter in der Person geirrt hat.

548   Auch bei einer voraussichtlich möglichen **vereinfachten Verfahrenserledigung** (*siehe* 6.6.2) in den Fällen des beschränkten Maßnahmeverbots (§ 14 BDG) oder des Maßnahmeverbots wegen Zeitablaufs (§ 15 BDG) sind Verwaltungsermittlungen als »rudimentäre« disziplinare Ermittlungen unbedenklich.

549   Aus Gründen der Rechtsstaatlichkeit ist bei Verwaltungsermittlungen aber stets Vorsicht geboten. Ordnungsgemäße, mit den entsprechenden Belehrungen abgesicherte Ermittlungen sollten die Regel sein. Sobald durch Verwaltungsermittlungen Tatsachen bekannt werden, die den **zureichenden Verdacht eines Dienstvergehens** rechtfertigen, sind die Verwaltungsermittlungen einzustellen und **müssen** die in §§ 20 ff. BDG vorgeschriebenen disziplinarrechtlichen Ermittlungen folgen[462]. Die Einleitung eines Verfahrens ist dann unumgänglich.

6.6 Anordnung von Ermittlungen

550   Die **Ermittlungen sind von den Dienstvorgesetzten**, nicht den Fachvorgesetzten, **zu veranlassen**. Die Ermittlungspflicht ergibt sich aus der Zuständigkeit der Dienstvorgesetzten für die Einleitung des Verfahrens[463].

551   Einer besonderen **Anordnung** der Ermittlungen und einer Mitteilung darüber an die Beamtin oder den Beamten bedarf es nicht. Die Beamtin oder der Beamte ist

---

459 Vgl. hierzu u. a. *Teichmann*, RiA 1963, 196, und *Claussen/Janzen*, § 26 Rz. 7; Frentz, Zulässigkeit formloser Verwaltungsermittlungen. DÖD 1993, 73.
460 *Weiß*, GKÖD § 17 BDG, Rz. 29 ff sieht die Verwaltungsermittlungen durch das Informationsrecht des Dienstvorgesetzten umfasst.
461 A. a. O. Rz. 32.
462 OVG Lüneburg vom 03.06.2008 – 6 LD 2/06.
463 Diese Verpflichtung ergibt sich nicht mehr unmittelbar aus dem Gesetz, wie früher in § 26 BDO vorgesehen.

durch die Eröffnung des Vorwurfs bereits darauf hingewiesen, dass ermittelt werden soll.

Dienstvorgesetzte können von höheren Vorgesetzten zur Aufnahme von Ermittlungen angewiesen werden. Höhere Dienstvorgesetzte können auch das Verfahren an sich ziehen (Selbsteintritt), z. B. wenn die Gefahr besteht, dass unmittelbare Dienstvorgesetzte die Ermittlungen einseitig führen könnten (§ 21 Abs. 1 Satz 2 BDG)[464]. Sie ermitteln dann selbst.   552

6.6.1 Ziel der Ermittlungen – Einschränkung der Ermittlungen

Zweck der erforderlichen Ermittlungen (§ 21 Abs. 1 Satz 1 BDG) ist die Aufklärung des Sachverhalts. Dabei sind die **belastenden,** die **entlastenden** und **die sonstigen Umstände** zu ermitteln, die **für die Bemessung der Disziplinarmaßnahme** von Bedeutung sind (§ 21 Abs. 1 BDG).   553

Auf die Ermittlung eines Sachverhalts kann weitgehend verzichtet werden, wenn im **Straf-** oder **Bußgeldverfahren ein rechtskräftiges Urteil vorliegt** (§ 21 Abs. 2 BDG). In diesen Fällen tritt Bindungswirkung für die Dienstvorgesetzten ein (*siehe* 5.6.2, 6.9). Das Urteil ist als zutreffend zu akzeptieren (§ 23 Abs. 1 BDG), selbst in der Überzeugung, dass die strafrichterliche Entscheidung falsch ist. Grund dafür ist die im Interesse der Rechtssicherheit herausragende Bedeutung der Rechtskraft von Urteilen.   554

Strafbefehle haben **keine Bindungswirkung** (*siehe* 5.6.2, 6.9.3), da in diesen Fällen zumeist keine strafgerichtliche Hauptverhandlung stattgefunden hat. In diesen Fällen können die tatsächlichen Feststellungen der strafrechtlichen Ermittlungen (z. B. Protokolle der Vernehmungen von Zeugen) ohne nochmalige Prüfung zugrunde gelegt werden (§ 23 Abs. 2 BDG – *siehe* unten Rz. 629). Dadurch kann sich auch die **nochmalige Anhörung von Zeuginnen und Zeugen,** die bereits in einem Strafverfahren vernommen worden sind, **vermeiden lassen.**   555

Auch eine rechtskräftige Entscheidung im **verwaltungsgerichtlichen Verfahren,** durch die über den **Verlust der Besoldung** bei schuldhaftem Fernbleiben vom Dienst entschieden worden ist (§ 9 BBesG), rechtfertigt einen Verzicht auf Ermittlungen (§ 21 Abs. 2 BDG). Auch in diesem Fall gilt **Bindungswirkung** (§ 23 Abs. 1 BDG – *siehe* 8.7.3).   556

In anderen gesetzlich geordneten Verfahren getroffene tatsächliche Feststellungen können ohne nochmalige Nachprüfung zugrunde gelegt werden (§ 23 Abs. 2 BDG). In diesen Fällen tritt aber keine Bindungswirkung ein. Hierbei ist darauf zu achten, wie diese Feststellungen zustande gekommen sind. In **Verwaltungsverfahren** – auch verwaltungsgerichtlichen – gilt der **Amtsermittlungsgrundsatz.** In **zivilrechtlichen Verfahren** hingegen gilt der **Parteivortrag** als Entscheidungsgrundlage.   557

6.6.2 Vereinfachtes Verfahren (§ 17 Abs. 2 BDG)

Sofern von vornherein eine Einstellung aus Gründen des **beschränkten Maßnahmeverbots** (§ 14 BDG – *siehe* 4.6) oder des **Maßnahmeverbots wegen Zeitablaufs** (§ 15 BDG – *siehe* 4.7) in Betracht kommen kann, wird auf ausführliche   558

---

464 Streitig: Vgl. *Claussen/Janzen,* § 26 Rz. 8 c–8 d.

Ermittlungen verzichtet werden können, wenn nicht der Sachverhalt völlig einfach und klar feststeht. Zumeist werden ansatzweise Ermittlungen notwendig sein.

559   Regelmäßig ist wenigstens zu prüfen, ob möglicherweise disziplinare Vorbelastungen vorliegen. Eng begrenzte – und vertretbare – Verwaltungsermittlungen sind damit angezeigt (*siehe* 6.5). An die Möglichkeit eines solchen **vereinfachten Verfahrens** (*siehe* 5.3.2) ist in diesen Fällen zu denken.

560   Oft lässt sich auch das Gewicht eines (leichteren) Dienstvergehens nicht ohne Ermittlungen bewerten, um die Fristen des § 15 BDG (Maßnahmeverbot wegen Zeitablaufs)festzustellen, die nicht von vornherein nach gesetzlichen Tatbeständen feststehen. In diesen Fällen bietet es sich an, die Ermittlungen erst zum geeigneten Zeitpunkt abzubrechen, wenn sich hypothetisch das höchste in Betracht kommende Gewicht des Dienstvergehens feststellen lässt und sich daraus ein Zeitablauf ergibt, der die Einstellung eines Verfahrens rechtfertigen würde (*siehe* 4.7). Auch ist an ein vereinfachtes Verfahren (*siehe* vorstehender Abschnitt) zu denken.

6.7   Verfahrensbeteiligte der Ermittlungen

6.7.1 *Ermittelnde*

6.7.1.1 Auswahl und Stellung

561   Dienstvorgesetzte ermitteln meistens nicht selbst. In der Regel wird vielmehr für den konkreten Einzelfall eine bestimmte Person mit den Ermittlungen beauftragt. Die für diese Person (bisher) übliche Bezeichnung »Ermittlungsführer«[465] sollte den Unterschied zum früheren »Untersuchungsführer« (nach der BDO und den Disziplinarordnungen der Länder) klarstellen. Mit der Abschaffung des früheren förmlichen Disziplinarverfahrens ist diese Unterscheidung gegenstandslos geworden. Es kann daher einfacher von »**Ermittlerin, Ermittler, Ermittelnden**« und deren Stellung, Aufgaben und Befugnissen gesprochen werden[466]. Die übliche Bezeichnung »Ermittlungsführer/in« wird dadurch selbstverständlich nicht falsch und mag von Anderen weiter verwendet werden.

562   Die Ermittelnden haben keine über den Auftrag hinaus gehende besondere Stellung. Ihnen steht keine richterliche Unabhängigkeit zu; für die Bestellung wird auch nicht die Befähigung zum Richteramt[467] vorausgesetzt. **Dienstvorgesetzte** sind durch den Ermittlungsauftrag nicht von ihrer höchstpersönlichen Verantwortung für die ordnungsgemäße Durchführung des Verfahrens entbunden und tragen höchstselbst die **volle Verantwortung** für die Rechtmäßigkeit und Vollständigkeit der Ermittlungen; sie haben die »restlose Letztveranwortlichkeit«[468] für das Verfahren.

563   Mit den Ermittlungen sollte – muss aber nicht – regelmäßig eine **Beamtin oder ein Beamter** beauftragt werden, da Kenntnisse im Beamtenrecht für eine ordnungsgemäße Aufgabenerfüllung notwendig sind. Gesetzliche Regelungen, die

---

465 Wenn § 28 f LDG RP und § 28 ThürDG noch den überkommenen Begriff »Ermittlungsführer« verwenden, wird dadurch nur verdeutlicht, dass Dienstvorgesetzte die Ermittlungen nicht selbst übernehmen müssen. Der »Untersuchungsführer« ist in diesen Gesetzen nicht mehr vorgesehen.
466 Außerdem ist die verlangte Handlung das »Ermitteln« und nicht das »Führen«!
467 Wie der frühere Untersuchungsführer.
468 *Weiß*, GKÖD II M § 20 Rz. 20.

einen bestimmten Personenkreis nach Qualifikation als Ermittelnde ausschließen, bestehen nicht.

Sonderfall: § 23 Abs. 2 HambgDG lässt nur Beamtinnen oder Beamte des geho-   564
benen oder höheren Dienstes sowie Angestellte mit gleichwertiger Qualifikation
zu.

Es bestehen keine Bedenken, auch Bedienstete anderer Dienststellen (vgl. § 24   565
HDG), Tarifbeschäftigte (vgl. z. B. ausdrücklich § 23 Abs. 2 HambgDG) oder sogar Privatpersonen[469] mit den Ermittlungen zu beauftragen. Daher können durchaus auch nicht der Verwaltung Angehörige, z. B. eine Rechtsanwältin oder ein
Rechtsanwalt als Ermittelnde eingesetzt werden[470]. Zu achten ist besonders in diesen Fällen auf die (gesteigerte und nicht unproblematische) Weisungs- und Über-
wachungsverpflichtung der Dienstvorgesetzten[471]. Ein Auftrag an »Außenstehen-
de« mag zwar den Eindruck eines besonderen Bemühens um Neutralität erwecken,
darf aber nicht von der Verantwortung der Dienstvorgesetzten ablenken.

Bei der **Auswahl der Ermittelnden** haben Dienstvorgesetzte darauf zu achten,   566
dass Personen beauftragt werden, die nach Kenntnissen, Erfahrungen und Persönlichkeit die Gewähr dafür bieten, sorgfältig und objektiv zu ermitteln. Auch ist zu
bedenken, dass Ermittlungen mit der gebotenen Beschleunigung durchgeführt
werden müssen. Beispielhaft schreibt deshalb § 28 Abs. 2 LDG Rheinland-Pfalz
(sinngleich § 28 ThürDG) vor:

> »(2) Der Ermittlungsführer soll für die Dauer seiner Tätigkeit in dem Hauptamt so weit
> entlastet werden, daß der beschleunigte Abschluß der Ermittlungen durch seine haupt-
> amtliche Tätigkeit nicht verzögert wird«.

Auch ist auf die »gleiche Augenhöhe« der Ermittelnden mit der dienstlichen Stel-   567
lung der Beamtin oder des Beamten Rücksicht zu nehmen.

Es können auch **mehrere Ermittelnde** bestellt werden,, wenn der Sachverhalt   568
umfangreich ist und durch eine **Aufteilung** in mehrere Ermittlungskomplexe
schneller aufgeklärt werden kann (Beschleunigungsgebot). In diesem Fall sollte
eine Person koordinierend und federführend für die Zusammenführung der Teilsachverhalte bestimmt werden.

6.7.1.2 Ausschlussgründe

Der grundsätzlich von der Aufgabe der Ermittlungen **ausgeschlossene Personen-**   569
kreis bestimmt sich nach § 20 VwVfG.

> »In einem Verwaltungsverfahren darf für eine Behörde nicht tätig werden,
> 1. wer selbst Beteiligter ist;
> 2. wer Angehöriger eines Beteiligten ist;
> 3. wer einen Beteiligten kraft Gesetzes oder Vollmacht allgemein oder in diesem Verwal-
>   tungsverfahren vertritt;

---

469 Vgl. hierzu *Weiß*, GKÖD II M § 29 Rz. 20, Schwandt, Der Ermittlungsführer in den *Vorermittlun-
     gen*, RiA 2000, 265.
470 So wurde mit den Ermittlungen wegen der im Bundeskanzleramt 1998 verschwundenen Akten und
     Dateien der Landesminister a. D. Burkhard Hirsch eingesetzt. Zu den Rechtsfragen in diesem Zu-
     sammenhang *siehe* Schwandt, a. a. O., und *Battis/Kersten*, Rechtliche Grenzen der Bestellung eines
     privaten »Sonderermittlers« im Disziplinarverfahren, ZBR 2000, 255.
471 A. a. O.

4. wer Angehöriger einer Person ist, die einen Beteiligten in diesem Verfahren vertritt;
5. wer bei einem Beteiligten gegen Entgelt beschäftigt ist oder bei ihm als Mitglied des Vorstands, des Aufsichtsrates oder eines gleichartigen Organs tätig ist; dies gilt nicht für den, dessen Anstellungskörperschaft Beteiligte ist;
6. wer außerhalb seiner amtlichen Eigenschaft in der Angelegenheit ein Gutachten abgegeben hat oder sonst tätig geworden ist.«

570   **Befangenheit**[472] (§ 21 VwVfG) der Ermittelnden verpflichtet zur Ablösung. Liegt z. B. ein Grund vor, der geeignet ist, **Misstrauen gegen die Unparteilichkeit der Ermittelnden (Interessenkollision)** zu rechtfertigen, müssen Dienstvorgesetzte von der Bestellung absehen oder von der Tätigkeit abberufen, da die objektive Aufklärung des Sachverhalts gefährdet ist. Das Gleiche gilt, wenn Ermittelnde am Ausgang des Verfahrens interessiert sein könnten. Selbst wenn die Objektivität aus der Sicht der Beamtin oder des Beamten als nur gefährdet angesehen werden kann, sollte die Notwendigkeit einer Entbindung von der Aufgabe geprüft werden.

> *Beispiele:* Eine Kollegin und Konkurrentin der Beamtin um einen höherwertigen Dienstposten wird mit den Ermittlungen beauftragt oder es bestehen freundschaftliche Bindungen zum Beamten.
> Ein mit den Ermittlungen beauftragter Fachvorgesetzter muss befürchten, dass mit der Feststellung eines Dienstvergehens zugleich Mängel seiner Dienstaufsicht aufgedeckt werden.

571   Sind den **Ermittelnden** selbst **Gründe** bekannt, die den Verdacht einer Interessenkollision ergeben könnten, aber die Dienstvorgesetzten eventuell nicht wissen, ist dies umgehend **mitzuteilen** (Unterstützungs- und Beratungspflicht, § 35 Satz 1 BeamtStG, § 62 Abs. 1 Satz 1 BBG).

572   Die Weiterführung der Ermittlungen durch die oder den ursprünglich Ermittelnden würde schutzwürdige Belange der Beamtin oder des Beamten verletzen; sie wäre auch mit der **Fürsorgepflicht** des Dienstherrn nicht zu vereinbaren.

6.7.1.3 Aufgabe

573   Aufgabe der Ermittelnden ist, den Sachverhalt aufzuklären. Dabei müssen sie sowohl die entlastenden als auch die belastenden und die für die Bemessung einer Disziplinarmaßnahme bedeutsamen Umstände ermitteln (§ 21 Abs. 1 Satz 2 BDG). Es ist die Wahrheit zu erforschen. Jede einseitige Handhabung der Ermittlungen ist auszuschließen. Ermittlungen in voller Objektivität sind Voraussetzung für die »Rechtmäßigkeit« der dienstlichen Handlung (§ 36 BeamtStG, § 63 Abs. 1 BBG).

574   Greifen Dienstvorgesetzte durch rechtlich oder sachlich bedenkliche dienstliche Weisung in den Lauf der Ermittlungen ein (z. B. durch die Anordnung, von einer be-

---

472 »§ 21 VwVfG – Besorgnis der Befangenheit
    (1) Liegt ein Grund vor, der geeignet ist, Misstrauen gegen eine unparteiische Amtsausübung zu rechtfertigen,/wird von einem Beteiligten das Vorliegen eines solchen Grundes behauptet, so hat, wer in einem Verwaltungsverfahren für eine Behörde tätig werden soll, den Leiter der Behörde/den von diesem Beauftragten zu unterrichten und sich auf dessen Anordnung der Mitwirkung zu enthalten. Betrifft die Besorgnis der Befangenheit den Leiter der Behörde, so trifft diese Anordnung die Aufsichtsbehörde, sofern sich der Behördenleiter nicht selbst einer Mitwirkung enthält ...«

stimmten Beweiserhebung abzusehen[473]), so müssen die Ermittelnden etwaige Bedenken gegen die Rechtmäßigkeit dieser Anordnung geltend machen. aufgrund ihrer Weisungabhängigkeit und Loyalität sind sie dennoch verpflichtet, der Weisung nachzukommen. Derartige Weisungen sind nicht mit einem Rechtsbehelf angreifbar.

6.7.2 Beamtinnen und Beamte

Beamtinnen und Beamten haben im Disziplinarverfahren vielfache Rechte.

6.7.2.1 Rechte zu Verfahrensbeginn

Ist die Beamtin oder der Beamte unbekannten Aufenthalts[474] oder infolge körperlicher oder geistiger Gebrechen an der Wahrnehmung ihrer oder seiner Rechte gehindert (Verhandlungsunfähigkeit), haben Dienstvorgesetzte ein Ersuchen an das Vormundschaftsgericht zu stellen, eine **gesetzliche Vertretung** zur Wahrnehmung der Rechte zu bestellen (§ 16 VwVfG – *siehe* auch Muster 14.9)[475]. **Zustellungen** sind in diesem Falle **an die Vertretung** zu richten (§ 8 Abs. 1 Satz 2 VwZG)[476]. Zweifelhaft ist, ob eine völlige Äußerungs- und Handlungsunfähigkeit, die verhindert, dass eine gesetzliche Vertretung Informationen erlangen kann, ein Prozesshindernis sein kann[477].   575

Die **grundlegenden Informations- und Belehrungsansprüche** zu Beginn des Verfahrens sind   576

– die unverzügliche **Unterrichtung über die Einleitung des Disziplinarverfahrens,** sobald eine Aufklärung des Sachverhalts möglich ist, ohne dass die Kenntnis von dem Disziplinarverfahren die Sachaufklärung gefährden kann (§ 20 Abs. 1 Satz 1 BDG),

– die gleichzeitige Eröffnung, welches Dienstvergehen zur Last gelegt wird (§ 20 Abs. 1 Satz 2 BDG),

– der Hinweis, dass es freisteht, sich mündlich oder schriftlich zu äußern oder nicht zur Sache auszusagen (§ 20 Abs. 1 Satz 3 BDG) und

– der Hinweis, dass es freisteht, sich jederzeit einer oder eines Bevollmächtigten oder Beistands zu bedienen (§ 20 Abs. 1 Satz 3 BDG). Die **Beiordnung von Bevollmächtigten** ist **gesetzlich nicht vorgesehen**[478].

Ist die **Belehrung** (der Hinweis) **unterblieben**, besteht für die Aussagen ein **Verwertungsverbot** § 20 Abs. 3 BDG. Es handelt sich bei der Belehrung keineswegs um eine belanglose Formalität[479].   577

---

473 Damit nicht zu verwechseln ist die Beschränkung des Verfahrens auf die wesentlichen Vorwürfe gemäß § 19 BDG, *siehe* Rz. 343 ff.

474 Darunter ist eine Abwesenheit von nicht abzusehender Dauer zu verstehen. Dies kann der Fall sein, wenn sich die Beamtin/der Beamte außerhalb des Geltungsbereichs des Grundgesetzes aufhält/ wenn sie/er sich nicht im Dienst befindet und ihr/sein Aufenthaltsort nicht ermittelt werden kann. In der Regel handelt es sich hierbei um ungenehmigtes und schuldhaftes Fernbleiben vom Dienst.

475 Betreuerin/ein Betreuer/Pflegerin/Pfleger im Sinne des früheren § 19 BDO sind nicht mehr vorgesehen.

476 Gleiches gilt, wenn die Beamtin/der Beamte eine Bevollmächtigte/einen Bevollmächtigten bestellt hat, Rz. 405.

477 OVG Koblenz vom 17.10.2008 – 11 A 10623/08 = IÖD 3/2009.

478 Urteil des BDH vom 02.11.1955 – I D 29/54; BGH, Dienstgericht des Bundes vom 27.10.1988 – RiZ (R) 5/88; BVerwG vom 21.05.1997 – 2 DW 2/96.

479 *Ebert* 3. Aufl. 3.3.1.

578   Sofern die Beamtin oder der Beamte sich nicht schriftlich einlässt (§ 20 Abs. 2 BDG), ist innerhalb von zwei Wochen nach Mitteilung **Gelegenheit zur Äußerung** zu geben.

579   Eine schriftliche Äußerung der Beamtin oder des Beamten kann auch durch Bevollmächtigte abgegeben werden.

6.7.2.2 Beteiligung und Mitwirkung in den Ermittlungen

580   Nach § 24 Abs. 4 Satz 1 BDG hat die Beamtin oder der Beamte ein Recht auf Teilnahme an den **Anhörungen** der **Zeuginnen** und **Zeugen** oder **Sachverständigen** sowie bei **Einnahme des Augenscheins** und dürfen **sachdienliche Fragen** stellen (§ 24 Abs. 4 Satz 1 BDG).

581   Die Beamtin oder der Beamte kann vom Recht auf Teilnahme an Beweiserhebungen nur aus wichtigen Gründen **ausgeschlossen** werden (§ 24 Abs. 4 Sätze 2 und 3 BDG), soweit dies, insbesondere mit Rücksicht auf den **Zweck der Ermittlungen** oder zum **Schutz der Rechte Dritter,** erforderlich ist. Dabei ist zu beachten, dass in diesen Fällen **Bevollmächtigte (bzw. der Beistand)** regelmäßig **nicht** von einer Teilnahme **ausgeschlossen** sind (§ 24 Abs. 2 Satz 3; § 14 VwVfG).

582   **Schriftliche Gutachten** sind zugänglich zu machen, soweit nicht zwingende Gründe entgegenstehen (§ 24 Abs. 4 Satz 3 BDG).

583   Eine Überlassung von Kopien der Niederschriften über die Anhörung von Zeuginnen und Zeugen oder Sachverständigen dürfte nicht grundsätzlich ausscheiden. Bevollmächtigte (*siehe* 6.7.3.3) werden zumeist ohnehin eine Aktenkopie fertigen.

584   Es ist zu beachten, dass die Beamtin oder der Beamte versuchen könnte, diese Niederschriften »zu streuen«, um damit übereinstimmende Aussagen mehrerer Zeuginnen und Zeugen zu erreichen. Aus den gleichen Gründen könnte auch Zurückhaltung bei der Überlassung von Kopien **schriftlicher Äußerungen** von Zeuginnen und Zeugen oder Sachverständigen sowie **dienstlicher Auskünfte** geboten sein. Etwaige Zeugenbeeinflussung könnte als neue Pflichtverletzung (Verletzung der Wohlverhaltenspflicht. § 34 Satz 3 BeamtStG, § 61 Abs. 1 Satz 3 BBG) in das Disziplinarverfahren einbezogen werden (§ 19 BDG).

585   Das **Teilnahmerecht ist nicht suspendiert**, wenn die Beamtin oder der Beamte **vorläufig des Dienstes enthoben** ist (§ 38 Abs. 1 BDG, *siehe* 811).

586   Beamtinnen und Beamte haben grundsätzlich **Mitwirkungspflicht** im Disziplinarverfahren, da es sich um eine dienstliche Angelegenheit handelt. Die – gegenüber § 26 Abs. 2 VwVfG eingeschränkte – Mitwirkungspflicht zeigt sich beispielsweise in den Äußerungsfristen (§§ 20, 30 BDG) und ist andererseits durch das Recht auf Aussageverweigerung begrenzt (vgl. hierzu auch die Wahrheitspflicht in dienstlichen Angelegenheiten, Abschnitt 3.2.3).

587   Auch wenn Bevollmächtigte beteiligt sind, entbindet das nicht von der Mitwirkungspflicht.

588   Zur Herausgabepflicht von Unterlagen *siehe* Rz. 606.

6.7.2.3 Akteneinsicht

589   Die Beamtin oder der Beamte hat nach § 29 VwVfG das **Recht auf Akteneinsicht,** soweit deren Kenntnis zur Geltendmachung rechtlicher Interessen erforderlich ist. Da die Akteneinsicht Ausfluss des grundrechtsgleichen Anspruchs auf rechtliches

Gehör ist, sind an ihren Ausschluss oder ihre Beschränkung strenge Maßstäbe anzulegen.

> *Beispiel:* Aus ermittlungstaktischen Gründen soll der Beamtin oder dem Beamten die Möglichkeit genommen werden, den Sachverhalt zu verdunkeln. Die Kenntnis bestimmter Tatsachen (Aussagen, Feststellungen) könnte es auch ermöglichen, die Einlassung von vornherein darauf auszurichten und damit die Ermittlung der Wahrheit zu gefährden.

Der Akteneinsicht unterliegen grundsätzlich alle Akten, die in den Ermittlungen beigezogen würden, ebenso alle Urkunden und Schriftstücke, die Gegenstand der Ermittlungen waren. **590**

6.7.3 Bevollmächtigte und Beistand

Der Beamte oder die Beamtin kann sich mit **Bevollmächtigten** beraten und im Verfahren durch sie vertreten lassen (§ 14 Abs. 1 VwVfG). Zu **Verhandlungen und Besprechungen kann sie oder er mit einem Beistand erscheinen** (§ 14 Abs. 4 VwVfG). **591**

6.7.3.1 Eignung und Vollmacht

Eine besondere Vorbildung oder Eignung Bevollmächtigter wird nicht vorausgesetzt (§ 14 VwVfG). Bevollmächtigte und Beistände können zurückgewiesen werden, wenn sie geschäftsmäßig fremde Rechtsangelegenheiten besorgen, ohne hierzu befugt zu sein, oder vom schriftlichen bzw. mündlichen Vortrag zurückgewiesen werden, wenn sich ihr Vortrag als ungeeignet bzw. nicht sachgemäß erweist (§§ 14 Abs. 5 und 6 VwVfG). Rechtsanwältinnen und Rechtsanwälte oder andere geschäftsmäßig fremde Rechtsangelegenheiten besorgende Personen können nicht zurückgewiesen werden. Im gerichtlichen Verfahren vor dem **OVG/VGH** und dem **BVerwG** besteht sog. **Anwaltszwang** (§ 67 Abs. 1 VwGO). **592**

Bevollmächtigte haben auf Verlangen eine **schriftliche Vollmacht** vorzulegen (§ 14 Abs. 1 Satz 3 VwVfG). Liegt eine schriftliche Vollmacht vor, sind Zustellungen an die oder den Bevollmächtigten zu richten (§ 8 Abs. 1 Satz 2 VwZG). Es empfiehlt sich dennoch, aus Gründen der Prozessfürsorge zusätzlich Kopien der Schreiben auch der Beamtin oder dem Beamten mitzuteilen (Formlos, bei paralleler formeller Zustellung kann unterschiedlicher Fristenlauf entstehen!). Erscheint die Beamtin oder der Beamte zur Anhörung oder bei einem anderen Termin zusammen mit einem Beistand, gilt dies – auch für das weitere Verfahren als Bevollmächtigung. In den Ermittlungsakten ist dies zu vermerken. **593**

6.7.3.2 Umfang der Mitwirkung – Vertretungsbefugnis

Die **Mitwirkung** der oder des **Bevollmächtigten** wird zunächst in der Beratung und in der Einreichung von Schriftsätzen liegen. Eine schriftliche Äußerung der Beamtin oder des Beamten kann auch durch Bevollmächtigte abgegeben werden. **594**

Bevollmächtigte haben dabei **in Vertretung** der Beamtin oder des Beamten die gleichen Rechte wie diese. Ihre Befugnisse ergeben sich aus der Vollmacht (§ 14 Abs. 1 Satz 2 VwVfG). Der wesentliche Unterschied zwischen dem früheren »Verteidiger« im Disziplinarverfahren (vgl. z. B. § 40 BDO) und Bevollmächtigten ist, dass **Bevollmächtigte ihre Rechte aus den Befugnissen der Beamtin oder des Be-** **595**

amten ableiten[480]. Dies führt dazu, dass ein Verschulden der oder des Bevollmächtigten der oder dem Vertretenen zugerechnet wird. Die Beamtin oder der Beamte kann von sich aus keine Wiedereinsetzung in den vorigen Stand verlangen, wenn Bevollmächtigte eine Frist versäumen[481]. Die Gründe für eine Wiedereinsetzung müsste in diesen Fällen die oder der Bevollmächtigte für sich (sozusagen in eigenem Namen) geltend machen. Das kann Probleme bereiten.

Beispiel: Ein Anwalt versäumt die Berufungsfrist. Die Beamtin kündigt empört sofort das Mandat und sucht einen neuen Bevollmächtigten. Die Fristversäumnis ist dann durch den Anwalt und auch den neuen Bevollmächtigten nicht mehr reparabel.

596   Zu beachten ist, dass in einem Verwaltungsverfahren in eigener Sache die Beamtin oder der Beamte auch selbst die Verpflichtung hat, bei der oder dem Bevollmächtigten nachzufragen, ob und welche Fristen ggf. bestehen, und auf die Einhaltung der Fristen zu dringen (Mitwirkungspflicht). Ein besonderer Hinweis auf diese Verpflichtung dürfte entbehrlich sein; in die Kommunikation zwischen der Beamtin oder dem Beamten und den Bevollmächtigten sollten sich Ermittelnde nicht einmischen.

597   Trägt ein Beistand in einer Anhörung oder Verhandlung vor, ohne dass die Beamtin oder der Beamte widerspricht, muss diese oder dieser sich den Vortrag zurechnen lassen (§ 14 Abs. 4 VwVfG).

6.7.3.3 Teilnahmerechte – Akteneinsicht

598   Bevollmächtigte haben das Recht zur **Teilnahme an mündlichen Anhörungen** und **anderen Beweiserhebungen**; sie können nicht ohne Weiteres ausgeschlossen werden wie die Beamtin oder der Beamte (§ 24 Abs. 2 Satz 3; § 14 VwVfG).

599   Das Recht der Bevollmächtigten, Einsicht in die Akten zu nehmen, ergibt sich aus der Vertretungsbefugnis (§§ 14 Abs. 1 Satz 1, 29 VwVfG). In der Regel dürfte es auch unproblematisch sein, der oder dem Bevollmächtigten die Akten in das Büro zu übersenden[482]. Ob in dem Übersendungsschreiben auf den sorgfältigen Umgang mit der anvertrauten Akte besonders hingewiesen werden sollte, hängt vom Einzelfall ab. Hierbei sollte auch an die Anfertigung eines Aktendoppels (als Retent für die Behörde) gedacht werden! Es kann aber auch Vorsicht geboten sein und Akteneinsicht in der Dienststelle verlangt werden; dies stößt häufig auf Widerstand.

6.7.4 Personalvertretung und Schwerbehindertenvertretung

600   Während der Ermittlungen wird die **Personalvertretung nicht beteiligt,** Ausnahme Bremen (*siehe* 1.5). Mitgliedern der Personalvertretung steht insbesondere kein Anwesenheits- (Beobachtungs-)Recht bei der Beweiserhebung oder den Anhörungen der Beamtin oder des Beamten zu.

601   Auch die **Schwerbehindertenvertretung** ist in den Ermittlungen nicht zu beteiligen (*siehe* 1.6).

---

480 Vgl. hierzu *Gansen*, § 20 Rz. 9.
481 OVG Koblenz vom 03.11.1999 – 3 a 11780/99.
482 *Claussen/Janzen*, § 40 Rz. 8 d.

6.8 Grundfragen der Beweiserhebung

6.8.1 Beweismittel

Es ist über **alle** für die Feststellung des Dienstvergehens und für das Disziplin- 602
armaß **bedeutsamen, belastenden und entlastenden Tatsachen** Beweis zu erheben (§ 21 Abs. 1 BDG), soweit sie nicht offenkundig (§ 291 ZPO) sind. Welche Beweise im Einzelnen erhoben werden müssen, richtet sich nach der Lage des Falles. Die Ermittelnden sind insoweit in der Entscheidung frei.

Als Beweismittel – § 24 BDG regelt die Beweismittel nicht abschließend, son- 603
dern nur beispielhaft (vgl. § 26 Abs. 1 VwVfG) – kommen **insbesondere** in Betracht:
– Einlassung der Beamtin oder des Beamten (§ 20 Abs. 2 BDG),
– Aussagen der Be- und Entlastungszeuginnen und -zeugen (§ 24 Abs. 1 Nr. 2 BDG),
– Aussagen der Sachverständigen (§ 24 Abs. 1 Nr. 2 BDG),
– schriftliche Gutachten von Sachverständigen (§ 24 Abs. 1 Nr. 2 BDG),
– schriftliche Äußerungen von Zeuginnen und Zeugen (§ 24 Abs. 1 Nr. 2 BDG),
– dienstliche Auskünfte (§ 24 Abs. 1 Nr. 1 BDG),
– Augenschein (§ 24 Abs. 1 Nr. 4 BDG),
– Anhörungsniederschriften aus anderen gesetzlich geordneten Verfahren (§ 24 Abs. 2 BDG),
– Beiziehung von Urkunden und Akten – einschließlich der Personalakten – (§ 24 Abs. 1 Nr. 3 BDG).

Strafurteile sind kein Beweismittel; sie sind vielmehr bindend (§ 23 BDG) und 604
unterliegen nicht der Beweiswürdigung.

Über jede Beweiserhebung ist eine **Niederschrift** (*siehe* 6.10.2) anzufertigen 605
(§ 28 Satz 1 BDG).

Unterlagen (Schriftstücke, Zeichnungen, bildliche Darstellungen und Auf- 606
zeichnungen) sind durch die Beamtin oder den Beamten herauszugeben (§ 26 BDG). Gibt die Beamtin oder der Beamte die Unterlagen nicht freiwillig heraus, müssen die Ermittelnden über das VG einen Herausgabebeschluss erwirken lassen, um die (vollstreckbare) Herausgabeanordnung zu erreichen (§§ 26 Satz 2, 25 Abs. 3 und Abs. 2 BDG). Der Antrag ist durch die oder den Dienstvorgesetzten, deren allgemeine Vertreterin oder den allgemeinen Vertreter oder beauftragte Beschäftigte mit der Befähigung zum Richteramt zu stellen.

Entsprechend können über das VG auch **Beschlagnahmen und Durchsuchun-** 607
gen auf Antrag der Dienstvorgesetzten veranlasst werden (§§ 27, 25 Abs. 3 BDG). In diesem Fall sind die Voraussetzungen strenger. Notwendig ist, dass die Beamtin oder der Beamte des zur Last gelegten Dienstvergehens **dringend** (nicht nur zureichend) **verdächtig** ist. Diese Voraussetzung ist dem Strafprozessrecht (§ 112 Abs. 1 Satz 1 StPO) entnommen und erfüllt, wenn ein **hoher Grad an Wahrscheinlichkeit dafür gegeben ist, dass die Beamtin oder der Beamte das Dienstvergehen begangen hat**[483]. Außerdem darf die Maßnahme nicht außer Verhältnis zur Bedeutung der Sache und der zu erwartenden Disziplinarmaßnahme stehen. Die Begründung des Antrags hat dies darzulegen.

---

483 Vgl. *Kleinknecht/Meyer – Großner*, StPO, § 112 Rn. 5.

608   Die Durchführung der Durchsuchung oder Beschlagnahme obliegt den nach der Strafprozessordnung dafür vorgesehenen Behörden (Staatsanwaltschaften – §§ 98, 100, 105 ff. StPO). Diesen ist der Beschluss des VG zur Umsetzung zu übergeben[484].

6.8.2 Umfang der Ermittlungen

6.8.2.1 Beschränkung auf das Erforderliche

609   Die Ermittelnden sind verpflichtet, die Wahrheit zu erforschen. Der Umfang der Ermittlungen richtet sich nach den für die Beurteilung des Dienstvergehens (in objektiver und subjektiver Hinsicht) und die Bemessung der Disziplinarmaßnahme bedeutsamen Umständen (vgl. § 21 Abs. 1 Satz 2 BDG). Diese **Beschränkung der Ermittlungen auf das Erforderliche** verbietet grundsätzlich alle Aufklärungsmaßnahmen, die in keinem unmittelbaren Zusammenhang mit dem Dienstvergehen oder dessen Beurteilung stehen oder für die Bemessung der Disziplinarmaßnahme ohne Bedeutung sind. Ermittlungen, die nur das Ziel haben, Anhaltspunkte für weitere Pflichtverletzungen zu finden, sind generell unzulässig.

610   Auf eine Beweiserhebung aufgrund eines Beweisantrags (§ 24 Abs. 3 BDG) sollte nur mit äußerster Zurückhaltung verzichtet werden (*siehe* 6.13).

6.8.2.2 Ausdehnung auf neue Verfehlungen

611   Ergeben sich im Verlaufe der Ermittlungen Tatsachen, die den Verdacht **neuer Verfehlungen** begründen, so sind die Ermittlungen auf diese **auszudehnen**, wenn die entsprechenden Handlungen für die Art und Höhe der zu erwartenden Disziplinarmaßnahme ins Gewicht fallen könnten (§ 19 BDG – *siehe* 5.5). Die Ermittelnden dürften zu dieser Maßnahme auch dann als stillschweigend ermächtigt anzusehen sein, wenn sich der Ermittlungsauftrag zunächst nur auf die Aufklärung eines bestimmten Fehlverhaltens bezieht. In Zweifelsfällen ist vorher die Entscheidung der Dienstvorgesetzten einzuholen. Eine Information der Dienstvorgesetzten ist in jedem Fall sinnvoll, da diese letztlich die Verantwortung für die Ermittlungen tragen. Diese Unterrichtung ist vor allem geboten, wenn sich der Verdacht neuer Pflichtverletzungen ergibt, die das **Gewicht des Dienstvergehens** insgesamt erschweren, möglicherweise sogar eine vorläufige Dienstenthebung (*siehe* 8.5) erfordern.

612   Die Ausdehnung ist **aktenkundig** zu machen, § 19 Abs. 1 S. atz 2 BDG. Eine Mitteilung an die Beamtin oder den Beamten wird erforderlich sein (*siehe* 5.5).

6.8.2.3 Beschränkung des Verfahrens

613   Sind im Verlaufe der Ermittlungen einzelne Vorwürfe so weit aufgeklärt, dass diese für die umfassende Beurteilung des Dienstvergehens und die zu verhängende Disziplinarmaßnahme ausreichen und die übrigen Handlungen für die Art und Höhe der zu erwartenden Disziplinarmaßnahme nicht mehr ins Gewicht fallen, sollte im Interesse der Verfahrensbeschleunigung das Verfahren beschränkt werden (§ 19 BDG, Konzentrationsmaxime – *siehe* 5.5). Diese **Beschränkung** sollte jedoch von den Ermittelnden mit der oder dem Dienstvorgesetzten abgestimmt und **ak-**

---

484 Vgl. hierzu *Gansen*, § 27 Rz. 12.

tenkundig (a. a. O.) gemacht werden. Eine Zustimmung der Beamtin oder des Beamten zur Verfahrenskonzentration ist nicht notwendig[485].

6.8.3 Vorbereitung der Beweiserhebung

Die Ermittelnden haben sich umfassend auf die Beweiserhebung vorzubereiten mit dem Ziel, die Ermittlungen konzentriert und zügig zu führen.   614

Dabei sind regelmäßig als erstes die **Personalakten auszuwerten**, um ein möglichst vollständiges Bild über die persönlichen und dienstlichen Verhältnisse der Beamtin oder des Beamten zu erhalten. Die aktenführende Personalstelle sollte aufgefordert werden, vor Aktenübersendung deren Vollständigkeit nachzuprüfen! **Frühzeitige Überprüfung der Personalakten auf Vollständigkeit** ist zweckmäßig, da hierdurch eine Verzögerung des Verfahrens durch spätere Einfügung fehlender Unterlagen vermieden werden kann. Im Anhang befindet sich eine tabellarische Übersicht für die Prüfung des Inhalts der Personalakten (Muster 14.7).   615

Besteht der Verdacht zahlreicher Einzelverfehlungen (sog. **Punktesache**) oder sind aus anderen Gründen (z. B. bei umfangreichen Anhörungen) Schwierigkeiten in der Beweiserhebung zu erwarten, sollte vor den eigentlichen Ermittlungen eine Übersicht (Vernehmungsplanung) gefertigt werden, in der die wichtigsten Daten, Vorgänge, Aussagen usw. aufgeführt sind. Das erleichtert – wie die Erfahrung zeigt – die Entscheidung über die Notwendigkeit einzelner Beweiserhebungen ebenso wie die spätere Verhandlungsführung, insbesondere die Formulierung von Vorhalten und Fragen. Bei der Planung könnte bereits eine Liste der möglichen Fragen und Vorhalte formuliert werden. Auch kann es hilfreich sein, die in Betracht kommenden Beweismittel tabellarisch unter Zuordnung der einzelnen Verfehlungen zu ordnen. In umfangreichen Fällen kann ein Datenbankprogramm eingesetzt werden, um die verschiedenen Beweismittel aus unterschiedlichen Blickwinkeln auszuwerten.   616

Die **Reihenfolge** der Beweiserhebungen richtet sich nach den Umständen des Einzelfalls. Es ist nicht unzulässig, noch vor der ersten Anhörung diejenige Person zu vernehmen, welche die oder den Dienstvorgesetzten über ein Fehlverhalten der Beamtin oder des Beamten unterrichtet hat. Dadurch ist es einerseits möglich, einen ungerechtfertigten Vorwurf frühzeitig abzuwenden. Anderseits kann eine möglichst präzise Beschreibung der vorgeworfenen Verfehlung bereits in der ersten Anhörung vorgehalten werden. Das Äußerungsrecht der Beamtin oder des Beamten (§ 20 Abs. 2 BDG) wird dadurch nicht berührt.   617

6.9 Paralleles Straf-/Bußgeldverfahren

Wenn ein Strafverfahren wegen der Tatsachen, die den Verdacht sowohl eines Dienstvergehens als auch einer Straftat rechtfertigen, anhängig ist, sind grundsätzlich die **Strafakten** von der Staatsanwaltschaft **anzufordern**. Auch hier gilt, dass dies bereits vor der ersten Anhörung der Beamtin oder des Beamten geschehen kann.   618

---

485 *Weiß*, GKÖD II M § 19 Rz. 27.

619   Sofern die Strafakten bei den Strafverfolgungsbehörden nicht entbehrlich sind, sollte eine Kopie gefertigt werden.

620   Die Einbeziehung der Strafakten in das Disziplinarverfahren richtet sich nach dem Umfang der disziplinaren Vorwürfe und dem Stand des Strafverfahrens. Über den Fortgang des Strafverfahrens sollten sich die Ermittelnden fortlaufend informieren. Es ist schon vorgekommen, dass Strafverfolgungsbehörden versehentlich ein rechtskräftiges Urteil (Bindungswirkung – § 23 BDG) nicht mitgeteilt haben. Ein Strafurteil kann auch trotz z. B. eingelegter Revision in den tatsächlichen Feststellungen bereits rechtskräftig geworden sein, wenn das Rechtsmittel auf das Strafmaß beschränkt worden ist. Das Disziplinarverfahren kann dann fortgesetzt werden (*siehe nachfolgender* Abschnitt).

6.9.1 Aussetzung des Verfahrens

621   Auf den Grundsatz des § 22 BDG, dass ein mit dem Strafverfahren sachgleiches Disziplinarverfahren auszusetzen ist, wird bereits an anderer Stelle näher eingegangen (*siehe* 5.6.3).

622   Sind **Strafverfahren und Disziplinarverfahren nicht sachverhaltsidentisch** (deckungsgleich), ist das Disziplinarverfahren hinsichtlich des strafrechtlich nicht relevanten Teils **nicht auszusetzen** und insoweit (zu diesem Teilsachverhalt) zügig fortzuführen, damit nach Abschluss des Strafverfahrens durch die weiteren Ermittlungen keine Verzögerung eintritt.

623   In jedem Fall ist es wichtig, unabhängig von der Aussetzung möglichst frühzeitig die persönlichen Verhältnisse der Beamtin oder des Beamten (Leistung, Werdegang pp. entsprechend Muster 14.7) aufzuklären, um im Interesse der **Verfahrensbeschleunigung** diese Unterlagen bei Fortsetzung nach strafgerichtlicher Erledigung sofort parat zu haben.

624   Die Ermittlungen müssen fortgesetzt werden, sobald das Verfahren, das zur Aussetzung geführt hat, mit einer unanfechtbaren Entscheidung geendet hat; die Frist des § 62 BDG (Beschleunigungsgebot, drohende gerichtliche Fristsetzung) läuft sofort weiter.

6.9.2 Einführung des Strafurteils in das Verfahren

625   Liegt ein rechtskräftiges Strafurteil vor, sind dessen tatsächliche Feststellungen bindend, § 23 Abs. 1 BDG. Daher sind die **Urteilsgründe** der Beamtin oder dem Beamten in der Anhörung **vorzulesen** oder im **Selbstleseverfahren** vorzuhalten; dies ist in der Verhandlungsschrift festzuhalten. Dabei sollten die einschlägigen Passagen des Urteils durch Seitenzahl oder Absatznummer möglichst deutlich kenntlich gemacht werden.

626   **Bestreitet** die Beamtin oder der Beamte die (bindenden) **tatsächlichen Feststellungen** mit substantiierten Hinweisen auf einen anderen Geschehensablauf, dann ist diese **Einlassung** zu **protokollieren,** obwohl sie unbeachtlich für die Dienstvorgesetzten ist. Dies folgt aus der Pflicht zur prozessualen Fürsorge und könnte bei einer verwaltungsgerichtlichen Überprüfung als Anregung zur Lösung von den bindenden Feststellungen (§ 57 Abs. 1 Satz 2 BDG) zu verstehen sein.

627   Aus den Strafakten können sich über den Inhalt des Strafurteils hinaus dienstrechtlich relevante Einzelheiten ergeben, die für das Strafverfahren keine Bedeutung haben und damit auch nicht zu den ggf. bindenden Feststellungen eines Straf-

urteils zu rechnen sind. Ggf. sind hierzu weitere beweise erforderlich, z. B. zur Frage des Mitverschuldens Dritter (z. B. bei mangelnder Dienstaufsicht), u. U. auch zum Motiv (z. B. Notlage bei Unterschlagung amtlicher Gelder, die für das Disziplinarmaß Auswirkungen hat, nicht jedoch für die strafrechtliche Bewertung von Bedeutung ist). Beweiserhebungen zu solchen Umständen, die nicht der Bindung unterliegen, sind zulässig.

6.9.3 Strafbefehl

Ein **Strafbefehl** hat keine Bindungswirkung (§ 23 Abs. 1 BDG), da er **kein Urteil** 628 ist; er steht (nur) in der Wirkung »einem rechtskräftigen Urteil gleich« (§ 410 Abs. 3 StPO).

Liegt ein Strafbefehl, ein Bußgeldbescheid einer Verwaltungsbehörde oder ein 629 Beschluss des Gerichts im Bußgeldverfahren (§§ 72 oder 79 Abs. 5 OWiG) vor, ist der **Sachverhalt** demnach im Rahmen der Ermittlungen grundsätzlich **aufzuklären**. Jedoch können sich die Ermittelnden regelmäßig auf ergänzende Ermittlungen beschränken, da die Aufklärungshandlungen im Strafverfahren verwertbar sind (§ 23 Abs. 2 BDG), weil es sich um »in einem anderen gesetzlich geordneten Verfahren getroffene ... tatsächliche ... Feststellungen« handelt (*siehe* Abschnitt). Nochmalige Ermittlungen zu den bereits im Strafverfahren aufgeklärten Fragen sind daher überflüssig.

6.10 Anhörungen

Die nachfolgenden Ausführungen gelten gleichermaßen für die Anhörungen der 630 Beamtin oder des Beamten (*siehe* 6.10.5) wie auch für die Vernehmungen von Zeuginnen und Zeugen (*siehe* 6.10.6) und Sachverständigen (*siehe* 6.10.7).

6.10.1 Rahmenbedingungen der Verhandlung

Anhörungen sollten grundsätzlich **in Diensträumen** der eigenen Verwaltung 631 durchgeführt werden, um die Vertraulichkeit zu wahren. Wenn besondere Empfindlichkeiten in der Dienststelle vermieden werden sollen, kann auch auf Räume anderer Dienststellen ausgewichen werden. Es ist ein Anhörungsraum zu wählen, in dem keine Störungen (und damit auch keine Verletzung des Vertraulichkeitsgrundsatzes) zu befürchten sind.

Voraussetzung für eine erfolgreiche Anhörung ist ein **gutes Verhandlungsklima**. 632 Aufgeschlossenheit und **Vertrauen in eine neutrale Aufklärung des Sachverhalts** fördern die Aussagebereitschaft Anzuhörender. Zu berücksichtigen ist, dass jede Anhörung für die angehörte Person eine erhebliche psychische Belastung mit sich bringt. **Schärfe und Schroffheit** sind zu **vermeiden, selbst wenn sich Anzuhörende unwillig zeigen**. Neutralität und Freundlichkeit sind besser. Unvereinbar mit einer sachgemäßen Anhörung sind ironische und spöttische Bemerkungen. Das gilt auch dann, wenn die oder der Anzuhörende eine völlig abwegige Sachverhaltsdarstellung gibt oder sich mit Schutzbehauptungen verteidigt, deren Unrichtigkeit offensichtlich ist. Nachdrückliche Vorhalte sind in diesen Fällen angezeigt.

633   Es ist darauf zu achten, dass zwischen der ermittelnden und der anzuhörenden Person möglichst **Blickkontakt** hergestellt und damit Aufmerksamkeit gezeigt wird. Dieses Verhalten fördert zugleich die Bereitschaft zur Aussage und Vermeidung unwahrer Angaben.

634   Zu Beginn der Anhörung kann es – insbesondere bei der Anhörung der Beamtin oder des Beamten – angebracht sein, die Rahmenbedingungen dadurch **zu entspannen,** dass über das unbedingt Notwendige hinaus zunächst einige allgemeine Fragen zu den persönlichen oder dienstlichen Verhältnissen der oder des Befragten gestellt werden. Hieraus können sich die Beurteilung der Persönlichkeit wertvolle Informationen ergeben, die nicht sofort und ohne weiteres erkennbar sind. Es sollte aber darauf geachtet werden, dass nicht der Eindruck entsteht, die oder der Ermittelnde könne vom Beweisthema abgelenkt werden.

6.10.2 Protokollierung

6.10.2.1 Förmlichkeiten

635   Für Anhörungen und die weiteren Beweiserhebungen ist die Protokollpflicht zu beachten (§ 28 BDG, § 168 a StPO).

636   In das Protokoll (vgl. Muster 14.13, 14.14, 14.16, 14.20) müssen danach aufgenommen werden:
   – Bezeichnung von Ort und Tag der Anhörung,
   – Uhrzeit des Beginns und des Endes der Anhörung (bei längeren Anhörungen: zeitliche Lage und Dauer etwaiger Unterbrechungen),
   – Namen der mitwirkenden oder beteiligten Personen (Ermittelnde, Protokollführende, Beamtin oder Beamter, gesetzliche Vertretung der Beamtin oder des Beamten, Bevollmächtigte, Beistand, Zeuginnen und Zeugen, Sachverständige),
   – Anträge der Verfahrensbeteiligten,
   – Ausdehnung auf neue Verfehlungen,
   – Beiziehung von Vernehmungen oder Entscheidungen aus Strafverfahren oder anderen gesetzlich geordneten Verfahren,
   – Vorlesung oder Vorlegung des Protokolls zur Genehmigung,
   – Unterzeichnung durch die Beteiligten (nicht vorgeschrieben, aber zweckmäßig).

637   Die Bestellung einer **Protokollführerin** oder eines **Protokollführers** (§ 28 BDG, § 168 a Abs. 4 StPO) ist zur Entlastung der Ermittelnden regelmäßig geboten. Damit steht zugleich eine Zeugin oder ein Zeuge zur Verfügung, falls später Einwendungen gegen die Verhandlungsführung oder den protokollierten Inhalt der Anhörung erhoben werden sollten. Die Protokollführerin oder der Protokollführer ist vor Beginn der Verhandlung auf die Wahrung der Verschwiegenheitspflicht hinzuweisen (Aufnahme in das Protokoll!).

638   Die Blätter der Anhörungsprotokolle sollten möglichst einseitig beschrieben werden. Wird ausnahmsweise die Rückseite benutzt, ist darauf zu achten, dass ein ausreichend breiter Heftrand frei bleibt.

639   Im Falle einer technischen Aufzeichnung, z. B. mittels Tonaufnahmegeräts, sind die vorgesehenen Aufbewahrungsfristen und Verwahrungspflichten zu beachten (§ 168 a Abs. 2 StPO).

6.10.2.2 Gliederung und Fassung des Protokolls

Einleitend werden die **Personalien** der angehörten Person festgestellt. Während   640
der Aufnahme der Personalien ist auf die Sache noch nicht einzugehen.

Bei der Protokollierung einer **Aussage zur Sache** sollte man auf eine möglichst   641
wortgetreue Wiedergabe des Gesagten in kurzen, den Kern der Aussage **in den eigenen Worten der oder des Anzuhörenden** wiedergebenden Sätzen Wert legen.
Die **Aussagen** der oder des Anzuhörenden sind deshalb in **direkter Rede** (Ichform) zu protokollieren. Es empfiehlt sich außerdem, die Aussagen möglichst
im Sprachstil der angehörten Person ins Protokoll zu diktieren oder (besser)
die Aussage wörtlich wiederzugeben (z. B. bei angeblichen Beleidigungen). Das
kann auch durch Setzen von Anführungszeichen besonders hervorgehoben werden. Zulässig ist es auch, Anzuhörende die Aussage selbst diktieren zu lassen;
dies könnte im Protokoll vermerkt werden (»Selbst diktiert«).

Die Lebendigkeit der Äußerung und Anschaulichkeit der Sachschilderung kann   642
auf diese Weise in der Niederschrift ebenso deutlich werden wie auch eine etwaige
Unbeholfenheit der oder des Anzuhörenden, ggf. auch eine Widersprüchlichkeit
der Darstellung. Zusammenfassende Darstellungen sind nicht authentisch. Unwichtige Nebenbemerkungen können aber unberücksichtigt bleiben.

Eine Niederschrift in indirekter Rede ist deshalb falsch, da hierdurch die Aus-   643
sage zumeist nicht richtig wiedergegeben wird.

Beispiel:
Falsch – »Der Zeuge erklärte, er habe gesehen, dass die Beamtin am Schreibtisch
schlief«.
Besser – »Ich betrat am 17.07.2002 gegen 15:30 Uhr das Zimmer der Beamtin und sah,
dass sie die Arme auf den Schreibtisch gestützt hatte und den Kopf in den Händen hielt.
Die Augen waren geschlossen. Sie schnarchte. Während meiner Beobachtung stand ich
ca. 2 Meter vom Schreibtisch entfernt. Das zum Fenster einfallende Licht schien der Beamtin ins Gesicht«.

Einer Konzentration der Niederschrift auf das Wesentliche sind aus Gründen der   644
Authentizität einer Aussage dadurch Grenzen gesetzt. Allgemein gilt: Je bedeutsamer der Inhalt der Aussage, desto genauer muss die Protokollierung sein. Zweckmäßig wird es in diesen Fällen vielfach sein, durch **Protokollierung von Frage
und Antwort** auf eine möglichst eindeutige Sachschilderung hinzuwirken. Frage
und Antwort sollten durch entsprechende Absätze im Text besonders als solche
gekennzeichnet werden.

Ändert die anzuhörende Person mehrfach die Aussage, so muss das im Protokoll   645
deutlich werden. Würde in diesen Fällen nur der Teil der Aussage, der glaubhaft
erscheint, protokolliert, wäre die Niederschrift unvollkommen und damit unrichtig. Eine Änderung der Aussagen kann auch für die Bewertung des Wahrheitsgehalts insgesamt von Bedeutung sein.

Die Feststellung, ob ein Geschehen auf der sicheren Wahrnehmung der Anzuhö-   646
renden beruht, kann u. U. von entscheidender Bedeutung für die Beweiswürdigung sein. Erklärt die oder der Anzuhörende lediglich »*... soweit ich mich erinnere, spielte sich Folgendes ab ...*«, so ist die Protokollierung »*ich sah, dass
...*« unrichtig. **Einschränkungen der Aussage** sind deshalb immer mit zu protokollieren, sodass die Genauigkeit der Aussage ersichtlich bleibt.

647   **Fremdwörter und Fachausdrücke**, die **Ermittelnden** nach ihrem eigenen Sprachstil beim Diktat verwenden, geben häufig Anlass zu Missverständnissen und können sogar eine Aussage verfälschen. Sie sind daher am besten nicht, jedenfalls nur sparsam und in jedem Falle treffend zu verwenden. Besondere Zurückhaltung ist bei dem Gebrauch juristischer Fachausdrücke geboten. Diese sind keinesfalls der anzuhörenden Person in den Mund zu legen.

648   Andererseits sollten **Fremdwörter und Fachausdrücke**, die die oder der **Anzuhörende** in der Aussage ausdrücklich verwendet, unbedingt in das Diktat übernommen und ggf. mit einer Erläuterung versehen werden, wenn dies für das Verständnis der Angaben sinnvoll oder auch nur vereinfachend ist.

649   **Abkürzungen** lassen sich nicht immer vermeiden. Werden sie gebraucht, sind sie zunächst auszuschreiben; ihre Abkürzung ist zur Erläuterung in Klammern dahinter zu setzen.

650   **Besonderheiten**, die sich bei der Anhörung ergeben, müssen aus der Niederschrift hervorgehen. Zu den Besonderheiten zählen außer den bereits oben genannten, technischen Umständen (Unterbrechung der Anhörung, Einbeziehung neuer Verfehlungen, Stellung von Anträgen) auch Auffälligkeiten im Verhalten der oder des Anzuhörenden, z. B. beleidigende Äußerungen, Weinkrampf nach einem Geständnis, Feststellung zur Anhörungsfähigkeit (Verdacht auf Alkoholeinfluss) usw. Es empfiehlt sich, sie in einem Vermerk festzuhalten, der aus Gründen der Übersichtlichkeit im Protokoll einzurücken ist, oder einen besonderen Vermerk zu fertigen, den auch die Protokollführerin oder der Protokollführer als Zeugin oder Zeuge unterzeichnen sollte.

6.10.2.3 Korrekturen und Änderungen des Protokolls

651   Etwaige **Protokollierungsfehler** (z. B. missverstandene Äußerungen, Hörfehler) müssen ersichtlich bleiben. Sie sind im weiteren Verlauf des Protokolls in einem besonderen Absatz richtigzustellen.

> *Beispiel:* »Ich bin soeben falsch verstanden worden. Dass der Beamte betrunken zusammengebrochen war, habe ich nicht gesehen. Ich kam erst hinzu, als der Beamte gegenüber dem Zeugen X. lautstark und teilweise mit lallender Stimme abstritt, überhaupt unter Alkoholeinfluss zu stehen. Er murmelte dabei etwa ›heute Nacht schlecht geschlafen und deshalb eine Schlaftablette genommen‹«.

652   **Schreibfehler** sind grundsätzlich erst im Anschluss an die Protokollverlesung zu berichtigen, um den Fluss der Niederschrift nicht zu unterbrechen. Im Einzelfall kann es geboten sein, die Berichtigung ausdrücklich zu vermerken (z. B. bei falschen Zahlenangaben durch einen mit Namenszeichen versehenen Hinweis am Protokollrand). **Die Korrekturmöglichkeiten der Textverarbeitungsprogramme sollten nicht dazu verleiten, das Überarbeitete zu löschen, da hierdurch der Anhörungsablauf verfälscht dargestellt werden könnte. Richtig ist es, ergänzende Sätze hinzuzufügen** (»*Ich berichtige …*«). Es gibt zwar eine Funktion zur Verfolgung von Änderungen (z. B. WORD unter dem Menüpunkt [Extras – Änderungen verfolgen]), die eingesetzt werden kann. Dann muss aber der Papierausdruck die Änderungen enthalten.

6.10.2.4 Bestätigung des Protokolls

Anhörungsniederschriften sind der vernommenen Person grundsätzlich **zum** 653 **Durchlesen** (Selbstlesen) vorzulegen. Etwaige festgestellte Mängel in der Protokollierung sind anschließend zu berichtigen. Dabei müssen die ursprünglich gewählten Formulierungen lesbar bleiben. Durchstreichen ist besser als »*Ausixen*«, um den Ursprungstext noch zu erhalten; dies ist auch mit Textbearbeitungsprogrammen möglich. Die nachträglich berichtigte Passage sollte dann als solche gekennzeichnet bleiben. Auf die Berichtigung ist ggf. handschriftlich am Rand der Niederschrift hinzuweisen. Man könnte auch derartige Berichtigungen in einem Zusatz zum Protokoll aufnehmen. Soweit eine ergänzende Anhörung zur Klarstellung etwaiger Missverständnisse und Unklarheiten erforderlich ist, sollte sie möglichst sofort durchgeführt werden.

Nach Durchlesen oder Vorlesen des (ggf. berichtigten) Protokolls ist die **Rich-** 654 **tigkeit der Niederschrift** durch einen von der anzuhörenden Person zu unterzeichnenden Vermerk zu bestätigen: »*Nach Durchlesen anerkannt*« bzw. »*Nach Vorlesen anerkannt*«. Das Protokoll wird dann mit der Unterzeichnung durch die ermittelnde Person und der Protokollführerin oder den Protokollführer abgeschlossen (Muster 14.13, 14.14, 14.16, 14.20).

Um zu vermeiden, dass die oder der Anzuhörende später vorbringt, ein mehrere 655 Blätter umfassendes Anhörungsprotokoll stamme nicht aus ihrer oder seiner Anhörung, kann es im Einzelfall angebracht sein, **alle Protokollseiten** von der angehörten Person **mit Unterschrift** (und ggf. Datum) versehen zu lassen. **Weigert** sich die angehörte Person, das Protokoll durch Unterschrift anzuerkennen, so ist dies in einem von der Protokollführerin oder dem Protokollführer und der ermittelnden Person zu unterzeichnenden Vermerk festzuhalten.

Nach Unterzeichnung des Protokolls notwendige Berichtigungen und Ergän- 656 zungen sollten im Interesse der Klarheit in ein **Zusatzprotokoll** aufgenommen werden, soweit die Beamtin oder der Beamte nicht eine schriftliche Äußerung vorzieht.

Die Aushändigung einer Anhörungsniederschrift an die Beamtin oder den Be- 657 amten über seine eigene Anhörung ist nicht erforderlich[486]. Es bestehen keine Bedenken, wenn die Niederschrift in Kopie übergeben wird, es sei denn, es besteht die Gefahr, dass die Protokolle verwendet werden, um Zeuginnen und Zeugen zu beeinflussen.

6.10.3 Aussageförderung – Fragetechnik

Auf Besonderheiten der Anhörung zur Person und die Belehrungspflichten wird 658 in den folgenden Abschnitten gesondert eingegangen.

Von aussagepsychologisch großer Bedeutung ist, dass man die Anzuhörenden 659 **ausreden** lässt. Hemmungen, die sich bei Anhörungen oft einstellen, können so leichter überwunden werden. Das gilt grundsätzlich auch dann, wenn die Ausführungen etwas langatmig sein sollten. Selbst wenn die Aussage erkennbar neben der Sache liegt, sollten die Ermittelnden mit einer Unterbrechung zurückhaltend sein und **vor allem keine Ungeduld zeigen.**

---

486 Vgl. aber die frühere Regelung des § 26 Abs. 2 BDO.

660 Bei jeder **Anhörung zur Sache** ist Anzuhörenden zunächst Gelegenheit zu geben, im **Zusammenhang** darzustellen, was sie über einen Vorgang wissen (vgl. § 69 Abs. 1 Satz 1 StPO). Das gilt auch dann, wenn sie bereits bei anderer Gelegenheit vernommen worden sind oder substantiierte Angaben (z. B. in einer Meldung) gemacht haben. Entscheidend ist – auch für die spätere Beweiswürdigung – immer die Feststellung des gegenwärtigen Wissens. Falsch wäre es z. B., die Anhörung zur Sache mit dem Vorhalt einer früheren Aussage zu beginnen, um dann lediglich die Versicherung, dass diese Darstellung richtig sei, als Aussage zu Protokoll zu nehmen. Es ist wichtig, ob eine erneute, unabhängige Aussage zur gleichen Sache bestätigend oder widersprüchlich ist. **Bei Widersprüchen muss die frühere Aussage vorgehalten werden.**

661 Erst im Anschluss an die zusammenhängende Aussage zur Sache sind etwaige Lücken durch **Fragen** zu schließen und Unklarheiten und Widersprüche durch **Vorhalte** aufzuklären.

662 Bei der Anhörung sollten die Ermittelnden selbst nicht zu viel reden und keine Stellungnahmen abgeben, es sei denn, es handelt sich um Vorhalte. **Fragen** sollten **kurz und klar** sein; umfassende Fragen sind zweckmäßig in Teilfragen aufzulösen. Um Missverständnissen vorzubeugen, kann es angezeigt sein, eine zuvor gegebene Antwort nochmals zur Bestätigung in die folgende Frage einzubauen.

663 Bei der Fragestellung ist zu vermeiden, dass die anzuhörende Person zu früh von dem bisherigen Ergebnis der Ermittlungen Kenntnis erhält. Falsch wäre es, z. B. der Beamtin oder dem Beamten gleich zu Beginn der Anhörung etwaige Aussagen von Zeuginnen und Zeugen oder Anzeigen (Meldungen) in vollem Wortlaut zu verlesen. Dies würde die Möglichkeit eines Vorhalts beeinträchtigen.

664 Fragen, die im Ton und in der Formulierung eine bestimmte Antwort nahe legen (sog. **Suggestivfragen),** sind nicht zu stellen.

665 Setzt sich der aufzuklärende Sachverhalt aus mehreren selbstständigen Geschehensabläufen zusammen (z. B. bei **Punktesachen**), so ist die Anhörung zweckmäßig zu jedem Einzelpunkt abschließend durchzuführen und zu protokollieren.

6.10.4 *Verbotene Anhörungsmethoden*

666 **Anhörungsmethoden, welche die Freiheit des Willens beeinträchtigen, sind verboten** (§§ 136 a Abs. 1, 69 Abs. 3 StPO). Zwar ist die StPO nicht mehr subsidiär anwendbar (§ 3 BDG). Jedoch ist § 136 a StPO Ausdruck des allgemeinen Grundsatzes, dass **die Wahrheit nicht um jeden Preis, sondern nur in einem rechtsstaatlich geordneten Verfahren erforscht werden darf**[487].

667 Zu den verbotenen Methoden zählen insbesondere **Täuschung** (z. B. die wahrheitswidrige Angabe, Mitverantwortliche hätten bereits »gestanden«), **Drohung** z. B. mit der vorläufigen Dienstenthebung (*siehe* 8.5), die Ankündigung, Zeuginnen oder Zeugen selbst mit einem Disziplinarverfahren zu überziehen oder **Versprechen eines ungesetzlichen Vorteils** (z. B. die Zusage, bei einem Geständnis würde von der Erhebung einer Disziplinarklage abgesehen; ein Hinweis an Zeuginnen oder Zeugen auf die kommende Beurteilungsrunde). Darüber hinaus sollten Ermittelnde bei der Anhörung auch alles andere unterlassen, was das Gefühl erwecken könnte, bei bestimmten Aussagen sei mit **Nachteilen** zu rechnen. Macht

---

487 *Kleinknecht/Meyer – Goßner,* StPO, 42. Aufl. § 136 a Rz. 1 m. w. N.

sich Erschöpfung Anzuhörender bemerkbar, ist eine Pause einzulegen oder ein weiterer Anhörungstermin anzuberaumen.

6.10.5 Anhörung der Beamtin/des Beamten

6.10.5.1 Erste Anhörung – Ladung

Sofern sich die Beamtin oder der Beamte zu Beginn des Verfahrens nicht schriftlich   668
äußert (§ 20 Abs. 2 BDG), ist zur ersten Anhörung (auch aus Nachweisgründen) **schriftlich zu laden** (§ 20 Abs. 2 Satz 4 BDG, vgl. Muster 14.12). Die Ladung ist zuzustellen (§ 20 Abs. 2 Satz 4 BDG). Selbst wenn dies bereits mit der Unterrichtung über die Einleitung des Verfahrens geschehen sein sollte, könnte dabei zur Klarstellung nochmals, ggf. auch präziser, mitgeteilt werden, welche Verfehlung zur Last gelegt wird. Ebenso sollte schriftlich mitgeteilt werden, dass es freisteht, sich zu äußern oder nicht zur Sache auszusagen und jederzeit, auch schon vor der Anhörung, eine oder einen Bevollmächtigten zu befragen (§ 20 Abs. 1 Satz 3 BDG). Derartige Wiederholungen sollen nicht nur die Schutzfunktion der Rechte im Verfahren verdeutlichen, sondern zugleich auch an die Mitwirkungspflichten erinnern.

6.10.5.2 Befragung zum Äußerungsrecht

Erscheint die Beamtin oder der Beamte zur ersten Anhörung, sollte – ungeachtet   669
einer bereits mit der Ladung verbundenen Belehrung – ausdrücklich befragt werden, ob und in welcher Weise sie oder er sich äußern will. Es kann ein Missverständnis entstanden sein (Prozessfürsorge). Dabei haben sich Ermittelnde jeder persönlichen Bemerkung zu enthalten, die geeignet sein kann, diese Willensentscheidung zu beeinträchtigen. Es darf auch nicht zu einer spontanen, unüberlegten Entscheidung gedrängt werden. Nach einer Aussage kann gleichwohl eine spätere, weitere Einlassung abgelehnt werden.

Ist die **Belehrung** über die bestehenden Rechte (§ 20 Abs. 1 Satz 3 BDG) bisher   670
versehentlich **unterblieben,** so muss diese nachgeholt werden. **Aussagen ohne Belehrung sind nicht verwertbar.**

Erklärt die Beamtin oder der Beamte, sich zunächst mit einer oder einem Bevoll-   671
mächtigten beraten zu wollen, ist darauf hinzuweisen, dass bereits mit der Unterrichtung über die Einleitung des Verfahrens auf diese Möglichkeit hingewiesen wurde (sofern geschehen). Das Äußerungsrecht wird davon nicht berührt. Sofern die Ermittlungen nicht ohne Einlassung fortgeführt werden können, sind daraus entstehende Verfahrensverzögerungen nicht dem Dienstherrn (vgl. Antrag auf gerichtliche Fristsetzung § 62 BDG, – *siehe* 10.1) zuzurechnen. Darauf sollte gesondert aufmerksam gemacht werden (zu Protokoll nehmen).

Ist jedoch die **Belehrung über die Möglichkeiten einer Beratung mit einer**   672
oder einem Bevollmächtigten versehentlich unterblieben, muss ein **neuer Termin** bestimmt werden, der so zu wählen ist, dass der Beamtin oder dem Beamten Gelegenheit gegeben wird, eine oder einen Bevollmächtigten auszuwählen und sich beraten zu lassen. Eine kurzzeitige Unterbrechung der Verhandlung genügt in der Regel nicht. Die hierdurch eintretende **Verfahrensverzögerung** hat im Hinblick auf eine mögliche gerichtliche Fristsetzung (§ 62 BDG) der **Dienstherr zu verantworten.**

673   Eine Aussagegenehmigung für die Beamtin oder den Beamten (vgl. § 61 BBG) wird nicht erforderlich sein. Mit der Anordnung der Ermittlungen wird sogar ausdrücklich eine Aussage erwartet.

6.10.5.3 Anhörung zur Person – wirtschaftliche Verhältnisse

674   Die Anhörung beginnt mit der **Anhörung zur Person**. Der Umfang der Befragung richtet sich nach den Umständen des Einzelfalls. Die in Betracht kommenden Fragen sind im nach der Erfahrung aufgeführt, um auch für schwierige oder umfangreiche Fälle einen Anhalt zu geben. Grundsätzlich sollte auf folgende Punkte geachtet werden (persönliche und familiäre Verhältnisse):
– Alter,
– Anschrift,
– beamtenrechtlicher Status,
– Familienstand,
– etwaige familiäre Belastungen,
– Größe der Familie,
– Zahl und Alter der Kinder,
– eventuelle Krankheiten,
– Unfallbeschädigung,
– Behinderung,
– Krankheiten (z. B. auch frühere Alkoholtherapie bei Aufklärung einer Alkoholverfehlung),
– frühere Erkrankungen,
– dienstlicher Werdegang,
– dienstliche Verwendung (zum Zeitpunkt des Verhaltens, das Gegenstand der Ermittlungen ist, und gegenwärtige Verwendung),
– gegenwärtiger Einsatz,
– letzte Beförderung,
– dienstliche Beurteilungen,
– Anerkennungen, Belobigungen usw.
– Maßregelungen, Vorbelastungen (Zurechtweisungen, Missbilligungen, Disziplinarmaßnahmen, Einstellungen nach § 14 BDG wegen vorausgegangener strafgerichtlicher Bestrafung oder behördlicher Ordnungsmaßnahme, Gerichtsstrafen usw.) unter Angabe des Fehlverhaltens (**Verwertungsverbot, § 16 BDG beachten!** – *siehe* 12.3).
– finanzielle Lage (Verschuldung?),
– Einkommen (Dienstbezüge, Nebeneinnahmen),
– sonstige finanzielle Verpflichtungen.

675   Sofern zur Vorbereitung der Anhörung bereits eine tabellarische **Übersicht** (14.7) zu diesen Fragen **nach Aktenlage** angelegt wurde, kann auch daran gedacht werden, diese Übersicht zur Gegenkontrolle wie auch zur Verkürzung der Befragung und ggf. schriftlichen Bestätigung bzw. Abänderung und Gegenzeichnung **vorzulegen**.

676   Ist der erhobene Vorwurf so schwer, dass voraussichtlich die Entfernung aus dem Beamtenverhältnis beabsichtigt ist, sind zur Vorbereitung der Anordnung über die vorläufige Einbehaltung eines Teils der Dienstbezüge (§ 38 Abs. 2 BDG, *siehe* 8.5) die **wirtschaftlichen Verhältnisse** zu ermitteln (Muster 14.8). Die wirtschaft-

lichen Verhältnisse können aber auch in einem behördlichen Disziplinarverfahren für die Entscheidung über die Verhängung einer Geldbuße oder Kürzung der Dienstbezüge von Bedeutung sein (*siehe* 4.3).

Die Angaben sind – soweit möglich – nachzuprüfen. Dabei ist Folgendes zu be- 677 achten: Grundsätzlich ist eine Beamtin oder ein Beamter zu Auskünften über zum privaten Bereich gehörende wirtschaftliche Verhältnisse nicht verpflichtet. Es sollte deshalb vor der entsprechenden Befragung nachweislich, z. B. durch Aufnahme in das Protokoll, darüber unterrichtet werden, dass die Angaben nur in diesem Verfahren und nur für die Disziplinarentscheidung verwertet werden.

Wird die Auskunft über die wirtschaftlichen Verhältnisse verweigert, muss da- 678 von ausgegangen werden, dass keine in den wirtschaftlichen Verhältnissen liegende Gründe vorliegen, die zugunsten der Beamtin oder des Beamten zu berücksichtigen sind. Dies hätte zur Folge, dass die Verhängung des gesetzlich zulässigen höchstmöglichen Satzes der Geldbuße (§ 7 BDG), des von den Gerichten im Allgemeinen für angemessen erachteten Regelsatzes einer Kürzung der Dienstbezüge (*siehe* 4.3) oder die Einbehaltung des nach § 38 Abs. 2 oder 3 BDG zulässigen Höchstbetrages von 50 bzw. 30 % der Dienstbezüge in Betracht kommt. Die Beamtin oder der Beamte sollte deshalb darauf hingewiesen werden, dass die **Mitwirkungspflicht im eigenen Interesse** liegt. Nur wer selbst die für sich günstigen Informationen nicht vorenthält, kann diese berücksichtigt wissen. Die Prozessfürsorge stößt hier an Grenzen.

Im Falle einer Aussage hat die Beamtin oder der Beamte neben der Richtigkeit 679 und Vollständigkeit auch die **Freiwilligkeit** der Angaben zu versichern (*siehe* Muster a. a. O.).

6.10.5.4 Anhörung zu den Pflichtverletzungen

Wird zur Sache ausgesagt, sollte zunächst Gelegenheit gegeben werden, zu dem 680 vorgeworfenen Fehlverhalten im **Zusammenhang** Stellung zu nehmen.

Auch in der Anhörung der Beamtin oder des Beamten kann es sinnvoll sein, die 681 **Vorwürfe nochmals zu wiederholen,** um eine möglichst sachgemäße Einlassung zu erreichen. Auch hier gilt, wie bei der ersten Einleitung des Verfahrens, dass allgemeine Angaben nicht genügen. Die der Beamtin oder dem Beamten vorgeworfenen Verfehlungen sind möglichst genau zu beschreiben. Eine Bezeichnung der u. U. verletzten Vorschriften ist auch bei diesem Verfahrensstand nicht notwendig.

Beweismaterial bereits zu diesem Zeitpunkt zu benennen, ist nicht erforderlich 682 und kann sogar sachwidrig sein, da eine der Sachaufklärung förderliche Aussage verhindert werden könnte.

Zweckmäßig ist auch, **auf die Wahrheitspflicht** und darauf **hinzuweisen,** dass in 683 der Abgabe unwahrer Erklärungen ein Dienstvergehen liegen kann (*siehe* 3.2.3). Dies kann insbesondere dann der Fall sein, wenn wahrheitswidrig Andere belastet werden. Darin liegt kein nötigendes Verhalten, sondern lediglich ein Hinweis. Das Recht zu schweigen wird dadurch nicht berührt.

Bei der **Anhörung zur Sache** empfiehlt es sich, den Sachverhalt nach Zeitpunkt, 684 Ort, Art und Motiv der Verfehlung zu ordnen.

685   Beispielhafter Fragenkatalog:

Frage	Merkmal	Beispiel
Wann?	Zeit	Datum, Uhrzeit
Wo?	Ort	In Bezug auf Personen: »Ort des Ereignisses« In Bezug auf Sachen: »Ort des Auffindens«
Was?	Sache	Gegenstand (Art, Beschaffenheit, Verwendungszweck – z. B. bei Diebstahl von Verwaltungseigentum)
Wie?	Vorgehen	Art und Weise des Vorgehens (z. B. wohl überlegte und sorgfältig vorbereitete Ausführung)
	Verhalten	In Bezug auf Personen: Auftreten, Ausdruck, Haltung
	Zustand	In Bezug auf Personen: Z. B. unter Alkoholeinfluss stehend In Bezug auf Sachen: Z. B. Wert, bes. Eigenschaften (z. B. bei Diebstahl von Schrottmaterial)
	Beteiligung	Strafrechtliche Bewertung: Anstiftung, Täterschaft, Mittäterschaft, Gehilfenschaft[488]
Wie viel?	Menge	Anzahl, Gewicht z. B. bei Diebstahl von Büromaterial
	Wert	Betrag in €
Womit?	Hilfsmittel	Werkzeug, Arbeitsmittel
Warum?	Grund	Z. B. Ursache, Anstoß, Urheber, Veranlassung (z. B. Flucht aus familiären Schwierigkeiten bei Fernbleiben vom Dienst)
Wozu?	Zweck	Ziel, Absicht
Wie lange?	Dauer	Z. B. bei Fernbleiben vom Dienst oder bei verspätetem Dienstantritt
Wie oft?	Häufigkeit	
Wodurch begünstigt?		Mangelnde Dienstaufsicht, Duldung rechtswidriger Verhaltensweisen durch Vorgesetzte, gleichartiges Verhalten von Kollegen
Welche Rechtfertigung?		Bei Vernachlässigung der dienstlichen Tätigkeit: Überlastung Oder: Genehmigung durch Vorgesetzte
Welche Schuld?	Vorsatz	Wissen und Wollen
	Fahrlässigkeit	Nötige Sorgfalt?

---

488 Dies hat zwar keine besondere disziplinare Bedeutung für die Feststellung eines Dienstvergehens (*siehe* 2.2.4), kann aber dennoch wegen des Motives von Bedeutung sein.

6.10.5.5 Ermittlung anderer für das Disziplinarmaß wesentlicher Umstände

Über den (engeren) Sachverhalt der Pflichtverletzungen hinaus muss immer das 686
gesamte dienstliche und außerdienstliche Verhalten der Beamtin oder des Beamten für die disziplinare Reaktion Berücksichtigung finden. In der Regel sollte die Anhörung dazu aus verfahrensökonomischen Gründen erst dann erfolgen, wenn der Sachverhalt unter Ausschöpfung aller Beweismittel aufgeklärt ist und die Annahme eines Dienstvergehens rechtfertigt.

Dabei ist jedoch immer daran zu denken, dass u. U. eine Verfahrensverzögerung 687
eintreten könnte (§ 62 BDG). Wenn absehbar ist, dass die abschließende Anhörung nach § 30 BDG für die Aufklärung dieser Umstände voraussichtlich nicht ausreichen wird, sollte früher recherchiert werden.

Folgende Umstände können dabei maßgeblich sein: 688
– Lebensweg und
– andere Merkmale wie
– Verhalten vor der Pflichtverletzung.
– Verhalten während der Pflichtverletzung außerhalb des Kerngeschehens.
– Verhalten nach der Pflichtverletzung.

6.10.5.6 Verhalten vor der Pflichtverletzung

Hier ist aufzuklären, wie sich die Beamtin oder der Beamte bis zur Tat verhalten 689
hat:
– Erkrankungen,
– familiäre Umstände,
– einwandfreier Charakter,
– gute dienstliche Leistungen,
– Beurteilungen,
– labile Haltung,
– oft aufgefallen (wann, weswegen?),
– wann (mehrfach?) mündlich wegen welches Sachverhalts ermahnt,
– wann und wegen welches Sachverhalts gemaßregelt,
– wann und wegen welches Sachverhalts von der Beförderung zurückgestellt?

6.10.5.7 Verhalten bei der Pflichtverletzung

Folgenden **verhaltensbezogenen Fragen** im Zusammenhang mit einer Pflichtver- 690
letzung ist zusätzlich zum eigentlichen Sachverhalt nachzugehen:
– Handelte es sich um eine spontane Entgleisung, in der nur eine unzureichende Motivabwägung möglich war?
– Lag ein psychisch oder physisch erheblich beeinträchtigter Zustand vor, der ein einmaliges Versagen in einer besonderen (zumeist unvorhergesehenen) Situation verständlich erscheinen lässt (z. B. dienstliche Belastungen, schwere gesundheitliche Beeinträchtigungen, eheliche oder familiäre Schwierigkeiten usw.)?
Bei Verfehlungen im Dienst: 691
– Bedeutung der verletzten Pflicht für den dienstlichen Bereich?
– Handelt es sich um eine reine Ordnungsbestimmung?

- Welche konkreten dienstlichen Nachteile (wirtschaftlicher oder immaterieller Art) sind eingetreten oder hätten eintreten können?
- Durch welche Umstände ist es nicht zu einer konkreten Beeinträchtigung dienstlicher Belange gekommen?
- Besondere Stellung (z. B. Vorgesetztenstellung, Aufsichtsfunktion, Kassen-, Materialverwaltung)?
- Besondere Ausbildung für den Tätigkeitsbereich?
- Wurde hinsichtlich der verletzten Pflicht besonders belehrt?
- Falls ja, wann, in welcher Form, mit welchem Wortlaut?
- Überforderung?
- Anhaltspunkte für eine Minderung des Einsichts- oder Hemmungsvermögens (z. B. Alkoholeinfluss, gesundheitliche Labilität, dienstliche Überlastung, psychische Beeinträchtigung)?
- Durch welche Umstände wurde die Pflichtverletzung begünstigt?
- Ist der Beamte oder die Beamtin durch Mitarbeiterinnen oder Mitarbeiter oder Vorgesetzte zur Pflichtverletzung bestimmt worden?
- Haben Vorgesetzte das Verhalten geduldet?
- Mangelnde Dienstaufsicht?
- Ungeordnete Verhältnisse in der Dienststelle (Beschreibung!)?
- Wurde der Arbeitsfrieden gestört?
- Ist Mitarbeiterinnen und Mitarbeitern eine weitere Zusammenarbeit zumutbar[489]?
- Stellungnahmen der Personalvertretung hierzu?

692 Bei **Verfehlungen außerhalb des Dienstes:**
- Sind Umstände vorhanden, die eine besondere Dienstbezogenheit begründen?
- Lässt sich aus der Art der Verfehlung ein Rückschluss auf die dienstliche Zuverlässigkeit ziehen?
- Sind Umstände vorhanden, die einen besonderen Ansehensschaden bewirkt haben?
- Trug die Beamtin oder der Beamte Dienstkleidung?

693 Bei inner- wie außerdienstlichen Pflichtverletzungen können noch **folgende äußere Einflüsse** von Bedeutung sein:
- Wurde durch das Verhalten der Beamtin oder des Beamten das Vertrauen des Dienstherrn gestört (bzw. dessen Ansehen geschädigt)?
- In welchem Maße?
- Sind besondere Folgen eingetreten?
- War die Beamteneigenschaft bekannt?
- Hat die Öffentlichkeit Anstoß genommen?
- Ist das Verhalten in der Presse erörtert worden?
- Wurde über eine etwaige Hauptverhandlung im Strafverfahren in der Presse berichtet?

---

489 So wurde im Falle eines Kollegendiebstahls, der nach der bisherigen Rechtsprechung die Entfernung aus dem Beamtenverhältnis unabweisbar macht, eine Unterschriftensammlung der Kolleginnen und Kollegen als Milderungsgrund für denkbar gehalten, der ein Absehen von der disziplinaren Höchstmaßnahme rechtfertigen könnte, OVG Bautzen vom 22.12.2008 – D 6 A 582/08.

6.10.5.8 Verhalten nach der Pflichtverletzung

Hier wird aufzuklären sein,   694
– War man um Wiedergutmachung eines verursachten Schadens bemüht?
– Sind finanzielle oder sonstige Folgen der Pflichtverletzung zu tragen?
– Bei Alkoholverfehlungen, die eine besondere Labilität erkennen lassen: Ist ärzt-
  liche Behandlung notwendig? Ist eine Alkoholtherapie erfolgt?
– Es kann auch darauf ankommen, wie die Beamtin oder der Beamte im Anhö-
  rungszeitpunkt zur vorgeworfenen Verfehlung steht:
– Geständnis?
– Offenbarung des Verhaltens vor Entdeckung?
– Wann?
– Gegenüber wem?
– Wird trotz eindeutiger Beweise abgestritten?
– Wird andererseits Reue oder Einsicht gezeigt?

6.10.5.9 Besonderheiten bei schwersten Dienstvergehen, z. B. Zugriff auf anvertraute Vermögenswerte

Schwerste Dienstvergehen haben grundsätzlich die Entfernung aus dem Beamten-   695
verhältnis zur Folge. Dazu gehören insbesondere die schuldhafte Verletzung der
Pflicht zur Uneigennützigkeit im Dienst (vgl. § 34 Satz 2 BeamtStG, § 61 Abs. 1
Satz 2 BBG), Korruptionsdelikte (§ 42 BeamtStG, § 71 Abs. 1 BBG) und
schwerste Straftaten im Dienst (*siehe z. B. 3.1.14.2, 3.1.15.5, 4.5*).

Besondere **Milderungsgründe** können aber vorliegen, die eine andere Bewer-   696
tung zulassen (Einzelheiten *siehe* a. a. O.). Dienstvorgesetzte und Ermittelnde
müssen sich beim Verdacht dieser Pflichtverletzungen bereits bei der Vorbereitung
der Ermittlungen mit dieser Rechtsprechung besonders vertraut machen[490].

Die Ermittlungen müssen Anhaltspunkten für solche Milderungsgründe besonders nachgehen, um einer vorschnellen Schlussfolgerung vorzubeugen, die
Entfernung aus dem Beamtenverhältnis sei angezeigt. Werden sie erst im Zuge
der Ermittlungen bekannt, ist zu prüfen, ob etwaige Maßnahmen der vorläufigen
Dienstenthebung und Einbehaltung der Dienstbezüge (§ 38 BDG, – *siehe* 8.5)
noch gerechtfertigt sind.

6.10.6 Zeuginnen und Zeugen

6.10.6.1 Ladung – Aussagegenehmigung

Alle Personen, auch Privatpersonen, die zur vollständigen Aufklärung eines Sach-   697
verhalts zweckdienliche Angaben machen können, sind als Zeuginnen und Zeugen
zu laden und über etwaige Auskunftsverweigerungsrechte zu belehren (Muster
14.15). Der Beamtin oder dem Beamten ist die Ladung mitzuteilen (a. a. O.).
Die Zeuginnen und Zeugen sind einzeln und in Abwesenheit der später zu hören-
den Personen zu vernehmen.

Zeuginnen und Zeugen sind nach § 25 Abs. 1 BDG zur Aussage verpflichtet. In   698
der Ladung ist auf diese Pflicht hinzuweisen. Im disziplinarrechtlichen Ermitt-

---

490 Vgl. auch *Weiß*, GKÖD, J 910, Rz. 41 ff.

lungsverfahren besteht aber keine direkte gesetzliche Handhabe, zum Erscheinen und zur Aussage zu zwingen. Mitarbeiter und Mitarbeiterinnen der Dienststelle der Dienstvorgesetzten werden jedoch nach dem arbeitsrechtlichen Direktionsrecht bzw. der beamtenrechtlichen Folgepflicht (§ 35 Satz 2 BeamtStG, § 62 Abs. 1 Satz 2 BBG) einer Ladung zur Anhörung folgen müssen. Auf Mitarbeiter und Mitarbeiterinnen anderer Dienststellen könnte ggf. über deren Dienstvorgesetzte eine entsprechende Weisung erreicht werden, jedenfalls dann, wenn diese Dienststelle zum gleichen Dienstherrn gehört. Dabei ist allerdings darauf zu achten, dass gegenüber anderen Dienstvorgesetzten die Vertraulichkeit der notwendigen Informationen gewahrt bleibt.

699   Bei einer Weigerung auszusagen, können Dienstvorgesetzte das zuständige VG um Anhörung ersuchen (§ 25 Abs. 2 BDG – *siehe* Muster 14.17). Ein solches Ersuchen wird regelmäßig nur in Ausnahmefällen und bei Privatpersonen in Betracht kommen. Vor der Ladung von Privatpersonen sollte man daher klären, ob sie zum Erscheinen und zur Aussage bereit sind. Der Hinweis auf eine drohende gerichtliche Vernehmung kann mitunter geeignet sein, Zeuginnen und Zeugen, die nicht zur Aussage erscheinen möchten, zu veranlassen, der Ladung Folge zu leisten. Manchmal kann der Hinweis auf eine mögliche Vernehmung durch das VG einer anfänglichen Aussageverweigerung entgegenwirken.

700   Familienangehörige der Beamtin oder des Beamten sollten möglichst nur im Ausnahmefall als Zeuginnen und Zeugen geladen werden.

701   Eine Aussagegenehmigung für Angehörige der Dienststelle der Beamtin oder des Beamten dürfte im Regelfall nicht notwendig sein, da durch die Anordnung der Ermittlungen deren Aussagepflicht vorausgesetzt wird.

702   Sollen Angehörige **anderer Dienststellen oder Verwaltungen** vernommen werden, haben sie eine **Aussagegenehmigung** vorzulegen[491], wenn sie über Angelegenheiten aussagen sollen, die ihrer (dortigen) Amtsverschwiegenheit unterliegen (§ 37 BeamtStG, § 67 BBG). Bei auftretenden Schwierigkeiten sollte man sich mit den dortigen Dienstvorgesetzten in Verbindung setzen. Ergeben sich derartige Schwierigkeiten erst in der Anhörung, dürfte eine etwaige Verzögerung nicht zulasten der Beamtin oder des Beamten gehen. Es ist daher bereits **vor der Anhörung** durch vorherige Anfrage bei der Zeugin oder dem Zeugen zu klären, ob eine Aussagegenehmigung benötigt werden könnte.

6.10.6.2 Anhörung zur Person und Belehrung

703   Vor Anhörung zur Sache sind den Zeuginnen und Zeugen der Gegenstand der Ermittlungen und die Person der Beamtin oder des Beamten bekannt zu geben. Sie sind ggf. an die Wahrheitspflicht in dienstlichen Angelegenheiten zu erinnern und über ein etwaiges Zeugnis- oder Auskunftsverweigerungsrecht (§ 25 BDG, §§ 52 bis 55 StPO) zu belehren. Diese Belehrung ist aktenkundig zu machen (vgl. Muster 14.16), auch wenn sie bereits mit der Ladung des Zeugen erfolgt ist (vgl. Muster 14.15).

---

491 Die Auffassung von *Weiß* GKÖD II § M 25 Rz. 52, dass sich die Ermittelnden wegen einer Aussagegenehmigung unmittelbar an die dortige Dienststelle zu wenden hätten, erscheint unpraktisch. Dies setzte nämlich bereits die Kenntnis des von der Zeugin/dem Zeugen zu bekundenden Sachverhalts voraus.

Ist die Zeugin oder der Zeuge aber bereit, auszusagen, obwohl ein Aussageverweigerungsrecht vorliegt, ist die Belehrung nach §§ 52 Abs. 3, 55 Abs. 2 StPO durch folgenden ausdrücklichen Zusatz am Anfang der Verhandlungsschrift zu ergänzen: 704

> »Ich bin vor meiner Anhörung über mein Recht zur Verweigerung des Zeugnisses oder der Aussage belehrt worden. Ich will aussagen«.

Macht die Zeugin oder der Zeuge Gründe geltend, die Aussage zu verweigern, so ist zur Angabe dieser Gründe anzuhalten, um ggf. eine Überprüfung des angeblichen **Aussageverweigerungsrecht**s durch das VG (§ 25 Abs. 2 BDG) veranlassen zu können. Verweigern Bedienstete der Verwaltung, der auch der Beamte oder die Beamtin angehört, die Aussage grundlos, so sind sie darauf hinzuweisen, dass darin u. U. eine Verletzung ihrer Pflicht zur Unterstützung des Dienstherrn (§ 35 Satz 1 BeamtStG, § 62 Abs. 1 Satz 1 BBG) liegt, die bei Beamtinnen oder Beamten disziplinarrechtliche Maßnahmen, bei Angestellten arbeitsrechtliche Konsequenzen auslösen können. Dieser Hinweis ist aktenkundig zu machen.   705

Die Anhörung beginnt mit den Personalien (Vor- und Zuname, Alter, Beruf oder Amtsbezeichnung, Wohnort und ggf. Dienststelle). Hierauf folgt die Belehrung.   706

Soweit erforderlich, ist über Umstände, welche die **Glaubwürdigkeit** in der vorliegenden Sache betreffen, insbesondere zu persönlichen Beziehungen zu der Beamtin oder dem Beamten, zu befragen. In Betracht kommen Fragen nach engen freundschaftlichen, nachbarlichen, kollegialen, dienstlichen oder sonstigen Bindungen. Dabei sollte regelmäßig auch gefragt werden, ob ein Duz-Verhältnis besteht oder ob sich aus irgendwelchen Gründen besondere Spannungen (z. B. aus einem Konkurrentenverhältnis oder Nachbarschaftsstreit) ergeben haben.   707

Bei **sachverständigen Zeuginnen und Zeugen**, die aufgrund besonderer Befähigung bestimmte Ereignisse oder Tatsachen sachkundig beurteilen können, sollte nach der besonderen Qualifikation befragt werden (Gutachterkompetenz – *siehe* 6.10.7), um insoweit die Beweiswürdigung zu erleichtern.   708

6.10.6.3 Anhörung zur Sache

Die Anhörung zur Sache ist unter Berücksichtigung der unter 6.10.5.4 erörterten Grundsätze durchzuführen. Besonders ist darauf zu achten, dass sich die Zeugin oder der Zeuge zunächst im Zusammenhang äußert.   709

Eine Gegenüberstellung mit anderen Zeuginnen und Zeugen oder mit der Beamtin oder dem Beamten ist zulässig und notwendig, wenn dies zur vollständigen Aufklärung des Sachverhalts geboten erscheint.   710

Für die Anhörung und Befragung gilt im Übrigen das Entsprechende wie für die Anhörung der Beamtin oder des Beamten zur Sache.   711

Eine Vereidigung in den Ermittlungen ist nicht zulässig.   712

Zeuginnen und Zeugen erhalten ggf. Reisekosten und Entschädigung für Verdienstausfall nach dem Zeugen- und Sachverständigenentschädigungsgesetz vom 22.06.2004[492].   713

---

492 BGBl. I S. 1190.

6.10.6.4 Schriftliche Befragung von Zeuginnen und Zeugen

714 Eine **schriftliche Befragung** von Zeuginnen und Zeugen ist zwar nach § 24 Abs. 1 Nr. 2 BDG vorgesehen. Jedoch sollte von dieser Möglichkeit nur mit **äußerster Zurückhaltung** Gebrauch gemacht werden. Eine Anhörung gibt bessere Gelegenheit, unklare Antworten zu klären, und kann schriftliche Nachfragen vermeiden.

715 Eine schriftliche Zeugenäußerung bringt außerdem die Gefahr mit sich, dass die Aussage vorher – eventuell auch mit der Beamtin oder dem Beamten – abgesprochen wird oder durch den Versuch einer stilistisch möglichst einwandfreien Darstellung inhaltlich geglättet oder verändert wird und damit nicht mehr authentisch und möglicherweise auch unbrauchbar ist.

716 Die zu stellenden Fragen müssen auch äußerst präzise ausformuliert werden, um nicht missverstanden zu werden.

717 Die schriftliche Zeugenbefragung sollte sich daher auf Ausnahmefälle beschränken, wenn z. B. eine Zeugin oder ein Zeuge nur mit größten Schwierigkeiten der Ladung Folge leisten kann. Man sollte in solchen Fällen auch an die Möglichkeit von Video- oder Telefonkonferenzen (unter Einbindung der Beamtin oder des Beamten und der Bevollmächtigten) denken. Wirtschaftliche Überlegungen zu den ggf. entstehenden Reisekosten und einem Verdienstausfall sollten jedoch keine vorrangige Rolle spielen.

6.10.7 Sachverständige

718 Sachverständige sollen nur hinzugezogen werden, wenn ein Gutachten für eine vollständige Aufklärung des Sachverhalts unentbehrlich ist. »Sachverständiger kann **jede** (auch ausländische) **Person** sein, **die auf einem Sachgebiet besonders sachkundig** ist, jeder also, der kraft seines (Erfahrungs-)Wissens eine fachliche Qualifikation besitzt[493]«. Ihre Aufgabe ist nicht nur die Bekundung eines Sachverhalts, den sie selbst ermitteln (z. B. Dienstfähigkeit), sondern auch die Unterstützung der Bewertung von Tatsachen durch die Ermittelnden und Dienstvorgesetzten. Dies kann z. B. durch Darlegung von Erfahrungssätzen spezieller Art (z. B. wissenschaftlicher Erkenntnisse, Erklärung bestimmter technischer Zusammenhänge) oder Stellung zu bestimmten Beweistatsachen, »die nur vermöge besonderer Sachkunde wahrgenommen oder erschöpfend verstanden und beurteilt werden können«[494], geschehen.

Zu Beginn der Anhörung sind Sachverständige auf das Gutachtenverweigerungsrecht hinzuweisen (§ 76 StPO). Die bereits für die Zeuginnen und Zeugen vorstehend dargestellten Grundsätze gelten entsprechend. Sofern die besondere Qualifikation nicht bekannt ist, die sich z. B. bei Fachärztinnen oder -ärzten zumeist aus der Berufsbezeichnung ergibt, sollten Sachverständige ihre »Gutachterkompetenz« erläutern.

719 Sachverständige werden üblicherweise das Gutachten zunächst schriftlich erstatten. Eine besondere persönliche Anhörung kann sich im Einzelfall erübrigen. Jedoch ist bei Zweifelsfragen, insbesondere wenn die Beamtin oder der Beamte Fragen an Sachverständige stellen möchte, eine persönliche Anhörung sogar not-

---

493 *Weiß* GKÖD II M § 24 Rz. 91.
494 BGHSt 9, 293.

wendig. Die früher anzuwendende Vorschrift des § 256 StPO (Behördengutachten), wonach private Gutachten regelmäßig nur durch persönliche Anhörung der oder des Sachverständigen in das Verfahren eingeführt werden konnten, ist nicht einschlägig.

6.10.8 Anhörungsniederschriften aus anderen Verfahren

Anhörungsniederschriften über Vernehmungen von Zeuginnen oder Zeugen aus anderen gesetzlich geordneten Verfahren (z. B. aus polizeilichen oder staatsanwaltschaftlichen Ermittlungsakten oder aus Gerichtsakten) können beigezogen und grundsätzlich ohne nochmalige Anhörung verwertet werden (§ 23 Abs. 2 Satz 2 BDG). Werden sie nicht im Original beigezogen, sollten beglaubigte Ablichtungen gefertigt werden. Die Beiziehung der Niederschrift ist im Protokoll zu vermerken und der Beamtin oder dem Beamten dazu rechtliches Gehör zu gewähren; auch das ist im Protokoll festzuhalten.   720

Wollen sich anzuhörende Personen bei einer erneuten Anhörung zur Stützung ihres Gedächtnisses einer ihrer früheren Aussagen bedienen, dürfen Ermittelnde ihnen diese vor Anhörung zur Sache nicht vorlesen; vielmehr soll auch in diesen Fällen zunächst im Zusammenhang der gegenwärtige Wissensstand dargestellt werden (*siehe* 6.10.3).   721

6.11 Dienstliche Auskünfte/Beurteilungen

Dienstliche Auskünfte von Behörden (Dienststellen) sind – ggf. unter zusätzlicher Berufung auf die Pflicht zur Amtshilfe (§ 4 VwVfG bzw. die Spezialregelungen in den Disziplinargesetzen einiger Länder) – schriftlich einzuholen. Im Prinzip handelt es sich dabei um die Beiziehung von Akten.   722

Das Wissen einzelner Mitarbeiterinnen und Mitarbeiter von Dienststellen ist durch Zeugenvernehmung oder schriftliche Aussage zu erlangen; es handelt sich nicht um dienstliche Auskünfte[495].   723

Eine Auskunftserteilung kann z. B. in Betracht kommen, wenn lediglich geklärt werden soll   724
– mit welchen Aufgaben, zu welcher Zeit und in welcher Weise die Beamtin oder der Beamte dienstlich eingesetzt war (Dienstplan?),
– welche Dienstbezüge die Beamtin oder der Beamte erhalten hat oder – bei Pfändungen – wie hoch der pfändungsfreie Betrag war,
– in welchem Zustand bestimmte Anlagen (Räume, Geräte) waren,
– welche Witterungsbedingungen zum Zeitpunkt der Verfehlung herrschten.

Eine Verwertung dienstlicher Auskünfte ist nur zulässig, wenn der Beamte oder die Beamtin zu den belastenden dienstlichen Auskünften gehört wurde.   725

Eine (formlose) Stellungnahme über Führung und Leistungen der Beamtin oder des Beamten durch Vorgesetzte ist sinnvoll; sie sollte zuvor entsprechend den für die Bekanntgabe dienstlicher Beurteilungen geltenden Regelungen bekannt gegeben und besprochen werden. Auch könnte eine formelle Beurteilung aus besonde-   726

---

495 *Weiß*, GKÖD II M § 24 Rz. 74.

rem Anlass eingeholt werden, soweit dies in den für die jeweilige Verwaltung geltenden Beurteilungsrichtlinien vorgesehen ist.

6.12   Augenschein – Urkundenbeweis – Aktenbeiziehung

727   Ist zur Beweiserhebung die Einnahme des Augenscheins »durch eine Wahrnehmung der fünf Sinnesorgane (Sehen, Anhören, Schmecken, Riechen oder Befühlen)«[496] erforderlich, so ist der festgestellte Sachverhalt in der Verhandlungsschrift zu protokollieren. Skizzen, Zeichnungen und Fotos können als Beweismaterial verwendet werden. Ihre Anfertigung an Ort und Stelle ist in der Verhandlungsschrift festzuhalten und durch die Unterschrift der Ermittelnden und eventueller Zeuginnen und Zeugen zu bestätigen.

728   Urkunden als Beweismittel haben regelmäßig hohen Beweiswert[497].

729   Aktenbeiziehung ist ein sehr häufiges Beweismittel. Auf das »Ob« und »Wie« soll nicht weiter eingegangen werden, da der Umgang mit Akten im Disziplinarverfahren keine besonderen Schwierigkeiten bereiten dürfte. Sofern Probleme auftauchen, Akten von einer anderen Dienststelle zu erhalten, ist auf die Verpflichtung zur Amtshilfe (*siehe* 6.11) zu verweisen.

6.13   Beweisanträge der Beamtin/des Beamten

730   Die Beamtin oder der Beamte kann nach § 24 Abs. 3 Satz 1 BDG Beweisanträge stellen. Diesem Antrag auf Durchführung weiterer Ermittlungen ist stattzugeben, soweit er sachlich begründet ist. Ist ein Beweisantrag nicht sachdienlich (§ 23 Abs. 3 Satz 2 BDG), kann der Antrag abgelehnt werden.

731   Gründe für die Ablehnung weiterer Ermittlungen:
– Unzulässigkeit der Beweiserhebung.
   Beispiel: Feststellung der Schuldunfähigkeit bei bindend festgestellter Schuldfähigkeit

– Fehlen der Beweisbedürftigkeit der behaupteten Tatsache, weil sie offenkundig oder schon bewiesen ist.
   Beispiel: Offenkundig (= allgemein bekannt) ist, dass die Höhe des Blutalkoholgehalts nicht durch Medikamenteneinnahme beeinflusst wird.

– Bedeutungslosigkeit der behaupteten Tatsache.
   Beispiel: Bedeutungslos ist, dass gegen einen anderen Beamten wegen eines gleichartigen Vorwurfs – bis jetzt – nicht eingeschritten wurde.

– völlige Nichteignung oder Unerreichbarkeit des Beweismittels.
   Beispiel: Völlig ungeeignet ist ein Zeugenbeweis, wenn sich der Zeuge zu der Beweisfrage sachlich überhaupt nicht äußern kann.

– Verschleppungsabsicht.

732   Wird der Antrag auf Vornahme weiterer Ermittlungen abgelehnt, so ist eine schriftliche Begründung, in Abstimmung mit der oder dem Dienstvorgesetzten,

---

496 BGHSt 18, 51, 53 = NJW 1962, 236.
497 Nachweis bei *Weiß* GKÖD II, M § 20 Rz. 107.

zweckmäßig. Die Notwendigkeit der Begründung ergibt sich aus der prozessualen Fürsorge. Die Begründung erleichtert aber auch die Nachvollziehbarkeit der Entscheidung in einem etwaigen Überprüfungsverfahren, z. B. durch höhere Dienstvorgesetzte oder das VG.

6.14 Besondere Aufklärungssachverhalte

Manche Sachverhalte, insbesondere solche, die inner- wie außerdienstliche Bedeutung haben können und gegen verschiedene Pflichten verstoßen können, bereiten praktische Schwierigkeiten bei der Aufklärung. Die folgenden Hinweise sollen dabei behilflich sein und wiederholen wesentliche Gesichtspunkte.

6.14.1 Alkoholverfehlungen

Bei Alkoholverfehlungen geht es zumeist um die Verletzung der Gesunderhaltungspflicht (*siehe* 3.1.9) aber auch um außerdienstliche Straftaten (*siehe* 3.3.2, 3.4.2). Aufklärungsmängel sind hier relativ häufig.

6.14.1.1 Nachweis der Alkoholbeeinflussung – Alkohol im Dienst

Nachgewiesen werden muss die Alkoholbeeinflussung in Abgrenzung zu anderen gesundheitlichen Störungen. Liegt bei der Aufklärung von Alkoholverfehlungen keine polizeiliche oder gerichtsmedizinische Blutalkoholbestimmung vor, muss der Grad der Alkoholbeeinflussung anhand anderer, objektiver Merkmale festgestellt werden (vgl. Muster 14.10). Die Aussage von Zeuginnen und Zeugen, der Beamte oder die Beamtin sei »betrunken« gewesen, reicht nicht aus, weil darin keine Tatsachenbekundung, sondern ein Werturteil liegt. Es sind vielmehr die konkreten Tatsachen zu ermitteln, aufgrund derer die Zeugin oder der Zeuge zu dieser Wertung gelangt ist.

> *Beispiel:* Der Zeuge gibt an, dass die Beamtin eine Fahne hatte, dass sie er torkelte, sich habe festhalten müssen, um nicht hinzufallen, dass sie nur noch zusammenhanglos oder lallend habe sprechen können, dass sie ein gedunsenes Gesicht oder gerötete Augen hatte oder sonstige Auffälligkeiten (z. B. verschmutzte oder völlig ungeordnete Kleidung) zeigte.

Insbesondere wird festgestellt werden müssen,
– in welchen Mengen,
– in welcher Konzentration und
– in welchem Zeitraum,
– aus welchem Anlass (z. B. Geburtstagsfeier, zum Frühstück usw.) und
– an welchem Ort
– Alkohol getrunken wurde sowie
– ob Einfluss von Medikamenten hinzukommt.

Bei Trunkenheit im Dienst ist festzustellen, ob bei der Dienststelle ein allgemeines oder für die Beamtin oder den Beamten ein besonderes (individuelles oder gruppenbezogenes) **absolutes Alkoholverbot** besteht.

Fehlt es an einem derartigen Verbot, kann gleichwohl eine Pflichtverletzung vorliegen, und zwar auch dann, wenn Ausfallerscheinungen nicht feststellbar sind. Der Nachweis der Alkoholbeeinflussung ist in diesen Fällen schwieriger. Es ist

733

734

735

736

737

738

auch daran zu denken, dass in diesen Fällen eine hohe Alkoholtoleranz vorliegen kann.

739   Behauptet der Beamte oder die Beamtin gegenüber der Feststellung der Dienstverrichtung unter Alkoholeinwirkung, dies sei auf **Alkoholgenuss am Vortage** zurückzuführen, muss grundsätzlich auch ermittelt werden, in welchem Umfang und zu welchem Zeitpunkt am Vortage Alkohol getrunken wurde.

740   Steht aufgrund einer **Blutalkoholuntersuchung** fest, dass die Beamtin oder der Beamte außerhalb des Dienstes unter Alkoholeinfluss eine Straftat – z. B. Trunkenheit im Verkehr – begangen hat, ist zu prüfen, ob damit auch eine innerdienstliche Pflichtverletzung verknüpft ist. Die erste außerdienstliche Straftat ist zwar nach der neueren Rechtsprechung keine Dienstpflichtverletzung mehr, wenn nicht besondere Umstände (*siehe* 3.3.2) hinzutreten. Die Umstände und Wirkungen des Alkoholmissbrauchs dürfen jedoch nicht übersehen werden und sind auf dienstrechtliche Bedeutung zu prüfen.

741   Zu ermitteln ist hierbei, ob die Beamtin oder der Beamte auch zur Zeit der Dienstverrichtung (vor oder nach der Straftat) unter Alkoholeinwirkung gestanden haben könnte.

742   Das geschieht bei einer Straftat **nach Dienstende** durch eine »Zurückrechnung« der Blutalkoholkonzentration auf das Dienstende, bei der unter Abzug einer Resorptionsdauer von zwei Stunden nach Trinkende[498] von einem gleich bleibenden Wert in Höhe von 0,1 ‰ je Stunde auszugehen ist[499].

743   Besteht der Verdacht, dass die Beamtin oder der Beamte nach einer außerdienstlichen Straftat **vor Dienstbeginn** den folgenden Dienst unter Alkoholeinwirkung versehen hat, dann bedarf es einer sog. »Vorausrechnung« auf den Zeitpunkt des Dienstbeginns. Der Wert einer möglichen Blutalkoholkonzentration errechnet sich hier bei einem Zeitraum von mehr als zwei Stunden nach Trinkende aus dem stündlichen Abbauwert von 0,2 ‰ (seit der Blutentnahme) und einem (einmaligen) Sicherheitszuschlag von 0,2 ‰[500] (vgl. Rechenhilfe Muster 14.11). Bei einem Zeitraum bis zu zwei Stunden ist ein Abbauwert von maximal 0,29 ‰/Stunde anzunehmen. Der Grund für diese differenzierte Berechnung je nach Zeitablauf ist, dass (im Zweifelsfalle) jeweils die günstigste medizinische Berechnungsweise anzuwenden ist.

744   Behauptet die Beamtin oder der Beamte, dass etwaige Ausfallerscheinungen auf die **Einwirkung von Medikamente** zurückzuführen seien, ist dieser Behauptung grundsätzlich nachzugehen. Es kann auch eine Wechselwirkung vorliegen. Zu klären sind die Art des Medikaments und die Höhe der Dosis. Ferner ist zu ermitteln, ob die besondere Wirkung bei gleichzeitiger Einnahme von Medikament und Verzehr von Alkohol bekannt war (Inhalt des Beipackzettels? Welche Wirkung hat nach Angaben des Herstellers das Medikament?). Auf die Höhe der Blutalkoholkonzentration ist die Einnahme von Medikamenten stets ohne Einfluss. Eine entsprechende Einlassung ist eine unbeachtliche Schutzbehauptung.

---

498 OLG Köln, Blutalkohol 1983, 534.
499 Vgl. BGH, NJW 1974, 246; BGH, Blutalkohol 1991, 259; sog. minimaler Rückrechnungswert; *Tröndle* § 20 Rz. 9 g.
500 Vgl. BGH 17.11.1999 – 3 StR 438/99 = NStZ 2000, 214 (215); BGH, MDR 1986, 622. Die frühere Rspr, die zuletzt von einem einheitlichen, maximalen stündlichen Abbauwert von 0,29 ‰ ausging, ist nicht mehr anwendbar; vgl. *Tröndle*, § 20 Rz. 9 f a. E.

6.14.1.2 Trunkenheit im Verkehr

Bei Trunkenheit im Verkehr (§ 316 StGB) und alkoholbedingter Gefährdung des 745
Straßenverkehrs (§ 315 c Abs. 1 Nr. 1 a, Abs. 2 und 3 StGB) werden – wie die Erfahrung zeigt –, die **dienstlichen Aspekte** dieses Fehlverhaltens in den Ermittlungen oft nicht genügend berücksichtigt. Die neuere Rechtsprechung zu den außerdienstlichen Straftaten (*siehe* 3.3.1) ändert daran nichts. Steht eine außerhalb des
Dienstes begangene Trunkenheit im Verkehr mit einer Dienstverrichtung (vorher
oder nachher) unter Alkoholeinfluss in Verbindung, ist – was oft versäumt wird –
außer den genauen Dienstzeiten bei vorhergehendem Alkoholgenuss im Dienst
auch dessen Umfang und Anlass (*siehe* voriger Abschnitt) zu ermitteln. **Die Mitteilung über eine Trunkenheitsfahrt außerhalb der Dienstzeit ist deshalb regelmäßig keine reine Weglegesache!**

> *Beispiel:* Beamter fährt unmittelbar nach Dienstschluss betrunken mit Privat-Pkw nach
> Hause und wird von der Polizei gestellt.
> Beamtin wird kurze Zeit vor Dienstbeginn volltrunken schlafend in ihrem Pkw ange-
> troffen und meldet sich sodann »krank«.

Folgende Fragen sollten deshalb regelmäßig geklärt werden: 746
– Geschah die Trunkenheitsfahrt im Dienst oder außerhalb des Dienstes?
– Hatte die Beamtin oder der Beamte für die Fahrt ein besonderes Motiv?
– Notsituation?
– Rechnete der Beamte oder die Beamtin bei Beginn des Alkoholgenusses mit der
  späteren Benutzung des Kraftfahrzeuges oder musste sie oder er damit rechnen?
– Bei welcher Gelegenheit, aus welchem Anlass und an welchem Ort wurden die
  alkoholischen Getränke genossen?
– Ist die Beamtin oder der Beamte schon früher wegen einer Alkoholverfehlung
  oder wegen ihrer oder seiner Alkohollabilität aufgefallen, ermahnt, von der Be-
  förderung zurückgestellt oder gemaßregelt worden?
– Haben Kolleginnen, Kollegen oder Vorgesetzte Alkoholgenuss beobachtet oder
  sich daran beteiligt?
– Welche dienstlichen Fehlleistungen wurden festgestellt?
Auch kann die Frage der dienstlichen Notwendigkeit eines Einsatzes mit Kraft- 747
fahrzeug bei der Qualifizierung des Fehlverhaltens als Dienstvergehen eine Rolle
spielen.
– Fahrerlaubnis?
– Wenn ja, für welche Klasse und seit wann?
– Wurde mit dem Auftrag zur Führung eines Fahrzeugs eine besondere Anwei-
  sung ausgehändigt, nach der Alkoholgenuss eine angemessene Zeit vor Dienstantritt und während des Dienstes zu unterlassen sei?
– Wann und wie ist der Beamte oder die Beamtin vor der Straftat dienstlich vor Alkoholgenuss und Fahren unter Alkoholeinfluss gewarnt worden (z. B. Belehrung im Unterricht, durch Rundverfügung oder aus besonderem Anlass.)?
– Hatte die Beamtin oder der Beamte solche Belehrungen auch selbst vorzuneh-
  men?
– Wie viele Mitarbeiterinnen und Mitarbeiter, die mit dem Führer von Kraftfahr-
  zeugen betraut sind, waren unterstellt?

– Art und Umfang der dienstlichen Kraftfahrtätigkeit (durchschnittliche Fahrleistungen)?
– Sind durch den Verlust der Fahrerlaubnis dienstliche Umsetzungen erforderlich geworden?
– Wenn ja, in welchem Umfang und mit welchen Schwierigkeiten für die Verwaltung?

6.14.1.3 Alkoholkrankheit – Verweigerung einer Therapie – Rückfall

748   Im Zusammenhang mit einer Alkoholkrankheit (*siehe* 3.1.10) können folgende Fragen zu disziplinaren Ermittlungen Anlass geben:
– Diagnose der Alkoholkrankheit (unterlassene Mitwirkung bei der Überprüfung der Dienstfähigkeit)
– dienstliche Auffälligkeiten oder sogar dienstliche Ausfälle,
– alkoholbedingte dienstliche Fehlleistungen,
– Verweigerung der ärztlicherseits für notwendig erachteten Alkoholtherapie und
– Rückfall nach einer erfolgreichen Therapie.

749   Alkoholbedingte **dienstliche Fehlleistungen** oder sogar **dienstliche Ausfälle** sind oft nicht einfach aufzuklären, da zumeist – jedenfalls bei den ersten Auffälligkeiten – ein Stillschweigen der Kolleginnen und Kollegen wie auch Vorgesetzten gewahrt wird. Zuverlässige Angaben werden daher erst aus einem späteren Stadium der Alkoholauffälligkeiten zu erlangen sein. Einzelne Auffälligkeiten sind nicht als einzelne Pflichtverletzungen anzusehen. Sie sind krankheitsbedingt und damit nicht verschuldet. Gleichwohl ist ihre Aufklärung erforderlich, um eine Alkoholkrankheit und damit Therapiebedürftigkeit nachzuweisen. Für die Ermittlung dieser (objektiven) Sachverhalte gelten keine Besonderheiten. Sie sind wie jede andere Auffälligkeit aufzuklären.

750   Sofern der Beamte oder die Beamtin bei der **Feststellung der Dienstfähigkeit** nicht mitwirkt, werden die entsprechenden ärztlichen Hinweise und dienstlichen Aufforderungen (zumeist schriftlicher Art) beigezogen; Ärztinnen und Ärzte oder Dienstvorgesetzte müssen ggf. als Zeuginnen, Zeugen oder Sachverständige gehört werden.

751   Von Bedeutung ist außerdem die Klärung des Verschuldens. Durch Anhörung von Zeuginnen und Zeugen müsste z. B. beim Vorwurf des verschuldeten Rückfalls geklärt werden, ob die Beamtin oder der Beamte (in welcher Form, durch wen und mit welchen Worten) auf die Folgen hingewiesen worden ist. Als Zeuginnen und Zeugen kommen Vorgesetzte oder andere Personen (z. B. Sozialbetreuerinnen oder Sozialbetreuer) in Betracht, die mit dem Alkoholmissbrauch der Beamtin oder des Beamten befasst waren, ebenso wie die behandelnden Ärztinnen oder Ärzte als sachverständige Zeugen. In diesen Fällen ist ggf. die Schweigepflicht dieser Personen zu beachten. Eine Pflicht zur Entbindung behandelnder Ärztinnen oder Ärzte bzw. Sozialbetreuerinnen oder Sozialbetreuer ist zweifelhaft[150]. Von Amts wegen eingeschaltete Ärzte haben hingegen keine Schweigepflicht. Die Beamtin oder der Beamte sollte aber darauf aufmerksam gemacht werden, dass eine Aussage dieser Zeuginnen und Zeugen durchaus zu ihrer oder seiner Entlastung dienen kann.

Beispiel: Wenn eine Alkoholtherapie nicht erfolgreich war, kann kein vorwerfbarer Rückfall vorliegen. Oft wird der Misserfolg einer Therapie aber aus Scham verschwiegen, was sich dann zum Nachteil der betroffenen Beamtinnen oder Beamten auswirken kann. In diesen Fällen ist statt disziplinarer Maßnahmen zuvörderst an eine weitere Therapie zu denken.

Geprüft werden muss auch, ob sich die Beamtin oder der Beamte schon einmal einer **Alkoholtherapie** unterzogen hat. Dabei kann es u. a. darauf ankommen, 752
– welcher Art sie war,
– zu welchem Zeitpunkt sie durchgeführt wurde,
– wie lange sie dauerte,
– wie lange die Beamtin oder der Beamte nachher abstinent war,
– ob ein Nachsorge vorlag und
– wie es zum Rückfall kam?
Auf folgende weitere Einzelfragen ist noch zu achten: 753
– Wann und in welcher Form wurde über die Gefahr künftigen Verzehrs von Alkohol belehrt (Hinweis auf Tag und Fundstelle der Belehrung in den Personalunterlagen)?
– Wann, wie oft, durch wen, in welcher Form wurde auf die Folgen eines Rückfalls warnend hingewiesen?
– Welche fürsorglichen Maßnahmen wurden im dienstlichen Bereich getroffen, um gegen die Rückfallgefahr zu schützen?
– Wann, wie oft, durch wen, in welcher Form wurde an die Nachsorgemaßnahmen erinnert?
– Inwieweit hat der Betroffene die ärztlichen und dienstlichen Auflagen zur Nachsorge befolgt?
– War die Therapie überhaupt erfolgreich?

Beispiel: Der Betroffene gibt – aus Scham – an, über ein Jahr trocken gewesen zu sein, obwohl er bereits unmittelbar nach der Therapie wieder getrunken hat.

– Wann (möglichst genaues Datum) und unter welchen Umständen hat der Beamte oder die Beamtin erstmalig wieder Alkohol zu sich genommen?

Beispiel: Welche Ursachen oder Umstände gibt die Beamtin oder der Beamte für den Rückfall an (z. B. Schicksalsschläge, Ehezerwürfnisse, eine – nicht in der resistenten Sucht begründete – seelische Zwangssituation, Verleitung zum Trinken durch Bekannte, Verwandte oder im Dienst, unbemerkte Verabreichung von Alkohol oder anderen enthemmenden oder die Einsichtsfähigkeit oder Willenskraft usw. beeinträchtigenden Mittel durch Dritte.

– Durch welche (detaillierten) Angaben oder Belege können die Einlassungen der Beamtin oder des Beamten als erwiesen oder mit einem hohen Grad an Wahrscheinlichkeit als zutreffend oder zumindest als nicht widerlegbar angesehen werden?
Folgenden entlastenden Fragen ist nachzugehen: 754
– Soll eine weitere Therapie angetreten werden?
– Was wurde bereits unternommen, um dies in die Wege zu leiten?
– Hat eine neue Therapie bereits begonnen?
– Seit wann, wo und mit welcher voraussichtlichen Zeitdauer?
Verweist die Beamtin oder der Beamte zur Rechtfertigung darauf, durch außergewöhnliche Umstände (z. B. Schicksalsschläge) rückfällig geworden zu sein, ist diesem Einwand grundsätzlich nachzugehen. 755

6.14.2 Diebstähle in Warenhäusern und Selbstbedienungsläden

756   Diebstähle in Warenhäusern und Selbstbedienungsläden sind als Straftat durchaus häufig. Sie sind regelmäßig ein außerdienstliches Verhalten und werden von den Strafgerichten, soweit das Verfahren nicht nach §§ 153, 153 a StPO eingestellt wird, zumeist mit Strafbefehlen geahndet, mittlerweile auch im Wiederholungsfall.

757   In den meisten Fällen muss zunächst die besondere Einschränkung des § 47 Abs. 1 Satz 2 BeamtStG, § 77 Abs. 1 Satz 2 BBG für außerdienstliches Verhalten geprüft werden, um festzustellen, ob überhaupt ein Dienstvergehen vorliegt (vgl. Abschnitt 3.3.2). Dabei könnte es auf folgende Fragen ankommen:
– Welche dienstlichen Funktionen zur Tatzeit (z. B. Polizeivollzug)?
– Vorgesetztenstellung?
– Andere Vorbildfunktion (z. B. Lehrerin, Lehrer)?
– Betreuung von Vermögenswerten im dienstlichen Bereich?
– Trug die Beamtin oder der Beamte Dienstkleidung oder war die Beamteneigenschaft bekannt?
– Wiederholungsfall?

758   Die Anwendbarkeit des beschränkten Maßnahmeverbots (*siehe* 4.6) ist erst danach zu prüfen.

759   Auch Warenhausdiebstähle sind somit keineswegs Weglegesachen.

6.14.3 Dienstversäumnisse

760   Aufklärungsmängel bei Dienstversäumnissen sind relativ häufig und oft durch Unklarheit über die unterschiedlichen, möglicherweise zugrunde liegenden Pflichtverletzungen bedingt.

761   Das äußere, objektive Erscheinungsbild gleicht sich zwar in den meisten Fällen. Die Beamtin oder der Beamte erscheint nicht zum Dienst. Jedoch kann der Hintergrund der Abwesenheit vom Dienst sehr unterschiedliche Gründe haben (z. B. Arbeitsunwilligkeit, aber auch Urlaub, Krankheit usw.) und ist daher rechtlich auch unterschiedlich zu bewerten.

762   Zu unterscheiden ist zwischen Verletzung der Anzeigepflicht bei Erkrankung (Verstoß gegen die allgemeine Dienstordnung) und ungenehmigten und schuldhaften Fernbleiben vom Dienst (*siehe* 3.1.8, insbesondere 3.1.8.5).

6.14.3.1 Nichtanzeige einer Erkrankung

763   Nichtanzeige einer Verhinderung zur Dienstleistung ist eine Verletzung der Folgepflicht (§ 35 Satz 2 BeamtStG, § 62 Abs. 1 Satz 2 BBG – *siehe* 3.1.8.5).

764   Je nach Lage des Falles und Regelung bei der betroffenen Dienststelle kann neben der allgemeinen Anzeigepflicht eine besondere Nachweispflicht bestehen, z. B. durch die Anordnung, im Krankheitsfall spätestens am dritten Fehltag ein ärztliches Attest zum Nachweis der Dienstunfähigkeit vorzulegen (allgemein üblich). Auch kann – zumeist nach häufigeren (Kurz-) Erkrankungen – im Einzelfall die Attestvorlage bereits für den ersten Erkrankungstag (rechtmäßig sofern verhältnismäßig[501]!) angeordnet worden sein. Dies ist besonders festzustellen.

---

501 BayVGH vom 05.02.2008 – 7 CS 07.3178.

Oft berufen sich Beamte oder Beamtinnen darauf, dass sie einen Nachweis nicht   765
erbringen konnten, da sie nicht in der Lage gewesen seien, einen Arzt aufzusuchen,
oder auf der Dienststelle niemand erreichbar war. Diese Angaben sind sorgfältig zu
überprüfen und die Personen, die die Beamtin oder der Beamte angeblich nicht erreichen konnte, um das Fernbleiben zu erklären, nach ihren Dienstverrichtungen
pp. zur fraglichen Zeit zu befragen.

6.14.3.2 Ungenehmigtes und schuldhaftes Fernbleiben vom Dienst

Die maßgebliche Spezialvorschrift ist § 96 BBG und die entsprechenden zusätz-   766
lich zum BeamtStG weitergeltenden Vorschriften der Landesbeamtengesetze.
Eine Verletzung der Dienstleistungspflicht (§ 34 Satz 1 BeamtStG, § 61 Abs. 1
Satz 1 BBG) liegt zwar ebenfalls vor, ist aber für die Bewertung nicht von zusätzlicher oder erschwerender Bedeutung (*siehe* 3.1.8).

Der objektive Tatbestand des Fernbleibens liegt zumeist auf der Hand und ist   767
einfach zu dokumentieren (z. B. Anwesenheitsliste oder Eintrag im Zeiterfas-
sungssystem). Entlastende Gründe für das Fernbleiben wie Verkehrshindernisse
sind ebenfalls meist leicht zu überprüfen.

Zumeist wird behauptet, durch Krankheit verhindert gewesen zu sein; konkrete   768
Umstände begründen jedoch den Verdacht, dass es sich hierbei nur um eine un-
glaubwürdige Schutzbehauptung handelt. Dies kann auch dann der Fall sein,
wenn über einen längeren Zeitraum hinweg Atteste von ständig wechselnden Ärztinnen oder Ärzten mit wechselnder Fachzuständigkeit vorgelegt werden.

Die Pflicht, für die Dienstfähigkeit der Beamtin oder des Beamten den vollen Be-   769
weis zu erbringen, obliegt den Dienstvorgesetzten (*siehe* 3.1.8.2). § 96 Abs. 1
Satz 2 bezieht sich lediglich auf die Nachweispflicht. Eine »Umkehr der Beweislast« tritt nach dieser Regelung nicht ein! Die Behauptung oder auch nur Annahme,
der Beamte oder die Beamtin sei dienstfähig, genügt demnach nicht. Die Beamtin
oder der Beamte ist auf die Mitwirkungspflicht bei der Überprüfung der Dienstfähigkeit hinzuweisen wie auch darauf, dass eine Weigerung disziplinare Folgen
haben kann (*siehe* Rz. 200 f.).

Wird ein Attest nicht vorgelegt, ist dies nur von indizieller Bedeutung. Wird ein   770
Arzt nicht aufgesucht, kann auch daraus nicht zwingend auf Dienstfähigkeit geschlossen werden, sondern ebenfalls nur als Indiz gewertet werden. Gleiches
gilt auch für eine Verletzung der Mitwirkungspflicht zur Klärung des eigenen Gesundheitszustands durch Verweigerung amtsärztlicher Untersuchungen (*siehe*
Rz. 201). Weitere Anhaltspunkte für den Nachweis der Dienstfähigkeit können
schwere körperliche Tätigkeiten während einer »Erkrankung« sein.

Beispiel: Eine Beamtin oder ein Beamter legt über einen längeren Zeitraum trotz wiederholter Aufforderungen keine ärztlichen Atteste vor. Dies kann den Schluss zulassen, dass
für den fraglichen Zeitraum von den behandelnden Ärzten zumindest keine Krankschrei-
bungen erfolgt sind[502].
Ebenso kann es indiziell zulasten der Beamtin oder des Beamten bewertet werden,
wenn während einer Erkrankung Taxi gefahren oder Leistungssport betrieben wird.

---

502 BVerwG vom 16.12.1997 – 1 DB 9/97.

771 Oft kann eine Widerlegung der behaupteten Dienstunfähigkeit nur durch ein amts-
ärztliches Gutachten erfolgen. Eine rückwirkende Beurteilung mit sicherer Diagnose ist für die Amtsärztin oder den Amtsarzt aber um so schwieriger, je länger der
zeitliche Abstand zu der Zeit der fraglichen Erkrankung ist. Es kommt daher darauf an, möglichst schnell eine amtsärztliche Begutachtung zu erreichen, um nicht
noch mehr Zeit verstreichen zu lassen.

772 Privatärztliche Atteste[503] oder Gutachten, in denen eine Krankheit bescheinigt
wird, sind trotz des höheren Beweiswertes amtsärztlicher Bescheinigungen (*siehe*
Rz. 204) nicht unbeachtlich. Wichtig ist, dass die Beamtin oder der Beamte über
diese Bedeutung amtsärztlicher Gutachten belehrt wurde, dass trotz einer Erkrankung Dienstfähigkeit bestand. Die Unterlagen über derartige Belehrungen sind in
den Ermittlungen zur Stellungnahme vorzuhalten und wegen der Feststellung der
Verschuldensform von besonderer Bedeutung.

773 Im Übrigen ist zu beachten, dass bei ungenehmigtem und schuldhaftem Fernbleiben vom Dienst der Verlust der Dienstbezüge für die Zeit des Fernbleibens
kraft Gesetzes eingetreten ist und festgestellt worden sein sollte (Verlustfeststellung, § 9 BBesG, *siehe* 3.1.8.6, 8.7.). Eine Ausfertigung der Feststellungsverfügung,
ggf. auch eines nach § 23 Abs. 1 BDG bindenden Urteils eines verwaltungsgerichtlichen Verfahrens, sollte in die Ermittlungsakten mit aufgenommen werden.

6.15 Abschluss der Ermittlungen – abschließende Anhörung

774 Zum Abschluss der Ermittlungen ist ein »Wesentliches Ergebnis der *Ermittlungen*« nicht mehr einheitlich vorgesehen. In einigen Ländern gilt aber die frühere
Regelung fort (Hessen § 34 HDG, § 32 LDG M-V, § 36 ThürDG, § 26 LDG-RP,
§ 30 SDG, § 31 LDG-NRW). Ein Wesentliches Ergebnis der Ermittlungen ist ggf.
zu erstellen und der Beamtin oder dem Beamten mitzuteilen.

775 Ein zusammenfassender **Ermittlungsbericht** sollte jedoch von allen Behörden
erstellt werden, sofern es sich nicht um einen einfach gelagerten Sachverhalt handelt. Dem Ermittlungsbericht bzw. wesentlichen Ergebnis der Ermittlungen ist
deshalb ein eigenes Kapitel gewidmet (*siehe* nachfolgend Kapitel 8).

776 Nach § 30 BDG hat der Beamte oder die Beamtin vor der Entscheidung der
Dienstvorgesetzten das Recht auf **abschließende Äußerung.** Sie kann entsprechend § 20 BDG mündlich oder schriftlich erfolgen. Die Anhörung kann unterbleiben, wenn das Disziplinarverfahren nach § 32 Abs. 2 Nr. 2 oder 3 BDG (Formelle Gründe) eingestellt werden soll.

777 Eine abschließende Anhörung im Falle einer beabsichtigten Einstellung ohne
Verhängung einer Disziplinarmaßnahme nach §§ 14 oder 15 BDG sowie Einstellung unter Feststellung eines Dienstvergehens ist mit guten Gründen nicht entbehrlich, weil andernfalls entlastende Argumente nicht in den Akten dokumentiert werden könnten.

778 Über die abschließende Anhörung, zu welcher eine Äußerungsfrist nach § 20
BDG zu setzen ist, ist eine Verhandlungsschrift aufzunehmen, sofern sich die Beamtin oder der Beamte mündlich äußert und nicht schriftlich einlässt (Muster
14.20). In der Anhörung können – sofern nicht bereits geschehen – noch Einzel-

---

503 *Siehe* Fn. 153.

heiten, z. B. Umstände des Lebensweges und andere Merkmale, geklärt werden, die bislang in den Ermittlungen nicht zur Sprache gekommen sind.

Erscheint die Beamtin oder der Beamte trotz ordnungsgemäßer Ladung nicht zu   779
der abschließenden Anhörung, ist dies in einer Niederschrift festzuhalten.

Nach Beendigung der abschließenden Anhörung sind in einem Aktenvermerk,   780
die ggf. in dem Ermittlungsverfahren entstandenen Kosten zu vermerken; der Vermerk ist zu den Ermittlungsakten zu nehmen. Zur Kostentragung *siehe* 11.1.

Ggf. kommen nach dem Schlussgehör noch weitere Beweiserhebungen in Be-   781
tracht, wenn neue Angaben gemacht werden, die dies erfordern, oder wenn noch Beweisanträge gestellt werden. In diesem Fall wird sie oder er sich nicht auf eine Verfahrensverzögerung – z. B. bei einem Antrag auf gerichtliche Fristsetzung nach § 62 BDG – berufen dürfen, wenn die Beweisanträge schon früher möglich gewesen wären.

7 Ermittlungsbericht

Die folgenden Erläuterungen gelten entsprechend auch für das (mit guten Grün- 782
den) in einigen Ländern weiterhin erforderliche »Ergebnis der Ermittlungen«
(*siehe* vorigen Abschnitt).

7.1 Zweckbestimmung

Der **Ermittlungsbericht** (zusammenfassender Bericht, wesentliches Ergebnis der 783
Ermittlungen) hat sich in den meisten Fällen bewährt. Zum einen werden sich
Dienstvorgesetzte bei der Bewertung des Sachverhalts zumeist auf eine solche Zu-
sammenfassung stützen wollen. Zum anderen ist es aus der Sache heraus auch im
Regelfall notwendig, zur Vorbereitung der abschließenden Verfügung eines Ver-
fahrens einen komprimierten Sachverhalt zur Hand zu haben.

Außerdem kann der Ermittlungsbericht auch für die Beamtin oder den Beamten 784
eine wichtige Hilfe sein. Dadurch können bei der abschließenden Anhörung (*siehe*
6.15) eine sachgemäße Einlassung und noch erforderliche Beweisanträge gefördert
werden. Der Bericht sollte deshalb auch aus Gründen der Prozessfürsorge regelmäßig erstellt und der Beamtin oder dem Beamten zugeleitet werden.

Wenn sich in den Ermittlungen nur einzelne Vorwürfe erwiesen haben, andere 785
Vorwürfe hingegen entfallen sind, sollte ein Ermittlungsbericht grundsätzlich –
auch wenn nicht zwingend vorgeschrieben – gefertigt und der Beamtin oder
dem Beamten zugeleitet werden. Dies ist ein Gebot der Fürsorge oder auch Fair-
ness.

Sollte sich insgesamt ein Dienstvergehen als nicht erwiesen herausstellen, kann
ein Ermittlungsbericht entfallen (vgl. § 34 HDG, § 32 LDG M-V, § 36 ThürDG,
§ 26 LDG-RP, § 30 SDG, § 31 LDG-NRW).

7.2 Vorbereitung und Verantwortlichkeit der Dienstvorgesetzten

Vorbereitend sollten die Ermittlungsunterlagen in zeitlicher Reihenfolge geordnet 786
und mit Blattzahlen versehen werden. Zumindest bei umfangreichen Vorgängen
empfiehlt es sich, ein Inhaltsverzeichnis vorzuheften, ebenso können Hinweise
auf den Inhalt anderer Akten, z. B. **Personalakten**, sinnvoll sein (*siehe auch* Muster
14.7).

Über den **Inhalt** des Ermittlungsberichts entscheiden die **Dienstvorgesetzten**. 787
Sie sind für die Personalführung und damit für den festgestellten Sachverhalt
höchstpersönlich in der Pflicht. An die Beweiswürdigung der Verfasser des Ermittlungsberichts sind sie ebenso wenig gebunden wie an die Feststellung, dass
alle erforderlichen Beweise erhoben worden sind. Dienstvorgesetzte müssen daher
durch rechtzeitige Vorlage der Ermittlungsunterlagen zusammen mit dem Entwurf des Berichts in die Lage versetzt werden, noch korrigierend eingreifen und
gegebenenfalls den Ermittlungsbericht neu fassen (lassen) zu können, insbesondere, wenn der Bericht der Beamtin oder dem Beamten zugänglich gemacht werden
soll. **Nur was Dienstvorgesetzte selbst als bewiesen ansehen und als disziplinarrechtlich erheblich bewerten, ist der Beamtin oder dem Beamten mitzuteilen.**

788   Es ist deshalb nicht nur zweckmäßig, sondern rechtlich notwendig, dass Dienstvorgesetzte den Ermittlungsbericht eigenhändig autorisieren. Die beste Lösung ist, den Ermittlungsbericht selbst z. B. (mit) zu unterschreiben oder sich durch ein entsprechendes Anschreiben zu eigen zu machen. Ein »Gelesen und genehmigt« ist akzeptabel, ein »Kenntnis genommen« unzureichend (*siehe* Muster 14.19).

7.3 Gestaltung

789   **Form** und **Inhalt** des Ermittlungsberichts bestimmen sich nach seinem Zweck. Er soll durch eine
– kurz gefasste,
– übersichtliche Darstellung,
– des Verlaufs der Ermittlungen und
– des Ergebnisses der Ermittlungen
– darüber unterrichten,
– ob sich die erhobenen Vorwürfe und
– in welchem Umfang sich
– die erhobenen Vorwürfe bestätigt haben.

7.3.1 Schriftlichkeit – Übersichtlichkeit

790   Der Ermittlungsbericht ist **schriftlich** zu **erstellen**. Es muss aus dem Bericht unmittelbar ersichtlich sein, ob und inwieweit ein disziplinar erhebliches Verhalten in Betracht kommt. Mit anderen Worten: Eine allgemeine Bezugnahme auf die einzelnen Anhörungsprotokolle oder eine bloße Aneinanderreihung des wesentlichen Inhalts der Aussagen oder Darstellung anderer Beweismittel ohne jegliche Wertung und Gewichtung (Beweiswürdigung) reicht nicht aus und wäre überflüssig. Dies gilt insbesondere, wenn der Bericht der Beamtin oder dem Beamten mitgeteilt wird.

7.3.2 Persönliche Verhältnisse der Beamtin/des Beamten

791   In aller Regel sollte der Darstellung zur Sache eine kurze **Schilderung der persönlichen und dienstlichen Verhältnisse** (Werdegang) unter Hervorhebung der für die Persönlichkeitsbewertung bedeutsamen (positiven und negativen) Tatsachen vorausgehen (vgl. Muster 14.7). Sie erleichtert die abschließende, auf der Kenntnis der Gesamtpersönlichkeit aufbauende Entscheidung.

792   Als Anhalt für die Darstellung können die bei der Anhörung zur Person aufgeführten Fragen dienen (*siehe* Rz. 674).

793   **Ausführungen** zur Person **erübrigen** sich zumeist, wenn die Ermittlungen nicht zur Feststellung eines Dienstvergehens geführt haben. Die persönlichen Umstände sind regelmäßig nur relevant, wenn eine Disziplinarmaßnahme verhängt wird.

7.3.3 Sachverhaltsdarstellung

794   Bei der Darstellung zur Sache ist zunächst der ermittelte **Sachverhalt** nach Zeit, Ort und Hergang der Verfehlungen so **geordnet darzustellen**, dass er auch

ohne Einblick in die vollständigen Ermittlungsakten ein klares Bild über die Einzelheiten des Verhaltens der Beamtin oder des Beamten und der Begleitumstände vermittelt. Zweckmäßig ist es, die Form einer Geschichtserzählung zu wählen, die sich auf die als bewiesen anzusehenden Tatsachen stützt.

In einem einfach liegenden Fall des verspäteten Dienstantritts unter Alkoholeinfluss könnte die Sachdarstellung etwa folgenden Wortlaut haben: 795

> *Beispiel:* »Am 13.01.2000 hatte der Beamte um 08:00 Uhr Dienstbeginn als ... Er trat diesen Dienst jedoch erst um 09:15 Uhr an und stand dabei unter Alkoholeinfluss. Seine Bewegungen waren fahrig, sein Gesicht gedunsen und seine Augen gerötet. Außerdem war seine Alkoholfahne bereits aus einem Abstand von einem Meter deutlich wahrnehmbar. Die Zeugin X hielt ihn deshalb für nur beschränkt dienstfähig, untersagte ihm die Tätigkeit als ... und übertrug ihm Hilfsarbeiten in dem Materiallager, die er dann unbeanstandet bis zum Ende der Dienstschicht um 16.30 Uhr verrichtete. Der ca. 30 m² große Lagerraum musste danach wegen des Alkoholgeruchs für ca. 45 Minuten gelüftet werden«.

Bei mehreren Verfehlungen wird der historische Aufbau ebenfalls sinnvoll sein. Es kann auch zweckmäßig sein, in solchen Fällen Sachverhaltsgruppen zu bilden und erst diese in sich historisch zu gliedern.   796

Sofern einzelne Vorwürfe nicht erweislich sind, könnten diese zusammengefasst an den Anfang oder das Ende des Berichts oder einer Sachverhaltsgruppe gestellt werden und sind bei der zusammenfassenden rechtlichen Würdigung (*siehe* 7.3.5) nicht mehr einzubeziehen.   797

Die **bindenden Feststellungen** eines Strafurteils bei der Darstellung des Sachverhalts in vollem Wortlaut wiederzugeben ist sinnvoll, wenn es das Verständnis des Sachverhalts erleichtert. Im Interesse der Übersichtlichkeit sollte das strafgerichtlich bindend Festgestellte durch Einrücken und einzeilige Schreibweise hervorgehoben werden (ggf. in Anführungszeichen). Ein Verweis auf ein beiliegendes Urteil setzt voraus, dass die entsprechenden Passagen eindeutig gekennzeichnet sind. Sind wegen desselben Sachverhalts mehrere Strafurteile ergangen, ist der Sachverhalt dem Urteil der letzten Tatsacheninstanz zu entnehmen.   798

Entlastungsgründe sollten, soweit sie durch die Ermittlungen bestätigt worden sind, regelmäßig bereits bei der »Geschichtserzählung« gebracht werden. Hinzuweisen wäre hier z. B. auf das sofortige Geständnis, auf die Wiedergutmachung des Schadens, auf ein Handeln aus Not (Darstellung der finanziellen Schwierigkeiten) oder auf ein uneigennütziges Handeln.   799

Das Gleiche gilt für etwaige **Belastungsgründe,** auch wenn sie nicht unmittelbar zum Sachverhalt gehören.   800

Im Anschluss an die chronologische Darstellung ist die **Einlassung der Beamtin oder des Beamten** wieder zu geben. Bei Punktesachen kann sie abschnittsweise angefügt werden. Zu schildern und zu würdigen sind vor allem auch die Tatsachen, die zusätzlich zu einem Geständnis zur Entlastung vorgetragen werden.   801

Falls die Beamtin oder der Beamte die getroffenen Feststellungen bestreitet, ist die Einlassung unter Berücksichtigung der in den Ermittlungen erhobenen Beweise zu würdigen, z. B. unter Gegenüberstellung der belastenden Zeugenaussagen.   802

7.3.4 Beweiswürdigung

803   Es gilt – nicht nur für das gerichtliche Verfahren – der **Grundsatz der freien Beweiswürdigung**. Dabei ist – soweit erforderlich – jeweils zum Beweiswert des erhobenen Beweises, insbesondere zur Glaubwürdigkeit angehörter Personen, zur Vereinbarkeit der Aussagen mit der Lebenserfahrung und den Regeln der Logik Stellung zu nehmen. Die Umstände, welche die Aussagen bestätigen oder beweiskräftig widerlegen, sind einzeln aufzuzeigen.

804   Entsprechend der Zweckbestimmung dieses Leitfadens kann hier nur ein kurzer Überblick über die wesentlichen Merkmale gegeben werden[504].

805   **Grenzen** der Freiheit der Beweiswürdigung sind[505]:
  – § 23 Abs. 1 BDG (**Bindungswirkung eines Strafurteils**[506]) verbietet eine abweichende Bewertung des festgestellten Sachverhalts.
  – Das Schweigen einer Beamtin oder eines Beamten darf nicht zu ihren oder seinen Lasten gehen.
  – Es gelten die allgemeinen Denkgesetze; z. B. können **Verstöße gegen die Logik** eine Falschbewertung ergeben.
  – Erfahrungssätze sind zu beachten. Dabei ist zu unterscheiden zwischen solchen
  – des täglichen Lebens (**allgemeine Erfahrungssätze**) und
  – **speziellen Erfahrungssätzen** (z. B. Erkenntnisse der Wissenschaft), die bisweilen nur durch Fachleute (Sachverständige) zutreffend interpretiert werden können.

806   Zu berücksichtigen ist bei der Beurteilung von Aussagen vor allem, dass der menschlichen **Wahrnehmungsfähigkeit Grenzen** gesetzt sind. Die nachfolgende Übersicht gibt häufig auftauchende Merkmale wieder, die bei der Beweiswürdigung kritisch werden können.

Objektive Merkmale	Beispiele
Wahrnehmungsfähigkeit	Hatte die Person eine normale Fähigkeit zur Wahrnehmung? War die Fähigkeit etwa eingeschränkt? Wodurch? Besondere Schulung?
Äußere Bedingungen der Beobachtung	Perspektive Lichtverhältnisse Entfernung
Selektivität der Wahrnehmung	Besondere Interessenausrichtung
Begrenzte Simultankapazität	Konnte die Person überhaupt so viele Einzelheiten, wie behauptet, wahrnehmen?
Denkfähigkeit	

---

504 Eine gute Hilfe bei der Beweiswürdigung kann der Spezialkommentar von *Eisenberg*, Das Beweisrecht der StPO, 6. Aufl.2008, ISBN 978-3-406-56682-0, sein.
505 Vgl. z. B. *Kühne*, Der Beweiswert von Zeugenaussagen, NStZ 1985, 252.
506 Ein bindendes Strafurteil ist kein Beweismittel. Die Bindungswirkung ist eine durch § 23 BDG getroffene, gesetzliche Entscheidung.

Objektive Merkmale	Beispiele
Übermittlungs- oder Wiedergabe-Probleme	Liegt unterschiedliches, sprachliches Niveau zwischen fragender und angehörter Person vor? Sprachliche Eigenheiten (Besondere Begriffsbelegung)? Sprachliche Vorformung? Besondere Aussagequalifikation der angehörten Person?

Subjektive Fragen	Besonders zu beachten
Kernaussagenkonstanz	Stimmen mehrfache Aussagen im Wesentlichen überein? Lag etwa – umgekehrt – eine eingepaukte, »geglättete« Aussage vor?
Erklärungsbedürfnis	Vorurteil? Anknüpfung an eigene Erfahrungen? Fügte die Person den angeblich beobachteten Sachverhalt in Sinnzusammenhänge ein oder sie eine besondere Motivation für einen bestimmten Aussageinhalt? »Konformitätsdruck«?
Erinnerungsprobleme	Nachträgliches Einfügen in eine spätere Erfahrung; Anknüpfen an andere Aussagen. »Tatbestandsquetsche«?

Wenn der Sachverhalt nicht weiter aufklärbar ist, gilt »**In dubio pro reo**« (Un- **807** schuldsvermutung). Dies ist keine Beweisregel!

Inwieweit eine **Wahlfeststellung**[507], eine alternative Darstellung von Gesche- **808** hensverläufen getroffen werden darf, wird vom Einzelfall abhängen, ist aber zulässig[508]. In der abschließenden Bewertung muss im Zweifelsfall von der günstigeren Sachverhaltsalternative ausgegangen werden, sofern es auf das Gewicht einer Verfehlung ankommt.

7.3.5 Rechtliche Würdigung

Der Ermittlungsbericht sollte regelmäßig eine **disziplinarrechtliche Würdigung** **809** enthalten mit der Feststellung, welche Dienstpflichten verletzt worden sind. Dies gilt vor allem, wenn der Bericht der Beamtin oder dem Beamten vor der abschließenden Anhörung zugeleitet werden soll (prozessuale Fürsorge). Dabei ist auch darzustellen, ob der Pflichtenverstoß **inner- oder außerdienstlich** und ob **vorsätzliches oder fahrlässiges Verhalten** gegeben war, da dies entscheidend für das Gewicht des Dienstvergehens sein kann. Nur so ist der Beamte oder die Beamtin in der Lage, sich sachgemäß einzulassen und vor der abschließenden Entscheidung etwaige Bedenken oder Einwände auch in dieser Richtung geltend zu machen.

Die rechtliche Würdigung kann zusammenfassend am Ende des Berichts erfol- **810** gen, aber auch in Einzelabschnitten. Dies bietet sich vor allem an, wenn bei einer Vielzahl von Verfehlungen der Sachverhalt in Gruppen dargestellt wird. Eine zu-

---

507 Zum Begriff z. B. *Tröndle/Fischer* StGB § 1 Rz. 18 ff.
508 *Weiß* GKÖD M § 54 Rz. 94; BayVGH vom 21.03.2007 – 16 a D 05.2710.

sammenfassende, rechtliche Würdigung am Ende des Berichts kann sich dann auf die Feststellung beschränken, dass ein Dienstvergehen vorliegt.

811   Ein bestimmter **Entscheidungsvorschlag** (Einstellung, Disziplinarverfügung, Disziplinarklage) gehört **jedenfalls dann nicht in den Ermittlungsbericht,** wenn der Bericht der Beamtin oder dem Beamten zugeleitet werden soll. Hierdurch würde sich die oder der Dienstvorgesetzte vorzeitig festlegen (vorgefasste Meinung), zumal die abschließende Anhörung auch den Charakter eines offenen Personalführungsgesprächs haben sollte, um die Motivation der Beamtin oder des Beamten für die Zukunft nicht negativ zu berühren.

8 Entscheidung der Dienstvorgesetzten

Nach Abschluss der Ermittlungen haben Dienstvorgesetzte zu entscheiden, ob   812
- das Verfahren einstellt,
- eine Disziplinarverfügung erlassen,
- die Verhängung einer Disziplinarmaßnahme durch die oder den höheren Dienstvorgesetzten beantragt,
- Disziplinarklage erhoben wird – sofern die Zuständigkeit besteht – oder
- entsprechend an höhere Dienstvorgesetzte abgeben werden muss.

8.1 Einstellung des Verfahrens

§ 32 BDG beschreibt die Einstellungsgründe abschließend. Zu unterscheiden ist   813
zwischen Einstellung aus formalen oder materiellen Gründen. Die Systematik
des § 32 BDG ist nicht sonderlich übersichtlich.

8.1.1 Formelle Gründe

Das Verfahren ist einzustellen aus **formellen Gründen**, wenn   814
- die Prozessvoraussetzung des § 1 BDG (Beamtenstatus) fehlt oder weggefallen
  ist (Tod oder Entlassung, Feststellung der Nichtigkeit der Ernennung, Rücknahme der Ernennung, Beendigung – Entlassung – des Beamtenverhältnisses
  nach § 23 BeamtStG, 32 BBG, Verlust der Beamtenrechte nach § 24 BeamtStG,
  § 41 BBG – § 32 Abs. 2 BDG),
- die Prozessvoraussetzung des § 2 BDG fehlt, z. B. weil die oder der Betroffene
  zur Tatzeit noch nicht verbeamtet war (§ 32 Abs. 1 Nr. 4 BDG)[509],
- die Ermittlungen durch nicht zuständige Vorgesetzte veranlasst wurden,
  (§ 32 Abs. 1 Nr. 4 BDG),
- wegen Eintritts in den Ruhestand die an sich verwirkte Disziplinarmaßnahme
  nicht mehr verhängt werden darf (§ 32 Abs. 1 Nr. 4 BDG),
- sonstige Gründe der Unzulässigkeit des Verfahrens bestehen (§ 32 Abs. 1 Nr. 4
  BDG).

8.1.2 Materielle Gründe

Die Einstellung des Verfahrens erfolgt aus **materiellen Gründen**, wenn   815
- ein Dienstvergehen nicht erwiesen ist (§ 32 Abs. 1 Nr. 1 BDG),
- ein Dienstvergehen zwar erwiesen ist, die oder der Dienstvorgesetzte aber eine
  Disziplinarmaßnahme nicht für angezeigt hält (§ 32 Abs. 1 Nr. 2 BDG),
- nach einer vorausgehenden gerichtlichen oder ordnungsbehördlichen Maßregelung eine zusätzliche Disziplinarmaßnahme wegen desselben Sachverhalts
  durch das beschränkte Maßnahmeverbot des § 14 BDG (*siehe* 4.6) ausgeschlossen ist (§ 32 Abs. 1 Nr. 3 BDG),

---

509 Wenn sich nicht mit Sicherheit feststellen lässt, ob die Pflichtverletzung nach Berufung in das Beamtenverhältnis begangen wurde, könnte es sich auch um eine Einstellung aus materiellen Gründen
handeln.

– das Dienstvergehen infolge Maßnahmeverbots wegen Zeitablaufs (§ 15 BDG, – *siehe* 4.7) nicht mehr verfolgt werden darf (§ 32 Abs. 1 Nr. 3 BDG).

8.1.3 Form

816 Die Einstellung ist **schriftlich** zu verfügen. Schriftform ist im Gesetz nicht vorgesehen, folgt aber aus der Zustellungserfordernis (§ 32 Abs. 3 BDG).

817 Eine **Begründung** ist erforderlich; die Verfügung ist **zuzustellen** (§ 32 Abs. 3 BDG – §§ 3 ff. VwZG).

818 Die Verfügung kann mit dem Ausspruch einer **Missbilligung, Rüge oder Belehrung** verbunden werden[510] und ist der oder dem höheren Dienstvorgesetzten zuzuleiten (§ 35 Abs. 1 Satz 1 BDG).

819 Nur für den Fall, dass die **Einstellungsverfügung** (ggf. auch eine isolierte Kostenentscheidung, 11.1) anfechtbar ist, z. B. ein Dienstvergehen festgestellt wurde (§ 32 Abs. 1 Nr. 2 BDG), bedarf es einer **Rechtsbehelfsbelehrung** (§ 59 VwGO). Die Rechtsbehelfsbelehrung hat auf die Möglichkeit der Einlegung des Widerspruchs nach § 41 BDG hinzuweisen (Nicht in Bayern, Berlin, Mecklenburg-Vorpommern, Niedersachsen und Schleswig-Holstein).

820 Sofern die Einstellungsverfügung von der obersten Dienstbehörde ergeht – generell in Bayern, Berlin, Mecklenburg-Vorpommern, Niedersachsen und Schleswig-Holstein – ist ein Widerspruch nicht vorgesehen; es ist jeweils auf die Möglichkeit der Anfechtungsklage in der Rechtsbehelfsbelehrung hinzuweisen.

821 Fehlt die Rechtsbehelfsbelehrung, gilt nach § 58 Abs. 2 für die Einlegung des Widerspruchs bzw. für die Erhebung der Klage an Stelle der Monatsfrist eine Jahresfrist.

822 Die Einstellungsverfügung ist (überwiegend) – anders als eine Disziplinarverfügung – nicht zwingend von der oder dem Dienstvorgesetzten bzw. der Vertreterin oder dem Vertreter zu unterzeichnen, weil keine Disziplinarmaßnahme verhängt wird. Wenn in der Einstellungsverfügung ein Dienstvergehen als erwiesen angesehen, aber von einer Disziplinarmaßnahme abgesehen wird, wäre eine Unterzeichnung durch Dienstvorgesetzte dennoch sinnvoll, um eine eindringlichere, ermahnende Wirkung zu erreichen.

823 Die **Länder** haben z. T. ausdrücklich vorgeschrieben, dass **alle Abschlussentscheidungen** von Dienstvorgesetzten zu unterzeichnen sind.

8.1.4 Begründung

824 Der **Umfang der Begründung** richtet sich nach dem Sachverhalt und nach den Einstellungsgründen.

825 Bei einer Einstellung aus formellen Gründen dürfte es genügen, wenn lediglich diese Gründe angeführt werden. Die Mitteilung dieser Gründe – z. B. auch an Hinterbliebene – dient der Rechtsklarheit, auch im Hinblick auf mögliche verbleibende Ansprüche, z. B. Nachversicherung.

826 Erfolgt die Einstellung aus materiellrechtlichen Gründen und wird vom Dienstvergehen freigestellt, muss dies in der Verfügung deutlich zum Ausdruck kommen (Anspruch auf Rehabilitation). Eine Sachverhaltsdarstellung ist zumeist entbehr-

---

510 Vgl. hierzu *Schwandt*, Rechtsschutz gegen die Einstellung von Disziplinarverfahren nach der Bundesdisziplinarordnung, ZBR 1984, 204.

lich. Es wird die Feststellung genügen: »Nach dem Ergebnis der Ermittlungen konnte ein Dienstvergehen nicht festgestellt werden«.

Wenn das Disziplinarverfahren aus Gründen des **Maßnahmeverbots wegen**   827 **Zeitablauf** (§ 15 BDG) eingestellt wird, hängt die Bemessung der in Betracht kommenden unterschiedlichen Fristen des § 15 BDG vom Gewicht des Dienstvergehens ab. Deshalb müsste eigentlich in der Verfügung ein Dienstvergehen festgestellt werden. In dieser Feststellung eines Dienstvergehens würde jedoch ein gewisser Ahndungscharakter liegen. Es ist daher sachgerechter, das Dienstvergehen und dessen Gewicht nur hypothetisch zu unterstellen, um lediglich die zutreffende (maximale) Frist für das Ahndungsverbot zu begründen (*siehe* Muster 14.22). Wenn der Beamte oder die Beamtin aber auf einer umfassenden Sachverhaltsaufklärung und dessen Bewertung ausdrücklich besteht, gilt dies nicht.

Wird ein Dienstvergehen festgestellt, aber von einer **Disziplinarmaßnahme ab-**   828 **gesehen**, muss der Sachverhalt wie in einer Disziplinarverfügung (*siehe* nachfolgender Abschnitt 8.2.2) beschrieben und rechtlich gewürdigt werden. Zur Begründung, warum keine Maßnahme verhängt wird, könnte die Feststellung genügen, »dass nach Würdigung aller Umstände … z. B. langjähriger und guter Leistung … vergleichsweise geringem Gewicht des Dienstvergehens … von der Verhängung einer Disziplinarmaßnahme abgesehen werden konnte«.

Im Falle einer Einstellung des Verfahrens wegen **beschränkten Maßnahmever-**   829 **bots** (§ 14 BDG) steht ein Dienstvergehen zumeist wegen der Bindungswirkung eines Strafurteils (§ 23 Abs. 1 BDG) fest. Auch im Falle einer Einstellung des Strafverfahrens nach § 153 a StPO bzw. bei Vorliegen eines Strafbefehls wegen der Übernahmemöglichkeit der Feststellungen aus einem anderen, gesetzlich geordneten (Straf-)Verfahren (§ 23 Abs. 2 BDG) bedarf es regelmäßig keiner weiteren Auseinandersetzung mit dem Sachverhalt. Die Begründung der Verfügung könnte sich in diesen Fällen auf die Feststellung beschränken, dass »die Notwendigkeit der Verhängung einer zusätzlichen Disziplinarmaßnahme nicht gegeben ist«.

Eine Bezugnahme in der Begründung auf ein Strafurteil oder die Übernahme des   830 Sachverhalts eines Strafbefehls[511] dürfte für die Sachverhaltsdarstellung genügen. Sofern eine Kopie des Urteils als Anlage zur Disziplinarverfügung genommen und darauf verwiesen wird, wäre der relevante Sachverhalt z. B. durch Randstriche in der Anlage besonders kenntlich zu machen.

Wird ein Dienstvergehen festgestellt, sollte trotz Einstellung des Verfahrens   831 durchaus ein **missbilligender Hinweis** erfolgen, um die Bedeutung des Fehlverhaltens nicht zu bagatellisieren (»Ich missbillige Ihr Verhalten und weise darauf hin, dass ich bei künftigem Fehlverhalten auf eine Disziplinarmaßnahme nicht verzichten werde«). Die Einstellung des Verfahrens ist keine Billigung des Verhaltens.

8.2 Disziplinarverfügung

Hält die oder der Dienstvorgesetzte die Verhängung einer Disziplinarmaßnahme   832 für erforderlich und reicht die Disziplinarbefugnis aus, ist eine Disziplinarverfügung zu erlassen (33 BDG).

---

511 Hier liegt zwar keine Bindungswirkung vor, der Sachverhalt wird aber kaum kürzer als im Strafbefehl beschrieben werden können.

833   Das **Beteiligungsrecht der Personalvertretung** vor Erlass der Verfügung ist nicht bundeseinheitlich geregelt (*siehe* 1.5). Sofern eine Beteiligung auf Antrag erfolgen kann, ist der Beamte oder die Beamtin aus Gründen der Prozessfürsorge auf die Beteilungsmöglichkeit hinzuweisen.

834   Die **Schwerbehindertenvertretung** ist zu beteiligen, wenn sich die Beamtin oder der Beamte nicht dagegen ausgesprochen hat; es ist entsprechend zu befragen.

8.2.1 Form

835   **Schriftform** ist im Gesetz nicht vorgesehen, folgt aber aus der **Zustellungserfordernis** der anordnenden Verfügung (§ 33 Abs. 6 BDG). Der **Kopf der Verfügung** muss die Dienstvorgesetzte oder den **Dienstvorgesetzten** als persönliche Urheber erkennen lassen (zur Form der Verfügung im Übrigen vgl. Muster 14.24).

836   Eine **Begründung** ist erforderlich; die Verfügung ist **zuzustellen** (§ 33 Abs. 6 BDG – §§ 3 ff. VwZG).

837   Die Disziplinarverfügung schließt mit der **Rechtsbehelfsbelehrung** ab (§ 58 VwGO). Die Rechtsbehelfsbelehrung hat auf die Möglichkeit der Einlegung des Widerspruchs nach § 41 BDG hinzuweisen.

838   Sofern die Disziplinarverfügung von der obersten Dienstbehörde erlassen wurde – bzw. generell in Bayern, Berlin, Mecklenburg-Vorpommern, Niedersachsen und Schleswig-Holstein –, ist ein Widerspruch nicht vorgesehen; in diesen Fällen ist in der Rechtsbehelfsbelehrung auf die Möglichkeit der Anfechtungsklage hinzuweisen.

839   Fehlt die Rechtsbehelfsbelehrung, gilt nach § 58 Abs. 2 für die Einlegung des Widerspruchs bzw. für die Erhebung der Klage an Stelle der Monatsfrist eine Jahresfrist.

840   Die Disziplinarverfügung ist **von der oder dem Dienstvorgesetzten bzw. der Vertreterin oder dem Vertreter** zu unterzeichnen. Sofern nicht ausdrücklich vorgeschrieben (einige Länder), ergibt sich dies zwar nicht aus dem Wortlaut des Gesetzes, aber aus der klaren Festschreibung der Befugnisse für die Dienstvorgesetzten (Disziplinarbefugnisse) in § 33 Abs. 2 bis 5 BDG[512].

841   Nach § 35 Abs. 1 Satz 1 BDG ist die Verfügung der oder dem höheren Dienstvorgesetzten zuzuleiten (Vorlagepflicht).

8.2.2 Begründung

842   Die Disziplinarverfügung ist zu begründen (§ 33 Abs. 6 BDG).

8.2.2.1 Sachverhalt

843   Es sind eindeutig und erschöpfend die **Tatsachen**, in denen ein Dienstvergehen erblickt wird, darzustellen. Sowohl für die Beamtin oder den Beamten als auch für die oder den höheren Dienstvorgesetzten (Nachprüfung nach § 35 Abs. 1 BDG) sowie ggf. die Widerspruchsbehörde muss der Umfang der Vorwürfe klar ersichtlich sein. Dadurch kommt zugleich auch zum Ausdruck, dass die Disziplinarbefugnisse zu diesem Sachverhalt mit dem Erlass der Verfügung verbraucht sind.

---

512 *Weiß*, GKÖD II M § 33 Rz. 80 lässt diese Frage offen. Ebenso *Gansen* § 33.

Im Einzelnen sind zum Sachverhalt des Dienstvergehens (geraffte Wiedergabe 844
des Ermittlungsberichts – *siehe* Kapitel 7 – möglich) insbesondere aufzuführen
– Ort,
– Zeit,
– Einzelheiten und
– Umstände des Fehlverhaltens,
– die das Verschulden begründenden Tatsachen.

Inwieweit die **persönlichen Verhältnisse** in die Disziplinarverfügung auf- 845
genommen werden, hängt vom Einzelfall ab. Dies kann sinnvoll sein, wenn sich
daraus z. B. besondere Milderungs- oder Entlastungsgründe ergeben. Das Gleiche
gilt für eine Darstellung des Verfahrensverlaufs. Angaben dazu könnten auch bei
der Begründung des Disziplinarmaßes sinnvoll sein.

Eine Bezugnahme auf andere Aktenvorgänge kann die Darstellung des Sachver- 846
halts nicht ersetzen. Die tatsächlichen Feststellungen eines Strafurteils können wegen der Bindungswirkung nach § 23 Abs. 1 BDG regelmäßig wörtlich übernommen werden. Sofern eine Kopie des Urteils als Anlage zur Disziplinarverfügung
genommen und darauf Bezug genommen wird, wäre der relevante Sachverhalt
z. B. durch Randstriche besonders kenntlich zu machen. Es kann auch eine zusammenfassende Wiedergabe des Strafurteils (Arbeitsaufwand?) wie auch eine zusammenfassende Wiedergabe eines in einem (anderen) gerichtlichen Verfahren festgestellten Sachverhalts möglich sein.

Haben sich einzelne Vorwürfe, die Gegenstand der Ermittlungen waren, als 847
nicht zutreffend erwiesen, sind diese in der Disziplinarverfügung nicht aufzuführen, da die Entscheidung nicht darauf beruht. Eine **besondere Einstellung** (Teilein-
stellung) **wegen dieser Verfehlungen ist nicht notwendig.** Insbesondere bedarf es
insoweit keiner besonderen Einstellungsverfügung. Eine Klarstellung, dass ein
einzelner Vorwurf entkräftet wurde, der möglicherweise sogar Anlass für das Disziplinarverfahren war, wäre allerdings erforderlich, wenn dies nicht bereits durch
den Ermittlungsbericht geschehen sein sollte (a. a. O.). Die Beamtin oder der Beamte hat aus Gründen der Prozessfürsorge einen Anspruch darauf, dies zu erfah-
ren.

Sofern nach der Beweiswürdigung eine Wahlfeststellung[513] zwischen zwei alter- 848
nativen Geschehensverläufen verbleibt, könnte man beide Alternativen darstellen,
aber der günstigeren den Vorzug geben, wenn es für das Disziplinarmaß darauf ankommen sollte. Sollte es für das Disziplinarmaß ohne Einfluss sein, könnte man es
»dahin stehen lassen«, welcher Sachverhaltsverlauf als der wahre angesehen werden kann.

8.2.2.2 Disziplinare Bewertung

Bei der **disziplinarrechtlichen Bewertung** (rechtliche Würdigung) des Dienstver- 849
gehens ist auch anzugeben, **welche Pflichten verletzt worden sind** (z. B. Verstoß
gegen dienstliche Anordnungen, Verstoß gegen die Wahrheitspflicht in dienstlichen Angelegenheiten usw. (§§ XX BeamtStG, BBG).

Außer dem objektiven Geschehen ist auch die **subjektive Seite** zu würdigen. Die 850
Verschuldensform darf nicht offen gelassen werden. Es muss ersichtlich sein, ob es

---

513 Zum Begriff z. B. *Tröndle/Fischer* StGB § 1 Rz. 18 ff.

sich bei der Verfehlung um eine »vorsätzlich« oder »fahrlässig« begangene Pflichtverletzung handelt.

8.2.2.3 Disziplinarmaß

851   Die wesentlichen Gründe für die **Bemessung der Disziplinarmaßnahme** nach
Art und Höhe sind anzuführen (§ 13 Abs. 1 Sätze 2 und 3 BDG). Das **Gewicht
des Dienstvergehens** ist hervorzuheben und das **Persönlichkeitsbild des Beamten oder der Beamtin** darzustellen. Die sich aus dem Verhalten wie auch aus äußeren Bedingungen ergebenden belastenden und entlastenden Umstände sowie besondere Milderungs- oder Entlastungsgründe sind anzuführen. Die Abwägung
der Gründe muss schlüssig sein. Formelhafte Wendungen, wie »nach dem allgemeinen Persönlichkeitsbild« oder »unter Berücksichtigung aller Umstände« sind nur
dann aussagekräftig, wenn sie auf die vorhergehende Darstellung einzelner für die
Bemessung maßgebender Umstände (also besser: »unter Berücksichtigung von
1 ... – 2 ... – 3 ...«) gestützt werden können.

8.2.3 Kosten

852   Soweit der Beamtin oder dem Beamten **Kosten** (Kostenentscheidung, *siehe* An-
schnitt 11.1) auferlegt worden sind, ist dies kurz zu begründen. Regelmäßig genügt
hier der Hinweis auf die gesetzliche Bestimmung, § 37 Abs. 1 BDG. Wird teilweise
von Vorwürfen freigestellt, sind die Auslagen nur verhältnismäßig anzulasten.

8.3 Abgabe an höhere Dienstvorgesetzte

853   Die **Abgabe des Verfahrens** an höhere Dienstvorgesetzte kann aus unterschiedlichen Gründen erfolgen (nicht zu verwechseln mit der Vorlagepflicht nach § 35
Abs. 1 Satz 1 BDG).

854   Reicht die Disziplinarbefugnis der unmittelbaren Dienstvorgesetzten nicht aus,
führen sie die Entscheidung der höheren Dienstvorgesetzten herbei (§ 31 Satz 1
BDG).

855   Eine Abgabe an höhere Dienstvorgesetzte kann auch aus anderen Gründen in
Betracht kommen, etwa bei Befangenheit (§ 21 VwVfG) der Dienstvorgesetzten[514].

856   Höhere Dienstvorgesetzte können die Sache jedoch wieder zurückgeben, wenn
sie zu dem Ergebnis kommen, dass die Disziplinarbefugnisse der unmittelbaren
Dienstvorgesetzten ausreicht (§ 31 Satz 2 BDG).

8.4 Abänderungsverfahren der höheren Dienstvorgesetzten

857   Nach § 35 Abs. 1 Satz 1 BDG sind alle **Einstellungs- und Disziplinarverfügungen** unverzüglich der oder dem höheren Dienstvorgesetzten **vorzulegen**. Höhere
Dienstvorgesetzte wiederum haben die Verpflichtung, den Vorgang der obersten
Dienstbehörde vorzulegen, wenn nach § 35 Abs. 2 oder 3 BDG eine Aufhebung
und Neuentscheidung in Betracht kommt, ihre Disziplinarbefugnis hierfür aber

---

514 Vgl. *Claussen/Janzen*, § 28 Rz. 1 c.

nicht ausreicht. Diese Regelung soll eine möglichst einheitliche Ausübung der Disziplinarbefugnisse durch die höheren Dienstvorgesetzten bzw. die obersten Dienstbehörden mit ihrer Aufsichts-[515] und Koordinierungsfunktion sicher stellen. Dies ist aber nur bei rechtzeitiger Vorlage möglich.

Die höheren Dienstvorgesetzten oder die obersten Dienstbehörde haben die   858
Richtigkeit (Rechtmäßigkeit und Zweckmäßigkeit) der ergangenen Verfügungen zu überprüfen und die Entscheidungen unter bestimmten Voraussetzungen aufzuheben und in der Sache neu zu entscheiden, eine Disziplinarverfügung erlassen oder Disziplinarklage zu erheben (§ 35 Abs. 2 und Abs. 3 BDG). Die oberste Dienstbehörde ist außerdem befugt, auch ihre eigene Entscheidung auf diese Weise zu korrigieren. Das Verschlechterungsverbot (reformatio in peius) nach § 42 Abs. 2 Satz 1 BDG gilt im Abänderungsverfahren – anders als im Widerspruchsverfahren – nicht.

Die Verfügung der Dienstvorgesetzten muss zuvor – ebenfalls innerhalb von drei   859
Monaten – durch den höheren Dienstvorgesetzten **aufgehoben** werden (§ 35 Abs. 3 BDG). Bei einer Aufhebung und neuen Entscheidung mit der Folge einer **Verschlechterung für den betroffenen Beamten oder die betroffene Beamtin** ist zu beachten, dass die Aufhebung und Neuentscheidung nur innerhalb von **drei Monaten**[516] **nach Zustellung der Einstellungs- oder Disziplinarverfügung** zulässig ist (§ 35 Abs. 2 Satz 2 und Abs. 3 Satz 3 BDG). Die verschärfende Verfügung muss innerhalb dieses Zeitraums ergehen und zugestellt, die Disziplinarklage gerichtshängig werden. Diese Regelung dient dem Vertrauensschutz und der Rechtssicherheit.

Ausnahmsweise ist die Drei-Monats-Frist unbeachtlich, wenn wegen desselben   860
Sachverhalts nachträglich ein rechtskräftiges Urteil ergeht, dem andere tatsächliche Feststellungen als der Einstellungsentscheidung zugrunde liegen (§ 35 Abs. 2 Satz 2 BDG).

Zugunsten ist die Aufhebung und Neuentscheidung jederzeit möglich.   861

Bevor eine neue Entscheidung ergeht oder die Erhebung der Disziplinarklage   862
erfolgt, sind weitere Ermittlungen durch die höhere oder den höheren Dienstvorgesetzten möglich, aber nicht zwingend notwendig. **Die Beamtin oder der Beamte ist vor der neuen Entscheidung anzuhören (§ 28 VwVfG).** Wenn neue Ermittlungen erfolgen, wird auch eine abschließende Anhörung nach § 30 BDG erforderlich sein.

8.5 Vorläufige Dienstenthebung – Einbehaltung der Dienstbezüge

Ist das behördliche Disziplinarverfahren eingeleitet und soll das Verfahren mit   863
dem Ziele der **Entfernung aus dem Beamtenverhältnis** geführt werden, kann der Beamte oder die Beamtin **vorläufig des Dienstes enthoben** werden (§ 38 Abs. 1 Satz 1 BDG). Die Prognose über den Ausgang des Disziplinarverfahrens muss dafür realistisch sein[517].

---

515 *Gansen*, § 35 Rz. 2.
516 Die früheren Disziplinarordnungen sahen überwiegend eine Sechs-Monats-Frist vor. Durch die Fristverkürzung wird dem Beschleunigungsgebot und damit auch dem Vertrauensschutz in begrüßenswerter Weise Rechnung getragen.
517 *Gansen*, § 38 Rz. 4.

864   Eine vorläufige Dienstenthebung ist auch zulässig, wenn eine Störung des Dienstbetriebs zu besorgen ist oder die Ermittlungen wesentlich beeinträchtigt werden, **wenn die Beamtin oder der Beamte im Dienst verbleibt**, und die Bedeutung der Sache und die zu erwartende Disziplinarmaßnahme **nicht außer Verhältnis** stehen (§ 38 Abs. 1 Satz 2 BDG).

865   Wiegt das Dienstvergehen so schwer, dass voraussichtlich die Entfernung aus dem Beamtenverhältnis oder die Aberkennung des Ruhegehalts angezeigt ist, können außerdem – je nach dessen wirtschaftlichen Verhältnissen – bis zu 50 % der **Dienstbezüge** bzw. 30 % des **Ruhegehalts vorläufig einbehalten** werden (§ 38 Abs. 2 BDG)[518]. Mit der Einbehaltung entfällt auch die jährliche Sonderzahlung.

866   Wegen der durch die vorläufige Dienstenthebung fortbestehenden Alimentationspflicht des Dienstherrn sind für den Kürzungssatz die wirtschaftlichen Verhältnisse der Beamtin oder des Beamten unter Berücksichtigung des Bedarfs der Familie maßgeblich. Andere Gründe, z. B. fiskalische Aspekte der Verwaltung, die sich keinen teuren »Spaziergänger« erlauben möchte, dürfen nicht berücksichtigt werden. Die Untergrenze für die Einbehaltung orientiert sich mit 50 % der Dienstbezüge am Unterhaltsbeitrag, der nach einer Entfernung aus dem Beamtenverhältnis zu gewähren ist (§§ 10 Abs. 3, 12 Abs. 2, 79 BDG). Weitere Ecksätze für die Bemessung der zu belassenden Bezüge werden die Sozialhilfesätzen sein[519]. Der »Alimentationsanspruch (darf jedenfalls)… nicht im Kern verletzt sein«[520]. Vorläufig des Dienstes enthobene müssen eine gewisse Einschränkung ihrer Lebenshaltung hinnehmen, dürfen jedoch nicht in eine existenzgefährdende wirtschaftliche Situation geraten und darüber hinaus auch nicht gezwungen werden, eine Nebentätigkeit oder sonstige anderweitige Erwerbstätigkeit aufzunehmen[521].

> *Beispiel:* Die Einsparungen durch Entfallen einer weiten Anfahrt zur Dienststelle sind zuzumuten. Andererseits muss ein Pkw nicht verkauft oder still gelegt werden, um die Kosten für Versicherung und Steuern zu sparen.

8.5.1 Zuständigkeit, Form und Frist, Zeitpunkt

867   Zuständig ist die für die Erhebung der Disziplinarklage zuständige Behörde (*siehe* 9.1).

868   Für die vorläufigen Maßnahmen ist es nicht erforderlich, dass bereits Ermittlungen erfolgt sind. Es genügt die (formelle) Einleitung des Disziplinarverfahrens (§ 38 Abs. 1 BDG). Aus § 28 VwVfG folgt jedoch, dass der Beamte oder die Beamtin **vor der zu treffenden Entscheidung gehört werden muss**.

869   **Schriftform** ist im Gesetz zwar nicht vorgesehen, folgt aber aus dem **Zustellungserfordernis** der anordnenden Verfügung (§ 39 Abs. 1 BDG).

870   Die Beamtin oder der Beamte kann die Rechtmäßigkeit der getroffenen Maßnahmen durch das VG überprüfen lassen und deren Aussetzung beantragen (§ 63 BDG, – *siehe* 10.2). Widerspruch und Anfechtungsklage sind wegen dieses Rechtsbehelfs nicht statthaft.

---

518 Das BayDG sieht nicht mehr wie die frühere BayDO vor, dass eine vorläufige Einbehaltung der Dienstbezüge auch im Falle einer angestrebten Zurückstufung in entsprechender Höhe möglichst ist.

519 VG Ansbach vom 17.03.2008 – AN 13 b DS 07.03166; VG Berlin vom 02.02.2007 – 80 Dn 59.06.

520 *Ebert* 3.5.2.

521 *Claussen/Janzen*, § 92 Rz. 5 a m. w. N.

8.5.2 Begründung

Sofern die vorläufige Dienstenthebung nicht erfolgt, weil der Verdacht eines 871
schwersten Dienstvergehens besteht und das Verfahren mit dem Ziel der Entfernung aus dem Beamtenverhältnis geführt wird, sind an die Begründung äußerst
strenge Anforderungen zu stellen. Wegen des schwerwiegenden Eingriffs in das
berufliche Leben bedarf es in diesem Fall zusätzlicher und besonderer Gründe,
die neben dem formalen Einleitungsakt diese Maßnahme erforderlich machen,
z. B. um ein schwer gestörtes Betriebsklima zu verhindern. Der Grundsatz der Verhältnismäßigkeit verlangt besonders enge Grenzen.

> *Beispiel:* Kann ein Beamter nicht mehr auf seinem Dienstposten belassen werden, weil die
> Mitarbeiter und Mitarbeiterinnen aus gutem Grunde nicht mehr mit ihm zusammen-
> arbeiten wollen, könnte zwar an eine vorläufige Dienstenthebung gedacht werden.
> Kann der gleiche Effekt aber durch eine andere Maßnahme, z. B. Umsetzung in einen an-
> deren Zuständigkeitsbereich ohne Kontakt zu Mitarbeitern, erzielt werden, wäre eine
> vorläufige Dienstenthebung unverhältnismäßig.

Ist die Entfernung aus dem Beamtenverhältnis wahrscheinlich, sind an die Begrün- 872
dung der vorläufigen Maßnahmen »grundsätzlich keine übermäßigen Anforderungen zu stellen«[522].

8.5.3 Auswirkungen, Nachzahlung der Bezüge

Die nach § 37 Abs. 2 und 3 BDG einbehaltenen Bezüge verfallen (§ 40 Abs. 1 873
BDG), wenn

» 1. im Disziplinarverfahren auf Entfernung aus dem Beamtenverhältnis oder auf Aberkennung des Ruhegehalts erkannt worden ist,
 2. in einem wegen desselben Sachverhalts eingeleiteten Strafverfahren eine Strafe verhängt worden ist, die den Verlust der Rechte als Beamter oder Ruhestandsbeamter
   zur Folge hat,
 3. das Disziplinarverfahren aufgrund des § 31 Abs. 1 Nr. 3 eingestellt worden ist und ein
   neues Disziplinarverfahren, das innerhalb von drei Monaten nach der Einstellung wegen desselben Sachverhalts eingeleitet worden ist, zur Entfernung aus dem Dienst oder
   zur Aberkennung des Ruhegehalts geführt hat oder
 4. das Disziplinarverfahren aus den Gründen des § 31 Abs. 2 Nr. 2 oder 3 eingestellt worden ist und die für die Erhebung der Disziplinarklage zuständige Behörde (§ 33
   Abs. 2) festgestellt hat, dass die Entfernung aus dem Dienst oder die Aberkennung
   des Ruhegehalts gerechtfertigt gewesen wäre.«

Andernfalls sind die Bezüge nachzuzahlen. Etwaige Einkünfte aus genehmigungs- 874
pflichtigen Nebentätigkeiten können auf die Nachzahlung nur angerechnet werden, sofern ein Dienstvergehen festgestellt worden ist (§ 40 Abs. 2 BDG). Es besteht Auskunftspflicht über die Höhe der Nebeneinkünfte.

8.6 Verbot der Führung der Dienstgeschäfte

Nach § 39 BeamtStG, § 66 BBG ist mit besonderer Begründung ein **Verbot der** 875
Führung der Dienstgeschäfte aus zwingenden dienstlichen Gründen bis zur

---

522 OVG Bautzen vom 22.12.2008 – D 6 A 582/08.

Dauer von **drei Monaten** zulässig. Das Verbot erlischt, wenn nicht ein Disziplinarverfahren oder ein sonstiges auf Rücknahme der Ernennung oder auf Beendigung des Beamtenverhältnisses gerichtetes Verfahren eingeleitet worden ist. Die Frist von drei Monaten kann nicht verlängert werden. Die Beamtin oder der Beamte soll vor Erlass des Verbotes gehört werden.

876   Die Anforderungen an die zwingenden dienstlichen Gründe entsprechen im Wesentlichen den Anforderungen an eine vorläufige Dienstenthebung[523] nach § 38 BDG (*siehe* vorstehender Abschnitt). Die Zuständigkeit ist aber nicht an die Voraussetzungen der vorläufigen Dienstenthebung gebunden (*siehe* 8.5.1).

877   **Schriftform** ist nicht vorgeschrieben, jedoch zweckmäßig. Ergeht das Verbot schriftlich, ist es nach § 39 Abs. 1 des VwVfG zu begründen.

8.7 Verlust der Dienstbezüge bei Fernbleiben vom Dienst

8.7.1 Allgemeines

878   Nach § 9 BBesG tritt bei ungenehmigtem und schuldhaftem Fernbleiben vom Dienst für die Zeit der Dienstversäumnis (Untergrenze 1 Stunde[524]) zwingend der **Verlust der Dienstbezüge** ein. Da durch das BeamtStG die Besoldungsbestimmungen weitgehend den Ländern übertragen wurden, sind für die Länder ggf. insoweit entsprechend geltende Neuregelungen einschlägig. Eine Verrechnung der Fehlzeit mit Urlaub ist nach dem Wortlaut des Gesetzes nicht zulässig, wird aber offenbar aus praktikablen Gründen für möglich gehalten[525].

879   Die besoldungsrechtliche Regelung soll kein Disziplinarverfahren ersetzen; § 96 Abs. 2 BBG weist ausdrücklich darauf hin, dass ein Disziplinarverfahren durch § 9 BBesG nicht gehindert wird.

880   Der Verlust der Dienstbezüge tritt für die gesamte Fehlzeit ein. Auch für dienstfreie Tage, die von Zeiten schuldhaft ungenehmigten Fernbleibens vom Dienst umschlossen werden, ist der Bezügeverlust festzustellen (ständige Rechtsprechung[526]). Tritt hingegen während des Fernbleibens Dienstunfähigkeit ein, so endet mit diesem Zeitpunkt auch der Verlust der Dienstbezüge[527].

881   Bei Fehlen an einem Arbeitstag ist der Verlust der vollen Dienstbezüge eines Tages festzustellen, unabhängig davon, ob durch besondere Regelungen (z. B. Schichtdienst oder Stundenpläne) täglich wechselnd lange Arbeitszeiten angeordnet sind[528]. Nicht die konkrete Stundenzahl für den jeweiligen Arbeitstag ist maßgeblich, sondern lediglich, dass überhaupt an diesem Tage eine Arbeitsleistung erbracht werden musste. Dies gilt auch bei (teilweise) eigenverantwortlicher Diensteinteilung[529].

---

523 Vgl. Zängl GKÖD I K § 60 Rz. 24 ff.
524 *Summer* GKÖD I K § 73 Rz. 19.
525 VG München vom 17.02.2004 – M 12 K 02.5993.
526 BVerwG vom 30.08.1995 – 1 DB 9/95; BVerwG vom 20.07.1981 – 1 DB 5.81 = BVerwGE 73, 227; BVerwG vom 26.08.1993 – 1 DB 15.93 = BVerwGE 93, 393 = ZBR 1994, 77 = DokBerB 1993, 319; BVerwG vom 15.04.1994 – 1 DB 26.93.
527 BVerwG vom 04.12.1996 – 1 DB 23/96.
528 NDH vom 19.01.1995 – 01.19 1 NDH M 13/94 = ZBR 1995, 87 = DÖD 1995, 212; NDH vom 19.01.1995 – 1 NDH 14/94 = ZTR 1995, 236.
529 NDH vom 01.01.1995 – 1 NDH M 13/94.

Beispiel: Bei Lehrern mit differenzierter Stundenzahl nach Plan kann die tägliche Arbeitsleistung recht unterschiedlich sein. Jedoch tritt auch bei nur einer einzigen zu haltenden Unterrichtsstunde am konkreten Fehltag der Verlust der Dienstbezüge für einen ganzen Tag ein[530].

Ist hingegen der Beamte oder die Beamtin nach einem ärztlichen Attest nur zeitlich   882
beschränkt dienstfähig, z. B. im Rahmen eines Arbeitsversuchs vier Stunden täglich, und kommt sie oder er dieser Anwesenheitspflicht nicht nach, ist der Sachverhalt anders zu bewerten. Es kann nach der Rechtsprechung des BVerwG nur für den Teil der Bezüge, die auf diesen Zeitraum entfallen, die Feststellung des Verlustes eintreten[531].

8.7.2 Verfahren – Form und Frist

Die Feststellung erfolgt durch die zuständige Behörde. Die entsprechende **Ver-**   883
fügung hat lediglich **deklaratorische Bedeutung**[532], da der Verlust der Bezüge von Gesetzes wegen eintritt. Die Verlustfeststellung ist auch rückwirkend zulässig[533]. Unklar ist, ob reguläre, disziplinare Ermittlungen Voraussetzung sind. Im Interesse des Rechtschutzes muss dies aber wohl angenommen werden.

8.7.3 Rechtsbehelfe

Der Rechtsstreit über eine Verlustfeststellungsverfügung ist ein allgemeines beam-   884
tenrechtliches Streitverfahren mit den üblichen Möglichkeiten eines Widerspruchs und folgender Anfechtungsklage (§§ 40 ff. VwGO).

Ein verwaltungsgerichtliches Urteil in solch einem Verfahren entfaltet Bin-   885
dungswirkung für Dienstvorgesetzte (§ 23 Abs. 1 BDG) wie auch für das die Disziplinarsache entscheidende VG (§ 57 BDG).

---

530 NDH vom 19.01.1995 – 1 NDH 14/94 = ZTR 1995, 236–237; NDH vom 19.01.1995 – 1 NDH M 13/94 = ZBR 1995, 87–88 = DÖD 1995, 212–124.
531 BVerwG vom 17.01.2003 – 1 DB 18/02.
532 H. M, *Weiß*, GKÖD II K § 121 Rz. 3.
533 BVerwG vom 25.05.1993 – 1 DB 1/93.

9 Disziplinarklage

Die Disziplinarbefugnis bei schweren Dienstvergehen, die eine schwerere Diszip- 886
linarmaßnahme als eine Kürzung der Dienstbezüge bzw. des Ruhegehalts erfordern, ist wegen des Statusverlustes, der auch – begrenzt – bei einer Zurückstufung
eintritt, dem VG vorbehalten (**Richtervorbehalt** – Ausnahme Baden-Württemberg). Soll auf Zurückstufung, auf Entfernung aus dem Beamtenverhältnis oder
auf Aberkennung des Ruhegehalts erkannt werden, ist deshalb Disziplinarklage
beim VG zu erheben (§ 34 Abs. 1 BDG).

9.1 Zuständigkeit

Die **Disziplinarklage wird** durch die **zuständigen Dienstvorgesetzten** – zumeist 887
die oberste Dienstbehörde (§ 34 Abs. 2 BDG) – für den Dienstherrn (Anstellungskörperschaft, z. B. für Bundesbeamte und Bundesbeamtinnen die Bundesrepublik
Deutschland) erhoben. Ein »Vertreter der Einleitungsbehörde« (vgl. die entsprechenden Bestimmungen der früheren Disziplinarordnungen[534]) ist obsolet geworden, da es ein »förmliches Disziplinarverfahren« nicht mehr gibt.

Die Disziplinarklage ist nur gegen Beamtinnen oder Beamte auf Lebenszeit und 888
gegen Ruhestandsbeamtinnen oder Ruhestandsbeamte zulässig (§ 5 Abs. 3 BDG).

Die Klage ist beim für den dienstlichen **Wohnsitz der Beamtin oder des Beam-** 889
ten zuständigen VG (§ 52 Nr. 4 VwGO) einzureichen, sofern das Landesrecht
keine besondere Zuständigkeit vorsieht. Maßgeblich sind hierfür die Zuständigkeitsregelungen der Länder. Auch für den Bundesdienst gelten diese Regelungen
nach Maßgabe des § 45 BDG.

9.2 Form und Frist

Nach § 54 Abs. 2 BDG, § 81 VwGO bedarf die Disziplinarklage der **Schriftform**. 890
In der Disziplinarklage ist festzuhalten (§ 54 BDG – *siehe* Muster 14.25) 891
– dass Disziplinarklage erhoben wird,
– der persönliche und berufliche Werdegang der Beamtin oder des Beamten,
– der bisherige Gang des Disziplinarverfahrens,
– die Tatsachen, in denen ein Dienstvergehen gesehen wird,
– und die anderen Tatsachen und Beweismittel, die für die Entscheidung bedeutsam sind.
– Wenn bindende Feststellungen eines Strafurteils vorliegen (§ 23 BDG), kann wegen der Tatsachen, in denen ein Dienstvergehen gesehen wird, auf diese Feststellungen verwiesen werden.

Die Disziplinarklage **beschreibt und begrenzt den Prozessstoff** (Substantiie- 892
rung) und muss deshalb so gefasst werden, dass sie inhaltlich eindeutig ist. Was
nicht in der Klageschrift enthalten ist, ist auch nicht Verfahrensgegenstand. Für

---

534 Bzw. der Bundesdisziplinaranwalt für die Bundesbehörden.

die Fälle einer Erweiterung, Beschränkung oder Rücknahme einer Klage gelten besondere Vorschriften (*siehe* 9.7).

9.3 Beteiligung Personalvertretung und Schwerbehindertenvertretung

893   Sofern nach dem Personalvertretungsrecht auf Antrag der Beamtin oder des Beamten der Personalrat **vor der** Erhebung der Disziplinarklage **zu beteiligen** ist (*siehe* zu den Einzelregelungen der Länder Abschnitt 1. 4) sollte aus Fürsorgegründen ein schriftlicher Hinweis gegeben werden (z. B. § 78 Abs. 2 Satz 2 BPersVG).

894   Die Schwerbehindertenvertretung ist zu beteiligen, wenn sich die Beamtin oder der Beamte nicht dagegen ausspricht (*siehe* 1. 5). Eine entsprechende Anfrage an die Beamtin oder den Beamten ist aus Gründen der Prozessfürsorge geboten.

9.4 Einzelheiten zur Disziplinarklage

895   Die gesetzlichen Vorgaben, § 54 BDG, könnten z. B. nach folgendem Gliederungsvorschlag für eine Disziplinarklage ausgefüllt werden (*siehe auch* Muster 14.25):

896   *Kopf und Rubrum*
   – Angerufenes VG,
   – Angabe der klagenden Behörde – als Klägerin,
   – Bezeichnung der Beamtin oder des Beamten – als Beklagter,
   – Klagesatz,

   Beispiel: »Es wird Disziplinarklage erhoben, weil der Beamte ein Dienstvergehen begangen hat«.

   – konkreter Antrag.

   Beispiel: »Es wird beantragt, Termin zur mündlichen Verhandlung anzuberaumen, in welchem die Entfernung aus dem Beamtenverhältnis beantragt werden wird«.

897   *Begründung*

898   **Angaben zur Person der oder des Beklagten**
   – Als Anhalt für die Darstellung können die bei der Anhörung zur Person aufgeführten Fragen dienen (*siehe* Rz. 674).

899   **Verfahrensgang**
   – der Zeitpunkt der Einleitung des Verfahrens,
   – ggf. die Erweiterung des Verfahrens auf neue Vorwürfe (insbesondere auch, um eine dadurch bedingte längere Verfahrensdauer zu begründen),
   – Begründung etwaiger Verfahrensverzögerungen.

900   **Sachverhalt des Dienstvergehens**
   – Ort,
   – Zeit,
   – Umstände des Fehlverhaltens,
   – Verschulden,
   – Milderungsgründe,

– Erschwerungsgründe.

Rechtliche Würdigung des Dienstvergehens   901
– verletzte Pflichten,
– zusammenfassende Bewertung (Gewichtung) des Dienstvergehens.

Im Einzelnen:
Der Klagesatz sollte nicht nur die Erhebung der Disziplinarklage bezeichnen,   902
sondern auch einen **zusammenfassenden Überblick über die vorgeworfenen
Verfehlungen** geben. Zumindest sollte der Hinweis erfolgen, dass die Klage wegen
eines Dienstvergehens erhoben wird (*siehe* Muster 14.25).

> *Beispiel:* »Ich erhebe Disziplinarklage, weil der Beklagte ein Dienstvergehen dadurch be-
> gangen hat, dass er in der Zeit vom 13.02.2002 bis 17.02.2002 in sieben Fällen amtlich an-
> vertraute Gelder in Höhe von € 2365,– unterschlagen hat.«

Die Tatsachen, die den disziplinarrechtlich erheblichen **Sachverhalt** (Substantiie- 903
rung des Prozesstoffs) bilden, sind in der Klageschrift genau herauszustellen.
Besteht der Sachverhalt aus **mehreren Pflichtverletzungen**, empfiehlt es sich, 904
die einzelnen Verfehlungen nach Gruppen zu gliedern, wenn es um mehrere gleich-
artige Verfehlungen geht, und sodann in **historischer Reihenfolge** darzustellen.
Sofern nach der Beweiswürdigung eine Wahlfeststellung[535] zwischen zwei alter- 905
nativen Geschehensverläufen verblieben ist, könnte man beide Alternativen darstellen, aber den günstigeren den Vorzug geben, wenn es für das Disziplinarmaß
darauf ankommen sollte. Wenn es für das Disziplinarmaß ohne Einfluss sein sollte,
könnte man es »dahin stehen lassen«, welcher Sachverhaltsverlauf als der wahre
angesehen werden muss. In der rechtlichen Würdigung (*siehe* unten) sollte in diesen Fällen zusätzlich auf die Bedeutung der Sachverhaltsvarianten eingegangen
werden.
Die **Angabe der Beweismittel,** die sich aus den Ermittlungs-, Personal- oder 906
sonstigen, beigezogenen Akten ergeben, sollte in der Sachverhaltsdarstellung enthalten sein. Es ist zweckmäßig, die Fundstellen am Rande neben dem Text oder in
Fußnoten zu vermerken, um den Lesefluss nicht zu beeinträchtigen. »Klammer-
hinweise« sind oft verwirrend.
Als **Beweisanträge** sind die in Betracht kommenden Zeugen oder Sachverstän- 907
digen usw. zu benennen. Die Anträge sollten abschnittsweise eng am Beweisthema
erfolgen. Eine Zusammenfassung am Ende der Klageschrift wirkt leicht unübersichtlich.
Die **tatsächlichen Feststellungen** eines **strafgerichtlichen Urteils** (§ 23 BDG) 908
sind zu zitieren. Das Urteil kann auch als Anhang angefügt werden. In diesem Fall
sind die maßgeblichen Passagen zu kennzeichnen (z. B. durch Randstriche).
Die **rechtliche Würdigung** des Sachverhalts soll aufzeigen, welche Pflichten 909
schuldhaft verletzt worden sind. Da sich die Disziplinarklage nicht nur an das
VG, sondern auch an die Beamtin oder den Beamten wendet, muss sie auch für
einen Rechtsunkundigen verständlich sein. Es besteht im Verfahren vor dem
VG kein Zwang, einen Rechtskundigen zu konsultieren!

---

535 Zum Begriff z. B. *Tröndle/Fischer* StGB § 1 Rz. 18 ff.

910   Das angestrebte Disziplinarmaß sollte über die kurze Angabe im Antrag hinaus begründet werden.

> *Beispiel:* Durch sein Verhalten hat der Beklagte mehrfach gezeigt, dass er das Eigentum des Dienstherrn nicht achtet. Nach der ständigen Rechtsprechung der Verwaltungsgerichte hat sich ein Beamter, der sich so verhält, für den öffentlichen Dienst als nicht mehr tragbar erwiesen, sodass er nicht mehr im Beamtenverhältnis verbleiben darf.

911   Ein **konkreter Antrag** ist in § 52 Abs. 1 BDG **nicht vorgeschrieben**; ein Antrag auf Anberaumung eines Termins zur mündlichen Verhandlung ist jedoch üblich.

912   Der Antrag sollte als Abschluss der Klageschrift eingefügt werden.

> *Beispiel:* »In der anzuberaumenden mündlichen Verhandlung soll der Antrag gestellt werden, den Beklagten aus dem Beamtenverhältnis zu entfernen«.

913   Es ist zweckmäßig, die zugehörigen **Akten** (Ermittlungsakte, Personalakte des Beamten, Strafakten – ggf. in Kopie) bereits zusammen mit der Disziplinarklage als Anlagen vorzulegen, da das VG diese ohnehin anfordern wird. Die Akten sollten – auch aus Gründen der Verfahrensbeschleunigung – auf Vollständigkeit und Ordnung durchgesehen werden.

9.5   Rechtshängigkeit – Klagezustellung

914   Die Disziplinarklage wird mit Eingang beim VG rechtshängig (§ 90 VwGO) und nicht erst – wie im Zivilrecht – mit der Zustellung an den Beklagten. Sie ist vom **VG der Beamtin oder dem Beamten** unter Hinweis auf die Rügefrist von zwei Monaten, innerhalb der Mängel der Klage aufzuzeigen sind, **zuzustellen** (§ 54 BDG).

915   Prozesskostenhilfe wie auch Bewilligung des Armenrechts durch das VG gibt es im Disziplinarrecht nicht[536]. Auch die Beiordnung eines Notanwalts (§ 78 b ZPO[537]) scheidet aus, da kein Anwaltszwang im erstinstanzlichen Verfahren vorgeschrieben ist.

9.6   Nachtragsdisziplinarklage

916   Das gerichtshängige Verfahren kann nach Eingang der Disziplinarklage vom VG ausgesetzt werden, um neue Vorwürfe zum Gegenstand der Verhandlung zu machen (§ 53 BDG). Dazu ist eine **Nachtragsdisziplinarklage** erforderlich. Sie hat die Bedeutung einer selbstständigen Disziplinarklage und erweitert den Gegenstand des Verfahrens. Für die Nachtragsdisziplinarklage gelten die gleichen Voraussetzungen und inhaltlichen Anforderungen wie für die Disziplinarklage.

---

536 BVerwG vom 26.05.1997 – 1 D 44/97 m. w. N.; BayVGH vom 20.07.2006 – 14 ZB 04.1174.
537 § 78 b ZPO Notanwalt
    (1) Insoweit eine Vertretung durch Anwälte geboten ist, hat das Prozessgericht einer Partei auf ihren Antrag durch Beschluss für den Rechtszug einen Rechtsanwalt zur Wahrnehmung ihrer Rechte beizuordnen, wenn sie einen zu ihrer Vertretung bereiten Rechtsanwalt nicht findet und die Rechtsverfolgung/Rechtsverteidigung nicht mutwillig/aussichtslos erscheint.

9.7 Klagerücknahme

Die Disziplinarklage kann nach § 92 VwGO zurückgenommen werden. Bei einer   917
nach Erhebung der Klage veränderten Sachverhaltsbeurteilung ist dadurch eine
verfahrensökonomische Beendigung des Rechtsstreits möglich[538]. Das Verfahren
wird sodann durch Beschluss des VG eingestellt.

Die Klagerücknahme hat den Verbrauch der Disziplinarbefugnisse zur Folge, so-   918
dass wegen des gleichen Sachverhalts kein Disziplinarverfahren mehr eingeleitet
werden darf (§ 61 Abs. 1 BDG). Es ist nicht möglich, eine mit dem Ziel der Zurückstufung erhobene Disziplinarklage zurückzunehmen, um statt dessen eine Geldbuße oder einen Verweis zu verhängen, wenn nach Erhebung der Klage Bedenken
gegen die frühere Bewertung des Dienstvergehens entstanden sind, weil z. B. neue
entlastende Tatsachen bekannt geworden sind. Die neuen Tatsachen wären in das
anhängige Verfahren einzubringen; eine erneute Befassung des VG mit einer späteren, eventuellen Anfechtungsklage der Beamtin oder des Beamten wäre un-
zweckmäßig.

9.8 Klageerwiderung der Beamtin/des Beamten

Die oder der Beklagte sollte zweckmäßigerweise eine Klageerwiderung einreichen   919
(§ 86 Abs. 4 VwGO). Eine Erwiderung wird jedenfalls dann notwendig sein, wenn
Beweisanträge gestellt werden. Dafür ist eine Frist von zwei Monaten vorgesehen
(§ 58 Abs. 2 BDG). Verspätete Beweisanträge können abgelehnt werden. Es ist
aber davon auszugehen, dass das VG aus Gründen der Prozessfürsorge zurückhaltend von einer Ablehnungsmöglichkeit Gebrauch machen wird. Die Beamtin oder
der Beamte wird darauf zu achten haben, dass ein Verschulden der Bevollmächtigten ihr oder ihm zugerechnet wird (*siehe* 6.7.3.2)!

9.9 Verfahrensbeschränkung

Das Gericht kann – und zwar ohne Zustimmung der Verfahrensbeteiligten – ein-   920
zelne Handlungen ausscheiden, wenn sie für die Art und Höhe der zu erwartenden
Disziplinarmaßnahme nicht ins Gewicht fallen (§ 56 BDG – **Konzentrationsmaxime**).

Diese Bestimmung könnte Schwierigkeiten bereiten, wenn es den Dienstvor-   921
gesetzten darauf ankommt, die Pflichtwidrigkeit oder Gewichtung einer einzelnen
(anhängigen) Handlung gerichtlich geklärt zu wissen, weil z. B. noch keine Rechtsprechung zu dieser Frage vorliegt. Das VG sollte in diesen Fällen (auch im Interesse der Rechtsfortbildung) behutsam beim Ausklammern einzelner Verfehlungen vorgehen. Eine Erörterung – auch in der mündlichen Verhandlung – wäre
vor diesem Hintergrund sinnvoll.

---

538 Früher musste in diesen Fällen ein formeller und kostenträchtiger Gerichtsentscheid abgewartet
werden.

9.10 Mündliche Verhandlung vor dem Verwaltungsgericht

922 Nach Ablauf der Äußerungsfrist setzt die oder der Vorsitzende der zuständigen Kammer des VG **Termin zur mündlichen Verhandlung** an (§ 60 Abs. 1 BDG) und lädt die Beteiligten (§ 102 VwGO).

923 Verfahrensbeteiligte sind
– die Beamtin oder der Beamte als Beklagte oder Beklagter,
– ggf. die gesetzliche Vertreterin oder der gesetzliche Vertreter,
– die oder der Bevollmächtigte oder Beistand,
– die oder der Dienstvorgesetzte für die Klägerin oder den Kläger.

924 Das Gericht verhandelt und entscheidet regelmäßig in der Besetzung der Kammer mit drei Berufsrichterinnen oder -richtern und zwei Beamtenbeisitzerinnen oder -beisitzern. Sofern Landesrecht für das VG in Disziplinarsachen eine andere Besetzung vorsieht, gilt diese Besetzung.

925 Eine besondere Vorschrift im BDG über den Verfahrensablauf gibt es nicht. Es gelten die §§ 95 ff. VwGO. In der **öffentlichen** (§ 55 VwGO, § 169 GVG; Ausnahme Nordrhein-Westfalen § 58 LDG-NRW) **Verhandlung** wird nach dem Sachstandbericht die Disziplinarklage nach tatsächlichen und rechtlichen Gesichtspunkten mit den Beteiligten umfassend erörtert (§ 104 VwGO). Regelmäßig wird das persönliche Erscheinen der Beamtin oder des Beamten angeordnet (§ 95 VwGO), um einen persönlichen Eindruck zu gewinnen. Über die Verhandlung ist eine Niederschrift aufzunehmen (§ 105 VwGO, §§ 159 bis 165 ZPO entsprechend).

9.11 Beweisaufnahme durch das VG

926 Die Aufklärung des Sachverhalts erfolgt nach §§ 86 ff. VwGO von Amts wegen (Untersuchungsgrundsatz) durch das VG. Über bestrittene Tatsachen müssen die »erforderlichen Beweise« (§ 58 Abs. 1 BDG) erhoben werden.

927 **Es gilt der Grundsatz der unmittelbaren Beweisaufnahme** (§ 96 Abs. 1 VwGO). Der unmittelbare Eindruck von anzuhörenden Personen kann entscheidend zur Beweiswürdigung beitragen. Nach früherem Recht genügte die Verlesung der in der (förmlichen) Untersuchung über die Beweisaufnahme gefertigten Protokolle. Für die Erscheinenspflicht und die Vernehmung von Zeuginnen und Zeugen, Sachverständigen und Angehörigen des öffentlichen Dienstes gelten nach § 58 Abs. 3 BDG die Bestimmungen der StPO (§§ 48 bis 85) entsprechend.

928 Einzelne Beweise können nach § 87 Abs. 3 VwGO durch die Berichterstatterin, den Berichterstatter oder eine beauftragte Richterin oder einen beauftragten Richter erhoben werden. Die gesamte Beweisaufnahme darf jedoch nicht außerhalb der mündlichen Verhandlung durchgeführt werden.

929 Bei der Anhörung der Beamtin oder des Beamten zur Sache könnte die Frage nach einer **Aussagegenehmigung** i. S. d. § 61 Abs. 3 BBG gestellt werden. Jedoch dürfte dies auch im gerichtlichen Disziplinarverfahren eher als Scheinfrage anzusehen sein. Der Dienstherr erhebt selbst Klage gegen die Beamtin oder den Beamten, sodass eine Untersagung der Äußerungsmöglichkeit einer Rechtsschutzverweigerung gleichkäme, die auch nach § 61 Abs. 3 BBG nicht eintreten darf. Der Vertraulichkeit oder der Geheimhaltungsbedürftigkeit unterliegende Inhalte kön-

nen unter Einschränkung der Öffentlichkeit der Verhandlung nach §§ 171 ff. GVG verhandelt werden. Sofern schutzbedürftige Inhalte durch den Dienstherrn selbst zum Gegenstand des Verfahrens gemacht worden sind, erübrigt sich die Frage nach einer Aussagegenehmigung ohnehin.

Bei Zeugenaussagen dürfte hinsichtlich der Aussagegenehmigungspflicht Ver- 930
gleichbares gelten.

Auch für das VG gilt die Bindungswirkung von Strafurteilen und verwaltungs- 931
gerichtlichen Entscheidungen, die eine Verlustfeststellung bei schuldhaftem Fernbleiben vom Dienst nach § 9 Bundesbesoldungsgesetz getroffen haben (§ 57 Abs. 1 BDG). Derartige Feststellungen können jedoch überprüft werden, wenn sie offenkundig unrichtig sind (Lösungsbeschluss, § 57 Abs. 1 Satz 2 BDG).

Eine Bindungswirkung von Feststellungen, die in anderen gesetzlich geordneten 932
Verfahren getroffen worden sind, besteht nicht. Diese Entscheidungen können aber ohne nochmalige Prüfung zugrunde gelegt werden (§ 57 Abs. 2 BDG).

9.12 Die Entscheidung des VG

Vergleiche sind im Disziplinarverfahren **unzulässig** (§ 60 Abs. 1 Satz 2 BDG, 933
§ 106 VwGO).

Es gelten die im verwaltungsgerichtlichen Verfahren üblichen Entscheidungsfor- 934
men.

9.12.1 Beschluss

Kommt das VG zu der Auffassung, es sei nur eine Disziplinarmaßnahme angezeigt, 935
die auch der Dienstvorgesetzte verhängen durfte (Verweis, Geldbuße, Kürzung der Dienstbezüge oder eine Kürzung des Ruhegehalts), oder die Disziplinarklage sei abzuweisen, weil die mit der Disziplinarklage angestrebte Entscheidung nicht gerechtfertigt ist (möglicherweise erst nach Beweiserhebungen oder nach einem Erörterungstermin), kann das Gericht auch **außerhalb der mündlichen Verhandlung** vorschlagen, ohne mündliche Verhandlung und durch Beschluss zu entscheiden (§ 59 BDG).

Die **Zustimmung der Verfahrensbeteiligten** (Beamtin oder Beamter, Dienst- 936
vorgesetzte) ist erforderlich.

9.12.2 Urteil

Das **Urteil des VG** (§ 60 BDG) kann lauten auf: 937
– Abweisung der Disziplinarklage aus formellen oder materiellen Gründen
– Freispruch und Einstellung des Verfahrens durch Urteil sind nicht vorgesehen.
– **Verurteilung zu einer Disziplinarmaßnahme.** Es sind alle Disziplinarmaßnahmen möglich.

Der weitere Inhalt des Urteils richtet sich nach § 117 VwGO. Das Urteil ist spä- 938
testens zwei Wochen nach Verkündung vollständig und schriftlich der Geschäftsstelle zu übergeben.

Das Urteil ist der Beamtin oder dem Beamten und der oder dem Dienstvor- 939
gesetzten zuzustellen (§ 116 Abs. 1 Satz 2 VwGO).

9.12.3 Unterhaltsbeitrag

940   Die frühere Beamtin oder der frühere Beamte wird im Falle einer Entfernung aus dem Beamtenverhältnis in der gesetzlichen Rentenversicherung nachversichert. Zur Vermeidung von Übergangsproblemen wird außerdem ein auf sechs Monate befristeter **Unterhaltsbeitrag** in Höhe von einheitlich 50 % der letzten Dienstbezüge gewährt (§§ 10 Abs. 3, 12 Abs. 2, 79 BDG). Die frühere Bemessung des Unterhaltsbeitrags nach dem Umfang der Bedürftigkeit[539] ist nicht mehr vorgesehen.

941   Ein Anspruch aus der Arbeitslosenversicherung besteht nicht, da für Beamtinnen und Beamte dort nichts eingezahlt wird. Es besteht also auch kein Anspruch auf gesetzlichen Krankenversicherungsschutz, jedenfalls solange der Unterhaltsbeitrag gezahlt wird.

942   Ruhestandsbeamtinnen oder Ruhestandsbeamte, denen das Ruhegehalt aberkannt worden ist, erhalten bis zur Gewährung einer Rente aufgrund einer Nachversicherung, längstens jedoch für sechs Monate, ebenfalls einen Unterhaltsbeitrag in Höhe von 70 % des Ruhegehalts.

943   Eine Verlängerung der Sechs-Monats-Frist (im Urteil – also nicht nachträglich) ist möglich, um eine unbillige Härte zu vermeiden (§ 10 Abs. 2 Satz 3 BDG).

944   Die Gewährung eines Unterhaltsbeitrags kann ausgeschlossen werden, wenn der Beamte oder die Beamtin dessen unwürdig oder erkennbar nicht bedürftig ist (§ 10 Abs. 3 Satz 4 BDG). Unwürdigkeit kann vorliegen, wenn z. B. der Kontakt zum Dienstherrn seit langem unterbrochen, also mangelndes Interesse gezeigt wurde[540].

945   Der Unterhaltsbeitrag muss nicht notwendigerweise durch das VG im Urteil zuerkannt werden, da es sich um eine gesetzliche Rechtsfolge der Entfernung aus dem Beamtenverhältnis handelt. Es wird deshalb auch keines Antrags an die zuständige Behörde bedürfen. Bei Rechtskraft des Urteils ist der Unterhaltsbeitrag von Amts wegen zu zahlen.

946   Eine **nachträgliche Verlängerung** oder **Neugewährung** des Unterhaltsbeitrags zu einem späteren Zeitpunkt ist **nicht vorgesehen.** Es gibt keine Ansprüche mehr gegen den Dienstherrn. Nach Ablauf der sechs Monate ist die frühere Beamtin bzw. der frühere Beamte auf die Sozialhilfe zu verweisen[541].

947   Unterhaltsbeiträge, die früheren Beamtinnen und Beamte nach »altem Recht« (z. B. der BDO) gewährt wurden, können nach wie vor auch nachträglich verlängert werden, auch wenn schon mehrere Jahre seit der Entfernung aus dem Beamtenverhältnis verstrichen sind[542]. Allerdings ist die Gesamtdauer auf 5 Jahre begrenzt, da es sich nur um eine vorübergehende Leistung handelt[543].

9.12.4 Unterhaltsleistung bei Aufklärungsbeitrag zu Straftaten

948   Im Falle einer Entfernung aus dem Beamtenverhältnis kann die zuletzt zuständige oberste Dienstbehörde früheren Beamtinnen und Beamten eine **monatlichen Un-**

---

539 So wurden z. B. Ansprüche nicht nur Einkünfte aus einer Tätigkeit sondern auch aus der gesetzlichen Rentenversicherung angerechnet, BVerwG vom 14.11.2001 – 1 D 60/00.
540 A. a. O.
541 OVG Münster vom 23.04.2007 – 21 d A 571/07.BDG = IÖD 20/2007.
542 Z. B. BVerwG vom 03.04.2008 – 1 D 1/07.
543 BVerwG vom 16.06.2008 – 1 DB 2.08 = IÖD 22/2008.

terhaltsleistung zusagen, wenn »Wissen über Tatsachen offenbart« wird, das dazu beigetragen hat, Straftaten (insbesondere nach den §§ 331 bis 335 StGB – *siehe hierzu 3.1.15*) zu verhindern oder über den eigenen Tatbeitrag hinaus aufzuklären (sog. »kleine Kronzeugenregelung«[544], § 80 BDG[545]). Bezugsgröße ist in diesem Fall die Anwartschaft in der gesetzlichen Rentenversicherung, nicht die Dienstbezüge.

---

544 *Ebert* 5.6.3.
545 Eine ähnliche Regelung wurde bereits in die frühere BDO eingefügt durch das Gesetz zur Bekämpfung der Korruptionsdelikte vom 13.08.1997, BGBl I. S. 2038.

10 Rechtsbehelfe – Rechtsmittel

Die rechtsförmliche Ausgestaltung des Disziplinarverfahrens als Verwaltungsver- 949
fahren bedingt die gerichtliche Überprüfung von Entscheidungen sowohl für die
Beamtin oder den Beamten (Art. 19 Abs. 4 GG) als auch für den Dienstherrn.
Beamtinnen und Beamte können 950
– zur Verfahrensbeschleunigung des behördlichen Verfahrens Antrag auf gerichtliche Fristsetzung an das VG stellen (§ 62 Abs. 1 BDG – siehe 10.1),
– bei vorläufiger Dienstenthebung und Einbehaltung der Dienstbezüge Aussetzung beim VG beantragen (§ 63 BDG – siehe 10.2),
– gegen Disziplinarverfügungen und belastende Einstellungsverfügungen – sofern nicht die oberste Dienstbehörde entschieden hat – Widerspruch einlegen
 (§ 41 ff. BDG – siehe 10.3; nicht in Bayern, Berlin, Mecklenburg-Vorpommern,
 Niedersachsen; Schleswig-Holstein),
– gegen den Widerspruchsbescheid bzw. die Verfügung der obersten Dienstbehörde – generell in Bayern, Berlin, Mecklenburg-Vorpommern, Niedersachsen, Schleswig-Holstein – Anfechtungsklage beim VG erheben (§ 42 Abs. 1
 BDG, §§ 68 ff. VwGO, – siehe 10.4),
– gegen ein der Disziplinarklage des Dienstherrn stattgebendes Urteil oder der
 Anfechtungsklage nicht in vollem Umfang entsprechendes Urteil des VG Berufung beim OVG/VGH (§§ 64 ff. BDG – siehe 10.6) und
– gegen das Berufungsurteil des OVG/VGH Revision beim BVerwG (§§ 69 f.
 BDG – siehe 10.7; nicht in Bayern und Sachsen- Anhalt) einlegen.
– Im gerichtlichen Verfahren ist außerdem der Rechtsbehelf der Beschwerde statthaft (§§ 67 ff. BDG – siehe 10.5).
Dienstvorgesetzte können 951
– sofern der Disziplinarklage nicht in vollem Umfang stattgegeben wird oder im
 Falle einer erfolgreichen Anfechtungsklage der Beamtin oder des Beamten Berufung beim OVG/VGH (§§ 64 ff. BDG – siehe 10.6) und
– gegen das Berufungsurteil des OVG/VGH Revision beim BVerwG (§§ 69 f.
 BDG – siehe 10.7; nicht in Bayern und Sachsen-Anhalt) einlegen.
– Im gerichtlichen Verfahren ist außerdem der Rechtsbehelf der Beschwerde statthaft (§§ 67 ff. BDG – siehe 10.4 10.5).
Die Verfahrengänge entsprechen aus Gründen des Beschleunigungsgebots nicht 952
in allen Einzelheiten dem VwVfG und der VwGO.

10.1 Antrag auf gerichtliche Fristsetzung

Nicht selten dauern disziplinare Ermittlungen zu lange. Dies liegt zumeist daran, 953
dass die Ermittelnden im Nebenamt tätig sind und sich auch oft Dienstvorgesetzte
nur unzureichend um den Fortgang des Verfahrens bemühen. Selbst bei einfach
gelagerten Sachverhalten lag oft ein Zeitabstand von einem Jahr und mehr zwischen der Aufnahme von (Vor-)Ermittlungen und der Entscheidung in der Sache.
Der (statthafte) **Antrag** der Beamtin oder des Beamten **auf gerichtliche Fristsetzung** (§ 62 Abs. 1 BDG) soll solchen Unzuträglichkeiten entgegenwirken. Betroffene Beamtinnen und Beamte sollten aber beachten, dass im Falle eines Antrags die

Akten dem VG vorgelegt werden, sodass noch notwendige Ermittlungen während des verwaltungsgerichtlichen Verfahrens behindert werden könnten. Dies wiederum ginge zu ihren Lasten.

10.1.1 Form und Frist

954   Liegt innerhalb einer **Frist von sechs Monaten seit** der Einleitung des Disziplinarverfahrens keine Entscheidung der Dienstvorgesetzten vor oder ist keine Disziplinarklage erhoben, kann der Beamte oder die Beamtin beim VG beantragen, dass durch Beschluss des VG eine Frist zum Abschluss des Disziplinarverfahrens gesetzt wird (§ 62 BDG).

955   Der Lauf der Frist ist während der Aussetzung des Disziplinarverfahrens bei Zusammentreffen mit Straf- oder anderen Verfahren nach § 22 Abs. 3 BBG gehemmt (§ 62 Abs. 1 Satz 2 BDG).

956   Ein Antrag nach § 62 Abs. 1 Satz 1 BDG dürfte leer laufen, wenn das abschließende Äußerungsrecht entweder nicht oder erst zeitgleich mit der Antragstellung an das VG wahrgenommen wird.

957   Besondere formelle oder inhaltliche Anforderungen an den Antrag bestehen nicht. Es empfiehlt sich aber, entsprechend § 81 Abs. 1 VwGO den Antrag **schriftlich oder zur Niederschrift der Geschäftsstelle beim VG** einzulegen.

958   Zum Inhalt des Antrags wird es genügen, wenn das Datum des Verfahrensbeginns nach § 17 Abs. 1 Satz 1 BDG, der erhobene Vorwurf und ggf. bereits durchgeführte Beweistermine oder unbegründete Verfahrensverzögerungen aufgeführt werden.

10.1.2 Weiteres Verfahren

959   Aus § 62 Abs. 2 Satz 1 BDG ist zu schließen, dass die Dienstvorgesetzten die **zureichenden Gründe**, die dem Abschluss des behördlichen Disziplinarverfahrens innerhalb der Sechs-Monats-Frist entgegen standen bzw. entgegen stehen, darzulegen haben. Bei einer Entscheidung des VG werden die Umstände des Einzelfalls maßgebend sein, je nachdem durch wen die Verzögerungsgründe zu vertreten sind. Dienstvorgesetzte werden insbesondere belegen müssen, dass sie alles Erforderliche getan haben, um die Frist nach Möglichkeit einzuhalten. **Personalknappheit wird jedenfalls regelmäßig kein vertretbarer Grund sein**[546].

960   Liegt ein zureichender Grund vor, kann nach §§ 62 Abs. 2 Satz 3, 53 Abs. 2 Satz 3 bis 5 BDG Verlängerung der Frist – ggf. auch wiederholt – beantragt werden.

961   Erkennt das VG keinen zureichenden Grund für eine Verzögerung, setzt es nach § 62 Abs. 2 BDG der oder dem Dienstvorgesetzten eine Frist zum Abschluss des Verfahrens. **Verstreicht die Frist, ohne dass es zum Abschluss des Verfahrens kommt, stellt das VG das Verfahren zwingend ein** (Einstellungszwang, § 62 Abs. 3 BDG). Dies könnte sogar bei schwersten Dienstvergehen, die zu einem völligen Vertrauensverlust geführt haben, bedeuten, dass **keine disziplinare Verfolgung** stattfindet!

962   Der rechtskräftige Beschluss des VG nach § 62 Abs. 3 BDG steht einem rechtskräftigen Urteil gleich (§ 62 Abs. 4 BDG) und entfaltet Bindungswirkung nach

---

546 *Gansen*, § 62 Rz. 8.

§ 121 VwGO mit der Folge, dass ein Wiederaufgreifen des Verfahrens nicht zulässig ist.

10.2 Aussetzung der vorläufigen Dienstenthebung

Gegen die Entscheidung der Dienstvorgesetzten über eine vorläufige Dienstent- 963
hebung (§ 38 Abs. 1 BDG) sowie die Anordnung der Einbehaltung eines Teils
der monatlichen Dienst- oder Anwärterbezüge (§ 38 Abs. 2 BDG) bzw. die Anordnung der Einbehaltung eines Teils des monatlichen Ruhegehalts (§ 38 Abs. 3
BDG) kann beim VG (bzw. beim OVG/VGH, wenn das Disziplinarverfahren bereits dort anhängig ist) **Antrag auf Aussetzung der Maßnahmen** gestellt werden
(§ 63 Abs. 1 BDG).
Widerspruch und Anfechtungsklage sind deshalb nicht möglich. 964

10.2.1 Form und Frist

Der Antrag ist an **keine Frist** gebunden und kann nach § 52 Abs. 2 Satz 1 BDG, 965
§ 81 Abs. 1 VwGO sowohl schriftlich als auch zur Niederschrift des Urkundsbeamten der Geschäftsstelle des VG gestellt werden. Die ausdrückliche Bezeichnung als »Antrag auf Aussetzung« ist entbehrlich, sofern das Begehren im Wege
der Auslegung zu entnehmen ist[547].

10.2.2 Entscheidung des Gerichts

Das Gericht prüft, ob ernstliche Zweifel an der Rechtmäßigkeit der Maßnahme 966
bestehen (§ 63 Abs. 2 BDG). Die wird dann der Fall sein, wenn keine Wahrscheinlichkeit besteht, dass im Disziplinarverfahren voraussichtlich aus dem Beamtenverhältnis entfernt werden bzw. das Ruhegehalt aberkannt werden wird oder
dass bei einem Verbleiben der Beamtin oder des Beamten im Dienst der Dienstbetrieb oder die Ermittlungen wesentlich beeinträchtigt würden. Die von den
Dienstvorgesetzten getroffene Entscheidung ist nur auf Ermessensfehler zu überprüfen[548] »Die Erhebung einer Anklage wegen des Verdachts der Bestechlichkeit
kann die Prognose rechtfertigen, dass in einem eingeleiteten Disziplinarverfahren
voraussichtlich die disziplinare Höchstmaßnahme zu erwarten ist«[549].

10.2.3 Entscheidung durch Beschluss

Die Entscheidung des Gerichts ergeht durch Beschluss. Hiergegen ist die (zulas- 967
sungspflichtige) Beschwerde an das OVG statthaft (§ 67 Abs. 3 BDG, § 124 Abs. 2
VwGO).

---

547 *Gansen*, § 63 Rz. 3.
548 *Gansen*, § 63 Rz. 9.
549 OVG Lüneburg vom 09.10.2008 – 19 ZD 11/08 = IÖD 1/2009.

10.3 Widerspruch

968 Gegen belastende Disziplinar- und Einstellungsverfügungen (§ 32 Abs. Nr. 2–4, 33 BDG) ist der Widerspruch[550] zugelassen (§§ 41 ff. BDG i. vom m. §§ 68 ff. VwGO. Diese Regelung im BDG weicht teilweise vom regulären Widerspruchsverfahren nach §§ **68 ff. VwGO** ab. Bayern, Berlin, Mecklenburg-Vorpommern, Niedersachsen und Schleswig-Holstein haben auf die nochmalige verwaltungsinterne Prüfung durch ein Vorverfahren verzichtet.

969 Nach § 41 Abs. 1 BDG ist vor Erhebung der Anfechtungsklage der Beamtin oder des Beamten ein Widerspruchsverfahren nicht erforderlich, wenn die oberste Dienstbehörde die Verfügung erlassen hat.

970 Das Widerspruchsverfahren ist nicht vorgesehen für folgende Fälle:
– Die Einleitungsverfügung nach § 17 Abs. 1 BDG ist nicht selbstständig angreifbar, da es sich hierbei (noch) nicht um eine Entscheidung handelt.
– Die vorläufige Dienstenthebung und Einbehaltung der Dienstbezüge nach § 38 BDG ist nur mit dem Antrag auf Aussetzung nach § 63 BDG angreifbar (*siehe* 10.2).

10.3.1 Form, Frist und Wirkung des Widerspruchs

971 Nach § 41 Abs. 2 BDG, § 70 VwGO ist der Widerspruch **innerhalb eines Monats**, nachdem die Verfügung der Beamtin oder dem Beamten bekannt gegeben worden ist, **schriftlich oder zur Niederschrift bei der Behörde** zu erheben, die sie erlassen hat. Die Frist wird auch durch Einlegung bei der Widerspruchsbehörde, die den Widerspruchsbescheid zu erlassen hat, gewahrt.

972 Nach § 58 VwGO ist deshalb die belastende Einstellungs- oder Disziplinarverfügung mit einer ordnungsgemäßen Rechtsbehelfsbelehrung zu versehen; ansonsten beträgt die Widerspruchsfrist ein Jahr.

973 War der Beamte oder die Beamtin »ohne Verschulden« gehindert, den Widerspruch rechtzeitig einzulegen, kann **Wiedereinsetzung in den vorigen Stand** verlangt werden (§ 60 VwGO). Darüber hinaus könnte auch nach Fristablauf eine dienstaufsichtliche Überprüfung der Disziplinarentscheidung nach § 35 BDG mit dem Ziel einer Abänderung angeregt werden, die zugunsten der Beamtin oder des Beamten jederzeit möglich ist.

974 Inhaltlich sind für den Rechtsbehelf keine besonderen Voraussetzungen erforderlich, sofern nur insgesamt klar zu erkennen ist, dass eine Überprüfung durch die Widerspruchsbehörde erfolgen soll. Eine besondere Bezeichnung als »Widerspruch« ist daher nicht erforderlich. Eine Begründung ist nach dem Wortlaut des Gesetzes ebenfalls nicht notwendig. Auch wird es sich erübrigen, den Sachverhalt der angefochtenen Verfügung zu wiederholen. Zumeist geht es um tatsächliche Fragen. Es sollte daher z. B. jedenfalls dargestellt werden, dass Beweisanträge nicht berücksichtigt wurden oder welche falschen Schlussfolgerungen aus den Angaben von Zeuginnen oder Zeugen gezogen wurden. Die in der Verfügung zitierten Vorschriften des BBG und des BDG müssen nicht aufgeführt werden, da sie sich aus

---

550 Diese Begrifflichkeit verdeutlicht die streng verwaltungsrechtliche Natur des Disziplinarrechts. Das dadurch die Novellierung 2001 abgelöste, frühere Beschwerdeverfahren nach der BDO war aber eigentlich ein verwaltungerechtlicher Widerspruch.

der angefochtenen Verfügung ergeben. Etwas anderes würde nur gelten, wenn fehlerhafte Vorschriften genannt wurden und die daraus gezogenen Schlussfolgerungen zu einer falschen Bewertung des vorgeworfenen Verhaltens geführt haben.

Der Widerspruch gegen eine Disziplinarverfügung hat **aufschiebende Wirkung** 975 (§ 80 Abs. 1 VwGO). Fälle, in denen im Einzelfall im überwiegenden öffentlichen Interesse die sofortige Vollziehung der Verfügung angeordnet werden könnte (§ 80 Abs. 2 Satz 1 Nr. 4, Abs. 3 VwGO), sind kaum vorstellbar[551].

10.3.2 Zuständigkeit und Umfang der Nachprüfung

Die Zuständigkeit für die Entscheidung über den Widerspruch liegt nach § 42 976 Abs. 1 Satz 1 BDG bei der **obersten Dienstbehörde,** die ihre Befugnis nach § 42 Abs. 1 Satz 2 BDG auf nachgeordnete Behörden übertragen kann (**Widerspruchsbehörde**).

Die angefochtene Verfügung ist nach § 68 Abs. 1 Satz 1 VwGO durch die Widerspruchsbehörde auf **Rechtmäßigkeit und Zweckmäßigkeit** nachzuprüfen. Diese **vollumfängliche Nachprüfung** bedeutet, dass die Widerspruchsbehörde eine eigene Ermessensentscheidung fällt. Maßgeblich ist die **Sach- und Rechtslage zum Zeitpunkt des Erlasses des Widerspruchsbescheids**[552]. Ggf. müssen auf der Grundlage der §§ 21 bis 27 BDG weitere Ermittlungen erfolgen, wenn der Sachverhalt nicht vollständig aufgeklärt ist.

Werden bei der materiellen Überprüfung weitere Pflichtverletzungen fest- 978 gestellt, können diese der Beamtin oder dem Beamten nur im Rahmen einer Abänderungsentscheidung nach § 35 BDG – unter Beachtung der Frist von drei Monaten – vorgeworfen werden (*siehe* Rz. 859).

Wird ein Dienstvergehen festgestellt, hat die Widerspruchsbehörde auch zu prü- 979 fen, ob und welche Disziplinarmaßnahme angemessen ist.

Das **Verschlechterungsverbot** (reformatio in peius) nach § 42 Abs. 2 Satz 1 980 BDG verbietet, dass die Widerspruchsbehörde im Wege des Widerspruchsbescheids die vom Dienstvorgesetzten verhängte Disziplinarmaßnahme verschärfen oder im Falle einer Einstellung des Verfahrens deshalb eine Disziplinarmaßnahme verhängen darf.

Für eine **Verschärfung** der Disziplinarmaßnahme bzw. Verhängung einer Dis- 981 ziplinarmaßnahme nach Einstellung des Disziplinarverfahrens durch den Dienstvorgesetzten muss nach § 35 BDG unter Beachtung einer Frist von drei Monaten der höhere Dienstvorgesetzte selbst eine Disziplinarverfügung erlassen oder Disziplinarklage erheben (**Abänderungsverfahren**, § 35 Abs. 2 und 3 BDG – *siehe* 8.4). Die Verfügung der Dienstvorgesetzten muss zuvor – ebenfalls innerhalb von drei Monaten – durch den höheren Dienstvorgesetzten **aufgehoben** werden (§ 35 Abs. 3 BDG).

10.3.3 Abhilfe – Widerspruchsbescheid

Die Widerspruchsbehörde kann **abhelfen** (§ 72 VwGO) und die Entscheidung der 982 Dienstvorgesetzten aufheben oder zugunsten der Beamtin oder des Beamten ab-

---

551 *Gansen*, § 41 Rz. 2, hält solche Fälle offenbar für denkbar.
552 *Schütz/Maiwald*, Teil C, § 180 Rz. 54 m. w. N.

ändern und z. B. eine leichtere Disziplinarmaßnahme verhängen (zum Abänderungsverfahren mit der Möglichkeit einer Verschlechterung – *siehe* 8.4).

983   Andernfalls erlässt sie einen – die Entscheidung der Dienstvorgesetzten **bestäti-
genden** – **Widerspruchsbescheid.** Der Widerspruchsbescheid ist zu begründen
und zuzustellen (§ 73 Abs. 3 VwGO). Eine **Rechtsbehelfsbelehrung** ist nach
§ 73 Abs. 3 Satz 1 VwGO erforderlich.

984   Der Widerspruchsbescheid ist nach § 43 BDG der obersten Dienstbehörde vorzulegen. Die oberste Dienstbehörde kann den Widerspruchsbescheid jederzeit
aufheben und eine abweichende Entscheidung treffen. Eine Verschärfung der Disziplinarmaßnahme oder die Erhebung der Disziplinarklage ist jedoch nur innerhalb von drei Monaten zulässig. Es gelten die Bestimmungen über das Abänderungsverfahren (§ 35 Abs. 2 und 3 BDG – *siehe* 8.4).

985   Ein **fehlerhafter Abhilfebescheid oder Widerspruchsbescheid** kann durch die
oberste Dienstbehörde nur über das Abänderungsverfahren nach § 35 Abs. 2 und 3
BDG korrigiert werden.

10.4 Anfechtungsklage

986   Gegen eine Disziplinarverfügung nach § 33 BDG, eine Einstellungsverfügung unter Feststellung eines Dienstvergehens nach § 32 Abs. 1 Nr. 2 und 3 BDG oder
wenn in der Einstellungsverfügung ein Dienstvergehen offen gelassen wurde,
kann der Beamte oder die Beamtin Anfechtungsklage beim VG erheben (§ 42
Abs. 1 BDG, §§ 68 ff. VwGO), sofern die Verfügung von der obersten Dienstbehörde erlassen wurde (§ 41 Abs. 1 Satz 2 BDG); ebenso generell in Bayern, Berlin, Mecklenburg-Vorpommern, Niedersachsen und Schleswig-Holstein.

987   In einigen Ländern ist das Klageverfahren gesondert im Disziplinargesetz geregelt (§§ 72 ff. LDG-RP, § 59 DG LSA, §§ 56 ff. ThürDG), unterscheidet sich jedoch nicht wesentlich von dem Verfahren der Anfechtungsklage nach VwGO.

988   Die Anfechtungsklage ist erst zulässig, wenn ggf. das Widerspruchsverfahren
nach § 41 ff. BDG durchgeführt worden ist. Gegenstand der Klage ist dann die Verfügung in der Gestalt des **Widerspruchsbescheids.**

10.4.1 Klagebefugnis/Klagegegner(in)

989   Die **Klagebefugnis** ergibt sich aus der Beschwer durch die Verfügung als belastenden Verwaltungsakt.

990   Die Klage ist im Prinzip gegen den Dienstherrn zu richten. Üblicherweise wird
als **Beklagte die Behörde** bezeichnet, welche die **angefochtene Verfügung erlassen** hat, obwohl § 78 VwGO nach § 52 Abs. 2 BDG nicht ausdrücklich für anwendbar ist.

10.4.2 Form und Frist

991   Nach § 52 Abs. 2 BDG, § 74 Abs. 1 VwGO ist die Anfechtungsklage **innerhalb
eines Monats nach Zustellung der Verfügung oder des Widerspruchsbescheides**
zu erheben. Ist der Widerspruchsbescheid oder die Verfügung mit keiner oder mit
einer unrichtigen Rechtsbehelfserklärung versehen, gilt gemäß § 58 Abs. 2 VwGO
eine Frist von einem Jahr.

Die Anfechtungsklage ist nach § 52 Abs. 2 BDG, § 81 VwGO **schriftlich oder** 992
zur Niederschrift der Geschäftsstelle zu erheben.

Zum **Inhalt der Anfechtungsklage** trifft das BDG keine ausdrückliche Re- 993
gelung wie zum Gegenstand der Disziplinarklage. Auch verweist § 52 Abs. 2
BDG nicht unmittelbar auf § 82 VwGO. Jedoch wird man nach dem allgemeinen
Gedanken des § 82 VwGO annehmen müssen, dass die Anfechtungsklage zweckmäßigerweise

– die Klägerin oder den Kläger,
– die Beklagte (Behörde),
– den Gegenstand des Klagebegehrens bezeichnen und einen
– bestimmten Antrag (= Aufhebung der Verfügung oder des Widerspruchsbescheids) enthalten sollte.
– Die zur Begründung dienenden Tatsachen und Beweismittel sollten angegeben
  und
– die angefochtene Verfügung und der Widerspruchsbescheid sollten in Abschrift
  beigefügt werden (§ 82 VwGO).

Der Sachverhalt der angefochtenen Verfügung muss nicht besonders dargestellt
werden; es kann auf die Verfügung verwiesen werden (Abschrift beifügen). Zumeist geht es um tatsächliche Fragen. Es sollte daher z. B. dargestellt werden,
dass Beweisanträge nicht berücksichtigt wurden oder welche falschen Schlussfolgerungen aus den Angaben von Zeuginnen oder Zeugen gezogen wurden.

Aus dem in § 52 Abs. 2 BDG fehlenden Verweis auf § 82 VwGO könnte auch 997
geschlossen werden, dass lediglich die Bezeichnung als »Anfechtungsklage« unter
Benennung der »angefochtenen Verfügung« als Klageinhalt genügen dürfte.

10.4.3 Weiteres Verfahren

Hinsichtlich des weiteren Verfahrens gilt das Gleiche wie für eine Disziplinarklage. 995
Die Beklagte (Behörde) sollte tunlichst eine Klageerwiderung einreichen.

Das Verwaltungsgericht hat – anders als sonst in verwaltungsgerichtlichen Ver- 996
fahren – die Verpflichtung, eine angefochtene Disziplinarverfügung auf **Rechtmäßigkeit und Zweckmäßigkeit**[553] zu überprüfen (§ 60 Abs. 3 BDG). Bei Klage
gegen eine Einstellungsverfügung stellt sich die Frage nach der Zweckmäßigkeit
nicht, da es in diesen Fällen nur um die Feststellung eines Dienstvergehens, also
die Rechtmäßigkeit, gegen kann.

10.5 Beschwerde im gerichtlichen Verfahren

10.5.1 Statthaftigkeit

Im gerichtlichen Disziplinarverfahren ist, soweit nichts anderes bestimmt ist, nach 997
§§ 67 Abs. 1 BDG, § 146 Abs. 1 VwGO **gegen alle Entscheidungen des VG,** die
nicht Urteile sind, der Rechtsbehelf der **Beschwerde** statthaft.

Eingelegt werden kann die Beschwerde von jedem von der Entscheidung Betrof- 998
fenen (§ 146 Abs. 1 VwGO, **Beschwerdebefugnis)**, nicht nur von den Verfahrensbeteiligten, sondern auch von Dritten wie etwa Zeuginnen oder Zeugen oder Sach-

---

553 Z. B. BVerwG vom 15.12.2005 – 2 A 4 04 = IÖD 20/2006.

verständigen, sofern sie geltend machen können, durch eine Verfahrenshandlung in ihren Rechten verletzt zu sein.

999   **Ausgenommen** sind Beschlüsse über
– die Fristsetzung und die Entscheidung über die Verlängerung der Frist zur Erhebung der Nachtragsdisziplinarklage (§§ 53 Abs. 2 Satz 5 BDG),
– die Fristsetzung und die Entscheidung über die Verlängerung der Frist zur Beseitigung eines wesentlichen Mangels des behördlichen Disziplinarverfahrens oder der Klageschrift (§§ 55 Abs. 3, 53 Abs. 2 Satz 5 BDG),
– die Fristsetzung zum Abschluss des behördlichen Disziplinarverfahrens (§§ 62 Abs. 2 Satz 3, 53 Abs. 2 Satz 5 BDG),
– alle prozessleitenden Verfügungen,
– Aufklärungsanordnungen,
– über eine Vertagung oder die Bestimmung einer Frist,
– Beweisbeschlüsse,
– über die Ablehnung von Beweisanträgen,
– über die Verbindung und Trennung von Verfahren und Ansprüchen sowie über die
– Ablehnung von Gerichtspersonen (§ 146 Abs. 2 VwGO)[554].

1000   Entscheidungen, die mit der Beschwerde **anfechtbar** sind:
– die Entscheidung über die Einstellung des Disziplinarverfahrens bei unterbliebener fristgerechter Mängelbeseitigung des behördlichen Verfahrens gemäß § 55 Abs. 3 Satz 3 BDG,
– der Beschluss unter irrtümlicher Annahme der Zustimmung der Beteiligten nach § 59 Abs. 1 BDG,
– die Entscheidung über die Einstellung des Disziplinarverfahrens bei Nichteinhaltung der nach § 62 Abs. 3 BDG gesetzten Frist durch den Dienstvorgesetzten,
– der Beschluss des VG über die Aussetzung des Disziplinarverfahrens gemäß § 94 VwGO (anderes, rechtshängiges Streitverfahren).

10.5.2 Zulassungspflicht

1001   Die Beschwerde ist grundsätzlich zulassungspflichtig. Dies gilt auch für Beschlüsse des VG über eine **Aussetzung** der vorläufigen Dienstenthebung oder der Einbehaltung eines Teils der monatlichen Dienst- oder Anwärterbezüge oder des monatlichen Ruhegehalts (§§ 63 Abs. 2, 67 Abs. 3 BDG, § 124 Abs. 2 VwGO).

10.5.3 Form und Frist

1002   Die **Beschwerde** ist innerhalb von zwei Wochen nach Bekanntgabe der angefochtenen Entscheidung **bei dem VG** entweder schriftlich oder zur Niederschrift des Urkundsbeamten der Geschäftsstelle zu erheben (§ 147 VwGO).

1003   Ein **Zulassungsantrag** nach § 63 Abs. 2 BDG kann ebenfalls innerhalb von zwei Wochen **sowohl beim VG als auch beim OVG/VGH** gestellt werden.

1004   Für die Form gelten die Regelungen der §§ 81 und 82 VwGO entsprechend, es muss

---

554 Zu weiteren Einzelheiten *siehe Gansen*, § 67 Rz. 6.

– die Beschwerdeführerin oder der Beschwerdeführer,
– die Beschwerdegegnerin oder der Beschwerdegegner und
– das Begehren bezeichnet werden.
– Ein bestimmter Antrag sollte enthalten sein.

10.5.4 Abhilfeprüfung durch das VG

Nach § 148 Abs. 1 VwGO hat das VG vor der Vorlage der Beschwerde an das OVG 1005
zu prüfen, ob es abhilft.

Für die **aufschiebende Wirkung der Beschwerde** gilt § 149 VwGO. Keine auf- 1006
schiebende Wirkung entfaltet eine Beschwerde gegen die Anordnung einer Beschlagnahme oder Durchsuchung[555].

10.5.5 Entscheidung des OVG/VGH

Das OVG entscheidet über die Beschwerde durch **Beschluss** (§ 68 BDG). Die 1007
Beteiligten sind zuvor zu hören; zumindest der Beschwerdegegnerin oder dem
Beschwerdegegner ist eine angemessene, aus Gründen der Beschleunigung (§ 4
BDG) nicht zu lang zu bemessende Frist einzuräumen.

Der Beschluss ist **nicht mit einem Rechtsbehelf anfechtbar** (§ 152 Abs. 1 1008
VwGO).

10.6 Berufung

Gegen die Urteile des VG ist das Rechtsmittel der Berufung an das OVG statthaft. 1009
In Abweichung von § 124 VwGO ist die Berufung nicht in jedem Fall durch das
OVG zulassungspflichtig.

Nach § 67 Abs. 1 VwGO müssen sich vor dem OVG/VGH alle **Beteiligten**, so- 1010
weit sie einen Antrag stellen, durch eine Rechtsanwältin, einen Rechtsanwalt, eine
Rechtslehrerin oder einen Rechtslehrer an einer deutschen Hochschule als Bevollmächtigte vertreten lassen (»**Anwaltszwang**«). Im Verfahren vor dem OVG/
VGH besteht Anwaltszwang. Die Beiordnung eines Notanwalts für eine beklagte
Beamtin oder einen beklagten Beamten (§ 78 b ZPO[556]) müsste deshalb möglich
sein.

Behörden können Beamte oder Beamtinnen oder Tarifbeschäftigte mit Befähigung zum Richteramt sowie Diplom-Juristen oder -Juristinnen im höheren Dienst
als Vertreter bestellen.

10.6.1 Berufung gegen Urteil über eine Disziplinarklage

10.6.1.1 Statthaftigkeit – Keine Zulassungspflicht

Das Urteil des VG über eine Disziplinarklage kann durch Dienstvorgesetzte oder 1011
Beamtinnen und Beamte **unmittelbar mit der Berufung angegriffen** werden
(§ 64 Abs. 1 Satz 1 BDG). Es ist **keine besondere Zulassung** der Berufung erforderlich. Der Grund für diese Sonderregelung ist, dass verwaltungsgerichtliche Ent-

---

555 *Gansen*, § 27 Rz. 10.
556 *Siehe* Fn. 537.

scheidungen in anderen Verfahren regelmäßig nur überprüfenden Charakter haben. Im Falle einer Disziplinarklage trifft jedoch das VG die Sachentscheidung und muss wegen der erheblichen Auswirkungen für die Beteiligten ohne besondere Zulassungsvoraussetzungen durch eine zweite Instanz überprüfbar sein.

10.6.1.2 Form und Frist

1012 Die Berufung muss bei dem VG **innerhalb eines Monats** nach Zustellung des vollständigen Urteils **schriftlich** eingelegt **und begründet** werden (§ 64 Abs. 1 Satz 2 BDG). Die Begründung muss einen **bestimmten Antrag** sowie die im Einzelnen anzuführenden Gründe (**Berufungsgründe**) enthalten (§ 64 Abs. 1 Satz 4 BDG). Die Begründungsfrist kann verlängert werden, wenn vor dem Ablauf der Frist ein entsprechender Antrag gestellt wird (§ 64 Abs. 1 Satz 3 BDG).

1013 Entspricht die Berufung nicht den Vorschriften des § 64 Abs. 1 Satz 2 bis 4 BDG, ist sie unzulässig und zu verwerfen (§ 125 Abs. 2 Satz 1 VwGO).

10.6.2 Berufung gegen sonstiges Urteil

10.6.2.1 Statthaftigkeit – Zulassungsgrundsatz

1014 § 64 Abs. 2 BDG gibt Dienstvorgesetzten wie auch der Beamtin oder dem Beamten die Möglichkeit, gegen die **verwaltungsgerichtliche Entscheidung über eine Anfechtungsklage zulassungspflichtige Berufung** einzulegen. Während früher ein Rechtsmittel gegen einen Antrag auf disziplinargerichtliche Entscheidung nach § 31 Abs. 3 und 4 BDO nicht möglich war, hat der Gesetzgeber insbesondere wegen der enormen Bedeutung von Disziplinarverfügungen für den weiteren dienstlichen Werdegang die Eröffnung einer zweiten Instanz für erforderlich gehalten[557].

1015 Die Berufung ist vom VG oder OVG/VGH nur zuzulassen (Zulassungsgründe – § 124 Abs. 2 VwGO),
 – 1. wenn ernstliche Zweifel an der Richtigkeit des Urteils bestehen,
 – 2. wenn die Rechtssache besondere tatsächliche oder rechtliche Schwierigkeiten aufweist,
 – 3. wenn die Rechtssache grundsätzliche Bedeutung hat,
 – 4. wenn das Urteil von einer Entscheidung des OVG/VGH, des BVerwG, des gemeinsamen Senats der obersten Gerichtshöfe des Bundes oder des BVerfG abweicht und auf dieser Abweichung beruht oder
 – 5. wenn ein der Beurteilung des Berufungsgerichts unterliegender Verfahrensmangel geltend gemacht wird und vorliegt, auf dem die Entscheidung beruhen kann.

10.6.2.2 Form und Frist

1016 Die **Zulassung** erfolgt **auf Antrag** der Beteiligten, der nach § 124 a Abs. 4 VwGO **innerhalb eines Monats** nach Vorliegen des vollständigen Urteils unter Bezeichnung des angefochtenen Urteils **beim VG** zu stellen ist. Innerhalb **von zwei Mo-**

---

557 Zu weiteren Einzelheiten *siehe Gansen*, § 67 Rz. 6; Amtl. Begründung, BT – Drucksache 14/4659 S. 50.

naten nach Vorliegen des vollständigen Urteils sind die **Zulassungsgründe** (nicht die eigentliche Berufung) dem **VG** darzulegen.

Lehnt das VG oder das OVG/VGH[558] den Zulassungsantrag ab, ist das Verfahren beendet. Das angegriffene Urteil wird rechtskräftig (§ 124 a Abs. 5 Satz 3 VwGO). 1017

Wird die Berufung zugelassen, geht die Zulassung in die Berufung über (einheitlicher Rechtszug)[559]. 1018

10.6.3 Weiteres Verfahren

Das Berufungsverfahren richtet sich grundsätzlich nach den Vorschriften für das erstinstanzliche Verfahren (§§ 65 Abs. 1, 52 bis 61 BDG). 1019

Besonderheiten des Berufungsverfahrens sind: 1020
– Die Regelungen über die Nachtragsdisziplinarklage (§ 53 BDG) und über die Belehrung der Beamtin oder des Beamten hinsichtlich der Fristen nach § 54 BDG gelten im Berufungsverfahren nicht (§ 65 Abs. 1 Satz 2 BDG).
– Wesentliche Mängel des behördlichen Disziplinarverfahrens, die nach § 55 Abs. 2 BDG unberücksichtigt bleiben durften, bleiben auch im Berufungsverfahren unberücksichtigt (§ 65 Abs. 2 BDG).
– Ein Beweisantrag, der vor dem VG nicht innerhalb der Frist des § 58 Abs. 2 BDG gestellt worden ist, kann unter den Voraussetzungen des § 65 Abs. 3 BDG abgelehnt werden.

Das Berufungsgericht kann auf eine erneute Beweisaufnahme verzichten und stattdessen die vor dem VG unmittelbar erhobenen Beweise verwerten (§ 65 Abs. 4 BDG). Diese Durchbrechung des Grundsatzes der Unmittelbarkeit der Beweisaufnahme im gerichtlichen Disziplinarverfahren entspricht der früheren Regelung der BDO zur Beweisaufnahme in der Berufungsinstanz. Aus Gründen der Verfahrensbeschleunigung ist dies vertretbar. Ein Anspruch auf zwei Tatsacheninstanzen besteht ohnehin nicht. 1021

Vergleiche sind auch in der Berufungsinstanz **unzulässig** (§ 66 Satz 2, VwGO). 1022

Das OVG entscheidet über die Berufung grundsätzlich **aufgrund mündlicher Verhandlung durch Urteil,** falls das Disziplinarverfahren nicht auf andere Weise abgeschlossen wird (§ 66 Satz 1 BDG). 1023

10.7 Revision

Erstmals durch das BDG wurde für das Disziplinarverfahren gegen die **Urteile des OVG/VGH** eine 3. Instanz als **Revisionsinstanz beim BVerwG** eingeführt. Diese Verlängerung des Instanzenwegs scheint zwar dem Beschleunigungsgebot zuwiderzulaufen. Jedoch ist dieses »koordinierende Dach« für das im Wesentlichen 1024

---

558 Eine Zulassung im Urteil durch das VG nach § 124 a Abs. 1 VwGO (neue Fassung vom 01.01.2002) war bis zum Erlass des DNeuG nicht möglich, da nach § 64 Abs. 2 Satz 1 BDG stets Zulassung nur durch das OVG/VGH erfolgen konnte. Diese Diskrepanz erklärte sich daraus, dass das BDG vor Erlass des § 124 a VwGO in dessen Neufassung verabschiedet wurde. Durch die Neufassung des § 64 BDG wurde dieser Mangel beseitigt.

559 Zulassungs- und Berufungsverfahren bilden einen einheitlichen Rechtszug, VGH Mannheim NVwZ – RR 1999, 150.

bundeseinheitliche Disziplinarrecht sinnvoll, zumal die Gerichte der Länder die Aufgaben des (für den Bundesdienst zuständigen) früheren Bundesdisziplinargerichts im Jahre 2002 übernommen haben. Das BVerwG führt seine vereinheitlichende Aufgabe nunmehr auch für die (meisten) Länder fort. Der Vertreter des Bundesinteresses kann sich am Verfahren beteiligen (§ 35 VwGO).

1025   Fast alle Länder haben in ihren Disziplinargesetzen die Möglichkeit der Revision übernommen. Bayern[560] und Sachsen-Anhalt[561] haben darauf verzichtet.

1026   Die Revision ist stets **zulassungspflichtig**. Sie muss entweder durch das OVG/VGH oder durch das BVerwG zugelassen werden (§ 132 Abs. 1 VwGO).

10.7.1 Zulassung

1027   Die Zulassung der Revision erfolgt im Urteil des OVG/VGH.

1028   Die Revision ist nur zuzulassen, wenn (§ 132 Abs. 2 VwGO)
   – 1. die Rechtssache grundsätzliche Bedeutung hat,
   – 2. das Urteil von einer Entscheidung des BVerwG des Gemeinsamen Senats der obersten Gerichtshöfe des Bundes oder des BVerfG abweicht und auf dieser Abweichung beruht oder
   – 3. ein Verfahrensmangel geltend gemacht wird und vorliegt, auf dem die Entscheidung beruhen kann (§ 132 Abs. 2 VwGO).

1029   Eine Sprungrevision nach § 134 VwGO ist nach § 69 Abs. 1 BDG ausdrücklich ausgeschlossen.

10.7.2 Nichtzulassungsbeschwerde

1030   Gegen die Nichtzulassung der Revision ist die **Nichtzulassungsbeschwerde** nach § 133 VwGO statthaft. Die Beschwerde ist bei dem Gericht, gegen dessen Urteil Revision eingelegt werden soll, **innerhalb eines Monats** nach Zustellung des vollständigen Urteils einzulegen. Die Beschwerde muss das angefochtene Urteil bezeichnen und ist **innerhalb von zwei Monaten** nach der Zustellung des vollständigen Urteils **zu begründen**. Die Begründung ist bei dem Gericht, gegen dessen Urteil Revision eingelegt werden soll, einzureichen und muss die grundsätzliche Bedeutung der Rechtssache darlegen oder die Entscheidung, von der das Urteil abweicht, oder den Verfahrensmangel bezeichnen (§ 133 VwGO).

---

560 »Von der ... Möglichkeit, eine Revisionsinstanz ... wird kein Gebrauch gemacht. In der Praxis hat sich bisher keine Notwendigkeit hierfür gezeigt. Die Einführung eines weiteren Rechtszuges würde das Disziplinarverfahren bis zum rechtskräftigen Abschluss zeitlich ausdehnen und Mehrkosten verursachen. Zugleich würde dies den Bemühungen um eine Verkürzung der Verfahrendauer und damit einer Effizienzsteigerung zuwider laufen.«, Begründung des Entwurfs: Landtagsdrucksache 15/4076.

561 »Die Rechtseinheit im Disziplinarrecht kann allein und auch in ausreichendem Maße durch das Oberverwaltungsgericht des Landes Sachsen – Anhalt gesichert werden. Im Übrigen sorgt auch schon die Konzentration der örtlichen Zuständigkeit in der ersten Instanz für eine Vereinheitlichung. Hinsichtlich des Disziplinarrechts des Landes Sachsen – Anhalt besteht kein Bedarf, eine einheitliche Rechtsprechung bundesweit zu sichern. Denn im rechtlichen Sinne kann keine Einheit mit den anderen landesrechtlichen Regelungen hergestellt werden«, Landtagsdrucksache 4/2364.

10.7.3 Form und Frist – weiteres Verfahren

Die Revision ist bei dem Gericht, dessen Urteil angefochten wird, **innerhalb eines** 1031
Monats nach Zustellung des vollständigen Urteils oder des Beschlusses über die
Zulassung der Revision nach § 134 Abs. 3 Satz 2 VwGO schriftlich einzulegen.
Die Revisionsfrist ist auch gewahrt, wenn die Revision innerhalb der Frist bei
dem BVerwG eingelegt wird. Die Revision muss das angefochtene Urteil bezeich-
nen (§ 139 VwGO).

Für die Entscheidung über die Revision gelten nach § 70 Abs. 2 BDG die §§ 143 1032
und 144 VwGO.

10.8 Wiederaufnahme des Disziplinarverfahrens

Die Wiederaufnahme eines Verfahrens bedeutet eine **Durchbrechung der Be-** 1033
standskraft[562] einer **Fehlentscheidung** im Interesse einer individuellen Gerech-
tigkeit[563].

Eine Wiederaufnahme des gerichtlichen Disziplinarverfahrens ist bei allen durch 1034
Urteil ergangenen – oder eine diesem gleichstehende – rechtskräftige Entscheidungen möglich (§§ 71–76 BDG, Disziplinarklage des Dienstvorgesetzten, Anfechtungsklage[564] der Beamtin oder des Beamten). Der Anwendungsbereich der Wiederaufnahme ist daher erweitert worden. Eine Wiederaufnahme nach Verlust der
Beamteneigenschaft aufgrund eines Strafurteils nach § 41 BBG, § 24 BeamtStG ist
hingegen nicht zulässig.

Die Wiederaufnahme des Verfahrens kann durch die Beamtin oder den Beamten 1035
wie auch durch die Dienstvorgesetzten, auch zuungunsten des der Beamtin oder
des Beamten, beantragt werden.

10.8.1 Wiederaufnahmegründe

Folgende Wiederaufnahmegründe sind vorgesehen § 71 Abs. 1 BDG: 1036

1. In dem Urteil ist eine Disziplinarmaßnahme ausgesprochen worden, die nach 1037
Art oder Höhe im Gesetz nicht vorgesehen ist.

Beispiel: Eine Kürzung der Dienstbezüge wurde mit einer Laufzeit von *vier* Jahren verhängt.

2. Tatsachen oder Beweismittel werden beigebracht, die erheblich und neu sind. 1038
Erheblich sind Tatsachen und Beweismittel, wenn sie allein oder in Verbindung 1039
mit den früher getroffenen Feststellungen geeignet sind, eine andere Entscheidung
zu begründen, die Ziel der Wiederaufnahme des Disziplinarverfahrens sein kann
(Legaldefinition in § 71 Abs. 2 Satz 1 BDG).

Beispiel: Unerheblich wäre die Feststellung, dass sich der Beamte oder die Beamtin nur in
neun von zehn Fällen als bestechlich erwiesen hat. Der Vertrauensverlust würde sich
dadurch nicht wesentlich ändern und es müsste bei der Entfernung aus dem Beamten-

---

562 *Kopp*, VwVfG § 51 Rz. 3.
563 *Gansen*, § 71 Rz. 2.
564 Die Anfechtungsklage hat Antrag auf gerichtliche Entscheidung des Disziplinargerichts (§ 31
  Abs. 3 BDO) ersetzt.

verhältnis bleiben. Erheblich wäre es hingegen, wenn bei Annahme geringerwertiger Sachzuwendungen der Vorwurf der Bestechlichkeit entfiele, weil keine rechtswidrige Amtshandlung vorgenommen wurde und nur das Verbot der Geschenkannahme als Pflichtverletzung bliebe. In diesem Falle könnte eventuell von der Entfernung aus dem Beamtenverhältnis abgesehen werden.

1040   Neu sind Tatsachen und Beweismittel, die dem Gericht bei der Entscheidung nicht bekannt gewesen sind (Legaldefinition § 71 Abs. 2 Satz 2 BDG). Als neue Tatsachen in diesem Sinne gelten auch Feststellungen nach § 71 Abs. 2 Satz 3 BDG auf denen ein rechtskräftiges Urteil in einem wegen desselben Sachverhalts eingeleiteten Straf- oder Bußgeldverfahren beruht.

> *Beispiel:* In einem Zurruhesetzungsverfahren stellt sich heraus, dass die Beamtin oder der Beamte bereits zum Zeitpunkt ihrer oder seiner Verfehlungen aufgrund einer geistigen Störung schuldunfähig war.
> Wiederaufnahme abgelehnt »Eine einen Konventionsverstoß feststellende Entscheidung des Europäischen Gerichtshofs für Menschenrechte rechtfertigt in einem Fall ähnlicher Art nicht die Wiederaufnahme eines rechtskräftig abgeschlossenen Disziplinarverfahrens«[565].

1041   3. Das Urteil des VG beruht auf dem Inhalt einer **unechten oder verfälschten Urkunde** oder auf einem **vorsätzlich oder fahrlässig falsch abgegebenen Zeugnis oder Gutachten.** Die Wiederaufnahme ist nur zulässig, wenn wegen der behaupteten Handlung eine rechtskräftige strafgerichtliche Verurteilung erfolgt ist oder wenn ein strafgerichtliches Verfahren aus anderen Gründen als wegen Mangels an Beweisen nicht eingeleitet oder nicht durchgeführt werden kann (§ 71 Abs. 3 BDG).

1042   4. Das (zumeist **Straf-)Urteil,** auf dessen tatsächlichen Feststellungen das Urteil im Disziplinarverfahren beruht, ist durch ein anderes rechtskräftiges Urteil **aufgehoben** worden.

1043   5. An dem Urteil hat eine Richterin, ein Richter, eine Beamtenbeisitzerin oder ein Beamtenbeisitzer mitgewirkt, die oder der sich in dieser Sache der strafbaren Verletzung einer Amtspflicht schuldig gemacht hat. Die Wiederaufnahme ist nur zulässig, wenn wegen der behaupteten Handlung eine rechtskräftige strafgerichtliche Verurteilung erfolgt ist oder wenn ein strafgerichtliches Verfahren aus anderen Gründen als wegen Mangels an Beweisen nicht eingeleitet oder nicht durchgeführt werden kann (§ 71 Abs. 3 BDG).

1044   6. An dem Urteil hat eine Richterin, ein Richter, eine Beamtenbeisitzerin oder ein Beamtenbeisitzer mitgewirkt, die oder der von der Ausübung des Richteramts kraft Gesetzes ausgeschlossen war, sofern nicht die Gründe für den gesetzlichen Ausschluss bereits erfolglos geltend gemacht worden sind.

1045   7. Die Beamtin oder der Beamte gesteht nachträglich glaubhaft ein Dienstvergehen ein, das in dem Disziplinarverfahren nicht festgestellt werden konnte.

1046   8. Im Verfahren der Disziplinarklage ergeht nach dessen rechtskräftigem Abschluss in einem wegen desselben Sachverhalts eingeleiteten Straf- oder Bußgeldverfahren unanfechtbar eine Entscheidung, nach der gemäß § 14 BDG eine Disziplinarmaßnahme nicht zulässig wäre.

---

565 BVerwG vom 04.06.1998 – 2 DW 3/97; NDH vom 24.02.1998 – 2 NDH M 13/96.

Das Ziel, eine bestmögliche **Übereinstimmung zwischen Straf- und Diszipli-** 1047
narentscheidungen zu wahren, soll durch § 72 Abs. 1 BDG erreicht werden.
Demnach ist die **Wiederaufnahme** eines durch rechtskräftiges Urteil abgeschlossenen Disziplinarverfahrens **unzulässig**, wenn

1. ein Urteil in einem Straf- oder Bußgeldverfahren ergangen ist, das sich auf den- 1048
selben Sachverhalt gründet und diesen ebenso würdigt, solange dieses Urteil nicht
rechtskräftig aufgehoben worden ist, oder

2. ein Urteil in einem nicht sachgleichen Strafverfahren ergangen ist, durch das 1049
der Verurteilte sein Amt oder seinen Anspruch auf Ruhegehalt verloren hat oder
ihn verloren hätte, wenn sie oder er noch im Dienst gewesen wäre oder Ruhegehalt
bezogen hätte.

Die Wiederaufnahme des Disziplinarverfahrens **zuungunsten** der Beamtin oder 1050
des Beamten ist außerdem nicht mehr zulässig, wenn seit dem Eintritt der **Rechts-**
kraft des Urteils drei Jahre vergangen sind (§ 72 Abs. 2 BDG).

Der Wiederaufnahmeantrag kann auf den Antrag der Verhängung einer zulässi- 1051
gen Disziplinarmaßnahme beschränkt werden.

10.8.2 Form und Frist des Antrags

Der Antrag auf Wiederaufnahme des Disziplinarverfahrens muss bei dem Gericht, 1052
dessen Entscheidung angefochten wird, eingereicht werden. Die **Antragsfrist be-**
trägt drei Monate ab dem Tag, an dem der Antragsberechtigte **Kenntnis von dem**
Grund für die Wiederaufnahme erhalten hat.

Der Antrag ist schriftlich oder zur Niederschrift des Urkundsbeamten der Ge- 1053
schäftsstelle des VG zu stellen. In dem Antrag ist das angefochtene Urteil zu bezeichnen und anzugeben, inwieweit es angefochten wird und welche Änderungen
beantragt werden; die Anträge sind unter Bezeichnung der Beweismittel zu begründen (§ 73 Abs. 1 BDG).

10.8.3 Weiteres Verfahren

Für das weitere Verfahren gelten die Bestimmungen über das gerichtliche Diszip- 1054
linarverfahren (§ 73 Abs. 2 BDG). Es kommt darauf an, in welcher Instanz die
Wiederaufnahme angestrebt wird.

Der Wiederaufnahmeantrag kann durch **Beschluss verworfen** werden, wenn die 1055
Zulässigkeitsvoraussetzungen nicht gegeben sind (§ 74 Abs. 1 BDG). Gleiches
gilt bei **offensichtlicher Unbegründetheit.**

Vor Eröffnung der mündlichen Verhandlung kann das Gericht mit **Zustimmung** 1056
der zuständigen Behörde durch Beschluss das angefochtene Urteil aufheben und
die Disziplinarklage abweisen oder die Disziplinarverfügung aufheben (§ 74
Abs. 2 BDG).

Gegen den Beschluss ist kein Rechtsbehelf möglich. Er steht einem rechtskräf- 1057
tigen Urteil gleich (§ 74 Abs. 2 Satz 2, Abs. 3 BDG).

Im Übrigen entscheidet das Gericht aufgrund mündlicher Verhandlung durch 1058
Urteil (§ 75 Abs. 1 BDG).

Gegen das Urteil des VG und des OVG kann das in dem jeweiligen Verfahren 1059
statthafte Rechtsmittel eingelegt werden (§ 75 Abs. 2 BDG).

10.8.4 Rechtswirkungen, Entschädigung

1060   Wird in einem Wiederaufnahmeverfahren das angefochtene Urteil zugunsten der Beamtin oder des Beamten aufgehoben, erhält diese oder dieser vom Eintritt der Rechtskraft des aufgehobenen Urteils an die Rechtsstellung, die sie oder er erhalten hätte, wenn das aufgehobene Urteil der Entscheidung entsprochen hätte, die im Wiederaufnahmeverfahren ergangen ist (§ 76 Abs. 1 Satz 1 BDG). Einbehaltene Dienstbezüge oder Geldbußen sind zurückzuzahlen.

1061   Wurde in dem aufgehobenen Urteil auf Entfernung aus dem Beamtenverhältnis oder auf Aberkennung des Ruhegehalts erkannt, gilt § 51 BBG entsprechend (§ 76 Abs. 1 Satz 2 BDG). Die Beamtin oder der Beamte ist rückwirkend zum Zeitpunkt der Rechtskraft des aufgehobenen Urteils in ein Amt derselben oder mindestens einer gleichwertigen Laufbahn wie sein bisheriges Amt mit mindestens demselben Endgrundgehalt einzuweisen. Die in dem maßgeblichen Zeitraum entfallenen Dienstbezüge sind nachzuzahlen.

1062   Die Beamtin oder der Beamte und die Personen, denen sie oder er kraft Gesetzes unterhaltspflichtig ist, können in diesem Fall neben den hiernach nachträglich zu gewährenden Bezügen für eingetretene Vermögensschäden Schadensersatz nach Maßgabe des für entsprechend anwendbar erklärten StREG[566] verlangen, nicht aber für immaterielle Schäden (§ 7 StREG). Der Anspruch ist innerhalb von drei Monaten nach dem rechtskräftigen Abschluss des Wiederaufnahmeverfahrens bei der für die Erhebung der Disziplinarklage zuständigen Behörde geltend zu machen (§ 76 Abs. 2 BDG).

---

566 BGBl. 1971 I S. 157.

11 Kostentragung

11.1 Behördliches Verfahren

Für das behördliche Verfahren ist nach § 37 BDG die **Kostentragungspflicht zu-** 1063
lasten der Beamtin oder des Beamten davon abhängig gemacht, ob und in welchem Umfang ein Dienstvergehen festgestellt worden ist, unabhängig davon, ob eine Disziplinar- oder eine Einstellungsverfügung der Dienstvorgesetzten ergangen ist. Für die Kostenentscheidung gilt ergänzend das Verwaltungskostengesetz (VwKostG). Die Kostenregelungen lehnen sich an die verwaltungsverfahrensrechtlichen und verwaltungsprozessualen Kostenvorschriften an, soweit die Besonderheiten des Disziplinarrechts dies zulassen. **Auch die im behördlichen Verfahren der Beamtin oder dem Beamten entstandenen Auslagen sind grundsätzlich erstattungsfähig**[567].

Gebühren werden nach § 37 Abs. 5 BDG nicht erhoben. Die Länder haben ei- 1064
gene Regelungen.

Die Kosten sind **von Amts wegen**, üblicherweise zusammen mit der Sachent- 1065
scheidung, festzusetzen (Kostenfestsetzungsentscheidung, § 14 Abs. 1 VwKostG) und in die abschließende Verfügung aufzunehmen.

In der **Kostengrundentscheidung** ist festzustellen, welche konkreten Auslagen 1066
die Beamtin oder der Beamte ggf. zu tragen hat (§ 37 Abs. 1 Satz 1 BDG, § 10 Abs. 2 VwKostG). Die erhebbaren Auslagen sind im Einzelnen in § 10 Abs. 1 VwKostG aufgezählt. Werden dazu keine Feststellungen getroffen, fallen die Kosten dem Dienstherrn zur Last.

Die Entscheidung ist eine Ermessensentscheidung und wird sich danach richten, 1067
in welchem Umfang – gemessen am ursprünglichen Gesamtvorwurf – anteilig eine Verantwortlichkeit der Beamtin oder des Beamten festgestellt werden konnte. Auch wenn sie oder er vom Vorwurf freigestellt wird, jedoch unnötige Kosten verursacht hat, können diese auferlegt werden. Ist das Dienstvergehen nur zum Teil die Grundlage für die Disziplinarverfügung oder ist durch die Ermittlungen die Beamtin oder der Beamte im Ergebnis zum Teil freigestellt worden, können die Auslagen nur in verhältnismäßigem Umfang auferlegt werden, es sei denn, sie oder er hat besondere Kosten verursacht.

Soweit der Dienstherr die entstandenen Auslagen tragen muss, sind der Beamtin 1068
oder dem Beamten auch die **Aufwendungen** zu erstatten, die **zur zweckentsprechenden Rechtsverfolgung** notwendig waren (§ 37 Abs. 4 Satz 1 BDG). Zu beachten ist, dass anders als allgemeinen Verwaltungsverfahren nach § 37 Abs. 4 Satz 2 auch die zur Rechtsverfolgung notwendigen **Aufwendungen einer oder eines Bevollmächtigten oder Beistands** erstattungsfähig sind.

Im Übrigen hat der Beamte oder die Beamtin Aufwendungen aus Anlass des Dis- 1069
ziplinarverfahrens selbst zu tragen, insbesondere wenn die Aufwendungen durch ihr oder sein Verschulden oder das Verschulden einer Vertreterin oder eines Vertreters entstanden sind (§ 37 Abs. 4 Satz 3 BDG).

---

567 Vgl. hierzu die frühere Rechtslage nach § 111 ff. BDO.

1070   Die Kostenentscheidung kann zusammen mit der Sachentscheidung oder auch selbstständig angefochten werden; der Rechtsbehelf gegen eine Sachentscheidung erstreckt sich auf die Kostenentscheidung (§ 22 Abs. 1 VwKostG).

1071   Im Widerspruchsverfahren gilt Entsprechendes (§ 44 BDG)

11.2 Gerichtliches Verfahren

1072   Die Kostenentscheidung richtet sich gemäß § 77 Abs. 1 bis 3 BDG (Neufassung durch das DNeuG!) nach den Bestimmungen der VwGO (§§ 154 ff. VwGO). Es gilt der Grundsatz, in welchem Umfang der Beamtin oder dem Beamten ein Dienstvergehen angelastet und er oder sie zu einer Disziplinarmaßnahme verurteilt wurde. Wird eine Disziplinarverfügung trotz Vorliegens eines Dienstvergehens aufgehoben, können dennoch die Kosten ganz oder teilweise auferlegt werden.

1073   Für das gerichtliche Verfahren werden nach § 78 BDG Gebühren erhoben (Anlage zum DNeuG).

1074   Prozesskostenhilfe (§ 166 VwGO) wird nicht gewährt.

12 Vollstreckung – Begnadigung – Verwertungsverbot

12.1 Vollstreckung

Die **Vollstreckung** der Disziplinarmaßnahmen obliegt den **Dienstvorgesetzten.** 1075
– Der **Verweis** ist durch seinen Ausspruch mit Unanfechtbarkeit vollstreckt.
– Die **Geldbuße** kann über die zuständige Besoldungsstelle von den Dienstbezü-
gen abgezogen werden, ggf. auch in Teilbeträgen; sie wird nach Maßgabe der
Haushaltsbestimmungen als planmäßige Einnahme verbucht.
– Die **Kürzung der Dienstbezüge** und die **Kürzung des Ruhegehalts** müssen
über die zuständige Besoldungsstelle veranlasst werden und sind erst mit Ablauf
der Kürzungsfrist vollstreckt.
– Für die **Zurückstufung** wird es einer Einweisung in eine entsprechende Plan-
stelle bedürfen.
– Die **Entfernung aus dem Beamtenverhältnis** und die **Aberkennung des Ruhegehalts werden mit Rechtskraft des Urteils wirksam.** Die Einstellung der
Zahlung der Dienstbezüge oder Ruhestandsbezüge sowie die Nachversicherung in der gesetzlichen Rentenversicherung und die Auszahlung des Unterhaltsbeitrags sind zu veranlassen.

12.2 Begnadigung

Die Begnadigung durch die Bundespräsidentin oder den Bundespräsidenten (§ 81 1076
BDG) bzw. die Ministerpräsidentinnen oder Ministerpräsidenten der Länder ist
möglich mit der Folge, dass die Disziplinarmaßnahme aufgehoben oder abgemil-
dert werden kann. Das Gnadenrecht setzt eine rechtskräftige Disziplinarmaßnahme voraus; es ist nicht auf bestimmte Disziplinarmaßnahmen beschränkt.
Der Gnadenakt ist nicht anfechtbar; er ist justizfrei.

12.3 Verwertungsverbot

Durch das Verwertungsverbot des § 16 BDG soll sichergestellt werden, dass von 1077
Disziplinarvorgängen betroffene Beamtinnen und Beamten nicht für die gesamte
weitere Dienstzeit unverhältnismäßig benachteiligt werden und die Chance einer
neuen Bewährung und ggf. auch einer Förderung haben.
    Die Regelung unterscheidet dabei, ob 1078
– eine Disziplinarmaßnahme verhängt,
– das Disziplinarverfahren eingestellt oder
– ob kein Disziplinarverfahren durchgeführt wurde, aber Disziplinarvorgänge
entstanden sind.

12.3.1 Disziplinarmaßnahme

Nach § 16 Abs. 1 BDG darf bei weiteren Disziplinar- oder sonstigen Personalmaß- 1079
nahmen **nicht mehr berücksichtigt** werden:
– ein Verweis nach zwei Jahren,

– eine Geldbuße, eine Kürzung der Dienstbezüge oder des Ruhegehalts nach drei Jahren und
– eine Zurückstufung nach sieben Jahren.

1080   Bei einer Entfernung aus dem Beamtenverhältnis oder Aberkennung des Ruhegehalts dürfen diese Maßnahmen **weiter berücksichtigt** werden.

1081   Die Frist beginnt mit der Unanfechtbarkeit der Entscheidung über die Disziplinarmaßnahme (§ 16 Abs. 2 Satz 1 BDG), im Übrigen mit dem Tag, an dem der für die Einleitung des Disziplinarverfahrens zuständige Dienstvorgesetzte zureichende tatsächliche Anhaltspunkte erhält, die den Verdacht eines (neuen) Dienstvergehens rechtfertigen. Sofern lediglich Verwaltungsermittlungen erfolgt sind oder z. B. auf die (formelle) Einleitung eines Disziplinarverfahrens aus Gründen des § 17 Abs. 2 BDG verzichtet wurde, weil die Verhängung einer Disziplinarmaßnahme wegen des beschränkten Maßnahmeverbots (§ 14 BDG) oder aufgrund des Maßnahmeverbots wegen Zeitablaufs (§ 15 BDG) nicht in Betracht kam, hindern diese Verwaltungshandlungen den Fristablauf nicht.

1082   Das Ende der Frist wird hinausgeschoben (§ 16 Abs. 2 BDG), solange
– bis ein Straf- oder Disziplinarverfahren unanfechtbar abgeschlossen ist,
– eine andere Disziplinarmaßnahme berücksichtigt werden darf,
– eine Entscheidung über die Kürzung der Dienstbezüge noch nicht vollstreckt ist,
– ein gerichtliches Verfahren über die Beendigung des Beamtenverhältnisses (§§ 28 bis 51 BBG (§ 21 BRRG) anhängig ist oder
– ein gerichtliches Verfahren über die Geltendmachung von Schadenersatz gegen die Beamtin oder den Beamten abhängig ist (§ 78 BBG).

12.3.2 Einstellung des Verfahrens

1083   Einstellungen aus formellen Gründen nach § 32 Abs. 2 BDG (Tod, Entlassung, Verlust der Beamtenrechte) sind ohnehin selten. Die weitere Verwertung einer Einstellung in diesen Fällen ist praktisch bedeutungslos.

1084   Sofern das Disziplinarverfahren nach § 32 Abs. 1 Nr. 1 BDG eingestellt wird (kein Dienstvergehen erwiesen), beträgt die Verwertungsfrist drei Monate, im Übrigen zwei Jahre (§ 16 Abs. 4 Satz 2 BDG).

1085   Die Zwei-Jahres-Frist gilt für die Fälle des § 31 Abs. 1 Nr. 2 bis 4 BDG, wenn
– ein Dienstvergehen zwar erwiesen ist, eine Disziplinarmaßnahme jedoch nicht angezeigt erscheint,
– nach den §§ 14 oder 15 BDG eine Disziplinarmaßnahme nicht ausgesprochen werden darf oder
– das Disziplinarverfahren oder eine Disziplinarmaßnahme aus sonstigen Gründen unzulässig ist.

1086   Zum Fristbeginn und -ende *siehe* oben Rz. 1081.

12.3.3 Disziplinarvorgänge ohne formellen Abschluss

1087   In allen anderen Fällen, in denen ein Disziplinarvorgang entstanden ist, ohne dass ein formeller Abschluss durch Disziplinar- oder Einstellungsverfügung erfolgte, gilt das zuvor unter 12.3.2 12.3.3 Dargestellte entsprechend, mit der Maßgabe, dass die Verwertungsfrist zwei Jahre beträgt (§ 16 Abs. 4 BDG). Dies gilt auch für eine Vorgang, der in einem vereinfachten Verfahren (*siehe* 6.6.2) entstanden ist[568], sofern auf die Einleitung eines Verfahrens verzichtet wurde, weil das beschränkte Maßnahmeverbot (§ 14 BDG – *siehe* 4.6) eingreift. In diesem Fall wurde ein Dienstvergehen vorausgesetzt.

12.3.4 Folgen des Verwertungsverbots

Verhängte Maßnahmen dürfen nicht mehr berücksichtigt werden (§ 16 Abs. 1   1088
Satz 1 BDG). Die Beamtin oder der Beamte gilt nach dem Eintritt des Verwertungsverbots als nicht von der Disziplinarmaßnahme betroffen (§ 16 Abs. 1 Satz 2 BDG). In späteren Entscheidungen darf nicht mehr auf die »getilgten« Maßnahmen hingewiesen werden.

Nach § 16 Abs. 3 Satz 1 BDG sind Eintragungen in die Personalakte über die   1089
Disziplinarmaßnahme, Einstellung des Verfahrens oder die sonstigen Vorgänge zu entfernen und zu vernichten.

Bei einer Zurückstufung verbleiben Rubrum und Entscheidungsformel in der   1090
Akte. Es ist jedoch zu vermerken, dass ein Verwertungsverbot besteht (§ 16 Abs. 3 BDG).

Nach § 16 Abs. 3 Sätze 2 bis 4 BDG ist die bevorstehende Entfernung der zu til-   1091
genden Vorgänge der Beamtin oder dem Beamten mitzuteilen. Auch ist darauf hinzuweisen, dass sie oder er innerhalb eines Monats Antrag stellen kann, dass die Vernichtung unterbleibt und die Unterlagen gesondert aufbewahrt werden. Zweifelhaft wäre es, bereits in der Einstellungsverfügung auf diese Antragsmöglichkeit hinzuweisen.

Stellt die Beamtin oder der Beamte den Antrag auf Aufbewahrung der Unterla-   1092
gen, ist das Verwertungsverbot bei den Eintragungen zu vermerken.

12.3.5 Missbilligende Äußerungen

Im Falle missbilligender Äußerungen, die aufgrund von Disziplinarvorgängen ent-   1093
standen sind, gelten die Bestimmungen des § 16 Abs. 1 bis Abs. 4 BDG nicht. Hier gilt § 112 BBG mit einer Frist zwei Jahren, nach denen die Vorgänge aus der Personalakte zu entfernen sind.

Sofern die Einstellung des Disziplinarverfahrens mit dem Ausspruch einer miss-   1094
billigenden Äußerung verbunden wurde oder in Fällen des § 17 Abs. 2 BDG kein Verfahren eingeleitet wurde, in der Mitteilung über die Nichteinleitung des Verfahrens aber eine Missbilligung erteilt wurde, liegt Schlechterstellung vor[569]. Diese gesetzliche Regelung bedarf der Nachbesserung.

---

568 *Weiß* GKÖD II, § 16 Rz. 50.
569 Vgl. zu dieser Problematik auch *Gansen*, § 16 Rz. 20.

13 Anhang 1: Gesetzesübersichten

13.1 Übersicht Disziplinargesetze

- Bund: Bundesdisziplinargesetz (BDG) vom 09.07.2001 (BGBl. S. 1510), zuletzt geändert durch das DNeuG vom 05.02.2009 (BGBl S. 160)
- Baden-Württemberg: Landesdisziplinargesetz (LDG-BW) vom 14.10.2008 (GBl. 343, 344)
- Bayern: Bayerisches Disziplinargesetz (BayDG) vom 24.12.2005 – (GVBl. S. 665)
- Berlin: Disziplinargesetz Berlin (DiszG-B) vom 29.06.2004 – (GVBl. S. 263)
- Brandenburg: Landesdisziplinargesetz (BrLDG) vom 18.12.2001 (GVBl. S. 254), geändert durch Art. 7 des Gesetzes vom 29.06.2004 – (GVBl. S. 281)
- Bremen: Bremisches Disziplinargesetz (BremDG) vom 19.11.2002 (Brem.GBl. S. 545), zuletzt geändert durch Gesetz vom 19.12.2006 – (GBl. S. 544)
- Hamburg: Hamburgisches Disziplinargesetz (HmbDG) vom 18.02.2004 – (GVBl. S. 69), geändert durch Art. 6 des Gesetzes vom 11.07.2007 (GVBl. S. 236)
- Hessen: Hessisches Disziplinargesetz (HDG) vom 21.07.2006 – (GVBl. 1 S. 394)
- Mecklenburg Vorpommern: Disziplinargesetz des Landes Mecklenburg Vorpommern (Landesdisziplinargesetz LDG M-V) vom 04.07.2005 – (GVOBl. S. 274)
- Niedersachsen: Niedersächsisches Disziplinargesetz (NDiszG) vom 13.10.2005 – (GVBl. S. 296), geändert durch Gesetz vom 06.12.2006 – (GVBl. S. 568)
- Nordrhein-Westfalen: Disziplinargesetz für das Land Nordrhein Westfalen (Landesdisziplinargesetz LDG NRW) vom 16.11.2004 – (GVBl. S. 624)
- Rheinland Pfalz: Landesdisziplinargesetz (LDG-RP) vom 10.03.1998 (GVBl. S. 29), geändert durch Gesetz vom 18.12.2001 (GVBl. S. 307)
- Saarland: Saarländisches Disziplinargesetz (SDG) vom 13.12.2005 – (Amtsbl. S. 2010)
- Sachsen: Sächsisches Disziplinargesetz (SächsDG) vom 10.04.2007 (GVBl. S. 54)
- Sachsen Anhalt: Disziplinargesetz Sachsen Anhalt (DG LSA) vom 21.03.2006 – (GVBl. S. 102)
- Schleswig Holstein: Landesdisziplinargesetz (LDG-SH) vom 01.03.2003 (GVOBl. S. 154)
- Thüringen: Thüringer Disziplinargesetz (ThürDG) vom 21.06.2002 (GVBl. S. 257)

13.2 Vergleichende Übersicht der Disziplinargesetze

	BDG	LDg-BW	Bay-DG	Disz-G-B	Br-LDG	Brem-DG	Hmb-DG	HDG	LDG-M-V	Ndisz-G	LDG-NRW	LDG-RP	SDG	Sächs-DG	DG-LSA	LDG-SH	Thür-DG
	§§	§§	Art.	§§	§§	§§	§§	§§	§§	§§	§§	§§	§§	§§	§§	§§	§§
Allgemeine Bestimmungen																	
Persönlicher Geltungsbereich	1	1	1	1	1	1	1	1	1	1	1	1	1	1	1	1	1
Sachlicher Geltungsbereich	2	1	2	2	2	2	2	2	2	2	2	2	2	2	2	2	2
Zuständigkeiten		4 bis 7	18	47	17, 83		12, 13	6	5	5	32	14				48	14
Ergänzende Anwendung VwGO/VwVfG	3	2	3	3	3	3	22	6	3	4	3	21	3	3	3	3	21
Beschleunigungsgebot	4		4	4	4	4	25	7	4	–	4	25	4	4	4	4	25
Dienstbezüge.		3	5						6								
Vertreter öffentliches Interesse											43, 44					21	
Disziplinarmaßnahmen																	
Katalog	5	25	6	5	5	5	3	8	7	6	5	3	5	5	5	5	3
Beamtinnen/Beamte auf Probe/Widerruf					84, 85				83, 84								
Verweis	6	27	7	6	6	6	4	9	8	7	6	4	6	6	6	6	4
Geldbuße	7	28	8	7	7	7	5	10	9	8	7	5	7	7	7	7	5
Kürzung Dienstbezüge	8	29	9	8	8	8	6	11	10	9	8	6	8	8	8	8	6
Zurückstufung	9	30	10	9	9	9	7	12	11	10	9	7	9	9	9	9	7
Entfernung Beamtenverhältnis	10	31	11	10	10	10	8, 10	13	12	11	10	8	10	10	10	10	8
Kürzung Ruhegehalt	11	32	12	11	11	11	9	14	13	12	11	9	11	11	11	11	9
Aberkennung Ruhegehalt	12		13	12	12	12	9	15	14	13	12	10	12	12	12	12	10
Bemessung der Maßnahme	13	26	14	13	13	13	11	16	15	14	13	11	13	13	13	13	11

	BDG	LDg-BW	Bay-DG	Disz-G-B	Br-LDG	Brem-DG	Hmb-DG	HDG	LDG-M-V	Ndisz-G	LDG-NRW	LDG-RP	SDG	Sächs-DG	DG-LSA	LDG-SH	Thür-DG
Maßnahmeverbot, beschränktes	14	34	15	14	14	14	16	17	16	15	14	13	14	14	14	14	13
Maßnahmeverbot Zeitablauf	15	38	16	15	15	15	17	18	17	16	15	12	15	15	15	15	12
Verwertungsverbot	16	42	17	16	16	16	79	19	18	17	16	112	16	16	16	16	78
Behördliches Verfahren																	
Einleitung Ausdehnung Beschränkung																	
Legaliätsprinzip Einleitung	17	8	19	17	18	17	23	20	19	18	17	22	17	17	17	17	22
Selbstentlastungsverfahren	18	9	20	18	19	18	24	21	20	19	18	23	18	18	18	18	23
Ausdehnung/Beschränkung	19	10	21	19	20	19	28	22	21	20	19	24	19	19	19	19	24
Verhandlungsunfähigkeit							18	3									17
Rechts-/Amtshilfe							20										
Rechtsbehelfsbelehrung							21										
Durchführung																	
Unterrichtung Belehrung Anhörung	20	11	22	20	21	20	23	23	22	21	20	26	20	20	20	20	26
Bevollmächtige Beistand	20	11	22	20	21	20	19	4		21	20	26	20	20	20	20	18
Zustellungen								5									19
Ermittlungspflicht	21	12	23	21	22	21	23	24	23	22	21	27, 28	21	21	21	22	27, 28
Straf- andere Verfahren/Aussetzung	22	13	24	22	23	22	14	25	24	23	22	15	22	22	22	23	15
Bindungswirkung Strafurteil	23	14	25	23	24	23	15	26	25	24	23	16	23	23	23	22	16
Beweiserhebung	24	15	26	24	25	24	26	27	26	25	24	29	24	24	24	24	30
Zeuginnen Zeugen Sachverständige	25	16	27	25	26	25	27	28	27	26	25	30	25	25	25	25	33
Herausgabe Unterlagen	26	17	28	26	27	26	26	29	28	27	26	31	26	26	26	26	31

	BDG	LDg-BW	Bay-DG	Disz-G-B	Br-LDG	Brem-DG	Hmb-DG	HDG	LDG-M-V	Ndisz-G	LDG-NRW	LDG-RP	SDG	Sächs-DG	DG-LSA	LDG-SH	Thür-DG
Beschlagnahme Durchsuchung	27	17	29	27	28	27	29	30	29	28	27	32	27	27	27	27	32
Unterbringung Psychiatrie							30	31	30		28	33					34
Protokoll	28	18	30	28	29	28	26	32		29	29	34	28	28	28	28	29
Dienstliche Informationen	29	19	31	29	30	29	20	33	31	30	30	20	29	29	29	29	20
Wesentliches Ergebnis							34	32			31	26		30		36	36
Abschließende Anhörung	30	20	32	30	31	30	23	34	32	21	31	36	30	30	30	30	36
Abgabe Verfahren	31		35	31	32	31	31	35	33	31	–	37	31	31	31	31	37
Abschließende Entscheidung																	
Einstellung	32	36 37	33 34	32	33	32	32	36	34	32	33	38	32	32	32	32	38
Maßnahme	33	38	35	33	34	33	33	37	35	33	34	39	33	33	33	33	39
Disziplinarklage	34		35	34	35	34	34	38	36	34	35	40	34	34	34	34	41
Erneute Ausübung Befugnisse	35	40 41	36	35	36	35	35	41	37	35	34	43	35	35	35	35	40
Nachträgliche Entscheidung Strafverfahren	36		37	36	37	36	35	42	38	36	36	44	36	36	36	36	39 V
Kosten	37	39	38	37	38	37	75, 17	39, 40	39	37	36	41	37	37	37	37	38
Vorläufige Dienstenthebung Einbehaltung Bezüge																	
Zulässigkeit	38	22, 23	39	38	39	38	37, 38	43	40, 41	38, 73	38	45	38	38	38	38	42, 43
Rechtswirkungen	39	23	40	39	40	39	39, 40, 42	44	40, 41	39	39	46	39	39	39	39	42
Verfall/Nachzahlung einbehaltener Bezüge	40	24	41	40	41	40	43	45	41	40	40	107, 108	40	40	40	40	43
Widerspruch																	
Ausschluss Vorverfahren				42												42	
Erforderlichkeit/Frist/Form	41				42	41	36	46			41	42, 48	41	41	41	40	44 I

	BDG	LDg-BW	Bay-DG	Disz-G-B	Br-LDG	Brem-DG	Hmb-DG	HDG	LDG-M-V	Ndisz-G	LDG-NRW	LDG-RP	SDG	Sächs-DG	DG-LSA	LDG-SH	Thür-DG
Widerspruchsbescheid	42				42	42	36	47			41	49	42	42	42		44
Erneute Ausübung der Befugnisse	43				43	43		49				52	43	43	43		40
Kosten	44				44		75, 76	48			42	50, 109–111	44	44	44		44
Gerichtliches Verfahren — Gerichtsbarkeit																	
Zuständigkeit	45		42		45	44	44	50	43	41	45	53	45	45	45	45 BDG	45
Anwendung BDG				41												41	
Kammern	46		43	46 BDG	46	45	45	51	44	42	46	54	46	46	46	46 BDG	46
Beisitzer/innen	47		44, 45	43	47 48	46	46	52	46 47	43	47	55 56	47 51	47 48	–	43	47
Ausschluss Richteramt	48		46	48 BDG	49	47	47	53	48 51	44	48	57	48	49	47	48 BDG	48
Nichtheranziehung	49		47	49 BDG	50	48	47	54	49	45	49	58	49	50		49 BDG	48
Entbindung	50		48	50 BDG	51	49	47	55	50	46	50	59	50	51		50 BDG	47 V
Senate	51		49	51 BDG	52	50	45–47	56	45	47	51	60	51	52	48	51 BDG	49
Verfahren VG — Klageverfahren																	
Klageerhebung/Form/Frist	52		50	52 BDG	53	51	48, 49	57	52	48	52	61	52	53	49	52 BDG	50, 56
Nachtragsklage	53		51	53 BDG	54	52	50	58	53	49	53	62	53	54	50	53 BDG	50

	BDG	LDG-BW	Bay-DG	Disz-G-B	Br-LDG	Brem-DG	Hmb-DG	HDG	LDG-M-V	Ndisz-G	LDG-NRW	LDG-RP	SDG	Sachs-DG	DG-LSA	LDG-SH	Thür-DG
Belehrung Beklagte	54		52	54 BDG	55	53	51	59	54	–	54	63	54	55	51	54 BDG	50
Klagemängel	55		53	55 BDG	56	54	52	60	55	50	54	64	55	56	52	55 BDG	51
Beschränkung Verfahren	56		54	56 BDG	57	55	53	61	56	51	55	66 75	56	57	53, 59	56 BDG	52, 57
Bindungswirkung	57		55	57 BDG	58	56	15	62	57	52	56	16	57	58	54, 59	57 BDG	16
Beweisaufnahme	58		56	58 BDG	59	57	54	63	58	53	57	67, 75	58	59	55, 59	58 BDG	53, 57
Beschluss	59		57	59 BDG	60	58	55	64	59	54	60	68	59	60	56	59 BDG	55, 59
Mündliche Verhandlung/Urteil	60		58	60 BDG	61	59	56	65	60	55	59	69 76	60	61	57 59	60 BDG	55, 59
Klagerücknahme/Erneute Ausübung der Befugnisse	61		59	61 BDG	62	60	57	66	61	56	61	65	61	62	58	61 BDG	54 58
Besondere Verfahren																	
Antrag auf Fristsetzung	62		60	62 BDG	63	61	25	67	62	57	62	25	62	63	60	62 BDG	25
Rechtsschutz vorläufige Maßnahmen	63		61	63 BDG	64	62	41	68	63	58	63	47, 80	63	64	61	63 BDG	42
Verfahren OVG/VGH																	
Berufung																	
Statthaftigkeit/Form/Frist	64		62	64 BDG	65	63	58	69	64	59	64	81, 86[570]	64	65	62	64 BDG	60, 63[570]
Verfahren	65		63	65 BDG	66	64	59	70	65	60	65	83, 87	65	66	63 64	65 BDG	60 63
Beschluss							61					84, 88					

Unterscheidung Disziplinarklage/Klage der Beamtin/des Beamten.

	BDG	LDg-BW	Bay-DG	Disz-G-B	Br-LDG	Brem-DG	Hmb-DG	HDG	LDG-M-V	Ndisz-G	LDG-NRW	LDG-RP	SDG	Sächs-DG	DG-LSA	LDG-SH	Thür-DG
Rücknahme Berufung							60					82 87					61 63
Mündliche Verhandlung/Urteil	66		64	66 BDG	67	65	62	71	66	61		85 89	66	67		66 BDG	62 64
Beschwerde																	
Statthaftigkeit/Form/Frist	67		65	67 BDG	68	66	63	72	67	62	66	90	67	68	65	67 BDG	65
Entscheidung	68			68 BDG	69	67	64		68	63		91	68	69		68 BDG	65
Verfahren BVerwG																	
Revision/Form/Frist	69			69 BDG	70	68	65	73	69		67		69	70		69 BDG	66
Verfahren/Entscheidung	70			70 BDG	71	69	65	74	70					71		70 BDG	66
Wiederaufnahme gerichtliches Verfahren																	
Wiederaufnahmegründe	71		66	71 BDG	72	70	66	75	71	64	68	92 93	71	72	66	71 BDG	67 68
Unzulässigkeit	72		67	72 BDG	73	71	67	76	72	65	69	94	72	73	67	72 BDG	69
Frist/Verfahren	73		68	73 BDG	74	72	68	77	73	66	70	95	73	74	68	73 BDG	67
Beschluss	74		69	74 BDG	75	73	69	78	74	67	72	96	74	75	69	74 BDG	70
Mündliche Verhandlung/Entscheidung	75		70	75 BDG	76	74	70	79	75		71	97	75	76	70	75 BDG	70
Rechtswirkungen/Entschädigung	76		71	76 BDG	77	75	71 81–86	80	76	68	73	98	76	77	71	76 BDG	71

	BDG	LDg-BW	Bay-DG	Disz-G-B	Br-LDG	Brem-DG	Hmb-DG	HDG	LDG-M-V	Ndisz-G	LDG-NRW	LDG-RP	SDG	Sächs-DG	DG-LSA	LDG-SH	Thür-DG
Kosten gerichtliches Verfahren																	
Grundsatz	77		72	77 BDG	78	76	76 78	81	77	69 71	74	99–101	77	78	72	77 BDG	72–74
Erstattungsfähigkeit	78		73	78 BDG	79	77	75 76	82	78	70 71	75	109–111	78	79	73	78 BDG	77
Gebührenfreiheit/Auslagen							75										
Unterhaltsbeitrag Begnadigung																	
Unterhaltsbeitrag Regelfall	79	43	74	44	80	78	72	83	79	72	76	70 106	79	80	74	44	55 76
Unterhaltsbeitrag bei Aufdeckung Straftaten	80		75	45	81	79	73	84	80	–	77	–	80	81	–	45	–
Begnadigung	81		76	46	82	80	80	85	81	–	78	113	81	82	75	46	79
Vollstreckung							77					103–106					75
Vorteilsabschöpfung							74										
Besondere Beamtengruppen – Ruhestand																	
Polizeivollzugsbeamte	82		–			–	–	88	82	–	–	–	82	–	–	48	–
Kommunal-Beamtinnen/-Beamte		5	18		86–91		86	86	85 86		79	116–120	83	83–85	76, 77	47	80
Andere Körperschaften/besondere Zuständigkeiten	83	5	18		–		87	87	87	5, 73, 73 a	80	116–120	83	86	76–79	47	81
Ruhestand	84	6	18	48	17	81	12	89	89	74	81	14	84	87	80	49	14
Übergangs- und Schlussbestimmungen																	
Übergangsbestimmungen/Inkrafttreten	85		78	49	92	82	89–91	90, 92	88	75 Art. 11-Ndisz-NOG	82,84	121, 123	85	88	81	50	82, 85
Verwaltungsvorschriften	86		77	50	93	83	92	91		–	83	122	86	89	–	–	83
Sprachliche Gleichstellung															82		84

13.3 Anwendbarkeit des Verwaltungsverfahrensgesetzes

		Anwendbar	Nicht anwendbar	Unbeachtlich
Teil I Anwendungsbereich, örtliche Zuständigkeit, Amtshilfe				
1	Anwendungsbereich		X	
2	Ausnahmen vom Anwendungsbereich		X	
3	Örtliche Zuständigkeit		X	
4	Amtshilfepflicht	X		
5	Voraussetzungen und Grenzen der Amtshilfe	X		
6	Auswahl der Behörde	X		
7	Durchführung der Amtshilfe	X		
8	Kosten der Amtshilfe	X		
Teil II Allgemeine Vorschriften über das Verwaltungsverfahren				
Abschnitt 1				
	Verfahrensgrundsätze			
9	Begriff des Verwaltungsverfahrens			X
10	Nichtförmlichkeit des Verwaltungsverfahrens			X
11	Beteiligungsfähigkeit	X		
12	Handlungsfähigkeit	X		
13	Beteiligte	X		
14	Bevollmächtigte und Beistände	X		
15	Bestellung eines Empfangsbevollmächtigten	X		
16	Bestellung eines Vertreters von Amts wegen	X		
17	Vertreter bei gleichförmigen Eingaben		X	
18	Vertreter für Beteiligte bei gleichem Interesse		X	
19	Gemeinsame Vorschriften für Vertreter bei gleichförmigen Eingaben und bei gleichem Interesse		X	
20	Ausgeschlossene Personen	X		
21	Besorgnis der Befangenheit	X		
22	Beginn des Verfahrens		X	

		Anwendbar	Nicht an-wendbar	Unbeacht-lich
23	Amtssprache	X		
24	Untersuchungsgrundsatz		X	
25	Beratung, Auskunft			X
26	Beweismittel	X		
27	Versicherung an Eides statt	X		
28	Anhörung Beteiligter	X, soweit nicht Spezialregelung		
29	Akteneinsicht durch Beteiligte	X		
30	Geheimhaltung	X		
Abschnitt 2 Fristen, Termine, Wiedereinsetzung				
31	Fristen und Termine	X		
32	Wiedereinsetzung in den vorigen Stand	X, jedoch § 29 Abs. 3 BDG		
Abschnitt 3 Amtliche Beglaubigung				
33	Beglaubigung von Abschriften, Ab-lichtungen, Vervielfältigungen und Ne-gativen	X		
34	Beglaubigung von Unterschriften	X		
Teil III Verwaltungsakt				
Abschnitt 1 Zustandekommen des Verwaltungsaktes				
35	Begriff des Verwaltungsaktes	X		
36	Nebenbestimmungen zum Verwal-tungsakt		X	
37	Bestimmtheit und Form des Verwal-tungsaktes			X
38	Zusicherung	X		
39	Begründung des Verwaltungsaktes			X
40	Ermessen	X		
41	Bekanntgabe des Verwaltungsaktes	X, jedoch Zustellungsvorschriften		
42	Offenbare Unrichtigkeiten im Verwal-tungsakt	X		
Abschnitt 2 Bestandskraft des Verwaltungsaktes				
43	Wirksamkeit des Verwaltungsaktes	X		
44	Nichtigkeit des Verwaltungsaktes	X		
45	Heilung von Verfahrens- und Form-fehlern	X		

		Anwendbar	Nicht anwendbar	Unbeachtlich
46	Folgen von Verfahrens- und Formfehlern	X		
47	Umdeutung eines fehlerhaften Verwaltungsaktes	X		
48	Rücknahme eines rechtswidrigen Verwaltungsaktes		X	
49	Widerruf eines rechtmäßigen Verwaltungsaktes		X	
50	Rücknahme und Widerruf im Rechtsbehelfsverfahren		X	
51	Wiederaufgreifen des Verfahrens		X	
52	Rückgabe von Urkunden und Sachen	X		
Abschnitt 3 Verjährungsrechtliche Wirkungen des Verwaltungsaktes				
53	Unterbrechung der Verjährung durch Verwaltungsakt		X	
Teil IV Öffentlichrechtlicher Vertrag				
54–62			X	
Teil V Besondere Verfahrensarten				
63–78			X	
Teil VI Rechtsbehelfsverfahren				
79, 80			X	
Teil VII Ehrenamtliche Tätigkeit, Ausschüsse				
81–83			X	
Teil VIII Schlussvorschriften				

13.4 Anwendbarkeit der Verwaltungsgerichtsordnung

		Anwendbar	Nicht an-wendbar	Unbeacht-lich
Teil I Gerichtsverfassung				
1. Abschnitt: Gerichte §§ 1 bis 14				
1			X	
2			X	
3			X, § 45 Satz 3 BDG geht Abs. 1 Nr. 4 vor	
4			X	
5				X § 46 Abs. 1 und Abs. 2 BDG gehen vor
6			X § 64 Abs. 2 BDG geht bei Disziplinarklage vor	
7	Entfallen			
8	Entfallen			
9				X § 46 Abs. 1 BDG geht vor
10–14			X	
2. Abschnitt: Richter §§ 15 bis 18				
15–17			X	
18	Entfallen			
3. Abschnitt: Ehrenamtliche Richter §§ 19 bis 34				
19			X	
20–24				X § 47 Abs. 2 BDG geht vor
25			X	
26–30				X ergibt sich aus § 47 Abs. 3 BDG, maßgeblich Landesrecht
31	Entfallen			
32–34			X	
4. Abschnitt: Vertreter des Bundesinteresses §§ 35 bis 37				
35–37			X	
5. Abschnitt: Gerichtsverwaltung §§ 38 und 39				
38, 39			X	
6. Abschnitt: Verwaltungsrechtsweg und Zuständigkeit §§ 40 bis 53				
40				X § 45 BDG

		Anwendbar	Nicht anwendbar	Unbeachtlich
41	Entfallen			
42–44 a			X soweit nicht §§ 52, 53 BDG maßgeblich	
45–49				X Sonderregelung des BDG
50			X soweit Beamte des BND betroffen, § 50 Abs. 1 Nr. 4 VwGO	
51			X	
52			X soweit nicht besondere Zuständigkeit nach Landesrecht	
53			X	
Teil II Verfahren				
7. Abschnitt: Allgemeine Verfahrensvorschriften §§ 54 bis 67 a				
54			X soweit nicht § 48 BDG maßgeblich	
55–60		X		
61		X	X § 61 Nr. 2 VwGO nicht anwendbar	
62		X		
63		X	X § 63 Nr. 3 VwGO nicht anwendbar	
64–66			X	
67		X		
67 a			X	
8. Abschnitt: Besondere Vorschriften für Anfechtungs- und Verpflichtungsklagen §§ 68 bis 80 a				
68			X § 41 Abs. 1 BDG geht vor	
69		X		
70		X § 41 Abs. 2 BDG		
71			X	
72		X		
73		X nur § 73 Abs. 3 VwGO, sonst § 42 Abs. 1 BDG		
74, 75		X für Disziplinarklage jedoch § 52 Abs. 1 BDG		
76	Entfallen			
77				X
78, 79		X		

		Anwendbar	Nicht an-wendbar	Unbeacht-lich
80			X jedoch § 63 BDG als Spezialregelung für vorläufige Dienstenthebung	
80 a			X	
80 b			X siehe aber § 80	
9. Abschnitt: Verfahren im ersten Rechtszug §§ 81 bis 106				
81			X für Disziplinarklage § 52	
82			X für Disziplinarklage § 52	
83			X	
84				X § 59 BDG
85			X aber § 54 BDG	
86, 87			X	
87 a				X § 46 Abs. 3 BDG
87 b			X jedoch § 58 Abs. 2 BDG	
88–90			X	
91			X jedoch § 53 BDG für Nachtragsdiszi-plinarklage	
92			X jedoch § 61 BDG zu beachten	
93 a				X
94, 95			X	
96			X jedoch § 58 BDG	
97–105			X	
106				X § 60 Abs. 1 Satz 2 BDG
10. Abschnitt: Urteile und andere Entscheidungen §§ 107 bis 122				
107–112			X	
113			X, bei Disziplinarklage § 60 Abs. 1 Satz 1 BDG	
114				X § 60 Abs. 3 BDG
115–122				
11. Abschnitt: Einstweilige Anordnung § 123				
123				X

		Anwendbar	Nicht an- wendbar	Unbeacht- lich
Teil III Rechtsmittel und Wiederaufnahme des Verfahrens				
12. Abschnitt: Berufung §§ 124 bis 131				
124, 124 a		X für Disziplinarklage § 64 Abs. 1 BDG		
124 b	(befristete Geltung bis 2004)	X		
125		X § 65 BDG beachten		
126, 127		X		
128		X § 65 BDG beachten		
129–130 b		X		
131	Entfallen			
13. Abschnitt: Revision §§ 132 bis 145				
132		X § 69 BDG		
134, 135			X	
136	Entfallen			
137–139		X § 69 BDG		
140		X		
141			X § 70 Abs. 1 BDG	
142		X		
143, 144		§ 70 Abs. 2 BDG		
145	Entfallen			
14. Abschnitt: Beschwerde §§ 146 bis 152				
146, 147		X jedoch § 67 Abs. 2 und Abs. 3 BDG		
148		X		
149		X jedoch § 27 BDG siehe StPO		
150			X § 68 BDG	
151, 152		X		
15. Abschnitt: Wiederaufnahme des Verfahrens § 153				
153			X §§ 71 bis 76 BDG	
Teil IV Kosten und Vollstreckung				
16. Abschnitt: Kosten §§ 154 bis 166				
154–158		X jedoch § 77 Abs. 1 bis Abs. 3 BDG		
159				X

	Anwendbar	Nicht an-wendbar	Unbeacht-lich
160		X	
161	X		
162			X § 78 BDG
164–166	X		
17. Abschnitt: Vollstreckung §§ 167 bis 172			
167–172		X soweit für das Disziplinarverfahren ein-schlägig	
Teil V Schluss- und Übergangsbestimmungen §§ 173 bis 195			
173–195			X

13.5 Vergleich Beamtenpflichten BBG – BeamtStG – BRRG

	BBG (2009) §§	BeamtStG (2009) §§	BRRG (1999) §§
Dienstvergehen innerdienstlich, Definition für aktive Beamtinnen und Beamte	77 Abs. 1 Satz 1	47 Abs. 1 Satz 1	45 Abs. 1 Satz 1
Besondere Einzelregelungen			
Neutralitätspflicht	60 Abs. 1 Satz 2	33 Abs. 1 Satz 2	35 Abs. 1 Satz 2
Pflicht zum gemeinwohlorientierten Handeln	60 Abs. 1 Satz 2	33 Abs. 1 Satz 2	35 Abs. 1 Satz 2
Verfassungstreue	60 Abs. 1 Satz 3	33 Abs. 1 Satz 3	35 Abs. 1 Satz 3
Politische Mäßigungspflicht	60 Abs. 2	33 Abs. 2	33 Abs. 2
Verhinderung der Interessenkollision	65		
Dienstleistungspflicht	61 Abs. 1 Satz 1	34 Satz 1	36 Satz 2
Fernbleiben vom Dienst	96	*)	-
Verlust der Dienstbezüge (9 BesG)	9 BBesG	9 BBesG	9 BBesG
Gesunderhaltungspflicht	61 Abs. 1 Satz 1	34 Satz 1	36 Satz 1
Fortbildungspflicht	61 Abs. 2		
Uneigennützigkeit	61 Abs. 1 Satz 2	34 Satz 2	36 Satz 2
Verbot der Annahme von Belohnun-gen und Geschenken	71	42	43
Weisungsgebundenheit, Folgepflicht	62 Abs. 1 Satz 2	35 Satz 2	37 Satz 2

	BBG (2009) §§	BeamtStG (2009) §§	BRRG (1999) §§
Beratungs- und Unterstützungspflicht	62 Abs. 1 Satz 1	35 Satz 1	37 Satz 1
Verantwortung für die Rechtmäßigkeit des Handelns	63	36	38
Amtsverschwiegenheit	67,	37	39, 124
Diensteid	64	38	40
Anzeige/Genehmigung einer Nebentätigkeit	97 ff	40	42
Grundtatbestand Wohlverhaltenspflicht	61 Abs. 1 Satz 3	34 Satz 3	36 Satz 3
Besondere Einzelregelung			
Sexuelle Belästigung	i. V. m. 24 Nr. 1, 2 AGG	i. V. m.24 Nr. 1, 2 AGG	i. V. m.24 Nr. 1, 2 AGG
Beispielhafte, weitere Einzelfälle			
z. B. Straftaten, sofern keine andere, spezielle Bestimmung			
z. B. Betrügerisches Verhalten zum Nachteil des Dienstherrn			
z. B. Mobbing			
z. B. Vertrauensvolle Zusammenarbeit			
Dienstvergehen außerdienstlich, Definition für aktive Beamtinnen und Beamte	77 Abs. 1 Satz 2	47 Abs. 1 Satz 2	45 Abs. 1 Satz 2
Außerdienstliche Wohlverhaltenspflicht	61 Satz 3	34 Satz 3	36 Satz 3
Beispielhafte Einzelfälle			
z. B. außerdienstliche Straftaten			
Dienstvergehen, Definition für Ruhestandsbeamtinnen und Ruhestandsbeamte	77 Abs. 2	47 Abs. 2 **)	45 Abs. 2
Einzelregelung			
Anzeige einer Tätigkeit nach Beendigung des Beamtenverhältnisses	105	41	42 a

Stand der ergänzenden Bestimmungen der Länder ist 01.04.2009.
*) Ergänzende Bestimmungen der Länder sind: BW § 95 – Bay Art. 95 – Bln § 36 – Brbg § 40 – HB § 77 – HH § 81 – Hess § 86 MV § 81 – Nds § 81 – NRW § 79 – RP § 81 – Sa § 88 – Sachs § 92, 98 – LSA § 73 – SH § 89 – Thür § 77.
**) Ergänzende Bestimmungen der Länder sind: BW § 91, 97 – Bay Art. 77 – Bln § 40 – Brbg § 43 – HB § 76 – HH § 81 – Hess § 90 MV § 85 – Nds § 85 – NRW § 83 – RP § 85 – Sa § 92 – Sachs § 96 – LSA § 77 – SH § 93 – Thür§ 81.

14 Anhang 2: Muster und Verfügungsvorlagen

Die folgenden Muster enthalten teilweise ergänzende und alternative Formulierungsvorschläge (**Markierungszeichen** ⊕)[571].

14.1 Kein Dienstvergehen – Weglegesache

Entwurfskopfbogen der/des Dienstvorgesetzten

Vertrauliche Personalsache
_____ (Amtsbezeichnung, Name, Vorname, PersNr.)

Vfg.

1. Vermerk

Im Strafverfahren gegen _____ (Name der Beamtin/des Beamten)

⊕ wurde die Beamtin/der Beamte durch rechtskräftiges Urteil/rechtskräftigen Strafbefehl des _____gerichts in _____ vom _____ zu einer Geldstrafe in Höhe von _____ Tagessätzen zu je _____ € verurteilt.

⊕ wurde das Strafverfahren nach Erfüllung der Auflage nach § 153 a StPO durch Beschluss des _____gerichts in _____ vom _____ eingestellt.

Zum Sachverhalt wird auf den Inhalt des Urteils/die Strafakten S . . . . . . verwiesen.
Es handelt sich um ein außerdienstliches Fehlverhalten, das nicht in besonderem Maße geeignet ist, nach § 77 Abs. 1 Satz 2 BBG den Verdacht eines Dienstvergehens i. S. des § 77 Abs. 1 Satz 1 BBG zu rechtfertigen.

Es ist kein Disziplinarverfahren einzuleiten. Eine Mitteilung an die Beamtin/den Beamten ist nicht erforderlich.

2. Weglegen

(Unterschrift der/des Dienstvorgesetzten)

---

571 Die Muster beruhen im Kern auf langjährig erprobten Vorlagen des früheren Mitautors Friedhelm Benneke.

14.2   Keine Ermittlungen wegen § 14 BDG (beschränktes Maßnahmeverbot)

Entwurfskopfbogen der/des Dienstvorgesetzten

Vertrauliche Personalsache

Disziplinarverfahren gegen _____ (Amtsbezeichnung, Name, Vorname, PersNr.)

Vfg.

1. Vermerk

Im Strafverfahren gegen _____Amtsbezeichnung Name Vorname PersNr.

⊕ wurde die Beamtin/der Beamte durch rechtskräftiges Urteil/rechtskräftigen Strafbefehl des _____gerichts   in   _____   vom   _____   Az. _____ zu einer Geldstrafe in Höhe von _____ TS zu je _____ €/Freiheitsstrafe von _____ Monaten verurteilt.
⊕ wurde das Strafverfahren gegen die Beamtin/den Beamten nach Erfüllung der Auflage nach § 153 a StPO durch Beschluss des _____gerichts in _____ vom _____ Az. _____ eingestellt.

Zum Sachverhalt wird auf den Inhalt des Urteils/die Strafakten S ...... /...... verwiesen.

⊕ Bei dem Sachverhalt handelt es sich um ein innerdienstliches Fehlverhalten, durch das die Beamtin/der Beamte zugleich Dienstpflichten nach §§ XXX, 77 Abs. 1 Satz 1 BBG verletzt hat.
⊕ Bei dem Sachverhalt handelt es sich um ein außerdienstliches Fehlverhalten, durch das die Beamtin/der Beamte zugleich Dienstpflichten nach §§ 54 Satz 3, 77 Abs. 1 BBG verletzt hat. Die außerdienstliche Straftat ist nach den Umständen des Einzelfalls in besonderem Maße geeignet, Achtung und Vertrauen in einer für das Amt (oder das Ansehen des Beamtentums[572]) bedeutsamen Weise zu beeinträchtigen. Dies ergibt sich daraus, dass ...... (z. B. innerdienstlicher Bezug usw.).

Der Sachverhalt

⊕ ist gemäß § 23 Abs. 1 BDG durch das rechtskräftige Strafurteil bindend festgestellt (bei Strafurteil).
⊕ ergibt sich aus den Ermittlungen im Strafverfahren.

Der Sachverhalt im strafgerichtlichen Verfahren ist deckungsgleich mit den disziplinaren Vorwürfen.

---

572 Gilt nur für den Bundesbereich.

Als Disziplinarmaßnahme ist höchstens die Verhängung

⊕ eines Verweises
⊕ einer Geldbuße
⊕ einer Kürzung der Dienstbezüge
angemessen.

Ein Disziplinarverfahren ist nicht einzuleiten (§ 17 Abs. 2 BDG), weil

⊕ die Verhängung eines Verweises/einer Geldbuße/einer Kürzung des Ruhegehalts nach § 14 Abs. 1 Nr. 1 BDG unzulässig ist,
⊕ die Verhängung einer Kürzung der Dienstbezüge nicht zusätzlich nach § 14 Abs. 1 Nr. 2 notwendig ist, um die Beamtin/den Beamten zur Erfüllung der Pflichten anzuhalten.
⊕ Ggf. Begründung, warum eine zusätzliche Disziplinarmaßnahme trotz. Vorbelastungen usw. nicht für erforderlich gehalten wird.

2. Durchschrift von 1. an die Beamtin/den Beamten

mit Anschreiben

Kopfbogen der/des Dienstvorgesetzten
Anschrift der Beamtin/des Beamten
Gegen Empfangskenntnis

Sehr geehrte(r) . . . . . .

ich übersende Kopie meiner Verfügung vom _____, mit der ich auf die Einleitung eines Disziplinarverfahrens verzichtet habe, zur Kenntnis.

Ich weise Sie aber darauf hin, dass Ihr Fehlverhalten ein ernst zu nehmendes Dienstvergehen ist.

Bei der Begehung erneuter Straftaten, die ein Dienstvergehen darstellen, wird die Anwendung des § 14 Bundesdisziplinargesetzes (BDG) nicht mehr in Betracht kommen, sodass Sie mit einer Disziplinarmaßnahme rechnen müssen.

Der Disziplinarvorgang ist nach § 16 Abs. 4 BDG für zwei Jahre bei Personalmaßnahmen verwertbar und verbleibt deshalb für diese Zeit bei Ihren Personalakten.

⊕ Gegen die in dieser Mitteilung enthaltene Feststellung, dass Sie ein Dienstvergehen begangen haben, können Sie Widerspruch nach § 41 BDG einlegen. Der Widerspruch ist innerhalb eines Monats schriftlich oder zur Niederschrift bei meiner Behörde einzulegen (§ 70 VwGO).
⊕ (Sofern die oberste Dienstbehörde die Verfügung erlassen hat) Gegen diese Verfügung können Sie Anfechtungsklage beim Verwaltungsgericht _____ erheben. Die Klage ist innerhalb eines Monats schriftlich oder zur Niederschrift der Geschäftsstelle des Gerichts einzulegen (§§ 70, 74 VwGO). Sie muss die Klägerin/den Kläger, den Beklagten/die Beklagte und den Klagegegenstand bezeichnen und soll einen bestimmten Antrag enthalten. Die zur Begründung dienenden Tatsachen und Beweismittel sollen angegeben sowie die angefochtene Verfügung in Kopie beigefügt werden. Die Klageschrift und die dazugehörigen Anlagen sol-

len mit jeweils 3 Kopien eingereicht werden, damit alle Beteiligten ein Exemplar erhalten können.

Hochachtungsvoll[573]

(z. U.)

3. Weglegen

(Unterschrift der/des Dienstvorgesetzten)

Hinweis:
Eine Rechtsbehelfsbelehrung ist erforderlich, weil ein Dienstvergehen festgestellt wird. Die in der Vorauflage vertretene Ansicht, dies sei nicht erforderlich, wird aufgegeben. Schließlich enthält die Feststellung eines Dienstvergehens eine Beschwer. Gleiches gilt für den Hinweis auf § 16 BDG (Tilgung erst nach 2 Jahren).

---

573 Es ist eine Stilfrage, ob man den Beamten mit der persönlichen Anrede anschreibt. Auch wenn ein Dienstvergehen angenommen werden muss, sollte man nicht darauf verzichten. Die Anrede kann aber auch fortgelassen werden. Die Schlußformel »Hochachtungsvoll« kann allerdings leicht ironisch wirken.

14.3 Keine Ermittlungen wegen § 15 BDG (Maßnahmeverbot wegen Zeitablaufs)

Entwurfskopfbogen der/des Dienstvorgesetzten

Vertrauliche Personalsache

Disziplinarverfahren gegen _____ (Amtsbezeichnung, Name, Vorname, PersNr.)

Vfg.

1. Vermerk

aufgrund . . . . . . (Mitteilung pp.) steht die Beamtin/der Beamte im Verdacht, ein Dienstvergehen nach §§ xxx, 77 Abs. 1 BBG begangen zu haben, weil

⊕ . . . . . . (Kurze Beschreibung des Sachverhalts)
⊕ (Ggf.) Zum Sachverhalt wird auf den Inhalt des Urteils/die Strafakten S . . . . . ./. . . . . . verwiesen.

Das Dienstvergehen wäre demnach spätestens am . . . . . . vollendet.

⊕ Die Hemmung eines disziplinaren Ahndungsverbotes nach § 15 Abs. (4 oder 5 einzufügen) BDG lag in der Zeit vom . . . . . . bis zum . . . . . . vor, da während dieser Zeit ein strafgerichtliches/verwaltungsgerichtliches Verfahren lief.

Als Disziplinarmaßnahme hält die Rechtsprechung der Verwaltungsgerichte bei derartigen Sachverhalten höchstens die Verhängung der Disziplinarmaßnahme des Verweises/der Geldbuße/der Kürzung der Dienstbezüge für angemessen.

Da seit Vollendung des Dienstvergehens mehr als . . . . . . Jahre verstrichen sind, darf nach § 15 Abs. ____ (1, 2 oder 3 einzufügen) BDG diese Disziplinarmaßnahme nicht mehr verhängt werden.

Disziplinare Ermittlungen sind nicht durchzuführen (§ 17 Abs. 2 BDG).

Es kann offenbleiben, ob ein Dienstvergehen vorliegt.

2. Schreiben an die Beamtin/den Beamten

Kopfbogen der/des Dienstvorgesetzten
Anschrift der Beamtin/des Beamten
Gegen Empfangskenntnis

Sehr geehrte(r) ......

ich übersende Kopie meiner Verfügung vom _____ zur Kenntnis.

Mit dieser Verfügung ist nicht die Feststellung eines Dienstvergehens verbunden. Ich mache jedoch darauf aufmerksam, dass derartige Verhaltensweisen, wenn sie nachgewiesen werden, ein Dienstvergehen sein können, und bitte um Beachtung.

Mit freundlichen Grüßen

(z. U.)

3. Weglegen

(Unterschrift der/des Dienstvorgesetzten)

14.4 Anhörung im Rahmen (nicht-disziplinarer) Verwaltungsermittlungen

Kopfbogen der/des Anhörenden
Vertrauliche Personalsache

Verhandelt bei _____ (Anschrift der Behörde) in dem Dienstzimmer
_____ am _____ um _____ Uhr
_____als Protokollführer(in).

_____ (Amtsbez, Vorname, Name, PersNr.) wird Folgendes eröffnet:
......
(Sachverhaltsschilderung; anschließend ist eindeutig zu formulieren, welcher Verdacht dadurch begründet ist bzw. welcher Vorwurf gegen die Beamtin/den Beamten erhoben wird.)
Bevor _____ Gelegenheit erhält, zum Sachverhalt und insbesondere auch zu den darin erhobenen Vorwürfen (soweit zutreffend) Stellung zu nehmen, wurde sie/er ausdrücklich darauf hingewiesen, dass es freisteht, sich mündlich oder schriftlich zu äußern oder nichts auszusagen[574]. Sie/er kann insbesondere dann auf eine Aussage verzichten, wenn sie/er sich damit selbst belasten würde. Sofern sie/er sich jedoch äußern möchte, ist sie/er verpflichtet, die Wahrheit zu sagen.

_____ (Name) erklärt
»Ich habe die vorstehenden Belehrungen verstanden.«
☐ »Ich will sogleich mündlich aussagen.«
☐ »Ich werde mich bis zum _____ schriftlich äußern.«
☐ »Ich bin nicht bereit auszusagen.«

Nach Durchlesen anerkannt   Als Protokollführer(in)

(Unterschrift der Beamtin/des Beamten)   (Unterschrift)

(Unterschrift der/des Anhörenden)

(Unmittelbar fortgesetzt bei Aussagebereitschaft der Beamtin/des Beamten)

»Zur Sache erkläre ich:
......

---

574 Ein Hinweis auf die Möglichkeiten, eine/einen Bevollmächtigte/n/Beistand zu konsultieren, ist in den informellen Verwaltungsermittlungen nicht vorgesehen. Daher ist keine dem § 20 Abs. 1 BDG entsprechende Belehrung erforderlich.

Ende der Anhörung: _____ Uhr.

Nach Durchlesen anerkannt   Als Protokollführer(in):

(Unterschrift der Beamtin/des Beamten)   (Unterschrift)

(Unterschrift der/des Anhörenden)

Hinweis: Die in der Vorauflage vertretene Auffassung, dass auf die Möglichkeit der Verwertung der Angaben in einem ggf. einzuleitenden Disziplinarverfahren hingewiesen werden sollte, wird aufgegeben. Eine Verwertung in einem Disziplinarverfahren setzt voraus, dass die Beamtin/der Beamte über seine vollen Rechte nach § 20 Abs. 1 Satz 3 BDG belehrt wird, also auch über das Recht, Bevollmächtigte oder einen Beistand zu konsultieren. Daraus könnte sich die Frage der Auslagentragung ergeben, die in den Verwaltungsermittlungen jedenfalls nicht zulasten des Dienstherrn gehen darf.

14.5 Einleitung des Disziplinarverfahrens

Alternative Ergänzungen der Einleitungsverfügung:

⊕ Aussetzung des Verfahrens wegen anhängigen Strafverfahrens oder anderem vorgreiflichen Verfahren (§ 22 BDG)
⊕ Anordnung von Ermittlungen
⊕ Bestellung eines Ermittlungsführers
⊕ Gelegenheit zur Äußerung nach § 20 Abs. 2 BDG
⊕ Die Einleitungsverfügung kann mit der vorläufigen Dienstenthebung (*siehe* Muster 14.6) verbunden werden.

Entwurfskopfbogen der/des Dienstvorgesetzten

Vertrauliche Personalsache
Disziplinarverfahren gegen _____ (Amtsbezeichnung, Name, Vorname, PersNr.)

Vfg.

1. Vermerk

Gegen _____ leite ich nach § 17 Abs. 1 Satz 1 BDG das Disziplinarverfahren ein.
Begründung: ...... (Kurze Wiedergabe des Sachverhalts, der den Verdacht eines Dienstvergehens begründet. Dabei ist anzugeben, ob es sich um ein innerdienstliches oder ein außerdienstliches Verhalten handeln könnte. Die möglicherweise verletzten Dienstpflichten können angegeben werden.)
Die Beamtin/der Beamte ist hiernach eines Dienstvergehens i. S. des § 77 Abs. 1 BBG zureichend verdächtig.
⊕ Das Disziplinarverfahren wird nach § 22 Abs. 1 BDG ausgesetzt, da gegen die Beamtin/den Beamten ein Strafverfahren anhängig ist, dessen Ergebnis abzuwarten bleibt.
⊕ Das Disziplinarverfahren wird nach § 22 Abs. 3 BDG ausgesetzt, da ein anderes gesetzlich geordnetes Verfahren anhängig ist, dessen Ergebnis abzuwarten bleibt.
⊕ Der Auftrag für die Ermittlungen folgt zu einem späteren Zeitpunkt.
⊕ Es sind disziplinare Ermittlungen nach §§ 21 ff. BDG durchzuführen. Mit den Ermittlungen wird _____ (Name der Person) beauftragt.

2. Durchschrift von 1. an die Beamtin/den Beamten mit Anschreiben

Hinweise:
Unterbleibt nach § 20 Abs. 1 Satz 1 BDG, wenn der Ermittlungszweck durch die Unterrichtung der Beamtin/des Beamten gefährdet würde.
Sofern eine Frist gesetzt wird, ist zu beachten, dass eine formelle Zustellung nur an die Beamtin/den Beamten *oder* die/den Bevollmächtigte/n erfolgen sollte, um unterschiedliche Fristen zu vermeiden. Bevollmächtigte sind vertretungsbefugt.

Kopfbogen der/des Dienstvorgesetzten

Vertrauliche Personalsache
Disziplinarverfahren gegen . . . . . .

. . . . . . (Anschrift der Beamtin/des Beamten)
(gegen Empfangsbekenntnis/Zustellnachweis)

Sehr geehrte(r) . . . . . .

Mit Verfügung vom _____ habe ich gegen Sie das Disziplinarverfahren eingeleitet und übersende Ihnen Kopie meiner Einleitungsverfügung.

⊕   Nach Wegfall des Aussetzungsgrundes erhalten Sie weitere Nachricht über den Fortgang des Verfahrens.
⊕   Wegen der Aussetzung des Disziplinarverfahrens werden die Ermittlungen zunächst nicht aufgenommen.
⊕   Ich werde sie gesondert unterrichten, wer mit den Ermittlungen beauftragt wird.
⊕   Mit den Ermittlungen habe ich _____ (Name der/des Ermittelnden) beauftragt.
Sie haben die Möglichkeit, sich mündlich oder schriftlich zu äußern oder nicht zur Sache auszusagen und sich jederzeit einer/eines Bevollmächtigten oder Beistands zu bedienen (§ 20 Abs. 1 Satz 3 BDG).
Für die Abgabe einer schriftlichen Äußerung setze ich Ihnen eine Frist von einem Monat. Wenn Sie sich mündlich äußern wollen, teilen Sie mir dies innerhalb von zwei Wochen mit (§ 20 Abs. 2 BDG). Bei zwingenden Gründen, die Sie an der Abgabe einer Erklärung hindern, teilen Sie mir diese unverzüglich mit (§ 20 Abs. 2 Satz 3 BDG).

Mit freundlichen Grüßen

(z. U.)

3. Schreiben an die/den Ermittelnden

Kopfbogen der/des Dienstvorgesetzten

An Amtsbezeichnung, Vorname, Name

Vertrauliche Personalsache
Disziplinarverfahren gegen ......
1 Kopie der Einleitungsverfügung vom_____

Sehr geehrte(r) ......

Ich übersende eine Kopie meiner Einleitungsverfügung und beauftrage Sie mit den Ermittlungen. Die Ermittlungen sind unverzüglich zu beginnen und müssen spätestens am _____ (Einleitungszeitpunkt + 6 Monate[575] einzufügen) abgeschlossen sein.

_____ (Name der Beamtin/des Beamten) muss innerhalb dieser Zeit Gelegenheit zur abschließenden Äußerung nach § 30 BDG gewährt worden sein. Hinderungsgründe bitte ich mir rechtzeitig schriftlich mitzuteilen.

Der Ermittlungsbericht (das wesentliche Ergebnis der Ermittlungen[576]) ist mir zusammen mit den Ermittlungsunterlagen bis spätestens _____ vorzulegen.

Mit freundlichen Grüßen

(z. U.)

Anlage: X Bände Akten/Unterlagen

4. Wv.

(Unterschrift der/des Dienstvorgesetzten)

---

575 Ggf. könnte die Frist verkürzt werden, wenn zu besorgen ist, dass die Beamtin/der Beamte einen Antrag auf gerichtliche Fristsetzung nach § 62 BDG stellen könnte.
576 Sofern nach Landesrecht noch ein wesentliches Ermittlungsergebnis vorgeschrieben ist.

14.6 Vorläufige Dienstenthebung und Einbehaltung der Dienstbezüge

Kann mit der Mitteilung der Einleitung des Verfahrens (*siehe* Muster 14.5) verbunden werden. Eine Zustellung an die/den Bevollmächtigten wäre zwar wirksam. Sie sollte jedoch wegen der mit der Verfügung verbundenen Ermahnungswirkung und dem Hinweis auf eine möglicherweise beabsichtigte Entfernung aus dem Beamtenverhältnis unmittelbar an die Beamtin/den Beamten erfolgen.

Kopfbogen der/des Dienstvorgesetzten

Vertrauliche Personalsache
Disziplinarverfahren gegen . . . . . .

. . . . . . (Anschrift der Beamtin/des Beamten)
(gegen Empfangsbekenntnis/Zustellnachweis)

Sehr geehrte(r) . . . .

Mit Verfügung vom _____ (Datum) habe ich gegen Sie das Disziplinarverfahren eingeleitet.
⊕ Gemäß § 38 Abs. 1 BDG enthebe ich Sie hiermit vorläufig des Dienstes, da im Disziplinarverfahren voraussichtlich auf Entfernung aus dem Beamtenverhältnis erkannt werden wird.
⊕ Gemäß § 38 Abs. 1 BDG enthebe ich Sie hiermit vorläufig des Dienstes, da durch Ihr Verbleiben im Dienstbetrieb zu besorgen ist,
⊕ dass der Dienstbetrieb erheblich beeinträchtigt würde,
⊕ dass die Ermittlungen gefährdet würden.

Begründung: . . . . . . (Wenn keine Entfernung aus dem Beamtenverhältnis in Betracht kommt ist stets eine besondere Begründung erforderlich. Außerdem ist darzulegen, dass die vorläufige Dienstenthebung nicht unverhältnismäßig ist, § 38 Abs. 1 Satz 2 BDG).
Während der Dauer der vorläufigen Dienstenthebung ruht der Anspruch auf das Aufsteigen der Dienstalterssstufen, § 27 Abs. 5 Bundesbesoldungsgesetz. Die Sonderzuwendung und das Urlaubsgeld werden nicht gezahlt. Sie haben weiterhin dienstlichen Anordnungen nachzukommen und sich jederzeit dienstbereit zu halten. Auch während der Zeit der vorläufigen Dienstenthebung müssen Sie zur Übernahme eines Nebenamtes oder zur Ausübung einer Nebentätigkeit die Genehmigung der Niederlassung einholen.
⊕ Aufgrund der vorläufigen Dienstenthebung wird Ihnen untersagt, die Diensträume der _____ (Bezeichnung der Behörde) zu betreten, es sei denn, Sie würden hierzu ausdrücklich aufgefordert.
⊕ Das gegen Sie ausgesprochene Verbot zur Führung der Dienstgeschäfte vom _____ gemäß § 60 BBG wird mit Wirksamwerden dieser vorläufigen Dienstenthebung gegenstandslos.
⊕ Über die Einbehaltung eines Teils Ihrer Dienstbezüge gemäß § 38 Abs. 2 BDG wird nach Überprüfung Ihrer wirtschaftlichen Verhältnisse getrennt entschieden.

⊕ Hierzu bitte ich das in Anlage beigefügte Formblatt (*siehe* Muster 14.8) auszufüllen und bis zum _____ an _____ (Name der Behörde) zurückzusenden. Sollten Sie hierzu keine Angaben machen wollen, kommt die Einbehaltung von 50 % Ihrer Dienstbezüge in Betracht.

⊕ Gemäß § 38 Abs. 2 BDG wird hiermit angeordnet, dass Ihre Dienstbezüge ab dem _____ zu 50 % einbehalten werden.
Da Sie bisher keine Umstände mitgeteilt haben, die eine besondere finanzielle Belastung für Sie darstellen, ist es ermessensgerecht, Ihre Bezüge bis zur Obergrenze von 50 % einzubehalten.

Rechtsbehelfsbelehrung:
Gegen diese Entscheidungen findet ein Widerspruchsverfahren nicht statt.
Es kann jedoch die Aussetzung der vorläufigen Maßnahme nach § 63 BDG beantragt werden.
Der Antrag kann beim Verwaltungsgericht _____ (Anschrift des VG) gestellt werden.
Der Antrag ist zu richten gegen die_____ (Gebietskörperschaft z. B. Bundesrepublik Deutschland), vertreten durch _____ (Bezeichnung der obersten Dienstbehörde; es genügt auch die Bezeichnung der anordnenden Behörde).
Er muss die Antragstellerin/den Antragsteller, die Antragsgegnerin und den Gegenstand des Antragsbegehrens konkret bezeichnen.
Die der Begründung dienenden Tatsachen und Beweismittel sollen angegeben sowie die angefochtene Entscheidung im Original oder in Kopie beigefügt werden.
Es wird gebeten, Antrag und dazugehörige Anlagen mit jeweils 2 Kopien einzureichen, damit alle Beteiligten ein Exemplar erhalten können.

Anlage: Formblatt über die wirtschaftlichen Verhältnisse

(Keine »freundlichen Grüße« sind zu empfehlen, da es sich zwar nur um eine vorläufige Maßnahme handelt, jedoch andererseits der Beamtin/dem Beamten eine deutliche Warnung gegeben wird.)

(Unterschrift der/des Dienstvorgesetzten)

14.7 Tabellarische Erfassung der persönlichen und dienstlichen Verhältnisse der Beamtin/des Beamten

Vorbemerkung

Die folgende Checkliste soll die Erfassung der für die ordnungsgemäße Durchführung eines Disziplinarverfahrens erheblichen, persönlichen Verhältnisse der Beamtin/des Beamten erleichtern. Die Angaben zu den mit *) gekennzeichneten Punkten sind in jedem Fall wichtig, nicht nur bei der Verfolgung von schwersten Pflichtverletzungen. Sofern nicht die Zurückstufung oder Entfernung aus dem Beamtenverhältnis zu erwarten ist, kann auf die übrigen Angaben häufig verzichtet werden.

Es empfiehlt sich, bereits frühzeitig diese Angaben zusammenzufassen und dabei auch die Fundstellen in den Personal- oder Personalnebenakten zu notieren. Auf diese Weise kann auch die Vollständigkeit der Personalunterlagen überprüft werden.

1 Persönliche Verhältnisse

1.1 Name, Anschrift usw.*)

Name	
Vorname	
Akte/Seite	Amtsbezeichnung	
	Personalnummer	
	Geburtsdatum	
	Geburtsort	
	Anschrift	
	Telefon	

1.2 Familienverhältnisse

Akte/Seite	Ledig		
	Verheiratet seit		
	Geschieden seit		
	Wieder verheiratet seit		
	Beruf der Ehegattin/ des Ehegatten		
	Kinder		
	Name, Geburtstag		
	Namen der im Haushalt lebenden Kinder		

1.3 Gesundheit der Beamtin/des Beamten und der Familie*)

Akte/Seite		Keine Besonderheit/folgende Krankheiten
	Beamtin/Beamter	
	Ehegattin/Ehegatte	
	Kinder	

1.4 Berufstätigkeit vor dem Eintritt in den öffentlichen Dienst

Akte/Seite	Von
	Als
	Bis
	Von
	Als
	Bis

2 Dienstliche Verhältnisse*)
2.1 Dienstlicher Werdegang

Akte/Seite	Eintritt in den öffentlichen Dienst am	
	Als	
	Beamtin/Beamter auf Widerruf seit	
	Amtsbezeichnung	
	Beamtin/Beamter auf Probe seit	
	Amtsbezeichnung	
	Beamtin/Beamter auf Lebenszeit seit	
	Amtsbezeichnung	

2.2 Beschäftigungsdienststellen in den letzten fünf Jahren

Akte/Seite	Dienststelle	Daten (von/bis)

2.3 Dienstliche Leistungen

Akte/Seite	Beurteilungen	Note	Datum
	Führung und Leistungen		

3 Vorbelastungen*)
3.1 Strafgerichtliche Vorbelastungen

Akte/Seiten	Datum/Aktenzeichen:	Strafe	Kurze Beschreibung der Verfehlung

3.2 Disziplinarrechtliche Vorbelastungen

Akte/Seiten	Datum/Aktenzeichen:	Maßnahme	Kurze Beschreibung der Verfehlung

Zusammengestellt

Ort, Datum	Dienststelle	Unterschrift

Anerkenntnis der Beamtin/des Beamten

Ort, Datum	Unterschrift

14.8 Übersicht über die wirtschaftlichen Verhältnisse der Beamtin/ des Beamten

Zu den Angaben über die wirtschaftliche Verhältnisse – sofern sie nicht aus den Personalakten ersichtlich sind – ist klarzustellen, dass sie freiwillig erhoben werden, *besondere Umstände* aber *zugunsten* nur dann berücksichtigt werden können, sie *glaubhaft dargelegt werden.*

Übersicht über die wirtschaftlichen Verhältnisse

Amtsbezeichnung	Name	Vorname	PersNr.

Erklärung der Beamtin/des Beamten: Die nachfolgenden Angaben leiste ich freiwillig und in Kenntnis der Tatsache, dass sie ggf. bei einer Disziplinarentscheidung mit für mich nachteiligen finanziellen Auswirkungen berücksichtigt werden.

Ort, Datum	Unterschrift

Stand:

1. Einkünfte		Beamtin/ Beamter € mtl.	Ehegatte/ -gattin €mtl.	Summe € mtl.
1.1	Dienstbezüge gem. § 1 Abs. 2 BbesG			
1.2	Vermögenswirksame Leistung			
1.3	Arbeitnehmer-Sparzulage			
1.4	Kindergeld für Kinder			
1.5	Versicherungs- und Versorgungs-leistungen aus eigenem Recht			
1.6	Einkünfte aus Berufstätigkeit des Ehegatten/der Ehegattin – Beruf: – Arbeitgeber:			
1.7	Einkünfte aus Nebentätigkeit – Arbeitgeber der Beamtin/des Beamten:			
1.8	Sonstige Einkünfte (z. B. aus Vermietung und Verpachtung, Land- und Forstwirt-schaft, Gewerbebetrieb, Kapitalvermö-gen)			
Summe der Einkünfte				

2. Abzüge, Aufwendungen, Belastungen		Beamtin/ Beamter € mtl.	Ehegatte/ -gattin €mtl.	Summe € mtl.
2.1	Lohnsteuer (Steuerkl.) lt. Verdienstbescheinigung			
2.2	Kirchensteuer			
2.3	Krankenkasse			
2.4	Beiträge zu Berufsverbänden und -vereinigungen			
2.5	Summe der feststehenden Abzüge lt. Verdienstbescheinigung			
2.6	Haus- und Grundbesitz			
2.7	Miete			
2.8	Nebenkosten (Heizung, Strom, Wasser, Gas, Sonstiges)			
2.9	Zeitung, Rundfunk, Fernsehen, Telekommunikation			
2.10	Kraftfahrzeug (Marke, Typ, Baujahr			
2.11	Lebensbedarf (Ernährung, Kleidung) folgender Personen mit Name, Alter, Verwandtschaftsgrad – ggf. auf bes. Blatt – – – –			
2.12	Berufs- und Nebentätigkeit			
2.13	Vermietung und Verpachtung, Land- und Forstwirtschaft, Gewerbebetrieb, Kapitalvermögen			
2.14	Schuldentilgung			
2.15	Versicherungsprämien[577, 578]			
2.16	Bausparverträge[579]			
2.17	Raten für Sparratenverträge nach VermBG			

---

577 Soweit nicht unter 2.5 berücksichtigt.
578 Z. B. für Lebensversicherung Unfallversicherung, Hausratversicherung, Haftpflichtversicherung, Rechtsschutzversicherung, weitere Krankenversicherung.
579 Bausparverträge (soweit noch nicht zugeteilt) lt. Aufstellung auf besonderem Blatt mit Angaben über Bezeichnung der Bausparkasse, Nr. des Vertrages und des Datums des Vertragsabschlusses, Höhe der Bausparsumme, Angabe des Jahres der Zuteilung.

(noch 2. Abzüge, Aufwendungen, Belastungen)				
				Summe € mtl.
2.18	Außergewöhnliche Belastungen[580]			
2.19	Sonstiges[581] – – –			

Summe der Abzüge, Aufwendungen, Belastungen

Erklärung der Beamtin/des Beamten:
Ich versichere, dass ich die Angaben in dieser Übersicht und den beigefügten Aufstellungen
wahrheitsgemäß nach bestem Wissen und Gewissen gemacht habe.
Als Anlagen füge ich bei:
1 (ggf. begl. Ablichtung der) Bezügemitteilung
… Aufstellung (en)

Ort, Datum	Unterschrift

Die vorstehende Übersicht wurde in meiner Gegenwart unterschrieben.

Ort, Datum	Unterschrift

---

580 Z. B. auswärtige Unterbringung zur Berufsausbildung Unterhalt und/oder Berufsausbildung Pflege
usw. von Personen lt. Aufstellung auf besonderem Blatt.
581 Soweit bisher unter 2.5 nicht berücksichtigt.

14.9 Antrag an das Amtsgericht/Vormundschaftsgericht wegen Bestellung einer gesetzlichen Vertretung der Beamtin/des Beamten

Kopfbogen der/des Dienstvorgesetzten

An das Amtsgericht
– Vormundschaftsgericht –

_____

Disziplinarverfahren gegen_____

Antrag auf Bestellung einer gesetzlichen Vertretung nach § 16 Abs. 1 Nr. (2 oder 4 einzufügen) Verwaltungsverfahrensgesetz (VwVfG).

Gegen den _____ habe ich mit Verfügung vom _____ das Diszip-linarverfahren nach § 17 Abs. 1 Bundesdisziplinargesetz (BDG) eingeleitet.
Das Disziplinarverfahren kann z. Z. nicht fortgeführt werden, weil die Beamtin/der Beamte
⊕ verhandlungsunfähig[582] ist (§ 16 Abs. 1 Nr. 2 VwVfG).
⊕ unbekannten Aufenthalts[583] ist (§ 16 Abs. 1 Nr. 2 VwVfG).
⊕ infolge einer psychischen Krankheit/körperlichen, geistigen oder seelischen Behinderung nicht in der Lage ist, selbst in dem Verfahren tätig zu werden (§ 16 Abs. 1 Nr. 4 VwVfG).

Begründung:
...... (Kurze Schilderung der disziplinaren Vorwürfe. Es folgt die Darlegung der Umstände, aus denen sich die Verhandlungsunfähigkeit/Abwesenheit oder sonstige Verhinderung der Beamtin/ des Beamten ergibt. Liegen ärztliche Gutachten vor, sind diese beizufügen).

---

582 Verhandlungsunfähig ist, wer wegen Geisteskrankheit, Geistesschwäche/sonstiger Störungen sei-ner geistigen/seelischen Kräfte nicht in der Lage ist, Bedeutung und Tragweite des Disziplinarver-fahrens zu erfassen und sich entsprechend sachgerecht zu verteidigen.
583 *Siehe* Rz. 544. Ggf. wird sich die Tätigkeit der gesetzlichen Vertretung auch auf ein Verfahren nach § 9 BBesG erstrecken; dies muss dem Vormundschaftsgericht mitgeteilt werden.

Ich schlage vor, als gesetzlichen Vertreter/in
_____ (Name der/des Vorgeschlagenen)
_____ (Anschrift der/des Vorgeschlagenen)
zu bestellen.
⊕ Die/der Vorgeschlagene kennt die dienstlichen und persönlichen Verhältnisse der Beamtin/ des Beamten.
⊕ Die/der Vorgeschlagene besitzt das Vertrauen der Angehörigen der Beamtin/des Beamten.
⊕ Die/der Vorgeschlagene ist zur Übernahme des Nebenamtes bereit.

(Unterschrift der/des Dienstvorgesetzten)

Anlage X Bände Akten (auch Disziplinarakten)

14.10   Aufzeichnungen über auffälliges Verhalten

Aufzeichnungen über auffälliges Verhalten

Name	Vorname

Zutreffendes ist angekreuzt ☒ und ausgefüllt.

1.	Gang	☐	Sicher	☐	Unsicher	☐	Torkelnd
						☐	Schwankend
2.	Beim Sichdrehen	☐	Sicher	☐	Unsicher		
3.	Sprache	☐	Deutlich	☐	Stotternd	☐	Verwaschen
						☐	Lallend
4.	Gesichtsfarbe	☐	Bleich	☐	Normal	☐	leicht gerötet
						☐	Hochrot
5.	Augen/Blick	☐	Unauffällig	☐	Gerötet	☐	Glasig
						☐	Starr
6.	Alkoholgeruch in der Atemluft?	☐	Nein	☐	Ja	☐	Entfernung _____ m
7.	Bewusstseinslage	☐	Klar	☐	Beeinträchtigt	☐	deutlich gestört
8.	Verhalten	☐	Beherrscht	☐	Gereizt	☐	Stumpf
						☐	Traurig, verstimmt
		☐	Höflich	☐	Unhöflich	☐	Redselig
						☐	Schläfrig
		☐	Aufsässig	☐	Uneinsichtig	☐	Abweisend
						☐	Hemmungslos
		☐	Aggressiv	☐	Lautstark	☐	
9.	Kleidung	☐	Geordnet	☐	Lässig	☐	Ungeordnet
						☐	Verschmutzt
10.	Spuren von Erbrechen	☐	Nein	☐	Ja		

☐ 11. Anzeichen von Ermüdung:

☐ 12. Anzeichen von Verletzungen:

☐ 13. Anzeichen von Krankheit:

☐ 14. Schreibprobe (auf besonderem Blatt; ggf. auch aus Unterlagen, die zum Zeitpunkt der Beobachtung gefertigt wurden)

☐ 15. Sonstige Beobachtungen:

☐ 16. Gesamteindruck: Die/Der Mitarbeiterin/Mitarbeiter scheint unter Alkohol-/Medikamenteneinwirkung zu stehen.
   ☐ nicht merkbar   ☐ gering   ☐ deutlich

(Unterschrift, Datum, Uhrzeit)

(Unterschriften von Zeuginnen/Zeugen, soweit über deren Beobachtungen nicht gesonderte Feststellungen getroffen worden sind.)

14.11 Prüfung des dienstlichen Bezugs bei festgestelltem Blutalkohol

(Bezeichnung der/des Feststellenden)

Prüfung des dienstlichen Bezugs bei festgestelltem Blutalkohol
Disziplinarsache gegen . . . . . .

Amtsbezeichnung	Name	Vorname	PersNr.

Zutreffendes ist angekreuzt ☒ und ausgefüllt.
1. Geleisteter Dienst vor dem Fehlverhalten (zu 4.):   Bl.__
    am _____ von _____ Uhr bis _____ Uhr
2. Verzehr von Alkohol während dieses Dienstes?   Bl.__
    ☐ nein ☐ ja ☐ keine Angaben
3. Verzehr von Alkohol zwischen Dienstende zu 1.) und Fehlverhalten (zu 4.)?   Bl.__
    ☐ nein ☐ ja ☐ keine Angaben
4. Alkoholbeeinflusste Tat im Straßenverkehr   Bl.__
    am _____ um _____ Uhr
5. Nachtrunk   Bl.__
    ☐ nein ☐ ja
6. Blutentnahme   Bl.__
    Erste Blutentnahme am _____ um _____ Uhr – _____ ‰
    Zweite Blutentnahme am _____ um _____ Uhr – _____ ‰   Bl.__
7. Individueller Abbauwert
    Unterschied zwischen 1. und 2. BAK = _____ Min._____ ‰
    Mithin individueller stündlicher Abbauwert − _____ ‰/Std.
8. Zu leistender Dienst im Anschluss an das Fehlverhalten (zu 4.)   Bl.__
    am _____ von _____ Uhr bis _____ Uhr
    Dienst wurde angetreten   Bl.__
    ☐ ja ☐ nein
    Dienstunfähig gemeldet   Bl.__
    ☐ ja (am _____ um _____ Uhr) ☐ nein
    Dienstunfähigkeit vom _____ bis _____   Bl.__
    Erholungsurlaub (falls im Anschluss an das Fehlverhalten beantragt)   Bl.__
    ☐ beantragt (am _____ um _____ Uhr)
    Genehmigt ☐ ja ☐ nein   Bl.__
9. Zeitspanne zwischen Dienstende (zu 1.) und
    erster Blutentnahme = _____ Std. _____ Min.
10. Zeitspanne zwischen erster Blutentnahme
    und Dienstbeginn (zu 8.) = _____ Std. _____ Min.
11. Alkoholabbau
    a) Rückrechnung[584]   = _____ ‰
        0,1 ‰/Std. × _____ Std. _____ Min.[585]
    b) Vorausrechnung[586] bei bekanntem individuellen Abbauwert   = _____ ‰
        ____ ‰/Std. × _____ Std. _____ Min.

---

584 Blutalkoholgehalt bei letztem Dienstende.
585 Unter Abzug einer Resorptionsdauer von zwei Stunden nach Trinkende.
586 Blutalkoholgehalt bei nächstem Dienstantritt.

c) Vorausrechnung bei unbekanntem individuellen Abbauwert $\quad$ =_____ ‰
0,2 ‰/Std × _____ Std. _____ Min.
+ Sicherheitszuschlag $\qquad\qquad\qquad\qquad\qquad\qquad\qquad$ = 0,2 ‰
Zusammen $\qquad\qquad\qquad\qquad\qquad\qquad\qquad\qquad\quad$ = ‰

12. Disziplinarrechtliche Auswertung
   a) Alkoholverzehr im Dienst zu 1.
      Verdacht ☐ nein ☐ ja
      Erwiesen ☐ nein ☐ ja Bl. _____
   b) Rückrechnung $\qquad\qquad\qquad\qquad\qquad\qquad\qquad$ _____ ‰
      BAK zu 6.
      Abgebauter Alkohol (aus 10.) = $\qquad\qquad$ + _____ ‰

   Mithin Alkohol bei Dienstende (zu 1.) = $\qquad\qquad$ _____ ‰

   c) Vorausrechnung $\qquad\qquad\qquad\qquad\qquad\qquad$ _____ ‰
      BAK zu 5.
      Abgebauter Alkohol (aus 10.) = $\qquad$ ./. _____ ‰
      Mithin Alkohol bei Dienstbeginn (zu 8.) = _____ ‰
13. Fernbleiben vom Dienst (zu 8.) erscheint
   ☐ nicht alkoholbedingt
   ☐ alkoholbedingt
14. Bemerkungen

Aufgestellt: $\qquad\qquad\qquad$ Geprüft:

14.12 Ladung der Beamtin/des Beamten zur ersten Anhörung

Entwurfskopfbogen der/des Ermittelnden

Vertrauliche Personalsache

Disziplinarverfahren gegen _____

Vfg.

1. Schreiben an die Beamtin/den Beamten

Kopfbogen der/des Ermittelnden

Anschrift der/des Beamtin/Beamten

(gegen Empfangsbekenntnis/Zustellnachweis)

Sehr geehrte(r) ......

Sie haben mitgeteilt, dass Sie sich gemäß § 20 Abs. 2 Satz 2 Bundesdisziplinargesetz (BDG) mündlich in dem gegen Sie mit Verfügung vom _____ nach § 17 Abs. 1 BDG eingeleiteten Disziplinarverfahren äußern möchten.
Zu Ihrer ersten Anhörung bitte ich Sie sich am

Wochentag, Datum, Uhrzeit im (Ort und Zimmer)

einzufinden.

⊕ Ihre Dienststelle habe ich verständigt[587].

Zur Wahrung Ihrer Rechte mache ich Sie nochmals auf Folgendes aufmerksam:
Gem. § 20 Abs. 1 BDG steht es Ihnen frei, sich mündlich oder schriftlich zu äußern oder nicht zur Sache auszusagen und jederzeit, auch schon vor der ersten Anhörung einer/eines Bevollmächtigten oder Beistands zu bedienen.
Sollten Sie aus zwingenden Gründen verhindert sein, zu dem anberaumten Termin zu erscheinen, bitte ich, mir dies rechtzeitig mitzuteilen. Dies gilt auch für den Fall, dass Sie nicht aussagen wollen.

---

587 Es ist darauf zu achten, dass bei der Verständigung der Dienststelle/der unmittelbaren Vorgesetzten auf die Vertraulichkeit hingewiesen wird.

Falls Sie ohne rechtzeitige Mitteilung und ohne ausreichende Begründung nicht zum Termin erscheinen, muss angenommen werden, dass Sie sich zu dem gegen Sie erhobenen Vorwurf nicht äußern wollen; die Ermittlungen würden dann ohne Ihre Anhörung fortgesetzt.

Mit freundlichen Grüßen

(Unterschrift der/des Ermittelnden)

2. Schreiben an die/den Bevollmächtigten der Beamtin/des Beamten

Kopfbogen der/des Ermittelnden

Anschrift der/des Bevollmächtigten
(gegen Empfangsbekenntnis/Zustellnachweis)

Disziplinarverfahren gegen ......

Sehr geehrte(r) ......

in dem gegen _____ (Name der Beamtin/des Beamten) mit Verfügung des _____ (Name und Behörde der/des Dienstvorgesetzten) vom _____ (Datum) eingeleiteten Disziplinarverfahren habe ich
die Beamtin/den Beamten _____ zum

Wochentag, Datum, Uhrzeit) im (Ort und Zimmer)

zur Anhörung geladen.
Ich gebe Ihnen hiermit Gelegenheit zur Teilnahme nach § 24 Abs. 4 BDG.

Mit freundlichem Gruß

(z. U.)

3. Wv.

(Unterschrift der/des Ermittelnden)

14.13   Protokoll der ersten Anhörung der Beamtin/des Beamten

Kopfbogen der/des Ermittelnden

Vertrauliche Personalsache
Disziplinarverfahren gegen _____

Verhandelt bei _____ (Anschrift der Behörde) in dem Dienstzimmer
_____ am _____ um _____ Uhr

Anwesend:
_____ als Ermittelnde/r
_____ als Protokollführer(in)

_____ (Name der Beamtin/des Beamten)
_____ als Bevollmächtigte/r

Ich bin nochmals belehrt worden, dass es mir freisteht, mich mündlich oder schriftlich zu äußern oder nicht zur Sache auszusagen. Ich bin außerdem darauf hingewiesen worden, dass ich die Wahrheit zu sagen habe, wenn ich mich äußere.

Sofern ohne Bevollmächtigte/n oder Beistand erschienen:
Ich bin darauf hingewiesen worden, dass mich einer/eines Bevollmächtigten oder Beistands bedienen kann.

»Ich habe die vorstehenden Belehrungen verstanden.«
☐ »Ich bin zur Aussage bereit.«
☐ »Ich bin nicht bereit auszusagen. Mir ist bekannt, dass die Ermittlungen auch ohne meine Aussage fortgesetzt werden.«

Zusatz für Schwerbehinderte:
☐ »Ich bin auf das Unterrichtungs- und Anhörungsrecht der Schwerbehindertenvertretung nach § 95 Abs. 2 SGB 9 nach Abschluss der Ermittlungen hingewiesen worden.«
☐ »Ich wünsche die Beteiligung der Schwerbehindertenvertretung vor der Entscheidung der/der Dienstvorgesetzten nicht.«

Nach Durchlesen anerkannt   Als Protokollführer(in)

(Unterschrift der Beamtin/des Beamten)   (Unterschrift)

(Unterschrift der/des Ermittelnden)

Unmittelbar fortgesetzt bei mündlicher Aussagebereitschaft.

»(Protokollierung der Aussage)«

Ende der Anhörung: _____ Uhr

Nach Durchlesen anerkannt   Als Protokollführer(in)

(Unterschrift der Beamtin/des Beamten)   (Unterschrift)

(Unterschrift der/des Ermittelnden)

14.14   Merkblatt zum Protokoll in den Ermittlungen

Wichtiger Inhalt eines Protokolls im Rahmen der Ermittlungen:

Zeitrahmen der Anhörung
- Ort
- Tag,
- Uhrzeit Beginn
- Uhrzeit Ende
- bei längeren Anhörungen:
- zeitliche Lage
- Dauer etwaiger Unterbrechungen,

Beteiligte Namen, Vornamen, ggf. Amtsbez.
- Ermittelnde
- Protokollführende
- Beamtin/Beamter
- gesetzliche Vertreter/in der Beamtin/des Beamten
- Bevollmächtigte
- Beistand
- Zeuginnen/Zeugen
- Sachverständige

Anträge der Verfahrensbeteiligten

Ausdehnung auf neue Verfehlungen
Beschränkung der Ermittlungen

Beiziehung von Akten

Beiziehung von Vernehmungen oder Entscheidungen
- aus Strafverfahren
- anderen gesetzlich geordneten Verfahren,

Vorlesung oder Vorlegung des Protokolls zur Genehmigung,

Unterzeichnung durch die Beteiligten (nicht vorgeschrieben, aber zweckmäßig).

14.15 Zeuginnen-/Zeugenladung

Entwurfskopfbogen der/des Ermittelnden

Vertrauliche Personalsache
Disziplinarverfahren gegen ......

Vfg.

1. Schreiben an Zeugin/Zeugen

Kopfbogen der/des Ermittelnden

Anschrift der Zeugin/des Zeugen
(gegen Empfangsbekenntnis/Zustellnachweis)

Vertrauliche Personalsache
Disziplinarverfahren gegen ......

Sehr geehrte(r) ......

Mit Verfügung vom _____ (Datum) hat _____ (Name und Anschrift der/des Dienstvorgesetzten) nach § 17 Abs. 1 Bundesdisziplinargesetz (BDG) das Disziplinarverfahren gegen _____ eingeleitet und mich mit den Ermittlungen beauftragt.
Sie sollen in dem Verfahren als Zeugin/Zeuge gehört werden.
_____ wird vorgeworfen:
1. ......
2. ......
(Kurze Schilderung des Sachverhalts, jedoch nur soweit zur Vorinformation des Zeugen erforderlich; bei mehreren Vorwürfen nur die in Betracht kommenden Einzelvorwürfe)
Nach § 25 BDG sind Sie zum Erscheinen und zur wahrheitsgemäßen Auskunft verpflichtet. Sie sind nur unter den besonderen Voraussetzungen der §§ 52 bis 55 und 76 Strafprozessordnung berechtigt, die Aussage zu verweigern. Eine Kopie der Vorschriften füge ich als Anlage bei.

Ich bitte Sie, sich am

Wochentag, Datum, Uhrzeit im (Ort und Zimmer)

einzufinden.
Sollten Sie zu diesem Zeitpunkt verhindert sein, bitte ich Sie, mir dies rechtzeitig mitzuteilen.

⊕ (Bei Mitarbeiterinnen/Mitarbeitern der Behörde der/des Dienstvorgesetzten) Einer besonderen Aussagegenehmigung bedürfen Sie nicht. Diese Ladung gilt zugleich als dienstliche Anordnung.

⊕ (Bei Mitarbeiterinnen/Mitarbeitern anderer Dienststellen) Ich bitte Sie, sofern Sie dies für notwendig erachten, ggf. eine Aussagegenehmigung einzuholen oder mich entsprechend zu informieren.

Ich bitte um vertrauliche Behandlung dieser Ladung.

Mit freundlichem Gruß

(z. U.)

Anlage: Auszug aus der Strafprozessordnung

2. Schreiben an die Beamtin/den Beamten

Kopfbogen der/des Ermittelnden

Anschrift der Beamtin/des Beamten
(gegen Empfangsbekenntnis/Zustellnachweis)

Sehr geehrte(r) . . . . . .

in dem gegen Sie mit Verfügung des _____ (Name und Behörde der/des Dienstvorgesetzten) vom _____ (Datum) eingeleiteten Disziplinarverfahren habe ich die Zeugin/den Zeugen _____ zum

Wochentag, Datum, Uhrzeit, im (Ort und Zimmer)

zur Anhörung geladen.
Ich gebe Ihnen hiermit Gelegenheit zur Teilnahme nach § 24 Abs. 4 BDG.

Mit freundlichem Gruß

(z. U.)

3. Schreiben an die/den Bevollmächtigten der Beamtin/des Beamten

Kopfbogen der/des Ermittelnden

Anschrift der/des Bevollmächtigten
(gegen Empfangsbekenntnis/Zustellnachweis)

Disziplinarverfahren gegen ......

Sehr geehrte(r) ......

in dem gegen _____ (Name der Beamtin/des Beamten) mit Verfügung des
_____ (Name und Behörde der/des Dienstvorgesetzten) vom _____ (Datum) eingeleiteten Disziplinarverfahren habe ich
die Zeugin/den Zeugen _____ zum
                    Wochentag, Datum, Uhrzeit) im (Ort und Zimmer)
zur Anhörung geladen.
Ich gebe Ihnen hiermit Gelegenheit zur Teilnahme nach § 24 Abs. 4 BDG.

Mit freundlichem Gruß

(z. U.)

4. Wv.

(Unterschrift der/des Ermittelnden)

14.16   Protokoll Zeuginnen-/Zeugenanhörung

Kopfbogen der/des Ermittelnden

Vertrauliche Personalsache
Disziplinarverfahren gegen _____
Verhandelt bei _____ (Anschrift der Behörde) in dem Dienstzimmer
_____ am _____ um _____ Uhr

Bei Anwesenheit

des _____ als Ermittelnde/r,
des _____ als Protokollführer(in),

des _____ (Name der Beamtin/des Beamten)
des _____ als Bevollmächtigte/r.

wird Frau/Herrn (Vorname und Name der Zeugin/des Zeugen) Alter: _____ Jahre, Beruf: _____ wohnhaft in _____ (ggf. ausgewiesen durch _____) eröffnet, dass sie/er im Rahmen disziplinarrechtlicher Ermittlungen gegen _____ als Zeugin/Zeuge gehört werden soll. Sie/Er wird über das Zeugnis- und Auskunftsverweigerungsrecht und über die Pflicht zur wahrheitsgemäßen Aussage (§§ 52 ff. StPO) belehrt.
Sie/er erklärt:

☐ »Ich bin mit der/dem beschuldigten Beamtin/Beamten nicht verlobt, nicht verheiratet (gewesen), nicht verwandt und auch nicht verschwägert.«
☐ »Ich bin mit der/dem beschuldigten Beamtin/Beamten
   ☐ verlobt ☐ verheiratet ☐ (gewesen) ☐ verwandt ☐ verschwägert
   und zwar ist sie/er mein _____«
☐ »Ich bin vor meiner Vernehmung über mein Recht zur Verweigerung des Zeugnisses belehrt worden.«
☐ »Ich will aussagen.«
☐ »Ich will nicht aussagen.«
Nach Durchlesen anerkannt   Als Protokollführer(in)

(Unterschrift der Zeugin/des Zeugen)   (Unterschrift)

(Unterschrift der/des Ermittelnden)

(Unmittelbar fortgesetzt bei Aussagebereitschaft des Zeugen)

»Zur Sache erkläre ich: ...«

Ende der Zeugenanhörung: _____ Uhr.

Nach Durchlesen anerkannt   Als Protokollführer(in):

(Unterschrift der Zeugin/des Zeugen)   (Unterschrift)

(Unterschrift der/des Ermittelnden)

14.17   Ersuchen des VG um Anhörung von Zeuginnen/Zeugen

Entwurfskopfbogen der/des Dienstvorgesetzten

Vfg.

1. Schreiben an das VG

Kopfbogen der/des Dienstvorgesetzten

An das
Verwaltungsgericht

_____

In der Disziplinarsache
der (Gebietskörperschaft z. B. Bundesrepublik Deutschland),
vertreten durch (Dienststelle, oberste Dienstbehörde) _____,
diese vertreten durch _____ (Name und Behörde der/des Dienstvorgesetzten)

gegen

die/den

_____ (Name der Beamtin/des Beamten)
_____ (Behörde, ggf. Organisationseinheit)
_____ (Wohnanschrift der Beamtin/des Beamten)

– Bevollmächtigte(r) –

_____ (Name und Anschrift der/des Bevollmächtigten)

bitte ich um
Vernehmung
der Zeugin/des Zeugen

_____ (Name)
_____ (Anschrift)

gemäß § 25 Abs. 2 Bundesdisziplinargesetz (BDG).

Mit Verfügung vom _____ habe ich das Disziplinarverfahren gegen die Beamtin/den Beamten nach § 17 Abs. 1 BDG eingeleitet.

Mit Ladung vom _____ habe ich die Zeugin/den Zeugen zur Anhörung zu folgenden Fragen geladen:
1. . . . .
2. . . . .

Die Zeugin/Der Zeuge
⊕ ist meiner Ladung trotz ordnungsgemäßer Zustellung vom _____ nicht gefolgt.
⊕ verweigert die Aussage, ohne einen Grund nach § 55 ff. StPO anzugeben.
⊕ behauptet einen Aussageverweigerungsgrund nach § xxx StPO zu haben, der jedoch nicht gegeben ist.
⊕ gibt an . . . . . . (sonstige Gründe).

Ich bitte daher, die Zeugin/den Zeugen zu den bezeichneten Fragen zu vernehmen.
Die Akten des Disziplinarverfahrens sind beigefügt.

(Unterschrift der/des Dienstvorgesetzten, der allgemeinen Vertreterin/des allgemeinen Vertreters oder einer/eines zum Richteramt befähigten Beauftragten der/des Dienstvorgesetzten)

2. Durchschrift an die Beamtin/den Beamten z. K.

3. Durchschrift an die/den Bevollmächtigten z. K.

4. Wv.

(Unterschrift der/des Dienstvorgesetzten)

Hinweis: Die Beteiligungsrechte der Beamtin/des Beamten werden im Falle einer Anhörung durch das VG gewahrt. Es genügt also eine formlose Information.

14.18 Aufbau des Ermittlungsberichts

Kopfbogen der/des Ermittelnden

Vertrauliche Personalsache

Ermittlungsbericht[588]
in dem Disziplinarverfahren gegen _____

1. Gang der Ermittlungen[589]

Angaben darüber,
- wann, von wem die Ermittlungen angeordnet wurden,
- welcher Vorwurf erhoben wurde – stichwortartig –
- ob die Beamtin/der Beamte und ob Zeugen – ggf. welche – gehört wurden,
- ob – und ggf. welche – Akten oder sonstigen Vorgänge beigezogen wurden,
- dass bei Strafurteilen das Urteil – Bezeichnung des Gerichts, des Geschäftszeichens, des Tages der Hauptverhandlung sowie des Eintritts der Rechtskraft – dem beschuldigten Beamten vorgelesen bzw. zum Durchlesen übergeben wurde,
- (etwaige Beteiligung der Personalvertretung – sofern nach Landesrecht erforderlich),
- ob die/der schwerbehinderte Beamtin/Beamte nach Abschluss die Beteiligung der Schwerbehindertenvertretung gewünscht hat,
- ob die Beamtin/der Beamte eine/einen Bevollmächtigte/n bestellt hat, ggf. wen *(Name, Anschrift)*,
- aus welchem Grunde sich die Ermittlungen ggf. verzögert haben.

2. Zur Person der Beamtin/des Beamten

Anzuführen sind:
- Geburtstag und Geburtsort
- zustellfähige Anschrift
- Familienstand
- Zahl und Alter der Kinder
- im Haushalt lebende Kinder
- Gesundheit (etwaige Erkrankungen)
- Schwerbehinderung

---

588 Das Aufbaumuster ist besonders ausführlich gestaltet, um auch für schwierige Verfahren einen Anhalt zu geben.
589 Angaben sind regelmäßig nur erforderlich bei umfangreichen Verfahren.

- Dienstbezüge (Brutto – Netto)
- dienstlicher Werdegang
- beamtenrechtlicher Status
- dienstliche Verwendung[590]
- Führung und Leistungen
- Vorstrafen[591]
- Disziplinarverfahren
- Sonstiges.

3. Sachverhalt (*siehe* auch Abschnitt 7.3)

Der aufgrund der Beweiserhebungen festgestellte Sachverhalt ist nach Zeit, Ort und Tathergang so geordnet darzustellen, dass auch ohne Einsicht in die vollständigen Ermittlungsakten ein klares Bild über die Einzelheiten der Tat und der Begleitumstände gewonnen werden kann.

Es sind nur die bewiesenen Tatsachen aufzunehmen.

Bei Strafurteilen:

Es kann auf das Strafurteil als Anlage verwiesen werden. verwiesen werden. Dabei sind die einschlägigen Stellen genau zu Kennzeichen (In Kopie markieren oder Seite und Absatz). Ansonsten regelmäßig wörtliche Wiedergabe des Sachverhalts, wie dieser in den Gründen des Urteils dargestellt ist, einschließlich der vom Gericht zur Schuldfrage getroffenen Feststellungen. Sind wegen desselben Sachverhalts mehrere Strafurteile ergangen, ist der Sachverhalt dem Urteil der letzten Tatsacheninstanz zu entnehmen. Dieser Auszug aus dem Strafurteil sollte zur besseren Lesbarkeit eingerückt und einzeilig geschrieben werden.

Anschließend sind die weiteren, insbesondere die zur Bemessung einer Disziplinarmaßnahme möglicherweise zu berücksichtigenden besonderen Umstände darzustellen. Hierauf folgt die Beweiswürdigung = Stellungnahme zum Beweiswert der Aussage der Beamtin/des Beamten, eines Zeugen, Glaubwürdigkeit eines Zeugen, Vereinbarkeit mit der Lebenserfahrung und den Regeln der Logik usw. Zu beginnen ist stets mit der Einlassung der Beamtin/des Beamten.

Beispiele:
»Die Beamtin/der Beamte gibt den Sachverhalt zu. Ergänzend bringt sie/er vor . . . . . .«
»Die Beamtin/der Beamte räumt den Sachverhalt ein, sie/er gibt jedoch an, nicht gewusst zu haben, dass . . . . . .«
Wenn die Beamtin/der Beamte den Sachverhalt bestreitet, Angabe der Gründe, die für bzw. gegen seine Darstellung sprechen, z. B.: »Die Einlassung der Beamtin/des Beamten wird jedoch durch die Aussage des Zeugen N. N. widerlegt. Danach . . . . . .«
Greift die Beamtin/der Beamte die tatsächlichen Feststellungen des Urteils an, ist auf die Bindungswirkung des § 18 BDO hinzuweisen.

---

590 Zum Zeitpunkt der Verfehlung (en) und gegenwärtig.
591 Diese Angaben sind wichtig auch bei einfach liegenden Sachverhalten, die Verfehlungen mit keinem großen Eigengewicht betreffen.

Zuletzt folgt die disziplinarrechtliche Würdigung des festgestellten Verhaltens unter Feststellung, ob ein Dienstvergehen vorliegt und welche Dienstpflichten (§§ BeamtStG, §§ BBG) verletzt worden sind[592]. Ausführungen zum Disziplinarmaß haben zu unterbleiben.

(Unterschrift der/des Ermittelnden)

Gelesen und genehmigt![593]

(Unterschrift der/des Dienstvorgesetzten)

---

592 Wegen der Feststellung der Schuldform vgl. Rz. 33 ff.
593 Für Form und Inhalt des Ermittlungsberichts unter dem Gesichtspunkt der disziplinarrechtlichen Bewertung des festgestellten Sachverhalts ist der Dienstvorgesetzte verantwortlich.

14.19 Bekanntgabe des Ermittlungsberichts und Aufforderung zur abschließenden Anhörung

(Für die Fristsetzung ist zu beachten, dass eine formelle Zustellung nur an die Beamtin/den Beamten oder die Bevollmächtigte/den Bevollmächtigen erfolgen sollte, um unterschiedliche Fristen zu vermeiden. Bevollmächtigte sind vertretungsbefugt.)

Entwurfskopfbogen der/des Ermittelnden

Vertrauliche Personalsache
Disziplinarverfahren gegen ......

Vfg.

1. Schreiben an die Beamtin/den Beamten

Kopfbogen der/des Ermittelnden (oder – besser – der/des Dienstvorgesetzten)

(Anschrift der Beamtin/des Beamten)
(gegen Empfangsbekenntnis/Zustellnachweis)

Sehr geehrte(r) ......

Hiermit übersende ich Ihnen eine Kopie des Ermittlungsberichts (wesentlichen Ergebnisses der Ermittlungen).
Für die Abgabe einer schriftlichen Äußerung setze ich Ihnen eine Frist von einem Monat. Wenn Sie sich mündlich äußern wollen, teilen Sie mir dies innerhalb von zwei Wochen mit (§§ 30, 20 Abs. 2 BDG). Bei zwingenden Gründen, die Sie an der Abgabe einer Erklärung hindern, teilen Sie mir diese unverzüglich mit (§§ 30, 20 Abs. 2 Satz 3 BDG).
Ihr(e) Bevollmächtigte(r) erhält eine Kopie des Berichts.

Mit freundlichen Grüßen

(z. U.)

2. Schreiben an die/den Bevollmächtigten der Beamtin/des Beamten

Kopfbogen der/des Ermittelnden

Anschrift der/des Bevollmächtigten
(gegen Empfangsbekenntnis/Zustellnachweis)

Disziplinarverfahren gegen . . . . . .

Sehr geehrte(r) . . . . . .

In dem Disziplinarverfahren gegen _____übersende ich Ihnen eine Kopie des Ermittlungsberichts.
Für die Abgabe einer schriftlichen Äußerung habe ich Ihrer Mandantin/Ihrem Mandanten eine
Frist von einem Monat gesetzt. Wenn sie/er sich mündlich äußern will, soll sie/er dies innerhalb
von zwei Wochen mitteilen (§§ 30, 20 Abs. 2 BDG). Bei zwingenden Gründen, die ihn an der Abgabe einer Erklärung hindern, ist dies unverzüglich mitzuteilen (§§ 30, 20 Abs. 2 Satz 3 BDG).

Mit freundlichen Grüßen

(z. U.)

3. Wv.

(Unterschrift der/des Ermittelnden)

Hinweis:
Für die Ladung zu der mündlichen Äußerung gilt das Gleiche wie für die Ladung zur ersten Anhörung.

14.20 Protokoll über die abschließende Anhörung der Beamtin/des Beamten

Kopfbogen der/des Ermittelnden

Vertrauliche Personalsache
Disziplinarverfahren gegen _____
Verhandelt bei _____ (Anschrift der Behörde) in dem Dienstzimmer
_____ am _____ um _____ Uhr

Anwesend:
_____ als Ermittelnde/r
_____ als Protokollführer(in)

_____ (Name der Beamtin/des Beamten)
_____ als Bevollmächtigte/r

Die Beamtin/der Beamte erklärt:

⊕ »Der Ermittlungsbericht (Das wesentliche Ergebnis der Ermittlungen) ist mir am _____ zugestellt worden. Ich möchte die Ermittlungsakten einsehen«.
Die Verhandlung wird aus diesem Grunde von _____ Uhr bis _____ Uhr unterbrochen. In dieser Zeit nehmen die Beamtin/der Beamte und ihre/sein Bevollmächtigte(r) im Beisein der/des Ermittelnden Einsicht in die vollständigen Vorermittlungsakten. Danach wird die Anhörung bei Anwesenheit aller Beteiligten fortgesetzt.

⊕ »Der im Ermittlungsbericht festgestellte Sachverhalt ist richtig. Einen Antrag auf weitere Ermittlungen stelle ich nicht«.

⊕ Die Beamtin/der Beamte und die/der Bevollmächtigte geben keine Erklärung ab.

⊕ »Der im wesentlichen Ergebnis der Ermittlungen festgestellte Sachverhalt ist richtig. Ich möchte dazu abschließend noch Folgendes erklären: ....«

Beispiel:
»Ich bereue mein Verhalten, mir ist inzwischen klar geworden, dass ......«
»Im Übrigen schließe ich mich den Ausführungen meiner/meines Bevollmächtigten an«.
»Der im Ermittlungsbericht festgestellte Sachverhalt trifft insoweit nicht zu, als mir zur Last gelegt wird, dass ......«
»Ich habe diesen Vorwurf bereits bei meiner ersten Anhörung in diesem Verfahren bestritten und erkläre Folgendes ......«

Ende der abschließenden Anhörung: ...... Uhr

Nach Durchlesen anerkannt   Als Protokollführer(in)

(Unterschrift der Zeugin/des Zeugen)   (Unterschrift)

(Unterschrift der/des Ermittelnden)

14.21   Einstellungsverfügung unter Feststellung eines Dienstvergehens

Entwurfskopfbogen der/des Dienstvorgesetzten

Vertrauliche Personalsache
Disziplinarverfahren gegen _____ (Amtsbezeichnung, Name, Vorname, PersNr.)

Vfg.

1. Schreiben an die Beamtin/den Beamten

Kopfbogen der/des Dienstvorgesetzten

Vertrauliche Personalsache
Disziplinarverfahren gegen . . . . . .

. . . . . . (Anschrift der Beamtin/des Beamten)
(gegen Empfangsbekenntnis/Zustellnachweis)

Sehr geehrte(r) . . . . . .[594]

Das gegen Sie mit meiner Verfügung vom _____ angeordnete Disziplinarverfahren wird gem. § 32 Abs. 1 Nr. 2 BDG eingestellt.

Gründe:

. . . . . .
(z. B. »Nach dem Ergebnis der Ermittlungen hatten Sie am _____ im Zusammenhang mit Ihrer dienstlichen Tätigkeit als _____ das Dienstfahrzeug _____ zu führen. Dabei verursachten Sie gegen 12.30 Uhr in _____ einen Verkehrsunfall, bei dem Sie selbst schwer verletzt wurden; an dem Dienstfahrzeug entstand Totalschaden. Die Ihnen um 13.00 Uhr entnommene Blutprobe ergab einen Blutalkoholgehalt von 0,5 ‰. In den Ermittlungen wurde festgestellt, dass Sie während der Dienststunden anlässlich des Geburtstages eines Kollegen Alkohol verzehrt haben.
Das gegen Sie eingeleitete Strafverfahren wurde durch Verfügung der Staatsanwaltschaft X-Stadt vom _____ Az _____ eingestellt, weil im Hinblick auf Straßenbeschaffenheit und Witterungs-

---

594 *Siehe* Fußnote 573.

verhältnisse (Glatteis) Ihre alkoholische Beeinflussung nicht als Unfallursache festgestellt werden konnte.

Als Führer eines Dienstfahrzeuges hatten Sie das absolute Alkoholverbot für dienstlich eingesetzte Kraftfahrer zu beachten. Auf dessen Einhaltung sind Sie noch am _____ im Rahmen einer allgemeinen dienstlichen Belehrung hingewiesen worden.

Mit dem Genuss von Alkohol vor Antritt Ihres Fahrdienstes haben Sie vorsätzlich gegen dieses Verbot verstoßen, die Ihnen nach § 62 Abs. 1 Satz 2 BBG obliegende Gehorsamspflicht schuldhaft verletzt und damit ein Dienstvergehen nach § 77 Abs. 1 Satz 1 begangen.

Dieses Dienstvergehen hätte an sich die Verhängung einer Geldbuße gerechtfertigt.
Sie sind jedoch bei dem Unfall erheblich verletzt worden. Hinzu kommt, dass Sie in der Zwischenzeit in den Ruhestand versetzt worden sind. Ich sehe daher unter Berücksichtigung Ihrer im Übrigen tadelfreien Dienstzeit und sehr guten dienstlichen Leistungen gem. § 13 BDG von der Verhängung einer Disziplinarmaßnahme ab und stelle das Disziplinarverfahren ein.

Die Zuständigkeit zum Erlass dieser Einstellungsverfügung ergibt sich aus §§ 32 f. BDG.«)

Ihr/Bevollmächtigte(r) erhält eine Kopie der Verfügung.

Rechtsbehelfsbelehrung
⊕ Gegen die in den Gründen der Einstellungsverfügung getroffene Feststellung, dass Sie ein Dienstvergehen begangen haben, können Sie Widerspruch nach § 41 BDG einlegen. Der Widerspruch ist innerhalb eines Monats schriftlich oder zur Niederschrift bei meiner Behörde einzulegen (§ 70 VwGO).
⊕ (Sofern die oberste Dienstbehörde die Verfügung erlassen hat) Gegen diese Verfügung können Sie Anfechtungsklage beim Verwaltungsgericht _____ erheben. Die Klage ist innerhalb eines Monats schriftlich oder zur Niederschrift der Geschäftsstelle des Gerichts einzulegen (§§ 70, 74 VwGO). Sie muss die Klägerin/den Kläger, den Beklagten/die Beklagte und den Klagegegenstand bezeichnen und soll einen bestimmten Antrag enthalten. Die zur Begründung dienenden Tatsachen und Beweismittel sollen angegeben sowie die angefochtene Verfügung in Kopie beigefügt werden. Die Klageschrift und die dazugehörigen Anlagen sollen mit jeweils 3 Kopien eingereicht werden, damit alle Beteiligten ein Exemplar erhalten können.

Hochachtungsvoll[595]

(z. U.)

---

[595] *Siehe* Fußnote 573.

2. Schreiben an die/den Bevollmächtigten der Beamtin/des Beamten

Kopfbogen der/des Dienstvorgesetzten

Anschrift der/des Bevollmächtigten

Sehr geehrte(r) . . . . . .

Das Disziplinarverfahren gegen Ihren Mandanten habe ich eingestellt und übersende eine Kopie der Verfügung.

Mit freundlichen Grüßen

(z. U.)

3. Wv.

(Unterschrift der/des Dienstvorgesetzten)

14.22 Einstellungsverfügung – Maßnahmeverbot wegen Zeitablauf (§ 15 BDG)

Entwurfskopfbogen der/des Dienstvorgesetzten

Vertrauliche Personalsache
Disziplinarverfahren gegen _____ (Amtsbezeichnung, Name, Vorname, PersNr.)

Vfg.

1. Schreiben an die Beamtin/den Beamten

Kopfbogen der/des Dienstvorgesetzten

Vertrauliche Personalsache
Disziplinarverfahren gegen ......

...... (Anschrift der Beamtin/des Beamten)
(gegen Empfangsbekenntnis/Zustellnachweis)

Sehr geehrte(r) ......[596]

Das gegen Sie mit meiner Verfügung vom _____ angeordnete Disziplinarverfahren wird gem. § 32 Abs. 1 Nr. 3 BDG eingestellt.

Gründe:

......
(z. B. »In dem Disziplinarverfahren wurde Ihnen vorgeworfen, in der Zeit vom xx.xx.xxxx bis xx.xx.xxxx, also fast einen Monat, ungenehmigt und schuldhaft dem Dienst ferngeblieben zu sein. In den bisherigen Ermittlungen hat sich heraus gestellt, dass höchstens ein Fernbleiben für die ersten 3 Tage des Zeitraumes in Betracht kommen kann.

---

596 *Siehe* Fußnote 573.

Dieser verbleibende Sachverhalt würde – bei Erweislichkeit – nach der Rechtsprechung höchstens die Verhängung einer Kürzung der Dienstbezüge erfordern. Diese Disziplinarmaßnahme darf jedoch aufgrund des Maßnahmeverbots wegen Zeitablaufs (§ 15 Abs. 2 BDG) nicht mehr verhängt werden, da seitdem mehr als drei Jahre verstrichen sind.
Eine weitere Sachverhaltsaufklärung unterbleibt daher.

Das Disziplinarverfahren ist einzustellen. Die Zuständigkeit zum Erlass dieser Einstellungsverfügung ergibt sich aus §§ 32 Abs. 1 BDG.«)
Ihre Bevollmächtigte(r) erhält eine Kopie der Verfügung.

Hochachtungsvoll[597]

(z. U.)

2. Schreiben an die/den Bevollmächtigten

Kopfbogen der/des Dienstvorgesetzten

Anschrift der/des Bevollmächtigten

Sehr geehrte(r) . . . . . .

Das Disziplinarverfahren gegen Ihren Mandanten habe ich eingestellt und übersende eine Kopie der Verfügung.

Mit freundlichen Grüßen

(z. U.)

3. Wv.

(Unterschrift der/des Dienstvorgesetzten)

Hinweis:
Ein Dienstvergehen sollte tunlichst nicht festgestellt werden.

---

597 *Siehe* Fußnote 573.

14.23   Einstellungsverfügung – beschränktes Maßnahmeverbot (§ 14 BDG)

Entwurfskopfbogen der/des Dienstvorgesetzten

Vertrauliche Personalsache
Disziplinarverfahren gegen _____ (Amtsbezeichnung, Name, Vorname, PersNr.)

Vfg.

1. Schreiben an die Beamtin/den Beamten

Kopfbogen der/des Dienstvorgesetzten

Vertrauliche Personalsache
Disziplinarverfahren gegen ......

...... (Anschrift der Beamtin/des Beamten)
(gegen Empfangsbekenntnis/Zustellnachweis)

Sehr geehrte(r) ......[598]

Das gegen Sie mit meiner Verfügung vom _____ angeordnete Disziplinarverfahren stelle ich gemäß § 32 Abs. 1 Nr. 3 in Verbindung mit § 14 BDG ein.

Gründe:
- ⊕ Durch rechtskräftiges Urteil/rechtskräftigen Strafbefehl des Amtsgerichts _____ vom _____ wurden Sie wegen _____ zu einer Geldstrafe von _____ Tagessätzen zu _____ € verurteilt.
- ⊕ Das gegen Sie durchgeführte Strafverfahren wegen _____ wurde durch Beschluss vom _____ gemäß § 153 a StPO eingestellt.
- ⊕ Die Entscheidung beruht auf folgenden tatsächlichen Feststellungen: ......
- ⊕ Aus den Strafakten ergibt sich folgender Sachverhalt ...

---

[598] *Siehe* Fußnote 573.

Ihr Verhalten außerhalb des Dienstes war in besonderem Maße geeignet, Achtung und Vertrauen in einer für Ihr Amt (oder das Ansehen des Beamtentums[599]) bedeutsamen Weise zu beeinträchtigen. Sie haben damit ein Dienstvergehen nach §§ 77 Abs. 1 Satz 2, 61 Satz 3 BBG begangen. ...... (Folgt Bewertung des Dienstvergehens)

In Ihrem Falle wäre an sich als Disziplinarmaßnahme ein Verweis/eine Geldbuße/einer Kürzung der Dienstbezüge gerechtfertigt.
Diese Disziplinarmaßnahme darf nach § 14 BDG zusätzlich zur strafgerichtlichen Bestrafung
⊕ (Verweis und Geldbuße) nicht verhängt werden.
⊕ (Kürzung der Dienstbezüge) jedoch nur verhängt werden, wenn dies erforderlich ist, um Sie zur Pflichterfüllung anzuhalten zu wahren. Dies ist nicht der Fall.
Das Disziplinarverfahren war daher einzustellen.

Ich weise Sie aber nachdrücklich darauf hin, dass Sie bei einem neuen Versagen im Bereich Ihrer Beamtenpflichten mit der Verhängung einer Disziplinarmaßnahme rechnen müssen und – insbesondere bei einer gleichartigen Verfehlung, einer Wiederholungstat – die nochmalige Anwendung des § 14 BDG nicht in Betracht kommen wird.
Ihr(e) Bevollmächtigte(r) erhält eine Kopie der Verfügung.

Rechtsbehelfsbelehrung[600]
⊕ Gegen die in den Gründen der Einstellungsverfügung getroffene Feststellung, dass Sie ein Dienstvergehen begangen haben, können Sie Widerspruch nach § 41 BDG einlegen. Der Widerspruch ist innerhalb eines Monats schriftlich oder zur Niederschrift bei meiner Behörde einzulegen (§ 70 VwGO).
⊕ (Sofern die oberste Dienstbehörde die Verfügung erlassen hat) Gegen diese Verfügung können Sie Anfechtungsklage beim Verwaltungsgericht _____ erheben. Die Klage ist innerhalb eines Monats schriftlich oder zur Niederschrift der Geschäftsstelle des Gerichts einzulegen (§§ 70, 74 VwGO). Sie muss die Klägerin/den Kläger, den Beklagten/die Beklagte und den Klagegegenstand bezeichnen und soll einen bestimmten Antrag enthalten. Die zur Begründung dienenden Tatsachen und Beweismittel sollen angegeben sowie die angefochtene Verfügung in Kopie beigefügt werden. Die Klageschrift und die dazugehörigen Anlagen sollen mit jeweils 3 Kopien eingereicht werden, damit alle Beteiligten ein Exemplar erhalten können.

Hochachtungsvoll[601]

(z. U.)

---

599 Entfällt bei Beamtinnen/Beamten der Länder.
600 Eine Rechtsbehelfsbelehrung ist nur notwendig, wenn ein Dienstvergehen festgestellt wird, da der Beamte dadurch beschwert ist.
601 *Siehe* Fußnote 573.

2. Schreiben an die/den Bevollmächtigten der Beamtin/des Beamten

Kopfbogen der/des Dienstvorgesetzten

Anschrift der/des Bevollmächtigten

Sehr geehrte(r) ......

Das Disziplinarverfahren gegen Ihren Mandanten habe ich eingestellt und übersende eine Kopie der Verfügung.

Mit freundlichen Grüßen

(z. U.)

3. Wv.

(Unterschrift der/des Dienstvorgesetzten)

Hinweis: Bei einer Einstellung wegen des beschränkten Maßnahmeverbots sollten der Beamtin/ dem Beamten, selbst wenn ein Dienstvergehen festgestellt wird, nicht die Kosten des Verfahrens nach § 37 BDG Abs. 2 BDG auferlegt werden[602].

---

602 *Gansen,* § 37 nimmt hierzu nicht ausdrücklich Stellung, hält aber offenbar eine Kostenpflichtigkeit des Beamten für möglich.

14.24   Disziplinarverfügung

Entwurfskopfbogen der/des Dienstvorgesetzten

Vertrauliche Personalsache
Disziplinarverfahren gegen _____ (Amtsbezeichnung, Name, Vorname, PersNr.)

Vfg.

1. Schreiben an die Beamtin/den Beamten

Kopfbogen der/des Dienstvorgesetzten

Vertrauliche Personalsache
Disziplinarverfahren gegen ......

...... (Anschrift der Beamtin/des Beamten)
(gegen Empfangsbekenntnis/Zustellnachweis)

Disziplinarverfügung

Ich verhänge gegen Sie wegen eines Dienstvergehens als Disziplinarmaßnahme
⊕ einen Verweis,
⊕ eine Geldbuße in Höhe von € ......,
⊕ Kürzung der Dienstbezüge in Höhe von einem ...... (Bruchteil oder Prozent) auf die Dauer
   von ...... Monaten,
⊕ Kürzung des Ruhegehalts in Höhe von einem ...... (Bruchteil oder Prozent) auf die Dauer
   von .... Monaten.
weil Sie ein Dienstvergehen begangen haben.
⊕ Die Kosten des Verfahrens werden Ihnen auferlegt, weil sie wegen des Dienstvergehens entstanden sind, § 37 BDG.
⊕ Die Kosten des Verfahrens werden Ihnen nur auferlegt, soweit sie wegen des Dienstvergehens
   entstanden sind, § 37 BDG. Folgende Verfehlungen, die Ihnen in meiner Einleitungsverfügung vom _____ vorgeworfen wurden sind nicht nachgewiesen worden ... Die
   hierzu in den Ermittlungen angefallenen Kosten sind in der Kostenfestsetzung nicht enthalten.
Die Entscheidung ergeht gebührenfrei, § 37 Abs. 5 BDG.

Gründe:
...... (Sachverhalt und Beweiswürdigung, aber kürzer gefasst als im Ermittlungsbericht).
...... (Bewertung und Gewichtung des Dienstvergehens)
...... (Sonstige erhebliche Umstände)

Sie haben mit Ihrem Verhalten fahrlässig/vorsätzlich gegen Ihre Pflicht/en aus §§ xxx BBG verstoßen und damit ein Dienst vergehen begangen (§§ 77 Abs. 1, xxx BBG) begangen.
...... (Gründe für die Bemessung der Disziplinarmaßnahme)
(z. B. »Erschwerend fällt ins Gewicht, dass Sie wegen einer gleichartigen Verfehlung bereits durch Disziplinarverfügung des _____ mit einem Verweis belegt werden mussten.

Wegen der bisher von Ihnen gezeigten Unzuverlässigkeit ist eine fühlbare Disziplinarmaßnahme erforderlich, um Ihnen das Gewicht Ihres Fehlverhaltens vor Augen zu führen.«)
⊕ (Bei Geldbuße) Eine ...... in Höhe ...... erscheint ausreichend. Dabei habe ich das Gewicht des Dienstvergehens wie auch Ihre wirtschaftlichen Verhältnisse berücksichtigt[603].
⊕ (Bei Kürzung der Dienstbezüge) Die Kürzung der Dienstbezüge auf ... Monate ist der Schwere des Dienstvergehens angemessen. Beim Kürzungsbruchteil habe ich Ihre wirtschaftlichen Verhältnisse berücksichtigt[604].

Ich weise Sie aber darauf hin, dass Sie bei weiteren Pflichtverletzungen dieser Art mit der Verhängung einer schwerwiegenderen Disziplinarmaßnahme oder mit der Erhebung der Disziplinarklage gegen Sie zu rechnen haben.
Die Zuständigkeit zur Verhängung der Disziplinarmaßnahme ergibt sich aus § 33 BDG.
Ihr(e) Bevollmächtigte(r) erhält eine Kopie der Verfügung.

Rechtsbehelfsbelehrung

⊕ Gegen diese Verfügung können Sie Widerspruch nach § 41 BDG einlegen. Der Widerspruch ist innerhalb eines Monats schriftlich oder zur Niederschrift bei meiner Behörde einzulegen (§ 70 VwGO).
⊕ (Sofern die oberste Dienstbehörde die Verfügung erlassen hat) Gegen diese Verfügung können Sie Anfechtungsklage beim Verwaltungsgericht _____ erheben. Die Klage ist innerhalb eines Monats schriftlich oder zur Niederschrift der Geschäftsstelle des Gerichts einzulegen (§§ 70, 74 VwGO). Sie muss die Klägerin/den Kläger, den Beklagten/die Beklagte und den Klagegegenstand bezeichnen und soll einen bestimmten Antrag enthalten. Die zur Begründung dienenden Tatsachen und Beweismittel sollen angegeben sowie die angefochtene Verfügung in Kopie beigefügt werden. Die Klageschrift und die dazugehörigen Anlagen sollen mit jeweils 3 Kopien eingereicht werden, damit alle Beteiligten ein Exemplar erhalten können.

(Unterschrift der/des Dienstvorgesetzten)

---

603 Eine ausführliche Begründung wird regelmäßig nur dann angezeigt sein, wenn die Geldbuße/Kürzung der Dienstbezüge wegen besonderer Umstände (z. B. Gewicht des Dienstvergehens; besondere persönliche Umstände; Vorbelastungen) vergleichsweise hoch/niedrig bemessen werden muss.
604 *Gansen*, § 37 nimmt hierzu nicht ausdrücklich Stellung, hält aber offenbar eine Kostenpflichtigkeit des Beamten für möglich.

2. Schreiben an den Bevollmächtigten der Beamtin/des Beamten

Kopfbogen der/des Dienstvorgesetzten

Anschrift der/des Bevollmächtigten

Sehr geehrte(r) . . . . . .

In dem Disziplinarverfahren gegen Ihren Mandanten habe ich eine Disziplinarmaßnahme verhängt und übersende eine Kopie der Verfügung.

Mit freundlichen Grüßen

(z. U.)

3. Wv.

(Unterschrift der/des Dienstvorgesetzten)

14.25 Widerspruch gegen Disziplinarverfügung

Eine besondere Vorschrift für den Inhalt gibt es nicht. Aus dem Widerspruch muss jedoch erkennbar sein, wogegen und warum Widerspruch eingelegt wird. Wichtig ist die Beachtung der Fristen. Auf §§ 70, 58, 60 VwGO wird hingewiesen.

Name, Vorname, Amtsbez.
(Bei der Bezeichnung der Behörde)

An die (Bezeichnung der Widerspruchbehörde)
....

Gegen die Disziplinarverfügung der/des _____(Bezeichnung des/der Dienstvorgesetzten) vom_____
lege ich

Widerspruch.

ein und begründe ihn wie folgt:

Mit Disziplinarverfügung vom_____, mir zugestellt am _____, hat die/ der (Bezeichnung der/des Dienstvorgesetzten) gegen mich einen Verweis/eine Geldbuße in Höhe von €_____/eine Kürzung der Dienstbezüge in Höhe von _____(Bruchteil) auf die Dauer von _____Monaten verhängt.

Mein Widerspruch ist fristgerecht eingelegt. Die Disziplinarverfügung ist mir am _____zugestellt worden. Seitdem sind 3 Wochen verstrichen, sodass die in der Rechtsbehelfsbelehrung angeführte Frist gewahrt ist.

Ich habe kein Dienstvergehen begangen.
... z. B.

»Es trifft nicht zu, dass ich …
(Zumeist geht es um tatsächliche Fragen. Es sollte daher z.B. dargestellt werden, dass Beweisanträge nicht berücksichtigt wurden oder welche falschen Schlussfolgerungen aus den Angaben von Zeuginnen oder Zeugen gezogen wurden.)«

Ich bitte deshalb, mich von dem Vorwurf eines Dienstvergehens freizustellen.

....
(Unterschrift)

Hinweis: Der Sachverhalt der Disziplinarverfügung muss nicht aufgeführt werden.; er ergibt sich aus der angefochtenen Verfügung. Auch die in der Verfügung zitierten Vorschriften des BBG und des BDG müssen nicht aufgeführt werden. Etwas anderes würde nur gelten, wenn in der Verfügung fehlerhafte Vorschriften genannt wurden und die daraus gezogenen Schlussfolgerungen zu einer falschen Bewertung des vorgeworfenen Verhaltens geführt haben.

14.26 Widerspruchsbescheid

Entwurfskopfbogen der/des höheren Dienstvorgesetzten (Widerspruchsbehörde)

Vertrauliche Personalsache
Disziplinarverfahren gegen _____ (Amtsbezeichnung, Name, Vorname, PersNr.)

Vfg.

1. Schreiben an die Beamtin/den Beamten

Kopfbogen der/des höheren Dienstvorgesetzten

Vertrauliche Personalsache
Disziplinarverfahren gegen . . . . . .

. . . . . . (Anschrift der Beamtin/des Beamten)
(gegen Empfangsbekenntnis/Zustellnachweis)

Widerspruchsbescheid

Der Widerspruch wird zurückgewiesen.

⊕ Die Kosten des Verfahrens werden Ihnen auferlegt, weil sie im Widerspruchsverfahren entstanden sind, § 44 BDG.
⊕ Die Kosten des Verfahrens werden Ihnen nur auferlegt, soweit sie wegen des Widerspruchsverfahrens entstanden sind, § 44 BDG. Folgende Verfehlungen, die Ihnen in der Disziplinarverfügung vom _____ vorgeworfen wurden, sind nicht nachgewiesen worden.

...

⊕ Die hierzu angefallenen Kosten sind (in der Kostenfestsetzung) nicht enthalten.

Die Entscheidung ergeht gebührenfrei § 37 Abs. 5 BDG.

Ihr form- und fristgerecht erhobener Widerspruch ist zulässig, aber nicht begründet.

Begründung:
... Z. B.
»Mit Disziplinarverfügung vom ......, zugestellt am ......, hat _____ (die/der Dienst-
vorgesetzte) gegen Sie eine Geldbuße in Höhe von _____ € als Disziplinarmaßnahme verhängt.
In der Verfügung wurde als Dienstvergehen festgestellt, dass Sie
In der Zeit vom xx.xx.xxxx bis xx.xx.xxxx ungenehmigt und schuldhaft dem Dienst ferngeblieben
sind, Dienstvergehen nach §§ 96, 77 Abs. 1 Satz 1 BBG.
Gegen diese Verfügung haben Sie mit Schreiben vom _____ Widerspruch eingelegt und damit
begründet, die Geldbuße sei unangemessen hoch ausgefallen und berücksichtige nicht, das
......
Ich habe den Sachverhalt, den Sie im Übrigen mit Ihrem Widerspruch anerkennen, geprüft und für
zutreffend befunden.
Darüber hinaus hat die Disziplinarverfügung nicht zu Ihren Lasten berücksichtigt, dass ...... Darin liegt ein weiterer erschwerender Umstand.
Auch ist die rechtliche Würdigung der angefochtenen Verfügung nicht zu beanstanden. Damit
steht ein Dienstvergehen nach §§ 96, 77 Abs. 1 Satz 1 BBG fest.
Die Höhe der Geldbuße ist ebenfalls nicht zu beanstanden. Die Grundsätze des § 13 BDG sind
beachtet. Außerdem wäre bei ungenehmigtem und schuldhaften Fernbleiben vom Dienst nach
der Rechtsprechung sogar eine erheblich schwerere Disziplinarmaßnahme angezeigt. Danach
wäre sogar die Verhängung einer Kürzung der Dienstbezüge angemessen gewesen.
Ich sehe jedoch ausnahmsweise davon ab, die angefochtene Disziplinarverfügung nach § 35
Abs. 2 BDG aufzuheben und in der Sache neu zu entscheiden. Die Frist zur Aufhebung und Neuentscheidung nach § 35 Abs. 2 Satz 2 BDG ist noch nicht verstrichen.

Ihr Widerspruch war daher zurückzuweisen.«

Rechtsbehelfsbelehrung:
Gegen diese Widerspruchsbescheid können Sie Anfechtungsklage beim Verwaltungsgericht
_____ erheben. Die Klage ist innerhalb eines Monats schriftlich oder zur Niederschrift der Geschäftsstelle des Gerichts einzulegen (§§ 70, 74 VwGO). Sie muss die Klägerin/den Kläger, den
Beklagten/die Beklagte und den Klagegegenstand bezeichnen und soll einen bestimmten Antrag
enthalten. Die zur Begründung dienenden Tatsachen und Beweismittel sollen angegeben sowie
die angefochtene Verfügung in Kopie beigefügt werden.
Die Klageschrift und die dazugehörigen Anlagen sollen mit jeweils 3 Kopien eingereicht werden,
damit alle Beteiligten ein Exemplar erhalten können.

(Unterschrift der/des höheren Dienstvorgesetzten)

2. Schreiben an den Bevollmächtigten der Beamtin/des Beamten

Kopfbogen der/des höheren Dienstvorgesetzten

Anschrift der/des Bevollmächtigten

Sehr geehrte(r) . . . . . .

In dem Disziplinarverfahren gegen Ihren Mandanten habe ich den Widerspruch vom . . . zurück-gewiesen und übersende eine Kopie der Verfügung.

Mit freundlichen Grüßen

(z. U.)

3. Wv.

(Unterschrift der/des Dienstvorgesetzten)

14.27 Disziplinarklage

Kopfbogen der/der Dienstvorgesetzten (oder oberste Dienstbehörde)

An das
Verwaltungsgericht
_____

In der Disziplinarsache

der (Gebietskörperschaft z. B. Bundesrepublik Deutschland),
vertreten durch (oberste Dienstbehörde) _____ –,
diese vertreten durch den _____ (Name und Behörde der/des Dienstvorgesetzten)

– Klägerin –

gegen

die/den
_____ (Name der Beamtin/des Beamten)
_____ (Behörde, ggf. Organisationseinheit)
_____ (Wohnanschrift der Beamtin/des Beamten)
– Beklagte(r) –

_____ (Name und Anschrift der/des Bevollmächtigten)
– Bevollmächtigte(r) –

erhebe ich

Disziplinarklage

weil sie/er ein Dienstvergehen begangen hat.

Der/dem Beklagten wird vorgeworfen
...... (kurze Umschreibung des Sachverhalts, z. B. in der Zeit vom xx.xx.xxxx – xx.xx.xxxx ohne
Genehmigung und schuldhaft dem Dienst ferngeblieben zu sein, Dienstvergehen nach §§ 96, 77
Abs. 1 Satz 1 BBG).

Ich beantrage,
Termin zur mündlichen Verhandlung anzuberaumen, in der ich den Antrag stellen werde, die
Beamtin/den Beamten _____ (z. B. in das Amt einer/eines
_____zurückzustufen, § 9 BDG).

Begründung (vergleiche die gesetzlichen Anforderungen, *siehe* 9.4):

- Persönliche Verhältnisse der Beamtin/des Beamten (der persönliche und berufliche Werdegang).
- Gang des Disziplinarverfahrens (Eventuelle Verzögerungen).
- Die Tatsachen, in denen ein Dienstvergehen gesehen wird. Strafurteile sind entweder als Anlage beizufügen – hierbei sind die einschlägigen Stellen genau zu kennzeichnen) – oder wörtlich
  zu zitieren.
- (Es empfiehlt sich, die in Betracht kommenden Beweismittel zum Sachverhalt jeweils an der
  einschlägigen Stelle zu benennen und nicht zusammenfassend an den Schluss einzustellen; la-
  dungsfähige Anschriften von Zeuginnen und Zeugen usw. sind genau anzugeben.)
- Die anderen Tatsachen und Beweismittel, die für die Entscheidung bedeutsam sind.

(Unterschrift der/des Dienstvorgesetzten)

2 Kopien der Disziplinarklage zur Zustellung an die/den Beklagte(n) und die/den Bevollmächtigten sind beigefügt.

Anlagen:
X Bände Personalakten
X Bände Disziplinarakten
X Bände Kopien der Strafakten
. . . .

Hinweis:
Eine Kopie unmittelbar an die Beamtin/den Beamten und die oder den Bevollmächtigten ist nicht
notwendig, da die Zustellung der Disziplinarklage von Amts wegen erfolgt. Jedoch sollten dem
VG zwei Kopien für die Zustellung beigefügt werden.

14.28   Klageerwiderung auf eine Disziplinarklage

Die gesetzlichen Voraussetzungen sind im Gesetz nicht ausdrücklich geregelt; jedoch wird § 86 Abs. 4 VwGO sinngemäß anzuwenden sein. § 55 Abs. 1 BDG sieht eine Rügefrist von 2 Monaten nach Klagezustellung vor.

Name, Vorname, Amtsbez.
(Bei der Bezeichnung der Behörde)

An das
Verwaltungsgericht
_____

In der Disziplinarsache

der (Gebietskörperschaft z. B. Bundesrepublik Deutschland),
vertreten durch (oberste Dienstbehörde) _____ –,
diese vertreten durch den _____ (Name und Behörde der/des Dienstvorgesetzten)

– Klägerin –

gegen

die/den
_____ (Name der Beamtin/des Beamten)
_____ (Behörde, ggf. Organisationseinheit)
_____ (Wohnanschrift der Beamtin/des Beamten)
– Beklagte(r) –

erwidere ich die Disziplinarklage vom_____.

Hiermit beantrage ich, die Disziplinarklage abzuweisen, weil ich kein Dienstvergehen begangen habe.

Die Disziplinarklage vom _____ ist mir am _____ zugestellt worden. Die Rüge-frist des § 55 Abs. 1 BDG ist gewahrt.

Die Klage ist nicht begründet.

Begründung:
... z. B.
»Es trifft nicht zu, dass ich in der Zeit vom xx.xx.xxxx bis xx.xx.xxxxx ungenehmigt und schuldhaft dem Dienst ferngeblieben bin. ...

...

(Zumeist geht es um tatsächliche Fragen. Es sollte daher z. B. dargestellt werden, dass Beweisanträge nicht berücksichtigt wurden oder welche falschen Schlussfolgerungen aus den Angaben von Zeuginnen oder Zeugen gezogen wurden.)
... Ich wiederhole meine Beweisanträge aus den Ermittlungen, denen nicht stattgegeben wurde ...
...Die Zeugin NN konnte gar nichts zu meiner Dienstfähigkeit sagen, da sie sich über den Zeitraum meiner Erkrankung geirrt hat, weil ...
...«

Weiteren Vortrag behalte ich mir vor.

Als Beweismittel benenne ich:
...
...

1 Kopie dieser Klageerwiderung für die Klägerin ist beigefügt.
....

(Unterschrift)

14.29 Anfechtungsklage gegen Disziplinarverfügung/Widerspruchs-bescheid

Die gesetzlichen Voraussetzungen einer Anfechtungsklage sind im Gesetz nicht ausdrücklich geregelt; jedoch dürfte § 82 VwGO sinngemäß anzuwenden sein.

Name, Vorname, Amtsbez.
(Bei der Bezeichnung der Behörde)

An das Verwaltungsgericht
. . . .

In der Disziplinarsache

der (Gebietskörperschaft z. B. Bundesrepublik Deutschland),

vertreten durch (oberste Dienstbehörde) _____ –,

diese vertreten durch den _____ (Name und Behörder der/des Dienstvorgesetzten)
– Beklagte –

gegen

die/den
_____ (Name der Beamtin/des Beamten)
_____ (Behörde, ggf. Organisationseinheit)
_____ (Wohnanschrift der Beamtin/des Beamten)
– Kläger(in) –

erhebe ich gegen die Disziplinarverfügung vom_____

Anfechtungsklage.

Hiermit beantrage(n) ich,
die Disziplinarverfügung der/des _____(Bezeichnung der Behörde des Dienstvorgesetzten) vom _____ [ggf. in der Gestalt des Widerspruchsbescheids der/des _____(Bezeichnung der Widerspruchsbehörde)] aufzuheben und mich vom Vorwurf eines Dienstvergehens freizustellen.
Ich bitte Termin zur mündlichen Verhandlung anzuberaumen, in der ich meinen Antrag nochmals begründen werde.

Begründung:

Mit Disziplinarverfügung vom_____, mir zugestellt am _____, hat die/der (Bezeichnung der/des Dienstvorgesetzten) gegen mich einen Verweis/eine Geldbuße in Höhe von €_____/eine Kürzung der Dienstbezüge in Höhe von _____(Bruchteil) auf die Dauer von _____Monaten verhängt.
Meinen dagegen fristgerecht eingelegten Widerspruch vom _____ hat die_____ (Bezeichnung der Widerspruchsbehörde) mit Widerspruchsbescheid vom _____, mir zugestellt am _____, zurückgewiesen.
Meine Anfechtungsklage ist fristgerecht eingelegt. Der Widerspruchsbescheid ist mir am _____zugestellt worden. Seitdem sind 3 Wochen verstrichen, sodass die in der Rechtsbehelfsbelehrung angeführte Frist gewahrt ist.

Ich habe kein Dienstvergehen begangen.
... z. B.
»Es trifft nicht zu, dass ich in der Zeit vom xx.xx.xxxx bis xx.xx.xxxxx ungenehmigt und schuldhaft dem Dienst ferngeblieben bin. ...
...
(Zumeist geht es um tatsächliche Fragen. Es sollte daher z. B. dargestellt werden, dass Beweisanträge nicht berücksichtigt wurden oder welche falschen Schlussfolgerungen aus den Angaben von Zeuginnen oder Zeugen gezogen wurden.)
...«

Es wird gebeten, der/dem Beklagten aufzugeben, die Disziplinarakten und Personalakten sowie die ...-Akten vorzulegen.
Beweismittel:

1 Kopie der angefochtenen Verfügung
1 Kopie dieser Klage für die Beklagte ist beigefügt.

....
(Unterschrift)

Hinweis: Der Inhalt der Disziplinarverfügung/des Widerspruchsbescheids und die dort zitierten Vorschriften des BBG und des BDG müssen nicht aufgeführt werden, da sie sich aus der angefochtenen Verfügung ergeben. Etwas anderes würde nur gelten, wenn in der Verfügung fehlerhafte Vorschriften genannt wurden und die daraus gezogenen Schlussfolgerungen zu einer falschen Bewertung des vorgeworfenen Verhaltens geführt haben.

Die Angabe von Beweismitteln ist zweckmäßig. Zwar muss das VG den Sachverhalt und die Begründung der angefochtenen Verfügung von amts wegen prüfen. Jedoch hat die Klägerin/der Kläger als Partei eine Mitwirkungspflicht (in eigener Sache) und sollte deshalb auch Beweismittel benennen, § 82 VwGO, auch zur Vermeidung einer etwaigen Nachbesserung.

Sachregister

(Die Hinweise beziehen sich jeweils auf die Randzahlen)